事業用自動車の事故と責任

藤村 和夫 編著

三協法規出版

事業用自動車の事故と責任——はしがき

　自動車が関わる交通事故が発生した場合、その自動車の種類が何であるかを問わず、そこで語られる責任論、損害論の概要はほぼ共通する。

　しかしながら、事業用自動車（バス・トラック・タクシー〔ハイヤー〕）が事故に関与すると、同車に関わる人的・物的要素も自家用自動車の場合とは異なってくるので、その責任論においても損害論においても個別に考えてみるべき事柄が少なくないように思われる。そうした事業用自動車についての責任論を一書にまとめたものがあれば便宜であろうとの意識の高まりが本書を企画した所以である。

＊

　本書の構成は以下の通りである。

　まず、第Ⅰ部において、自動車交通事故の責任を巡る総論的な問題につき概説を施した。

　そこでは、自動車損害賠償保障法（自賠法）と民法の一般的議論（第1章〜第4章）のみならず、近時、議論の対象とされることが少なくない、突然の意識喪失等による運転者の責任無能力の問題と自然災害が競合した場合における運行供用者責任の帰趨についても章を割いて論じた（第5章、第6章）。

　前者に関しては、学説上も実務上も、ほぼ方向性は固まってきているといって差し支えないであろうが、責任無能力に陥る原因にも目を向けて、いずれの場合も同様に扱ってよいものかについても検討してみた。

　また、後者については、運行供用者責任の成立要件の一つである「運行」概念の解釈を巡って議論が継続されているところである。「自動車を当該装置の用い方に従い用いることをいう。」（自賠法2条2号）と定義されている「運行」概念につき、自然災害が競合して事故が発生した場合には、判例の採る「固有装置説」に変容を迫るものと

なるのかについて考える契機となるであろうか、興味が持たれる。

第Ⅱ部は各論として、事業用自動車の類型毎に、その責任論を展開することとした。その際は、事業用自動車のそれぞれについて考えてみるべき事柄をなるべく詳しく検討してみることを心がけた。すなわち、事業用自動車が加害車となった場合の責任（運行供用者責任、一般的不法行為責任、使用者責任）を考える際にどのようなことが問題となるのかに着目し、トラック等、タクシー（タクシー・ハイヤー・個人タクシー、福祉タクシー等）、バス（乗合バス・観光バス・マイクロバス）、代行運転自動車の順で詳細に検討してみた。

続く第Ⅲ部においては、第1章で、専ら加害車となった（事業用自動車）側の損害についてみることとし、その上で、使用者から被用者に対してなされる求償と損害賠償請求につき、近時の状況に焦点を当ててみた。

第2章では、事故を起こした被用者が、使用者から受ける懲戒等につき、その相当性を中心に検討することとした。

さらに第Ⅳ部では、刑事責任につき総覧する。第1章で事故を起こした当事者である被用者の責任を、第2章で行政法規上の罰則を、第3章では、被用者が事故を起こすに至った経緯にも着目して、事業者の責任についても論じた。

*

本書の執筆には、民事法の領域については新進気鋭の弁護士、裁判官に加えて、中堅の域に達した弁護士にも参加してもらい、刑事法の領域については精力的に研究に邁進する、まさに脂の乗りきった研究者にお願いした。

民事法領域については、それほど文献が豊富ではないところ、丹念に裁判例の渉猟にあたり、その整理、分析を通じて一定の理論構成を試みた部分もある。

また、刑事法領域においては、自動車交通事故を巡る刑事上の責任についての史的展開を概観するかの感もある内容となっている。

*

このように、本書は、従来、それほど焦点があてられてきたわけ

ではない部分も含め、事業用自動車の事故に係る責任問題等を巡る議論（判例、学説）をほぼ網羅する内容のものとなったのではないかと自負している。

しかし、なお目の届かなかった部分があるやもしれない。それらについては、読者のご指摘を待ってさらに検討を加えていくことにしたい。

本書が成るに際しても、木精舎の有賀俊朗、佐塚英樹の両氏に終始お世話になった。厚く感謝する次第である。

2016 年 12 月

藤村　和夫

iv

目　次

序……………………………………………………………………… 1

第Ⅰ部　民事上の責任・総論

第1章　運行供用者責任 …………………………………………… 6

1　運行供用者──6

- ❶ 立法関与者の見解／6
- ❷ 判例の推移／7
  - ① 自賠法の適用／7
  - ② 二元論の確立／8
  - ③ 法的地位説の登場／9
  - ④ 二元論と一元論の交錯／10
- ❸ 学説の展開／11
- ❹ 現在の状況／12

2　運行によって──14

- ❶ 「運行」の意義／14
- ❷ 当該装置の意義／15
- ❸ 運行「によって」の意義／16
- ❹ 運行起因性の肯否／17

3　他人性──23

- ❶ 「他人」の意義／23
- ❷ 好意・無償同乗者の他人性／24
  - ① 他人性の肯定／24
  - ② 好意・無償同乗を理由とする減額／24
- ❸ 妻の他人性／26

4 共同運行供用者の他人性／27

5 運転補助者の他人性／28

4 免　　責——31

1 免責の三要件／31

1 自己および運転者が自動車の運行に関し注意を怠らなかったこと／31

2 被害者または運転者以外の第三者に故意または過失があったこと／31

3 自動車に構造上の欠陥または機能の障害がなかったこと／31

2 免責の肯否／32

第2章　使用者責任 ……………………………………………… 33

1 要　　件——33

2 効　　果——37

1 被害者に対する関係／37

2 求償／37

1 使用者の被用者に対する求償／37

2 被用者に対する使用者の損害賠償請求の制限／41

第3章　一般的不法行為責任 ……………………………………… 43

第4章　工作物責任、営造物責任 ………………………………… 44

第5章　運転者の責任無能力(意識喪失)と責任 ………………… 47

1 自賠法との関係——47

1 自賠法3条ただし書所定の免責事由との関係／47

1 自賠法3条ただし書／47

2 第1要件との関係／48

3 第2要件との関係／49

4 小　　括／50

vi

2 運行供用者責任の免責事由としての不可抗力との関係／50

3 民法713条による免責との関係／53

1 総　論／53

2 運転者が責任能力を欠き、運行供用者が責任能力を有する場合（①の類型）について／54

3 運転者・運行供用者ともに、責任能力を欠く場合（③の類型）について／55

4 小　括／55

2　民法（一般的不法行為責任、使用者責任）との関係──57

1 総　論／57

1 運転者の不法行為責任との関係／57

2 使用者責任との関係／57

3 使用者等の不法行為責任との関係／58

2 民法713条による免責との関係／58

3　疾患による場合──60

1 てんかん／60

2 脳梗塞・脳出血／65

3 睡眠時無呼吸症候群／71

4 統合失調症／71

5 無自覚性低血糖／73

6 その他／74

4　薬物に起因する場合──76

第6章　自然災害との競合 ……………………………………… 77

1　自賠法との関係──77

1 自動車事故と他の事由との競合／77

2 運行起因性との関係／79

3 国家賠償責任との競合／79

vii

2 民法(一般的不法行為責任、使用者責任)との関係——82

1 総　論／82

2 国家賠償責任との競合／82

3 裁判例——83

第Ⅱ部　民事上の責任・各論

第1章　事業用自動車の加害責任 ……………………………………… 90

1 トラック等——90

1 運行供用者責任／90
　[1] 「運行供用者」性が問題となる場合／90
　[2] 「運行によって」が問題となる場合／94
　[3] 「他人」性が問題となる場合／117
2 使用者の責任／131
　[1] 趣　旨／131
　[2] 要　件／132
　[3] 裁判例／133
3 一般的不法行為責任／146

2 タクシー——153

1 タクシー会社のタクシー（ハイヤー）／153
　[1] 運行供用者責任／153
　[2] 一般的不法行為責任／169
2 個人タクシー／174
3 福祉・介護タクシー／181
　[1] 福祉・介護タクシー事業の概要／181
　[2] 福祉・介護タクシーの事故における民事上の責任／183
4 過失相殺——乗客（被害者）の過失／184

　　　　1　シートベルト未装着事案／184

　　　　2　その他／187

3　バ　ス──189

　　1　乗合バス──乗客が被害者の場合（深夜・長距離・高速バス）／189

　　　　1　乗合バスについて／189

　　　　2　運行供用者責任／189

　　　　3　使用者責任／190

　　　　4　一般的不法行為責任／191

　　　　5　運転者の意識喪失／192

　　　　6　バスの乗客の過失──過失相殺／199

　　2　観光バス──乗客が被害者の場合／207

　　　　1　観光バス（貸切バス）について／207

　　　　2　運行供用者責任／208

　　　　3　使用者責任／208

　　　　4　一般的不法行為責任／209

　　　　5　旅行業者の債務不履行責任／210

　　　　6　自然災害との競合／213

　　　　7　運転者の意識喪失／216

　　　　8　バスの乗客の過失──過失相殺／217

　　3　マイクロバス／219

　　　　1　マイクロバスについて／219

　　　　2　運行供用者性について／219

　　　　3　運行起因性について／221

　　　　4　自然災害との競合／223

　　4　バスジャック／224

4　代行運転自動車──227

　　1　運行供用者責任／227

　　　　1　運転代行とは／227

　　　　2　運転代行業者の運行供用者責任／228

③　運転代行業者の「保有者」性／229

　　④　平成9年判決／229

　　⑤　代行運転依頼者の「他人」性／231

　■2　使用者責任および一般的不法行為責任／235

第Ⅲ部　損害と懲戒

第1章　損　害 ……………………………………………………… 238

1　事業用自動車側の損害——238

　■1　車両損害／238

　　①　損害賠償請求権者／238

　　②　修理費等／239

　　③　車両購入諸費用／243

　■2　評価損／249

　　①　評価損の意義／249

　　②　評価損の額／251

　　③　所有権留保付自動車の場合／253

　■3　代車料／253

　　①　代車の必要性／253

　　②　代車期間／254

　　③　備車費用／255

　■4　休車損・遊休車の存在／256

　　①　休車損を認めた事例／256

　　②　休車損を認めなかった事例／258

　■5　積荷損害／259

　■6　その他の損害／261

　■7　物損に関連する慰謝料／262

x

2 使用者からの求償、損害賠償請求──263

1 総　論／263

2 裁判例の検討／265

　　1　従業員（社員）の責任割合を制限する裁判例／265

　　2　従業員（社員）の責任を大きく認める方向の裁判例／272

　　3　内規を定めていた場合の裁判例／275

3 まとめ／277

第2章　事故を起こした従業員（社員）の懲戒 ……………………… 279

1　懲戒解雇──279

1 懲戒処分とは／279

2 懲戒処分の手段（種類）／281

3 懲戒処分の対象となる事由／282

　　1　懲戒事由の定め／282

　　2　事故を起こした従業員（社員）に関連する懲戒事由／283

　　3　懲戒事由に関する裁判所の判断／284

4 懲戒処分のための就業規則などの定めと周知／285

　　1　就業規則に懲戒事由の定めがない場合の懲戒処分の可否／285

　　2　就業規則の周知　／287

5 懲戒処分の相当性／288

　　1　懲戒権の限界／288

　　2　懲戒処分の有効性／288

6 懲戒解雇の相当性に関する裁判例／292

　　1　裁判例の傾向／292

　　2　勤務時間外の飲酒運転に関する裁判例／294

　　3　業務中に起こした事故を理由とする懲戒解雇の裁判例／301

2　普通解雇──305

1 普通解雇とは／305

1　普通解雇の法的性質と解雇権濫用法理／305
　　2　懲戒解雇と普通解雇／306
　　　1　懲戒解雇と普通解雇の違い／306
　　　2　懲戒解雇事由に基づく普通解雇／307
　　　3　懲戒解雇の意思表示と普通解雇の意思表示／307
　　3　普通解雇の裁判例／308

3　その他──313

　　1　諭旨解雇／313
　　2　労働契約の存続を前提とする懲戒処分／314
　　　1　労働契約の存続を前提とする懲戒処分の種類／314
　　　2　降格・降職／315
　　　3　減　給／316
　　　4　出勤停止／318
　　　5　警告（注意、戒告、譴責）／319
　　　6　懲戒処分選択時の留意事項／319

第Ⅳ部　刑事責任

第1章　交通死傷事犯に対する刑事責任 ································ 322

1　刑法典における従来の動向──322

　　1　交通死傷事犯に対する刑事責任追及に関する従来の経緯／322
　　　1　自動車交通事犯と業務上過失致死傷罪／323
　　　2　業務上過失致死傷罪の業務概念の拡張／324
　　　3　昭和43年の業務上過失致死傷罪の改正／326
　　　4　観念的競合にいう「一個の行為」の判例変更／327
　　　5　道路交通法の改正／328
　　2　悪質交通事犯の故意犯化とその影響──刑法典の改正／329
　　　1　東名高速道路事故の衝撃／330

2　危険運転致死傷罪の制定／331

3　自動車運転過失致死傷罪の制定／331

2　自動車運転死傷行為処罰法の制定——334

■1　危険運転致死傷罪の適用状況／334

■2　危険運転致死傷罪適用対象外の悪質交通事犯への世論の動向／335

■3　自動車運転死傷行為処罰法の制定／337

1　危険運転致死傷罪（2条）／337

2　準危険運転致死傷罪（3条）／338

3　過失運転致死傷アルコール等影響発覚免脱罪（4条）／340

4　過失運転致死傷罪（5条）／341

5　無免許運転による加重（6条）／341

■4　小　　括／343

3　自動車運転死傷行為処罰法の各類型に関する裁判例——344

■1　アルコールの影響により正常な運転が困難な状態／344

■2　薬物の影響により正常な運転が困難な状態／347

■3　進行を制御することが困難な高速度／349

■4　赤色信号殊更無視／351

■5　過失運転致死傷罪の解釈に関する基本的視座／353

1　経済活動と過失犯の処罰範囲／353

2　信頼の原則／354

3　交通死傷事犯への刑事的責任追及の基本的視座／357

4　自動運転と刑事責任——359

■1　自動運転／359

1　自動運転の定義／359

2　自動運転による自動車走行の適法性／360

■2　自動運転の（事業用）自動車走行による事故の刑事責任／361

xiii

第2章　行政刑罰法規上の罰則 ……………………………………… 363

1　行政刑罰法規上の罰則──363

■1　整備不良／363
　1　概　説／363
　2　整備不良に起因する交通死傷事犯の刑事責任／364
　3　整備不良に関する使用者等の道交法上の刑事責任／365
■2　過積載等運転／365
　1　概　説／365
　2　過積載とそれによる交通死傷事犯への刑事法的対応／366
　3　使用者・運行管理者等の刑事責任／367
■3　過労運転／368
　1　概　説／368
　2　「過労」と自動車運転上の過失／369
　3　使用者・運行管理者等の刑事責任／370

第3章　交通死傷事犯および乗客等の安全確保に関する事業者の刑事責任……………………………………………………………… 373

1　使用者・運行管理者・製造者等の刑事責任──373

■1　監督過失／373
　1　監督過失の意義／373
　2　事業用自動車による交通死傷事犯と使用者等の監督過失／374
　3　監督過失の認定／375
■2　自動車製造者・整備担当者の過失責任・道交法上の責任／377
　1　車両の欠陥に関する自動車製造者の過失責任／377
　2　整備不良に関する使用者等の道交法上の刑事責任／378
■3　危険運転・道交法違反運転等の幇助犯・教唆犯／379
　1　危険運転・道交法違反運転行為の幇助／379

2 危険運転・道交法違反運転行為の教唆／381

3 車両等提供罪・酒類提供罪・飲酒運転同乗罪／382

4 使用者・運行管理者等への刑事責任追及の理論的可能性／385

4 道交法違反運転の下命・容認／386

1 概　説／386

2 過労運転の下命・容認による有罪が認められた事例／388

3 道交法違反運転行為の下命・容認の立証の困難性／391

5 その他の関連法規違反／394

1 労働基準法／394

2 道路運送法・貨物自動車運送事業法／396

6 小　括／396

2 バスジャック・バス対象テロ対策と事業者の責任——398

1 バスジャック・バス対象テロ対策と事業者等の責任／398

1 バスジャック・バス対象テロ行為等と刑事法／398

2 事業者の法的責任／399

3 事業者等に期待される対応／401

■事項索引／403
■判例索引／407

■法令略称

自賠法：自動車損害賠償保障法

民訴法：民事訴訟法

道交法：道路交通法

労基法：労働基準法

国賠法：国家賠償法

自動車運転死傷行為処罰法：自動車の運転により人を死傷させる行為等の処罰に関する法律

人質強要処罰法：人質による強要行為等の処罰に関する法律

銃刀法：銃砲刀剣類所持等取締法

■判例集略称

民録：大審院民事判決録

刑録：大審院刑事判決録

民集：大審院民事判例集

刑集：大審院刑事判例集

判決全集：大審院判決全集

民集：最高裁判所民事判例集

刑集：最高裁判所刑事判例集

集民：最高裁判所裁判集民事

高民集：高等裁判所民事判例集

高刑集：高等裁判所刑事判例集

東高民時報：東京高等裁判所民事判決時報

東高刑時報：東京高等裁判所刑事判決時報

下民集：下級裁判所民事裁判例集

高検速報：高等裁判所刑事裁判速報

訟務月報：訟務月報

刑事裁判月報：刑事裁判月報

判時：判例時報

判タ：判例タイムズ

交通民集：交通事故民事裁判例集

労経速：労働経済判例速報
労判：労働判例
裁時：裁判所時報
自保ジャ：自保ジャーナル

序

　事業用自動車（〔乗合・貸切〕バス、ハイヤー・タクシー、トラック）は、職業運転者によって運行されるものであり、いってみれば運転のプロともいうべき人物が運転に携わっているものであって、その運転技術も高く、したがって安全性も高いレヴェルで確保されて然るべきものといえよう。しかしながら、その高い運転技術を有するとの意識が過度に作用することによって、時に重大な事故を惹起することもある。こうした事業用自動車による事故では、それらが恒常的に人または物の運送に携わっているが故に、それに起因する損害も相対的に大きなものとなりがちである。ただ、損害の多寡に関わらず、それが塡補されなければならないのは当然であり、このことは、加害車の類型に関わりなくどのような事故であっても共通する。

　これに対して、事故の責任を問うに際し、その対象が事業用自動車であるときは、自動車損害賠償保障法（以下「自賠法」という）の適用に際し、当該自動車についての所有・使用・運転等の関係ならびに事故の態様が一様ではなく、誰が運行供用者であるかを判断するに際しても多様な要素が関係してくることが予想される。

　また、事業用自動車の場合には、当該自動車の運転者と事業者との間に雇用関係が存するのが一般的であり、そうであれば、事業用自動車が加害車となった場合に、そこで発生した損害を事業者（使用者）が賠償したときには求償の問題が生じ、また加害車自体に生じた損害については、それを誰が負担すべきかという問題も出てくる。

　なお、事業用自動車にかかる事故に限るものではないが、一般的不法行為責任（民法709条）や営造物責任（国家賠償法2条）も当然に問題となろう。

　ちなみに、事業用自動車の事故にかかる統計的整理をみると、主なものは以下のようである[1]。

　まず、これら事業用自動車による事故件数、死亡者数、飲酒運転による

事故件数は、それぞれ平成 14 年が 65,966 件（バス 3,559 件、タクシー 25,970 件、トラック 36,437 件）、781 人（バス 19 人、タクシー、56 人、トラック 706 人）、428 件（バス 7 件、タクシー 151 件、トラック 269 件）であったものが、同 23 年には 49,080 件（バス 2,515 件、タクシー 21,616 件、トラック 24,860 件）、447 人（バス 12 人、タクシー 52 人、トラック 383 人）、64 件（バス 1 件、タクシー 8 件、トラック 55 件）と減少してきてはいる。

次に、事故形態等については、以下のような傾向をみてとることができる。

乗合バスについては単独事故が最も多く、次いで他車との事故が多いが、人との死亡事故は、歩行者が横断中に発生するものが多い。法令違反としては「安全不確認」、「運転操作」、「動静不注視」が多いが、そのうち「運転操作」が車内事故発生の一要因になっていると考えられる。その車内事故がいつ起きるかをみると、発進時、等速走行時、減速時、急停止時の順となっている。

貸切バスについては、他車との事故が圧倒的に多く、次いで単独事故である。また、法令違反としては「安全不確認」、「動静不注視」、「脇見運転」、「運転操作」といった順となっている。

タクシーについても他車との事故が圧倒的に多く、そのうちでも出合い頭事故が最も多い。ただ、実車時は、空車時に比べて単独事故が圧倒的に多い。そして、等速で直進している場合の事故が最も多く、右折がこれに続くが、発進時の事故も右折にほぼ匹敵する。

法令違反の内容は、やはり「安全不確認」、「脇見運転」、「動静不注視」といったものが多い。

トラックについては等速で直進しているときの事故が最も多いが、死亡事故についてみると、等速、右折、左折の順となっている。他車との事故が大半を占めているが、そのうち他車に追突する事故が最も多い。

法令違反の内容は、ここでも「安全不確認」、「脇見運転」、「動静不注視」が多い。ただ、死亡事故に限定すると、「漫然運転」、「脇見運転」、「安全不確認」の順となる。

トラックは物流が中心であるが、人の運送を主たる目的とするバス、タク

---

1) 以下は、自動車運送事業に係る交通事故要因分析検討会「自動車運送事業に係る交通事故要因分析検討会報告書」（平成 25 年 6 月）による。

シー（ハイヤー）については、急ブレーキ、乗客の姿勢不安定、道路でのバウンド、カーブ走行での車内事故、乗客の降車時、開扉に伴う車外事故も想定される。

第 I 部

民事上の責任・総論

　ここでは、特に事業用自動車に関わる問題に限定するわけではなく、自動車事故にかかる一般的な法的責任について概説する。そして、その一般的な法的責任をめぐる議論を基礎として、第 II 部における各事業用自動車の事故においてそれぞれの責任がどのような特性を帯びることになるのかを把握することに繋げる。

第1章 運行供用者責任

　1955（昭和30）年に制定された自賠法の3条において運行供用者責任なる概念が導入され、これにより被害者保護が著しくあつくなったことはよく知られている。

　自賠法3条本文は、①自己のために自動車を運行の用に供する者（運行供用者）は、②自動車の運行によって、③他人の生命または身体を害したときは、④これによって生じた損害を賠償しなければならないと定めている。したがって、運行供用者責任が成立するかどうかを確認するためには、この4つの要件を満たしているかどうかを検討していくことになる。

1　運行供用者

　運行供用者責任の主体は、いうまでもなく運行供用者である。それでは、その運行供用者とは誰か。

　自賠法自体には運行供用者の定義規定が用意されておらず、その運行供用者とはいかなる者を指称するのかについては長年にわたって議論の対象とされてきている。

1　立法関与者の見解

　立法関与者は、ドイツ道路交通法7条[1]の解釈に依拠し、自動車の運行についての支配とそれによる利益とが帰属する者を運行供用者というと考えていたようである[2]。

すなわち、自賠法3条にいわゆる「自己のために」とは、自動車の使用（運行）についての支配権（運行支配）と、その使用により享受する利益（運行利益）とが自己に帰属することを意味し、それゆえ運行供用者責任は、運転者の責任を代位するものではなく、危険責任と報償責任とを根拠とする直接責任であると解されていた。したがって、他人のために運転に従事する運転者は運行供用者に該当しないことになる。

2　判例の推移

1　自賠法の適用

自賠法3条の責任をはじめて認めた判例は最判昭和39年2月11日（民集18巻2号315頁）であった。同判決は、農業協同組合の職員が、私用のため組合所有の自動車を無断で運転していたときに発生させた事故につき、自動車の所有者と運転者との間に雇用関係等の密接な関係が存在し、かつ日常の自動車の運転および管理状況等から客観的・外形的には自動車所有者のためにする運行と認められるときは、自動車所有者は、「自己のために自動車を運行の用に供する者」というべく、自賠法3条の責任を免れえないものと解すべきとした。ここでは、「自己のための運行」の解釈につき使用者責任における外形理論が利用されているとみることができる。

---

1)　ドイツ道路交通法7条　自動車または自動車に牽引されるトレーラーの運行に際して、人の生命、身体もしくは健康が害され、または物が毀損された場合には、自動車の保有者は、侵害を受けた者に対して、それにより生じた損害を賠償する義務を負う。

②　事故が不可抗力によって惹起された場合は、賠償義務は免除される。

③　保有者に無断で自動車を使用した者は、保有者に代わって損害賠償義務を負う；同時に、自動車の使用が保有者の過失によって可能となった場合には、保有者も損害賠償義務を負う。使用者が、自動車運行のために保有者に雇用されていた場合または自動車が使用者に委ねられていた場合は第1文は適用されない。第1文および第2文は、トレーラーの使用に準用される。

2)　黒住忠行「自動車事故のひかれ損を防止－立案中の自動車損害賠償保障法－」時の法令163号（1955年）1頁、同「自動車損害賠償保障制度について」法律のひろば8巻7号（1955年）20頁。

8　第Ⅰ部　第1章　運行供用者責任

②　二元論の確立

前掲最判昭和39年2月11日は、特に運行支配という表現を用いていた
わけではなく、運行利益にも言及していなかったが、徐々に「運行支配」と「運
行利益」とが運行供用者性の肯否を判断する際の要件としての形態を調えて
前面に現れてくることになる。

最判昭和39年12月4日（民集18巻10号2043頁）は、レンタカーが起
こした事故につき、レンタカー業者は、借主の運転使用について何ら支配力
を及ぼしえないのであるから、借主のみが運行供用者であって、レンタカー
業者は運行供用者ではないとし、最判昭和43年9月24日（判時539号40頁）
は、子が父に自動車を貸し、父が同自動車を営業車として常用していた場合
につき、子は、自動車の運行自体について直接の支配力を及ぼしえない関係
にあったところ、自賠法3条にいう「自己のために自動車を運行の用に供
する者」とは、自動車の使用についての支配権を有し、かつ、その使用によ
り享受する利益が自己に帰属する者を意味するとして、子の運行供用者性を
否定した。

ここでは、運行支配を直接の支配ととらえると同時に、運行供用者といえ
るためには「運行支配」と「運行利益」という2つの要素を要するとされ
たのである（最判昭和44・1・31判時553号45頁も人的従属関係がある場合に
つき二元論を採用した）。

その後、被害者をよりあつく保護すべきとの要請に応えるべく、運行供用
者性を緩やかに認めようとする方向が示される。まず、運行支配については、
自動車の運行に対する直接の支配でなければならないという姿勢が緩和され
る。

最判昭和43年10月18日（判時540号36頁）は、貸金の担保として自動
車を預かった債権者の従業員がその自動車を無断で使用して事故を起こした
という事案において、債権者は、少なくとも事実上運行支配を管理しうる地
位にあったから、その支配管理下における自動車の運行については、自賠法
にいう保有者としての責任を負わなければならないとし、事実上の支配力と
運行利益という二元論が登場することとなり、次いで、最判昭和44年9月
12日（民集23巻9号1654頁）は、自動車修理業者が修理のために預かった

自動車を、その被用者が無断で私用運転中に事故を起こした場合において、特段の事情が認められない限り修理業者の運行供用者性は肯定されるとし、運行支配は客観的支配で足りるとした。

さらにその後、自動車に対する支配という観念がより希薄化したと捉えられる状況が現れる。最判昭和45年7月16日（判時600号89頁）は、自動車所有者（兄）の家族が共同でガソリンスタンドを経営しており、そのガソリンスタンドの仕事のためにも加害車を使用していたという場合において、未成年の妹が事故を起こしたことにつき、所有者である兄はもとより、一家の責任者として営業を統括していた者と目すべき父も、その自動車について指示、制御をなしうべき地位にあり、かつ、その運行による利益を享受していたものということができるから、父は、兄とともに運行供用者であるとした（なお、最判昭和47・10・5民集26巻8号1367頁、最判昭和48・12・20民集27巻11号1161頁は、いずれも、事故当時自動車の運行について指示、制御をなしうる地位になかった自動車所有者の運行支配〔運行供用者性〕を否定している）。

このように、運行支配の有無を判断するに際しての判例の姿勢は、直接の支配（現実支配）がなければならないとする立場から、事実上の支配（支配の可能性）があればよいというものを経て、運行について指示、制御をなしうべき地位にある者も運行を支配しているとする立場へと移ってきている。

他方、運行利益についても、運行自体から発生する利益に限らず、その客観的・外形的考察を許すものが現れている（最判昭和46・7・1民集25巻5号727頁は、無断私用運転中の事故につき、所有者の運行供用者責任を認めた）。

そして、最判昭和46年11月9日（民集25巻8号1160頁）、最判昭和50年5月29日（判時783号107頁）によりレンタカー業者の運行供用者性も肯定されるに至り、前掲最判昭和39年12月4日は実質的に変更されることとなった。これら2判決も二元論の立場に立つ。

③ 法的地位説の登場

こうして、運行支配の内容を緩やかに解し、運行利益についても同様の姿勢を示しつつ、それらを運行供用者性の肯否を決定する際の要件とする、いわゆる二元論が圧倒的多数を占める判例の流れと並行するように、東京地判昭和40年12月20日（判時438号41頁）を嚆矢とする法的地位説が現れ、

ここから運行利益を運行支配の一徴表とみる一元論が台頭してくることとなった。

これは、運行供用者の要件としては、抽象的な運行支配のみで足りるとし、自動車の所有権、賃借権等の内容として、特に運行支配が排除されるような制限がない限り当然に運行支配権原を含む地位を取得する者を一般的抽象的に運行供用者と認め、運行支配を排除するような制限があるとき、または運行支配を消滅させるような事由が発生したときは、運行供用者たる地位の取得が阻却され、または運行供用者たる地位を失うとするものである。

4 二元論と一元論の交錯

下級審裁判例において法的地位説によるものが登場した後も二元論に従う判例が続いていたが、その後一元論に従うとみられるものが現れるに至った。

最判昭和49年7月16日（民集28巻5号732頁）、最判昭和50年11月28日（民集29巻10号1818頁）は、いずれも子が起こした事故について、その父の運行供用者性が問われたものであるが、運行支配、運行利益という概念を用いることなく、「自動車の運行を事実上支配、管理することができ、社会通念上その運行が社会に害悪をもたらさないよう監視、監督すべき地位にあった」として、これを肯定しているところ、父には何らの運行利益も考えられないのであり、これらは事実上の一元論に立ったものと捉えておいてよいであろう。

また、泥棒運転に関する最初の最高裁判決である前掲最判昭和48年12月20日（タクシー会社の有蓋車庫にキーをつけたまま駐車させてあったタクシーを、タクシー営業をした後乗り捨てるつもりで盗み出した者が事故を起こした事案）は、保有者（タクシー会社）は、運行を指示、制御すべき立場になく、運行利益も保有者に帰属していたとはいえないとして、その運行供用者性を否定したが、その後、最判昭和57年4月2日（判時1042号93頁——C会社〔自動車所有者〕建物前の公道上にエンジンキーを差し込んだまま半ドア状態で駐車させてあった普通乗用車にA・B両名が乗り込み〔A運転、B助手席同乗〕、Aが自宅に乗って帰るべく、これを窃取しようと決意して150mほど進行させた時点でコンクリート柱に激突するという事故を起こし、Bが死亡した事案）は、A、B、C三者とも運行供用者（共同運行供用者）であると認めたうえで、A、Bは、Cに

対し他人であることを主張することができないとしたものであるが、これは、泥棒運転の場合に、およそ、運行利益を享受しているとはいえない被窃取者（自動車の保有者）の運行供用者性を認めることを前提としたものと捉えることができる。

このように、一元論に拠ったとみなければならない裁判例も存するものの、判例は、基本的には二元論に従い（最判平成9・11・27判時1626号65頁も、運行供用者責任を否定するに際し、自動車所有者は運行を指示、制御することはできなかったし、運行利益もなかった、とわざわざいっている）、運行支配については、現実支配説→支配可能性説→客観的支配説→自動車の運行について指示、制御をなしうべき地位説→事実上の支配説、運行利益については、運行それ自体から生ずる利益説→間接利益説→無形利益説へと、その判断姿勢を移してきているとみておくことができよう。

❸　学説の展開

判例は、運行支配と運行利益とを運行供用者性判断のメルクマールとしつつ、そのいずれについても規範的な概念を持ち込むことにより被害者保護をあつくすることに努めてきた。しかし、そうすることによって運行支配・運行利益本来の意味はきわめて希薄化されることになり、それらには基準としての意味がなくなったとの批判が加えられ、学説は、これらに代わる新たな判断基準を定立することによって運行供用者概念を捉えようと努めることとなった。その主なものは以下のようである。

ⓐ**危険性関連説**[3]　運行供用者とは、自動車事故によって生じた損害との関係で、自動車の有する危険（他人の生命、身体を毀損する危険性）の実現に（直接的にであれ、間接的にであれ）加担したと評価される者をいうとする。

ⓑ**人的物的管理責任説**[4]　運行供用者とは、当該自動車の運行が、その者のためであると法的に認められているがゆえに自動車についての人的物的

---

3)　石田穣「『運行供用者』概念の再構成」法協92巻5号（1975年）1頁（11頁以下）、同「自動車事故法の理論的諸問題」ジュリ609号（1976年）71頁（75頁以下）。

4)　前田達明「運行供用者について」同『判例不法行為法』（青林書院新社、1978年）190頁以下。

12 第Ⅰ部 第1章 運行供用者責任

管理責任を負う者であるとする。

　ⓒ**保有者管理地位説**[5]　　運行供用者性は運行支配と運行利益とをメルクマールとして判断されるものであるところ、運行支配は自動車に対する使用権限（管理すべき地位）、運行利益は運行計画や運行・保管費用等を意味するものであるから、誰が運行供用者責任を負うかは、泥棒運転の場合を除いて、誰が保有者であるかを判断すればよいとする。

　ⓓ**事故防止決定可能性説**[6]　　自動車事故においては、その事故の防止が最も重要であるところ、運行供用者とは、社会通念上完全な自動車事故の防止（運行禁止・使用禁止・貸与中止等）を決定しうる可能性のある者をいうとする。

　ⓔ**制御可能性説**[7]　　運行供用者とは、自動車の運行による危険の具体化を制御することができる立場にある者で、かつ、危険の具体化を制御すべき可能性があると評価しうる者をいうとする。

　ⓕ**供用支配説**[8]　　運行供用者とは、「自動車を運行の用に供する者」であるところ、運行に重きをおくのではなく、供用に着目し、供用支配を有する者を運行供用者とみるべきであるとするものである。

4　現在の状況

　このように、判例は、基本的に二元論に立っているものの、近時においても一元論に立つ裁判例もみられ（東京地判平成16・10・18交通民集37巻5号1384頁等）、学説は、判例の依拠する運行支配・運行利益に拠らない判断指

---

5)　伊藤高義「運行供用者責任」ジュリ増刊総合特集No.8『交通事故－実態と法理』（1977年）82頁（85頁）。

6)　高崎尚志「運行供用者理論の新展開」不法行為法研究会編『交通事故賠償の現状と課題』（ぎょうせい、1979年）49頁（57頁）。

7)　伊藤文夫「運行供用者について」石田満編集代表『保険法学の諸問題』（文眞堂、1980年）25頁（37頁）。

8)　藤村和夫＝山野嘉朗『概説　交通事故賠償法＜第3版＞』（日本評論社、2014年）121頁以下・167頁以下、藤村和夫『交通事故Ⅰ　責任論』』（信山社、2012年）27頁以下。また、同31頁以下では、運行供用者性判断に関する従来の学説、判例を検討して本来のあるべき姿に迫ろうとしている。

標を模索している状況であるが、比較的近時、改めて二元論に立つことを明確に示す裁判例が相次いで現れた。

東京地判平成 19 年 7 月 5 日（交通民集 40 巻 4 号 849 頁）、仙台地判平成 20 年 5 月 13 日（自保ジャ 1768 号 16 頁）である。

いずれも自殺を企図してレンタカーを借り受けていた事案であるが、運行支配については、必ずしも当該自動車の運行に対する直接的、具体的な支配の存在を要件とするものではなく、客観的・外形的にみて自動車の運行に対し支配を及ぼすことができる立場にあり、運行を支配、制御すべき責務があると評価される場合には、これが肯定されるべきであり、運行利益の帰属については、客観的・外形的に観察して、法律上または事実上、何らかの形でその者のために運行がなされていると評価される場合には、その運行利益が肯定されるべきであるとしたうえで、レンタカー契約の際、借主が、仮に自殺に用いる目的を有していたとしても、それは単なる主観的意思にすぎず、事故当時、客観的・外形的にみて借主に返還意思のないことが明らかであったとはいいがたいとして、レンタカー会社の運行支配と運行利益とを認めた。

こうして、判例は、動揺しているかのようにみえはするものの、やはり基本的には二元論に立っていると解しておくことができよう。学説の主張は、いずれも裁判所に受け容れられるに至っていない。

2 運行によって

　運行供用者は、自動車の「運行によって」他人の生命または身体を侵害して損害を発生せしめたときに損害賠償責任を負う。それでは、その自動車の「運行によって」とはどのような態様をさすのか。

　自動車事故が発生する態様はきわめて多様である。大きく分けても、事故原因となる自動車が走っている場合と駐（停）まっている場合とをあげることができる。さらに、同じく走っている自動車の場合であっても、道路上の事故のみならず、道路以外の場所での事故、非接触事故、被牽引車による事故、無人自動車による事故等があり、駐（停）まっている自動車が事故原因となるのは、駐停車車両への衝突事故、ドアの開閉が関係する事故、荷積み・荷下ろし等の作業中の事故等があげられる。いずれの事故態様であるかを問わず、運行供用者責任が成立するには、事故が当該自動車の「運行によって」生じたことを要するのである。

　この「運行によって」という表現で意味されるものが何かについては、これまで「運行」の意義と「によって」の意義とに分けて考察されることが多かったが、その峻別は容易ではなく、近時は「運行起因性」として捉えられることが少なくない。順次、みていくことにしよう。

■ 「運行」の意義

　自賠法2条2項は、「この法律で『運行』とは、人又は物を運送するとしないとにかかわらず、自動車を当該装置の用い方に従い用いることをいう」とし、道路運送車両法2条5項は、「……『運行』とは、……道路運送車両を当該装置の用い方に従い用いること……をいう」としているところから、まずは、自動車の「当該装置」とは何をさし、「用い方に従い用いる」とはどのような態様を意味するのかが問われることになる。

2 当該装置の意義

諸説存するが、主なものは以下のようである。

ⓐ **原動機説**　自動車とは、原動機により陸上を移動させることを目的として製作された用具であるから（自賠法2条1項、道路運送車両法2条2項）、その自動車の運行である以上、「当該装置」とは原動機装置をさし、「用い方に従い用いる」とは、原動機の作用によって陸上を移動させることをいうとする。したがって、運行は、基本的にエンジンによる発進から停止までの走行に限定される。

ⓑ **走行装置説**　当該装置には、ハンドルやブレーキその他の走行に関連する装置も含まれるとし、「用い方に従い用いる」には、原動機以外の走行装置を操作して走行する場合も含まれると解する。

ⓒ **固有装置説**　当該装置には、原動機や走行装置のみならず、自動車の構造上設備されている各装置のほかクレーン車のクレーン、ダンプカーのダンプ、ミキサー車のミキサー、トラックの側板・後板等、当該自動車に固有の装置も含まれ、「用い方に従い用いる」とは、これらの装置の全部または一部をその目的にしたがって使用することと解する。

ⓓ **車庫から車庫説**　自動車それ自体が当該装置であり、したがって、自動車が車庫を出てから車庫に戻ってくるまでの間は、駐停車中も含めて運行にあたると解する。

ⓔ **自動車機能使用説**　自動車が、その用途・目的に従って用いられている状態にあることが運行であるとするものである。

　判例は、当初、原動機説をとっていた（神戸地判昭和34・4・18判時188号30頁——「自動車の『運行』とは、自動車を当該装置の用い方に従い用いること、すなわち自動車を原動機により移動せしめることをいう」とした）が、その後、走行装置説（最判昭和43・10・8民集22巻10号2125頁——当該装置とは、原動機に重点をおくものではあるが、必ずしもそれのみに限定する趣旨ではなく、ハンドル、ブレーキ等の走行装置もこれに含まれると解すべきであるとした）を経て、固有装置説（最判昭和52・11・24民集31巻6号918頁——自動車を当該装置の

用い方に従い用いることには、自動車をエンジンその他の走行装置により位置の移動を伴う走行状態におく場合だけでなく、クレーン車を走行停止の状態におき、操縦者において、固有の装置であるクレーンをその目的に従って操作する場合も含むとした）を採るに至っており、今日では、固有装置説が判例の採るところといえる。

　近時は駐車車両が事故の契機となることも少なくないが、固有装置説に拠るときは、車両が駐車している状態をもってただちに「運行」と捉えることには無理があり、走行との時間的・場所的関連、駐車目的等から、当該駐車が前後の走行行為と一体といえるか否かによって「運行」性を判断していくことになる。しかしながら、自動車の機能が高度に多様化し、事故の発生形態もそれほど単純ではなくなってきている状況においては、固有装置説では適切な処理が望めない場合が出てくる。裁判例には、車庫から車庫説に依拠したと思われるものも散見されるようになってきている（たとえば、千葉地判平成13・1・26判時1761号91頁）。

❸ 運行「によって」の意義

　この解釈をめぐっても見解の対立がみられるところ、次の三説がよく知られている。

　ⓐ**相当因果関係説**　運行を事故の原因力と解し、その運行と事故（生命、身体の侵害）との間に相当因果関係があることを要するとする。

　ⓑ**事実的因果関係説**　相当因果関係説に拠るときは、予見可能性に関わる事柄についても原告側に立証責任が課されるが、これは自賠法3条本文の趣旨とは相容れないとして、請求原因としては、運行と事故との間に事実的（条件的）因果関係があれば足りるとする。

　ⓒ**運行に際して説**　ドイツ道路交通法7条1項が "bei der Betrieb"（運行に際して）と規定していることに示唆を得て、文字通り、運行に際して事故が発生したものであればよく、運行と事故との間に時間的・場所的接着関係があればよいとする。

　通説、判例（前掲最判昭和43・10・8、最判昭和47・5・30民集26巻4号939頁——加害軽二輪車と被害歩行者との非接触事故、前掲最判昭和52・11・24、

最判昭和 54・7・24 交通民集 12 巻 4 号 907 頁——国道から道路外の施設に入るため右折しようとした甲バスに衝突しそうになった対向直進乙車がハンドルを右に急転把したところ、甲バスの後続車たる丙車〔被害車〕と衝突した事故につき、甲バスの右折と乙車・丙車の衝突事故との間に相当因果関係があるとした事例）は相当因果関係説を採っている。

運行と事故との間に相当因果関係が存するか否かの判断にあたっては、運行と結果（事故発生）および結果発生に至る経緯を総合的に考慮して判断すべきことは当然であるところ、そうであれば具体的事案の考察に際しては、上記ⓐ、ⓑ、ⓒ各説の違いがどのように現れるかはかなり微妙な問題となろう。

また、同じ相当因果関係説に立つ場合であっても、運行と事故との間に因果関係があることの主張、立証責任は被害者（損害賠償請求者）側にあるとするもの（東京地判昭和 46・9・30 判タ 271 号 348 頁〔控訴審は東京高判昭和 49・2・7 交通民集 7 巻 1 号 37 頁〕）と運行供用者側にあるとするもの（広島地判昭和 45・5・8 交通民集 3 巻 3 号 675 頁——「運行によって」とは、文理上車の運行と損害との間の因果関係をいうものであって、たんに「運行に際して」の意味に解することはできないが、その因果関係とは、民法上一般に要求される行為と損害との間の相当因果関係を指すものではなく、いわゆる条件説的因果関係を指すものと解するとし、自動車の運行と事故発生との間の相当因果関係を被害者側が立証することは容易ではなく、その立証責任を被害者側に負担させるというのであれば自賠法 3 条ただし書の趣旨が没却されることになるから、被害者側で立証すべきものは条件説的因果関係の存在のみで足り、運行供用者の側において相当因果関係の不存在を立証すべきとする）とがあり、そのいずれに拠るかによって状況は大きく異なる。

4 運行起因性の肯否

(1) メルクマールとしての「運行起因性」

「運行によって」の意義を検討するに際し、これを「運行」と「によって」とに分解してそれぞれの意義を明らかにしたうえで、その「運行によって」の意義を理解しようとしたことは、その手法としては十分納得しうるもので

あった。しかし、「運行」については固有装置説、「によって」については相当因果関係説を採るという判例の立場に立ったとしても、両者を結びつけることによってただちに「自動車の運行によって」事故が発生し、人身侵害が生じたものか否かを判断することが容易ではない場合も少なくなかった。

「運行によって」を文字通り受けとめれば、これを「運行起因性」という言葉で置き換えることができようが、先に述べたように、近時は、とくに「運行」と「によって」とを明確に峻別することなく「運行起因性」としての肯否として捉えていこうという動きがみられる。その際には、用いられていた装置がどのようなものであって、その装置がどのように用いられていたのか、自動車が駐停車中の事故であれば、駐停車するまでの走行状況と駐停車の時間（長さ）および駐停車後の走行予定等はどうであったのか、車内、車上あるいは当該車両周辺で行われていた作業が関わっていたような場合であれば、その内容が具体的にどのようなものであったのか等を総合的に勘案したうえで、その肯否が決されることになろう。

(2) 運行起因性が問題とされた裁判例

判例においては、駐車中の車両に関わって何らかの作業（行為）が行われ、その作業遂行中に事故が発生した場合に「運行起因性」が問題とされたものが目立つ。

❶最判昭和 56 年 11 月 13 日（判時 1026 号 87 頁）

古電柱の積下ろし人夫として雇われた者（被害者）が古電柱の集荷作業に従事して材料置場に到着し、約 1 時間の休憩の後、古電柱の荷下ろし作業を始めたところ、積載してあった古電柱のうちの 1 本が突然落下して、その下敷きとなり死亡したという事故につき、被害者遺族と当該車両の保有者等との間で訴訟上の和解が成立し、これに従って支払いをなした同保有者等が、本件事故は当該車両の「運行によって」生じたものであり自賠法 3 条の責任を履行したものであるとして、自賠責保険会社に対し自賠法 15 条による保険金の支払いを求めた事案において、本件事故は、当該車両が駐車してから 1 時間あまり経過した後の荷下ろし作業中に起きたものであり、その荷下ろし後に当該車両の走行が予定されていたものでもないとして「運行によって」生じたものではないとした原審判断を維持した。

これに対し、

❷最判昭和 57 年 1 月 19 日（民集 36 巻 1 号 1 頁）

左後輪が盛土にはまって自力で動けなくなったダンプカー（甲車）と、これをワイヤーで牽引して引き上げようとしていたブルドーザー（乙車、無保険車）との間に入って、両車両を連結するワイヤーをかけてあった乙車後部に立ててあった鉄棒の上部を握っていた A が、後退してきた乙車と甲車との間に挟まれて死亡した事故につき、第一審の認定した事実関係の下では、A は甲車の「運行によって」傷害を受け死亡したものということができるとした原審の判断を維持したものである。その第一審の認定した事実関係は以下のようである。

A の打撲は甲車の場所的な移動によって生じたものではなく、直接的には乙車の後進によって生じたものであるが、甲車が、当該場所に存在していなければ生じなかったものであり、また、甲車の運転者 B は、エンジンを始動させアクセルを踏んで乙車の牽引に応じて甲車を前進させようと操縦操作していたものであるから、同車の当該装置の用い方に従い同車を使用していた場合にあたり運行中でもあったのであるから、同車の存在と A の被害との間に因果関係があったことは優に首肯でき、さらに、甲車と至近距離にあって一時的に牽引の用に供された乙車は、甲車の補助道具とみられ、乙車の運転者 C は、甲車を走行させるための運転補助者とみられることから、乙車の瞬時的な走行は法的に甲車の運行と同一視され、したがって、A の被害は甲車の「運行によって」生じたものであるとしたのであった。

本件は、乙車が無保険車であったことから、自賠責保険を機能させるためには、被害が、甲車の運行によって生じたものでなければならないところから、このような思考が働かされたものと思われる。

次に、フォークリフトによる資材運搬に関わって発生した事故につき、最高裁の同一小法廷において同日に出された 2 件の判決——結論を異にした判決が注目される。

❸最判昭和 63 年 6 月 16 日（民集 42 巻 5 号 414 頁、判時 1291 号 65 頁）

道路上にフォーク部分を進入させた状態で停止中のフォークリフトのフォーク部分に、同道路を走行してきた軽四輪自動車が衝突して同車運転者が受傷した事故につき、そのフォークリフトではなく、道路反対側に停車し

ていた木材運搬用の貨物自動車の運行性が問題とされたものである。

本判決は、当該貨物自動車がフォークリフトによる荷下ろし作業のための枕木を荷台に装着した貨物自動車であり、同車運転者が、荷下ろし作業終了後直ちに出発する予定で一般道路に同車両を駐車させ、フォークリフトの運転者と共同して荷下ろし作業を行っていたものであって、本件事故発生時はフォークリフトが3回目の荷下ろしのため同車両に向かう途中であった等の事情があっても、本件事故は、同車両の当該装置の用い方に従い用いることによって生じたものであるとはいえないとした。

❹最判昭和63年6月16日（判時1298号113頁、判タ685号151頁）

荷台にフォークリフトのフォーク挿入用の枕木が装着してある木材運搬用の貨物自動車から、その枕木により生じている木材と荷台との間隙にフォークを挿入し、フォークリフトを操作して木材を荷台から反対側に突き落とす作業をしているときに、たまたまそこを通りかかった6歳の女児が木材の下敷きになって死亡した事故に関するものである。

本判決は、枕木が装着されている荷台は同貨物自動車の固有の装置というに妨げなく、本件荷下ろし作業は、直接的にはフォークを用いて行われたものであるが、同時に、その荷台をその目的に従って使用することによって行われていたものというべきであるから、本件事故は、同車を「当該装置の用い方に従い用いること」によって生じたものであるということができるとして、その運行起因性を認めた。

❸❹は、いずれも固有装置説に立ったものといえようが、その当該（固有）装置の用い方と事故（被害）発生との関わりの度合い（それが相当因果関係の肯否につながる）によって結論を異にすることになったものと思われる。

荷台に関わるその他の裁判例としては次のものもある。

❺甲府地判平成3年1月22日（判タ754号195頁）

自動車の幌付き荷台で荷下ろし作業中に、積荷を転倒させて作業を手伝っていた作業員をその積荷の下敷きにして死亡させた事故につき、その幌付き荷台は自動車の固有装置であって、本件荷下ろし作業は、その幌付き荷台をその目的に従って使用することによって行われたものというべきであるとして運行起因性を認めた。

❻仙台高判平成14年1月24日（判時1778号86頁）

貨物自動車の荷台上で積荷（畳の芯素材）を積み替える作業をしていた者が転落して死亡した事故につき、荷台が同車両の固有装置ということはできるが、本件事故が、自動車の当該装置の用い方に従い用いることによって生じたもの、すなわち、自動車の荷台の使用から通常予想される危険が発現したものということはできず、車両の運行と事故との間には相当因果関係がないから、事故が自動車の「運行によって」生じたものとは認められないとした。

　このように、当該装置にも事故形態にも類似性が認められる場合であっても、異なる判断が導かれる。その違いは、「用い方に従い用いる」と「によって」をいかに解釈するかによって現れるものといえようか。

　さらに近時、自然災害との関わりをめぐって「運行起因性」が問題とされる場面も注目される。

❼東京地判平成 24 年 12 月 6 日（交通民集 45 巻 6 号 1429 頁）

　以下のような事故について、運行起因性、相当因果関係、免責事由が問題とされたものである。

　A1 運転、A2（A1 の妻）・A3（A1・A2 の長男）・A4（同次男）同乗の普通乗用車が、台風による集中豪雨のため冠水していた道路に進入して走行不能になったため、4 名全員が同車から降りて避難する際、A1、A2、A3 の 3 名が濁流に流されて死亡した。

　A3 の相続人は X（A2 の実母、A3 の祖母）と A5（A1 の実父）であるところ、X と A5 は、本件事故に基づく A3 の自賠責保険金請求権を X が全部相続する旨の遺産分割協議を成立させた。

　そこで、X は、Y（自賠責保険会社）に対し、A1 を運行供用者として、自賠法 16 条 1 項に基づき、A3 が取得した損害賠償請求権の相続分と A2 死亡による固有慰謝料とにつき、保険金額の限度で各損害賠償額の支払いを求めたところ、Y がこれを拒絶したので提訴に及んだ。

　本判決は、集中豪雨の中、A1 らが死亡するに至る事実関係を認定したうえで、A1 車が停止した理由は明らかではないとしつつ、A2、A3 の死亡は、「100 年に一度の降雨を凌ぐ予測を超える局地的な集中豪雨による甲川の氾濫という自然災害によるものであって、自動車本来が有する固有の危険性が具体化したものではないから、本件車両の運行によるものとはいえない」として X の請求を斥けた。

その控訴審判決（東京高判平成 25・5・22 交通民集 46 巻 6 号 1701 頁）は、A1 車が自損事故を惹起したと認めることはできないとしたうえで、仮に、自損事故があり、A1 にその事故について予見可能性があったとしても、A1 らが避難を開始するまでには一定程度の時間が経過しており、また、A1 らが流された場所は A1 車の停止場所とは若干離れた場所であって、A2、A3 の死亡は本件自損事故とは時間的にも場所的にも近接しているとはいいがたく、両名の死亡は本件自損事故と直結しない甲川の氾濫＝不可抗力によるものというべきであるとして、控訴を棄却した。

　自動車の運行と自然災害とが競合した場面における「運行起因性」の肯否判断は、運行の具体的態様および自然災害の内容・程度等と事故（被害）発生との関わりがどのようであったかを明らかにすることが必ずしも容易ではないことから、困難なものとなろう。

　「運行によって」の解釈につき判例の立場を前提とした場合、自動車が本来的に有する固有の危険性に着目するか、事故と被害（損害）との間の時間的、場所的近接性というものに着目するかというアプローチのみに終始してよいものか、なお検討の余地があろう。

3　他人性

運行供用者は、自動車の運行によって「他人」の生命または身体を害して損害を発生せしめたときに損害賠償責任を負う。それでは、その「他人」とはどのような者をいうのか。

1　「他人」の意義

自賠法には、運行供用者と同様、他人についての定義規定が存在せず、それゆえ、どのような者が他人にあたるのかも問題とされる。

自賠法によって責任を負担するのが運行供用者であり、同法によって保護を受けるべき者が他人であるから、基本的に、ここにいわゆる他人とは、運行供用者からみた他人を意味するといって差し支えないであろう。しかし、運行供用者以外の者であれば、すべからく他人とみてよいのかをめぐって長らく議論されてきているし、その議論は、運行供用者であっても他人となりうる場合があるのではないかというところにまで及んでいる。

具体的に、「この者（＝被害者）」が他人にあたるかどうかについては判例を通じて明らかにされてきている。

最判昭和37年12月14日（民集16巻12号2407頁——道路にあった凹みに車輪が落ち、そのためタイロット・アームが損傷してハンドル操作の自由を失い、川原に転落して運転者が死亡した事案）は、当該事故自動車の運転者は「他人」に含まれないことを明らかにし、次いで、好意・無償同乗者の他人性を肯定したリーディングケースである**最判昭和42年9月29日**（判時497号41頁）が、同乗者の他人性を肯定するにあたって、他人とは、「自己のために自動車を運行の用に供する者および当該自動車の運転者を除く、それ以外の者」と定義するに至り、その後の裁判例は概ねこれを踏襲しているといってよいであろう。それゆえ、他人とは、運行供用者、運転者、運転補助者以外の者をいうということになる（自賠法2条4項は、「『運転者』とは、他人のために自動車の運転又は運転の補助に従事する者をいう」と定めており、運転補助者は運転者と同視される〔最判昭和57・4・27判時1046号38頁参照〕）。

ただ、前述のように、他人をめぐる議論はこれに尽きるものではない。

② 好意・無償同乗者の他人性

① 他人性の肯定

前掲最判昭和 42 年 9 月 29 日は、好意・無償同乗者の他人性を肯定したリーディングケースだと述べたが、その好意・無償同乗者とはいかなるものをいうのかについての明確な定義のようなものは存しない。文字通り、好意かつ無償で、無償ではないが好意で、あるいはたんに無償で、それぞれ同乗させてもらっている者をいうと捉えておいてよいであろう。

同判決は、自賠法 3 条にいう「他人」とは、運行供用者および当該自動車の運転者を除く、それ以外の者をいうと解するのが相当であるところ、運転者（運行供用者）は、酩酊して助手席に乗り込んだ被害者の同乗を拒まなかったのであるから、同被害者を他人にあたるとした原審の判断は相当であるとした。

学説および下級審裁判例においては、好意・無償同乗者も当然に他人にあたるとされていたのであるが、それが最高裁によっても承認されたのである。

② 好意・無償同乗を理由とする減額

その後、好意・無償同乗者の他人性を認め、その運行供用者に対する責任追及を認めるとしても、被害者が好意・無償同乗者であることを理由として、運行供用者の責任を減じて然るべきではないかという考え方が現れることとなった。当然のことながら、これは加害者（支払い）側から主張されるようになったものである。

なるほど、（被害者を）好意・無償で同乗させた運行供用者が、発生した損害のすべてを負担しなければならないとすると、運行供用者にとって酷であるともいえるとして、この考え方に与する者も少なくなかった。しかし、この考え方を認めるとしても、運行供用者の責任制限を容認する明文規定が存するわけではないところから、これを理論的にいかに説明すべきかが議論された。

学説上は、①責任肯定説、②他人性阻却説、③運行供用者責任相対説、④

割合的責任説、⑤修正責任相対説、⑥共同危険関与説、⑦個別的解決説等、多彩な見解が展開された。

　ただ、これらは、各説が想定する事故形態（事案）においては適切な解決を導くことができるものと思われるところ、好意・無償同乗事案のすべてに妥当するものは見出しがたい状況であった。

　他方、裁判例の姿勢も一様ではなく、①何ら減額することなく、全損害の賠償を命じたもの、②損害賠償責任を全面的に否定したもの、③損害賠償額を割合的に減額したもの、④慰謝料算定において斟酌したもの、等に分かれるが、大勢としては減額を認める方向で推移していった。その際、どの見解に拠っているかは容易に判別しがたい状況であった。

　しかしながら、その後、このような状況はかなり変化してきているといわなければならない。学説上は、比較的早くから好意・無償同乗のみを理由として減額を認めることに批判的なものが少なくなかったが、裁判例も同様の方向に傾いてきているといえる。すなわち、好意・無償同乗のみを理由として単純に責任制限を認め、減額をすることはほとんどなくなってきており、同乗の経緯等に照らして被害者の側に過失と目しうるような事情が存する場合に限って減額するという方向へ移ってきたといってよいであろう。

　近時、大阪地判平成27年7月24日（自保ジャ1956号138頁）が、一緒に飲酒した後、Yが運転し、A・Bが同乗する乗用車が左右にふらついていたことからパトカーに追尾され、その追尾を免れようとして信号違反や一方通行違反をしながら走行していたところ、タンクローリー型トレーラーに衝突してY、A、Bの3名が死亡し、A、Bの各相続人が、Yの相続人に損害賠償請求した事案につき、「好意同乗減額の可否」について判断し、それぞれ2割を減額するのを相当としたが、A、Bは、Yの運転が飲酒による影響によって危険であることを認識しながら同乗したということから、端的にA、Bの過失を認め過失相殺として処理して差し支えなかったのではないかと思われる。

❸ 妻の他人性

運行供用者の親族、とりわけ生計を共にする配偶者や子が被害者となった場合、その者らは他人として損害賠償を請求することができるのかという問題が浮上してきた。

具体的に、夫運転、妻同乗の自動車が事故を起こし、夫は無傷であったが、妻が死傷したという場合でみてみよう。被害者である妻（またはその相続人）は、運行供用者たる夫に損害賠償を請求することができる（はずである）。しかしながら、実際問題として損害賠償請求が行われるかどうかである。というのは、損害賠償請求が行われたとすると、加害者＝運行供用者＝損害賠償義務者たる夫は、被害者＝損害賠償請求権者たる妻（またはその相続人）に対して損害を賠償することになるが、その賠償金を受領するのは被害者たる妻（またはその相続人＝夫および子ら）であって、いってみれば、夫は、生計を共にしている妻に対して、あるいは自分で自分（および子）に対して賠償金を支払うということになる、つまり、（夫の）財布から出た金員が、同じ財布に戻ることになるからである。

他方、前掲最判昭和37年12月14日、同昭和42年9月29日によれば、被害者が運行供用者と生計を共にするその妻であったとしても、運転者でも運転補助者でもない者が「他人」であることは否定されない。また、妻が自賠責保険金の支払いを受けるためには、やはり「他人」であることが前提となる（自賠法3条、11条、16条参照）。

判例は、妻（配偶者）は、運行供用者たる夫（他方配偶者）に対し「他人」であることを主張しうるということで確定している。

最判昭和47年5月30日（民集26巻4号898頁）は、A運転の自動車が崖下に転落し、同乗していたX（Aの妻）が6か月の治療を要する重症を負い、Xが、自賠法16条に基づき自賠責保険金の支払限度額（30万円）をY（自賠責保険会社）に請求したという事案において、被害者が運行供用者の配偶者であるからといって、そのことだけで、その被害者が他人にあたらないと解すべき論拠はなく、具体的な事実関係の下において判断すべきであるとしたうえで、当該自動車の用途（Aの通勤等）、ガソリン代・修理費の負担者（A）、

専ら運転する者（A）、Xは運転免許を取得していないこと、Xが助手席に同乗していたこと、Xが運転の補助を命ぜられたこともないこと等の事実関係に基づいて、Xは自賠法3条にいう他人にあたると解するのが相当であるとした。そして、夫婦の一方の過失に基づく交通事故により損害を受けた他方配偶者は、加害者たる配偶者に対し損害賠償請求権を有する限り、自賠法16条1項により損害賠償の支払いを請求することができるとした。

被害者が配偶者ではなく、子であっても同様に解して差し支えない（子については、東京高判昭和46・1・29交通民集4巻1号35頁ほか参照）。

4　共同運行供用者の他人性

かつて、自動車を運転するのは当該自動車の所有者あるいはその者と雇用関係にある被用者であるのが普通であった時代には、1台の自動車に運行供用者は1人と当然のように受け止められていた。

しかしながら、そのような状況は大きく変化した。自動車の利用形態が複雑化すると同時に被害者保護の要請が高まってきたことも相俟って、運行供用者の範囲が拡張されていくことになったのに伴い、運行供用者は、1台の自動車に1人しかいないというわけではなく、複数の運行供用者が存在しうることが承認されるに至った。

そして、1台の自動車に複数の運行供用者がいると認められる場合において、そのうちのある者が被害者となって損害を被った場合、その者が他人として自賠法による保護を受けて然るべきと解されることがあって差し支えないのではないかとの考え方が現れることとなった。すなわち、前掲最判昭和42年9月29日によれば、他人とは、運行供用者および当該自動車の運転者を除く、それ以外の者をいうとされ、およそ運行供用者は他人たりえないものであったが、これを修正するというものである。

最判昭和50年11月4日（民集29巻10号1501頁〔代々木風俗店事件〕）は、そのリーディングケースといえるものであるが、そこでは、運行供用者はすべて一律に他人たりえないというべきではなく、運行支配の程度が「直接的、顕在的、具体的」である運行供用者が他に存在する場合には、その程度が「間接的、潜在的、抽象的」であって被害を被った運行供用者は、他人として保

護される余地があるという姿勢が示された。ここにおいて共同運行供用者の他人性がクローズアップされることとなった。

　問題は、運行供用者であっても、その他人性が肯定される場合があるとして、それをどのようにして判断するかである。

　前掲昭和50年11月4日が示した判断基準は、いかにも漠然としていて真に判断基準たりうるか懸念されるところでもあるが、その後の裁判例は概ねこの姿勢を踏襲してきているといってよい。

　共同運行供用者の他人性が問題となる具体的事案はきわめてヴァラエティに富んでいるというわけではなく、①同乗型（他人性の肯否が問題となる被害者たる運行供用者と運行供用者責任が問われる運行供用者とが事故車両に同乗していた場合——最判昭和55・6・10交通民集13巻3号557頁、最判昭和57・11・26民集36巻11号2318頁〔青砥事件〕）、②非同乗型（両者が同乗していなかった場合——前掲最判昭和50・11・4）、③混合型（運行供用者責任を問われる運行供用者が複数いて、そのうちのある者が同乗し、他の者が同乗していなかった場合——最判平成4・4・24交通民集25巻2号162頁、最判平成9・10・31民集51巻9号3962頁〔代行運転事件〕）という三類型にほぼ収斂される。判例（裁判例）を検討していく際にも、この類型に応じた手法が一般にとられてきている。

　そして、前記のメルクマールにより導かれた結論は、被害を被った運行供用者の他人性を否定したものが多いといっておいてよいであろう。

5　運転補助者の他人性

　前述のように、自賠法3条本文にいわゆる「他人」とは、運行供用者、運転者、運転補助者以外の者をいうのであるから、これによれば運転補助者は、交通事故の被害者となった場合であっても、当然のことながら「他人」にあたらず、したがって自賠法による保護を受けることができないといわざるをえない。

　しかしながら、すでにみてきたように、運行供用者についてさえ、その他人性が云々されうるところ、運転者や運転補助者についても他人として自賠法の保護を受けることができる場合があるのではないかが検討される。

　これまでの裁判例をみると、当該被害者が運転補助者にあたるか否かを具体的事案のなかで検討し、運転補助者とみることができるのであれば他人性

を否定し、運転補助者にあたらないとみることができれば他人性を肯定している。その際、運転補助者にあたるか否かをどのようにして判断しているのかを整理してみると、次のようである。

① 運転補助者というためには、事故当時、現に運転またはその補助に従事していれば足り、職務上の業務に従事していることを要しないとするもの（仙台高判昭和54・9・7交通民集12巻5号1184頁、甲府地判平成3・1・22判タ754号195頁、最判平成7・9・28交通民集28巻5号1255頁は他人性を肯定、長崎地裁大村支判昭和52・3・10交通民集10巻2号369頁、大阪地判昭和55・3・31交通民集13巻2号447頁は他人性を否定）、

② 事故が職務の範囲外の事実に起因するときは他人性が認められるとするもの（福井地判昭和53・10・16交通民集11巻5号1435頁は他人性を肯定）、

③ 運転補助者というためには、事故の際、たんに一般的な運転補助者の地位にあったというだけでは足りず、少なくとも運転行為の一部を分担する等直接の運転者と実質的に同視できる立場にあることを要するとするもの（大阪地裁堺支判昭和48・7・30交通民集6巻4号1246頁、京都地判平成7・10・3交通民集28巻5号1464頁は他人性を肯定、札幌地判昭和43・6・12判時531号60頁、金沢地判昭和50・11・20交通民集8巻6号1667頁は他人性を否定）。

このように、判断姿勢が必ずしも統一的ではないなか、最判平成11年7月16日（判時1687号81頁）が現れた。

本件事案は、車上渡しの約定で売買された鋼管杭（10本）を積載したトラックを運転して引渡し場所に行ったAが、Bが運転するクレーン車による荷下ろし作業を手伝っていたところ、吊り上げた鋼管杭が落下してAの身体に当たり、数時間後にAが死亡したというものである。

原審は、Aは、被保険車両たるクレーン車の運転補助者というべきであって自賠法3条にいう他人にはあたらないとしたが、本判決は、Aは、Bの作業を監視したり指示したりする立場にはなく、荷下ろし作業を手伝う義務もなかったところ、鋼管杭が落下した原因はBにあり、Aの手伝った作業が鋼管杭落下の原因となっているものでもないから、Aは、クレーン車の運転補助者には該当せず、自賠法3条本文にいう他人に含まれると解する可能性があるとして破棄、差し戻した。

本判決は、Aが運転補助者にあたらないから自賠法3条本文にいう他人

に含まれる可能性があるとしているのであって、やはり運転補助者＝非「他人」、非「運転補助者」＝他人という従来の裁判例の流れに乗ったものであるといえる。

しかしながら、運転補助者と目しうる者であっても、なお自賠法による保護が与えられて然るべき者が存すると思われるのであり、当該被害者が運転補助者であるか否かの判断に腐心し、いったん運転補助者と認定した以上、当該被害者は他人に該当するものではないとする姿勢は、妥当なものとは思われない。

そもそも、運転補助者なる概念自体が明確なものではないところ、どのような者を運転補助者というのかについては、ひろく一般社会生活においてイメージされているのと同程度に捉えておき、運転補助者＝非「他人」と直ちに決するのではなく、運転補助者であって、次の要件を満たす場合にはじめて他人性が否定されると解すべきであろう。

ⓐ現に運転補助行為に従事している、

ⓑ事故発生につき、運転補助者に故意または過失がある（職務上ないし業務上補助行為をなすべき義務を負う者が、その義務の履行を怠った場合を含む）、

ⓒ事故発生と運転補助行為との間に因果関係がある。

このように解することによって、運転者と同視される運転補助者は、加害者側に属するが故に他人性が否定されるのは当然であるとする理解に終止符を打つのである。

事業用自動車においては、時に、トラックの運転補助者、トラックやバスの長距離走行の場合の交替運転者、タクシーの運転指導員等が被害者となった場合に問題となりえようか。

4 免 責

運行供用者責任は無過失責任に近いものではあるが、完全な無過失責任というわけではない。自賠法3条ただし書に運行供用者責任を免れるための三要件が定められているところから、そのことは歴然としている。

1 免責の三要件

1 自己および運転者が自動車の運行に関し注意を怠らなかったこと

ここにいわゆる注意とは、社会生活において社会一般人に期待される程度の注意であり、そこから導かれる注意義務は、予見義務と回避義務ということになろう。

また、自己（運行供用者）の注意義務には、（自らが運転していない場合の）運転者の選任、監督に関するものも含まれる。

そして、注意義務を怠らなかったこと、すなわち過失がなかったということは、運行供用者において積極的に立証しなければならない。したがって、事故発生につき、運転者に過失があったかなかったか不明であるときは免責されないことになる。

2 被害者または運転者以外の第三者に故意または過失があったこと

ここにいう故意の典型は、飛込み自殺やいわゆる当り屋等を想起すればよいであろう。なお、被害者または運転者以外の第三者の過失のみが事故の原因ではないという場合には、過失相殺あるいは被害者側の過失の問題となる。

3 自動車に構造上の欠陥または機能の障害がなかったこと

この欠陥、障害については、保有者ないし運転者が、日常の整備や運行の開始にあたって相当の注意を払うことにより発見することができたかどうか、あるいは、それが期待されたか否かに関わりなく、それらが、およそ現在の工学技術の水準からみて不可避のものでない限り、欠陥または障害があると認められるのであれば免責は認められない。

② 免責の肯否

　免責は、上記三要件すべてが満たされてはじめて認められるものか。

　かつて、これら三要件のすべてが立証された場合に限って免責されると考えられていたこともあるが、必ずしもそのように考える必要はない。上記三要件に関わる事実のうち、当該事故の発生とまったく関係のない免責要件事実についてまで主張・立証する必要はなく、運行供用者は、当該事実の存否は当該事故と関係がない旨を主張すれば足りる（最判昭和45・1・22民集24巻1号40頁）。

第2章 使用者責任

先にも述べたように、事業用自動車については、その保有者（所有者）と運転者との間に使用・被用関係の存することが多いと思われ、したがって、事業用自動車が事故の契機となった場合には、使用者責任（民法715条）の肯否が問題とされよう[1]。

民法典の起草者は、使用者責任を使用者自身の責任、すなわち自己責任ととらえていたが、今日においては、報償責任・危険責任という両原理を拠り所にして、使用者は、被用者の責任を被用者に代わって負うとする、代位責任の考え方が支配的である。

1 要 件

民法715条1項本文の定める使用者責任の成立要件を整理して述べれば、以下のようである。

① 使用者が、その事業のために他人を使用していること、
② その他人（被用者）が、事業の執行について加害行為をしたこと、
③ 第三者に損害を与えたこと、
④ 被用者の行為が一般的不法行為の要件を満たしていること、
⑤ 使用者において、被用者の選任・事業の監督に過失がなかったこと、または相当の注意をしてもなお損害が生じたことを証明しないこと。

---

1) 使用者責任についての判例、学説については、藤村和夫編『使用者責任の法理と実務』（三協法規、2013年）を参照されたい。

①における使用者と他人（被用者）の関係は、「使用」とは何かというところからアプローチするとよいであろう。

すなわち、（他人を）使用するとは、使用者が、その他人（被用者）を実質的な指揮・監督の下において労務に服させることをいう。ここにいう使用関係は、とくに契約による必要はなく、事実上労務に服させているような場合でも差し支えなく、報酬の有無、期間の長短も問わないとされる（大連判大正6・2・22民録23輯212頁は、民法715条にいわゆる被用者とは、報酬の有無、期間の長短を問わず、ひろく使用者の選任によりその指揮監督の下に使用者の経営する事業に従事する者を指称するとしている）。

次いで、事業についても特別な限定的意味をもつものと考える必要はなく、営利を目的とするものに限らず、非営利的なもの、家庭的なものであっても差し支えないし、継続的か一時的か、合法か違法か、事実的なものか法律的なものかも問わない。

②は、被用者の加害行為が事業の執行と関連するときに限って、使用者の責任が生ずることを意味する。使用・被用関係があるとはいえ、被用者の純然たる私的生活における加害行為についてまで使用者が責任を負わなければならないものでないことは容易に理解できよう。

ここにいう「事業の執行について」をめぐる判例の姿勢は、これを厳格に解する立場（大判大正8・11・5民録25輯1969頁）から広義に解釈すべしとしたもの（大連判大正15・10・13民集5巻785頁）を経て、いわゆる**外形標準説**を明示的にとる方向へ移ってきている（大判昭和15・5・10判決全集7巻20号15頁）。そして、被用者の行為が使用者の事業の範囲に属するだけでなく、客観的、外形的にみて、被用者が担当する職務の範囲に属するものでなければならないとされるに至っている（最判平成22・3・30判時2079号40頁は、Y〔貸金業を営む会社〕の従業員Aが、貸金の原資にあてると欺罔して金員を詐取した行為が、Yの「事業の執行について」されたものであるといいうるためには、貸金の原資の調達がYの事業の範囲に属するというだけでなく、それが客観的、外形的にみて、Aが担当する職務の範囲に属するものでなければならないとした）。

③にいわゆる第三者とは、使用者および加害行為をした被用者以外のすべての者をいう。

被害者が、同一の使用者の下で加害被用者と同じ業務を担当していて、被

害被用者に過失があった場合であっても、この要件を満たすとされる（最判昭和32・4・30民集11巻4号646頁は、Yの従業員Aが自動車輸送業務に従事中、その過失により、自車を大型貨物自動車に衝突させるという事故を惹起し、同乗していたB〔Yの従業員〕が死亡したことにつき、被害者たるBがその業務執行の共同担当者にして、しかもBにも過失があった場合においても、Bは715条の「第三者」に該当すると解するを相当とした）。

事業用自動車による事故の場合には、運転行為は、文字通り、運転に携わる者の職務の範囲といえよう。したがって、運転を本来の職務としない被用者が運転して事故を起こした場合に、若干の検討を要することになろう。

④は、責任能力を備えた被用者の故意または過失による行為によって第三者に損害が発生し、その加害行為と損害との間に因果関係が存することが求められるということである。

⑤は免責要件と関わる。

①〜④の要件を満たしている場合であっても、使用者が、被用者の選任および事業の監督につき相当の注意をしたとき、または相当の注意をしても損害が生ずべきであったときは、使用者責任は成立しない（民法715条1項ただし書）。

これは、民法典の起草者が、使用者責任を自己責任としていたところから設けられた規制であるが、今日のように、これを代位責任と解する立場が定着するにつれて、この「ただし書」が機能する場面はほとんど現れるに至らず、使用者責任は無過失責任に近いものになっているとみることができる。

また、相当の注意をしても損害が発生したに違いない場合の免責は、選任・監督上の過失と損害発生との間に因果関係が存しないということを理由とする。自らに過失があったにもかかわらず責任を免れようとするものであるから、この立証には厳格性が求められ、損害の発生が不可避のものであったことを意味すると捉えておいてよいであろう（大判大正4・4・29民録21輯606頁は、相当の注意をしても損害が生ずべかりしときとは、相当の注意をしても到底損害の発生を免れることができない場合をさすのであって、相当の注意をしても損害が発生するかもしれないというような場合を意味するものではないとしている）。

なお、同条2項により、使用者に代わって事業を監督する者も（現実に被用者の選任・監督を担当していたときに限り）使用者と同様の責任を負う（最判

36　第1部　第2章　使用者責任

昭和42・5・30民集21巻4号961頁は、タクシーに衝突され、受傷したXらが、Y1〔タクシー運転手、Y2の従業員〕、Y2〔タクシー会社〕とともに、Y3〔Y2の代表取締役〕にも損害賠償請求した事案において、715条2項にいう「使用者ニ代ハリテ事業ヲ監督スル者」とは、客観的にみて、使用者に代わって現実に事業を監督する地位にある者を指称するものと解すべきであり、使用者が法人である場合において、その代表者が現実に被用者の選任、監督を担当しているときは、同代表者は、同条項にいう代理監督者に該当するとし、一般的業務執行権限を有することのみでは個人責任を負わないとした）。

2 効　果

❶　被害者に対する関係

　使用者、代理監督者は、被害者に対して直接損害賠償責任を負う（民法715条1項、2項）。

　また、被用者自身の不法行為が前提とされているのであるから、被害者は、715条とは別に、709条に基づき被用者自身に対して損害賠償を請求することができる。

❷　求　償

　715条3項は、「前2項の規定は、使用者又は監督者から被用者に対する求償権の行使を妨げない。」とする。

☐　使用者の被用者に対する求償

(1)　求償の意義

　被害者に対して損害賠償をした使用者または代理監督者は、被用者に対し求償することができる（715条3項）。使用者は、被用者の加害行為に基づく被用者自身の不法行為責任を、その被用者に代わって負わなければならないとする、使用者責任を代位責任と捉える立場からすれば当然のことといえる。使用者と被用者の内部関係においては、直接の不法行為者たる被用者が責任を負担すべきだからである。

　しかしながら、報償責任や危険責任の見地から、あるいは近時台頭してきた715条を企業（使用者）自体の責任と捉える立場からすれば、企業活動に伴って生じた損害は、本来、企業（使用者）が賠償すべきものであり、これを当然のように全面的に被用者に負担させることの妥当性が問われる。

　たしかに、被用者の不法行為が、その故意または重過失に基づくものであったり、被用者自身の私利・私欲を図る過程で生じたものであったような場合

には、使用者の全面的求償が認められて然るべきといえよう。しかし、被用者が通常の職務を遂行する過程において、その過失により第三者に損害を与えたという場合にも同様に考えるべきであるとはいえない。他人を使用することによる利益が使用者（企業）に帰属している反面、被用者は必ずしも良好とはいえない労働条件の下でその業務に服していることも少なくなく、それと同時に被用者には十分な賠償資力がないのが通常だからである。

そこで、これらの事情を考慮し、被用者の賠償責任を緩和しようとの主張が学説上展開されてきている。その際の実定法的な根拠付けとして、立法論としてではあるが被用者の過失が軽過失であるときは求償ができないとしたり[2]、使用者からの求償が権利濫用になるとしたり[3]、過失相殺ができるとしたり[4]、あるいはこれを共同不法行為として構成したり[5]すること等が提唱されている。

民法715条3項の規定を素直に読めば、被用者に故意または重過失がなければ使用者の求償権が認められるものではないとの結論を引き出すのは困難である。しかし、715条に基づく求償権の成立一般について被用者の故意または重過失を求めるのではなく、これを「危険業務」に携わる場合に限定してみると、その危険業務においては、業務の性質上被用者が過失を犯す確率は高くならざるをえず、しかもそれは、被用者が過失を犯すというより、被用者の過失がほぼ必然的といえるような状況下におかれていると捉えることができるのであれば、この主張もにわかに説得力を伴ってくるといえよう。そして、「危険業務のレヴェル」によっては、使用者（企業）が最終的に全損害を負担して然るべきという場合もあろう。もちろん、その線引きをいかにするかは容易な判断ではないが、具体的な事案を前にしたときに真摯に対峙すべき問題である。

---

2)　被用者は、故意または重過失ある場合に限って被害者に対して責任を負うとし（岡松参太郎『無過失損害賠償責任論』〔有斐閣、1953年〕6頁以下）、したがって、その限りにおいて使用者からの求償を免れないとする（同9頁）。

3)　石田文次郎『債権各論講義』（弘文堂、1937年）288頁以下、同『債権各論』（早稲田大学出版部、1947年）277頁。

4)　我妻栄『事務管理・不当利得・不法行為＜復刻版＞』（日本評論社、1989年）178頁。

5)　加藤一郎『不法行為＜増補版＞』（有斐閣、1974年）190頁。

(2) 求償権の制限

さて、被用者の故意または重過失がなくとも使用者の求償権は成立するとしても、その使用者が負担した損害の全額を求償しうるというものではなく、その求償権の内容が制限される場合があるという見解が学説上有力に主張されるようになってきた。

このような学説の主張に促され、判例も、「使用者は、その事業の性格、規模、施設の状況、被用者の業務の内容、労働条件、勤務態度、加害行為の態様、加害行為の予防若しくは損失の分散についての使用者の配慮の程度その他諸般の事情に照らし、損害の公平な分担という見地から信義則上相当と認められる限度において、被用者に対し」賠償または求償の請求をすることができるとするに至った（最判昭和51・7・8民集30巻7号689頁）。

同判決は、求償権を制限する基準および最終的に使用者・被用者が負担することになる責任割合を定める基準を明確に示しているわけではないが、その指向するところは妥当であるといえよう。

同判決以降の裁判例においては、ほとんどつねにといってよいほど、そこで掲げられた考慮要素が参照されており、同時に同判決が示した求償範囲（使用者が負担した損害額のうち4分の1を限度とすべきであるとした〔原審の判断を維持した〕）を採用するものが多い。4分の1という数字の根拠をどこに求めるのか、その数字の妥当性をどのように判断するのかは容易でない。ひとまず、最高裁判決で一定の数値が示されると、後に続く裁判例は、どうしてもその数値を踏襲することになるという姿勢の表れであろうか（たとえば、大阪地判平成23・12・1交通民集44巻6号1509頁、神戸地判平成26・9・19交通民集47巻5号1202頁は、いずれも諸般の事情を考慮して、信義則上、求償しうる範囲を4分の1としている）。

(3) 逆求償

求償権の制限が一般的に容認されるということになると、被用者が、第三者（被害者）に損害賠償した場合、使用者に対して求償しうるかという問題も生じてくる。使用者の求償権が制限されて然るべきであれば、公平の見地から、被用者からの求償も認められて然るべきということになろう。

現実問題として、被害者側が、直接、被用者に損害賠償請求してくること

は稀とはいえよう。しかし、使用者責任の成立することが明らかであるような場合ではなく、被害者側が、使用者に対しては民法715条に基づいて、被用者に対しては709条に基づいて損害賠償請求をしたところ、双方の責任が認められたが、被用者のほうが先に賠償したというような場合に、このことが表面化してこよう。

近時、被用者が、使用者に対してなした求償請求について、これを正面から認めた裁判例がある。

佐賀地判平成27年9月11日（判時2293号112頁）は、以下のような判決である。

X（Yの被用者）が、Y（主に、農産物の仕入加工、販売を業とする会社）所有の貨物自動車で農産物の運搬作業中に起こした事故（訴外A運転の貨物自動車と衝突）につき、被害者Aに損害（修理代金38万2299円）を賠償したので、Yにその全額の求償を求めた。

一審（鳥栖簡裁平成27・3・9判時2293号115頁）は、信義則上相当と認められる程度において、XからYに求償請求できるとし、本件の場合7割程度の額（26万7609円）を求償できるとした。Y控訴。

本判決は、XとYの責任は不真正連帯責任の関係にあり、その損害賠償債務については、報償責任の観点から、「被用者がその事業の執行について他人に損害を与えた場合には、被用者及び使用の損害賠償債務については自ずと負担部分が存在することにな」るとし、本件の場合X対Yの各負担部分は3対7と認めるのが相当であるとして、一審と同じく7割(26万7609円)の求償を認めた。

また、YがXに求めた反訴請求（Y所有車両の損傷による8万698円の損害賠償請求）については、やはり3割の限度（2万4209円）で認めた。

不真正連帯債務の法的性格に鑑みると、果たして、そこには「自ずと」負担割合が存在することになるといえるか疑問なしとしないが、被用者からなされた求償を正面から認めたものとして記憶にとどめておいてよいであろう。

２　効果　41

2 被用者に対する使用者の損害賠償請求の制限

前掲最判昭和 51 年 7 月 8 日は、使用者が被用者に対して求償することが
できる範囲を制限すると同時に、被用者に対する使用者の損害賠償請求につ
いても同様に制限しているのであるが、この点で、注目すべき裁判例がある。

京都地判平成 23 年 12 月 6 日（交通民集 44 巻 6 号 1520 頁）は、生コンの
製造販売を業とする会社（原告）の従業員（被告）が、大型ミキサー車を運
転して建設中のビル構内に進入して生コンを降ろす作業を行おうとした際の
運転上の過失で同ミキサー車を損傷させたことにつき、原告が被告に対して
73 万 5000 円を請求した事案において、被告の過失は著しいものとはいえず、
その程度は通常の過失であって、どちらかといえば比較的小さいとしたうえ
で、被告の業務内容(生コン運搬のミキサー車の運転手)、被告の勤務年数(18 年)、
被告の勤務態度（大過なく勤務）、原告が車両保険に加入していなかったこと
等を考慮して、同ミキサー車の修理費損害につき、原告が被告に賠償請求す
ることは、労働契約当事者間における信義則上許されないとした。

これによれば、先に述べた、被用者に対する求償は、被用者の故意または
重過失ある場合に限って許されるという主張も参照）が受け容れられる素地
も十分にあるといって差し支えないであろう。

第3章　一般的不法行為責任

　故意または過失に基づいて自動車事故を惹起し、他人に損害を与えた者が民法709条に基づき損害賠償責任を負うことは疑いがない。ただ、すでにみてきたように、その自動車事故で人身損害が発生した場合は、まず自賠法が適用されることから、民法709条が機能するのは自賠法が適用されないときである。

　すなわち、①物損にかかる損害賠償を問題とする場合、②自転車等自賠法の適用がない車両による事故の場合、③自賠法上の責任を負わない、加害車両の運転者の責任を追及する場合、④被害者が、自賠法にいわゆる「他人」にあたらない場合等である。

　民法709条は、「故意又は過失によって他人の権利又は法律上保護される利益を侵害した者は、これによって生じた損害を賠償する責任を負う。」と定めており、これが不法行為が成立するための要件と、その効果とを同時に定めていることはよく知られている。

　ここでは、同条にかかる一般的不法行為の成立要件と効果について詳述することを目的とするわけではないから、自賠法が適用されない場合および運行供用者責任につき同法3条によるほか民法の規定が適用される（自賠法4条）ことを記しておくにとどめる。

第4章 工作物責任、営造物責任

　事業用自動車の運行に起因して事故が起こった場合に、土地工作物や竹木あるいは道路構造物等に（設置・保存・管理の）問題（瑕疵）があった場合には、民法 717 条あるいは国家賠償法 2 条 1 項の責任が競合することになり[1]、事業用自動車の側と工作物・営造物責任を負う者との内部関係においては、事業用自動車の側の責任が減殺されることになる[2]。

　また、事業用（に限るものではないが）自動車の側自体が被害車（者）となった場合に、道路の設置・管理に瑕疵があることを主張して道路管理者に対し損害賠償請求をしていくという場面も少なくなかろう。

　その意味で、これらの責任についても理解しておくことが要請される。

　ここにいう設置・保存（管理）に瑕疵があるというのは、判例によれば、営造物が通常有すべき安全性を欠いていることをいい（最判昭和 45・8・20 民集 24 巻 9 号 1268 頁）、それは、当該営造物の構造・用法・場所的環境および利用状況等諸般の事情を総合考慮して具体的・個別的に判断すべきものとされている（最判昭和 53・7・4 民集 32 巻 5 号 809 頁）。この表現は、いかにも抽象的ではあるが、これらを基礎として（前掲最判昭和 53・7・4 が述べる

---

1) 具体的な裁判例については、藤村＝山野・前掲『概説　交通事故賠償法＜第3版＞』34頁以下、藤村・前掲『交通事故Ⅰ　責任論』186頁以下を参照されたい。

2) たとえば、道路に設置・管理瑕疵が存することによって自動二輪車が転倒し、同車運転者が、並走する大型貨物自動車に轢過され、死亡したという事故を想定することができる。この場合、基本的には、死亡被害者の損害について、道路管理者側と大型貨物自動車側の双方が全責任を負うべきものとなるが、道路管理者側と大型貨物自動車側との内部関係においては、各負担割合が存することになる。

ように）個々の事案につき具体的・個別的に判断していくことになる。今日に至るまで、これら両判決の基本的姿勢が踏襲されてきているといって差し支えないであろう。

前掲最判昭和53年7月4日によれば、この「通常有すべき安全性を欠いている」かどうかの判断に際しては、当該営造物の用法、利用状況も考慮要素とされている。これは、当該営造物において、もともと予定されている用法がどのようなものであるか、被害者側がどのように利用しているのか、すなわち、その利用方法（行動）の通常性も考慮要素に含まれていると解することができよう。そうであれば、自動車交通事故については、とりわけ、道路利用者（車両）側の用法に係る交通法規違反が、その瑕疵判断にどのように影響するかに留意しておく必要があろう。

ここでは、道路の設置・管理者が、その道路が本来予定している用法とは異なる異常な方法で使用された場合の責任まで負う必要はないと考えることもできるし、逆に、被害者の通常でない使用という事情を瑕疵判断の中に取り込むべきではなく、それは過失相殺で処理すべきであるとする考え方もあろう。いずれの考え方を採るにしても、そこには被害者の通常でない使用に対する道路管理者の予見可能性をどのように解するかという難問が関わってこよう。

事業用自動車が事故当事者となる場合、そこに現れる交通法規違反としては、重量制限違反（過積載）、制限速度違反、路肩走行あるいは飲酒運転等が頻度の高いものといえようか。

このような交通法規違反を、道路（営造物）の通常の用法に即しない行動として捉え、瑕疵判断の考慮要素に積極的に含めることができるかが問われてよいであろうし、仮に、その考慮要素に含めることができるとしても、すべての違反を画一的に取り扱うべきではなく、その態様と程度とを吟味しなければならないことは容易に理解しうる。

そして、瑕疵の存在が肯定されたとしても、それによって直ちに道路管理者の責任が導かれるものでもない。瑕疵と事故との間の因果関係が否定される場合もあろうし、また、その因果関係も肯定されて責任が問われるとしても、過失相殺が問題とされることも少なくなかろう。

先の二判決によって、大きな判断枠組みは設定されているといえるものの、

46 第1部 第4章 工作物責任、営造物責任

個別的な事故事案においてどのような判断が下されるかは、文字通り、個別・具体的に考察していく姿勢が要請される。

　　　　　　　　　　　　　　　　　　　　　　1　自賠法との関係　　47

第5章

運転者の責任無能力（意識喪失）と責任

　危険ドラッグの使用や過重勤務などによって運転者が一時的に意識喪失等の心神喪失状態に陥り、大きな事故を引き起こしたという報道が近時多くされており、社会の耳目を集めている。そこで本章では、このような心神喪失状態が運行供用者や運転者の責任にどのように影響するかを検討する。

1　自賠法との関係

■1　自賠法3条ただし書所定の免責事由との関係

1　自賠法3条ただし書

　自賠法3条ただし書は、同条本文に規定する運行供用者の責任（いわゆる運行供用者責任）につき、運行供用者が、①自己および運転者が自動車の運行に関し注意を怠らなかったこと、②被害者または運転者以外の第三者に故意または過失があったこと、ならびに③自動車に構造上の欠陥または機能の障害がなかったことを証明したときにのみ、賠償責任を免れる旨を規定する。

　上記①から③までの免責事由（以下それぞれ「第1要件」、「第2要件」、「第3要件」という）については、かつては、これらのすべてにつき主張証明することを要するとされていたが、現在では、事故発生と関係がある要件についてのみ主張立証すれば足り、事故発生と関係がない要件については事故発生と関係がない旨の主張立証で足りるとされている[1]。運転者が心神喪失のた

め責任能力を欠く状態で事故を起こした場合は、第3要件は事故発生と関係がないのが通常であろうから、第1要件および第2要件にあたる事実ならびに第3要件は事故発生と関係がない旨を主張立証することになる[2]。

② 第1要件との関係

第1要件を満たすためには、運行供用者が自ら運転していた場合には、その無過失が主張立証されれば足りるが、本書が対象とする事業用自動車の多くがそうであるように、運行供用者が自ら運転していなかった場合には、運転者の無過失に加え、運行供用者の選任監督上の無過失（または選任監督上の過失の点は事故発生と関係がない旨）を主張立証する必要があるとされる[3]。

そこで、まず運転者の無過失が認められるかが問題となるが、運転者の責任無能力が運転者の無過失を導くか否かということ自体、過失の前提として責任能力が必要か否かの解釈と連動する理論上難しい問題がある[4]。

運転者が無過失といえるかの認定判断についても、突然の心神喪失の場合には運転手の過失は問題とならず、運行供用者の選任監督上の過失のみが問題となるとする見解[5]がある一方で、突然の心神喪失の場合であっても運転者の過失が認められることが多いとする見解[6]もある。もっとも、両見解の違いは、想定する事案の違いによるところが大きいように思われる。すなわ

1) 最判昭和45・1・22（民集24巻1号40頁）参照。
2) 第2要件のみが満足された場合には、被害者の過失については民法の過失相殺の規定が、第三者の過失については共同不法行為の規定が適用されることになる。逆に、第1要件と第3要件を満たしながら第2要件を満たさない場合、すなわち、運転者・運行供用者にも被害者・第三者にも過失がない場合には不可抗力による免責が問題となるが、不可抗力の証明ができないときは、運行供用者は完全な無過失責任を負うことになる（国土交通省自動車交通局保障課監修『逐条解説　自動車損害賠償保障法』〔ぎょうせい、2002年〕73頁）。松原哲「運行供用者責任と民法713条」判評572号（2006年）36頁、37頁は、第1要件を主張立証するだけでは免責されず、第2要件をも主張立証する必要がある点に着目し、「過失の立証責任のみが転換された民法上の『中間責任』よりも、より被害者保護に徹した立法となっている点に留意する必要がある」と指摘する。
3) 篠田省二「自賠法における免責」吉岡進編『現代損害賠償法講座3　交通事故』（日本評論社、1972年）145頁、155頁参照。
4) 松原・前掲注2）38頁参照。
5) 谷水央「免責の要件(1)」判タ212号159頁、160頁。

ち、前者の見解は、既往症も徴候もなくまさに突然の発作で事故を起こした
事案を想定しているのに対し、後者の見解は、以前にも発作を起こしたこと
がある者が再び発作を起こした場合を想定しているように思われる[7]。

この点が問題となった裁判例として、東京高判昭和43年9月5日（判タ
228号171頁）がある。これは、自動車運転中に突然てんかんの発作を起こ
してもうろう状態となり、自車を暴走させて事故を起こした業務上過失致死
等被告事件の刑事控訴審判決であるが、かねてから突然意識に障害をきたし
てもうろう状態に陥るてんかん発作の持病があり、過去6年ぐらいの間に6
回この発作に見舞われたことがあるなどの事情がある被告人は、「将来思い
がけないときに突発的にまた同じような発作が起るかも知れないということ
を予見すべき義務」があり、また被告人としては事故発生防止のため「かり
そめにも道路上で自動車を運転するような行為は絶対にこれを差し控えなけ
ればならない業務上の注意義務があるものといわなければならない」と判示
している。

また、そもそも運転者の責任無能力については、車両の欠陥などと同様に
車両圏内の要因と考えられるから、第1要件を満たさないと解する見解も
ある[8]。

③　第2要件との関係

運転者の責任無能力が問題となるような事案では、事故発生の原因は全面
的に当該運転者にあることが多く、第三者に故意または過失があるのは稀と

---

6) 安田実「自賠法3条における免責立証の現状と問題点」ジュリ431号133頁、138頁、
安田実「免責の要件(2)」判タ212号162頁、163頁は、てんかんなどの既往症があれ
ば運転を差し控えるべきであり、突然の心神喪失であっても、運転者は体の異常に気
づけば運転を中止すべきであるから運転者の過失が認められることが多いとする。

7) 「研究会　交通事故による損害賠償請求訴訟の諸問題(17)」判タ192号120頁、126頁、
「同(19)」判タ199号29頁、32頁でも、事前に徴候すらなかった1回目の発作で事故を
起こしたような場合には過失がないか、または不可抗力で免責される旨の意見が多い
が、前に発作を起こしたことがある運転手の場合には過失があり、不可抗力ともいえ
ないとする意見が多い。

8) 北河隆之ほか『逐条解説　自動車損害賠償保障法』（弘文堂、2014年）60頁〔北河
隆之〕、安田実「自賠法3条の免責と責任無能力」ジュリ増刊総合特集42号73頁、74
頁、篠田・前掲注3) 156頁。

いえるから、ほとんどの場合、第2要件を満たすことはできないと思われる。

裁判例をみても、後掲新潟地判平成7年11月29日（交通民集28巻6号1638頁）は、運転者が自動車運転中に突然くも膜下出血で倒れて意識を失い、歩行者に自車を衝突させて傷害を負わせた事案につき、第2要件を欠くことが明らかであるから、自賠法3条ただし書による免責が認められる余地はないとしている。

同様に、後掲名古屋地判昭和38年8月20日（訟務月報10巻1号96頁）は、運転者（バス運転手）がバスの運転中に、突発的なてんかんの発作によって一時的な心神喪失に陥り、順次3名の通行人をはねてそのうち2名を死亡させた事故につき、第2要件が認められないとして自賠法3条ただし書による免責を否定し、運行供用者（バス会社）の責任を認めている。

④　小　括

以上の通り、第1要件との関係についても運転者が無過失と認められるか難しいところがある上、仮にこれが認められたとしても、第2要件を満たすことが難しいことからすれば、結局のところ、運転者が心神喪失のため責任能力を欠く状態で事故を起こした場合には、自賠法3条ただし書による免責は通常認められないものと解される[9]。

❷　運行供用者責任の免責事由としての不可抗力との関係

通説は、運行供用者責任は過失責任主義に立脚した中間的責任であり、完全な無過失責任ではないことを理由として、自賠法3条ただし書に規定する免責事由（第1要件から第3要件まで）のほか、地震、落雷、突風、野獣の飛び出し等の不可抗力も運行供用者責任の免責事由となるとする[10]。

運転者が心神喪失のため責任能力を欠く状態で事故を起こした場合につい

---

9)　松原・前掲注2）38頁、安田・前掲注8）74頁参照、藤村和夫「責任無能力と運行供用者責任」青柳幸一編『融合する法律学＜上巻＞』（信山社、2006年）163頁、198頁。篠田・前掲注3）156頁は、運転者が突然心神喪失となった場合に免責が認められるのは、「第三者のピストルによる狙撃」のような車両圏外の要因が存在する場合に限られる旨を述べる。

てみると、運転者に過失が認められる（自賠法3条ただし書の第1要件を満た
さない）ときには、そもそも不可抗力の問題とはなりえない。既往症も徴候
もなくまさに突然の発作で事故を起こした場合のように、運転者に過失がな
く、第1要件は満たすものの、第2要件を満たさないため、自賠法3条た
だし書による免責が認められないときに、なお不可抗力による免責が認めら
れるかが問題となる。

学説をみると、運行供用者責任の免責事由となる不可抗力は「車両圏外の
要因のうち被害者・第三者の故意・過失を除いた、最終的な法的責任帰属の
主体が見出せない事由に限定すべきである」とする見解[11]や、上記不可抗力
は「予見不可能・回避不可能に加え、外在性が不可抗力免責の要件とされる
べきであり、事故が加害者等責任負担者の側に内在する事由によって生じた
場合には、原則として、これを不可抗力によるものと評価することはできな
いと考えるべきである。責任無能力は、運行供用者・運転者側に内在する事
情であるから、これをもって不可抗力というべきではない。」とする見解[12]、
また、運転者が脳卒中や心不全あるいはてんかんなどの発作によって突然心神
喪失状態になった場合において、発作が予見できなかったときについて「不可
抗力の免責の可否が問題となるが、自動車の欠陥や障害に起因する事故と同じ
く、車両圏内の要因であるから、免責は否定すべきである」とする見解[13]など
がある。いずれも、車両圏内の要因であることを基本的な理由として、不可
抗力による免責は認められない旨を述べるものといえる[14]。

この点につき参考となる裁判例として、前掲名古屋地判昭和38年8月

10) 佐久間邦夫＝八木一洋編『リーガル・プログレッシブ・シリーズ　交通損害関係訴
訟＜補訂版＞』（青林書院、2013年）62頁（鈴木祐治）、児玉康夫「免責」塩崎勤＝園
部秀穂編『新・裁判実務体系5　交通損害訴訟法』（青林書院、2003年）129頁、131頁、
高崎尚志「運行供用者の免責をめぐる諸問題」塩崎勤編『現代民事裁判の課題⑧　交
通損害・労働災害』（新日本法規出版、1989年）292頁、295頁など参照。なお、国土
交通省自動車交通局保障課監修・前掲注2）74頁は、不可抗力によって損害が発生し
た場合は「自動車の運行によって」という客観的要件を満たさず不法行為となりえな
いから責任が発生しないとする。
11) 篠田・前掲注3）151頁。
12) 松原・前掲注2）38頁。
13) 安田・前掲注8）74頁。

52　第Ⅰ部　第5章　運転者の責任無能力（意識喪失）と責任

20日と前掲新潟地判平成7年11月29日がある。

　前掲名古屋地判昭和38年8月20日は、運転者（バス運転手）がバスの運転中に、突発的なてんかんの発作によって一時的な心神喪失に陥り、順次3名の通行人をはねてそのうち2名を死亡させた事故につき、運行供用者（バス会社）は、たとえ当該事故が運転者の突発的なてんかんの発作による正常運転の不能に原因するものであり、かつ、このてんかんの発作がまったく予期しないものであったとしても、自賠法3条ただし書所定の免責事由を証明しない限り賠償責任を負うとしたうえで「当該事故は運転者の突然の心神喪失によって一方的に生じたものと認めることができる」と判示し、運行供用者責任を免れることはできないとした。本判決は、不可抗力による免責の可否について明示的に判断を示しているわけではないが、自賠法3条ただし書による免責が認められない限り運行供用者責任を免れないと判断しているのであり、このような事案においては不可抗力による免責を認めない趣旨と解され、上記学説と方向性を同じくするものといえる。

　これに対し、前掲新潟地判平成7年11月29日は、運転者が自動車運転中に突然くも膜下出血で倒れて意識を失い、歩行者に自車を衝突させて傷害を負わせた事案において、運転者の突然の心神喪失は不可抗力であるとの運行供用者の免責の主張を受け、「そもそも、不可抗力とは、外部から来る事実で、普通に要求される程度の注意や予防方法を講じても損害を防止できないことを意味するところ、運転者の心神喪失というのは、いわば加害者の内部の事実であって、地震、落雷など一般に不可抗力として論じられている、外部から来る事実と同列に考えられるかは疑問である」、「運行供用者の免責事由としての不可抗力は、車両圏外の要因のうち、被害者、第三者の故意・過失を除いた、最終的な法的責任帰属の主体が見出せない事由に限定すべきであって、運転者の心神喪失は、原則として免責事由には当たらないというべきである」としつつ、「もっとも、自賠法3条が無過失責任でないことは前記の通りであるから、運行供用者側で、運転者について常日頃から十分な健康管理を行っており、同人が運転中に心神喪失状態に陥るようなことが、

---

14)　熊谷士郎「自賠法3条の運行供用者責任について、民法713条は適用されないとされた事例」東海36号（2006年）144頁、139頁は、このような考え方が多数であると思われるという。

現代の医学上の知識と経験に照らしておよそ予見不可能であることを立証した場合には、例外的に免責されるものと解される」と判示して、運転中に心神喪失状態に陥ることにつき予見不可能であった場合には、例外的に不可抗力による免責を認める余地を残している。当該事案の判断としては、「被告は、53歳の男性で、過去10年以上にわたって高血圧であったというのであるから、当時、血圧の薬を服用しており、かつ、過去にクモ膜下出血ないし脳出血になったことがないとしても、運転中にクモ膜下出血を起こして心神喪失状態に陥ることが現代の医学上の知識と経験に照らして予見不可能であったとは、認めがたい」などと判示して、結局、不可抗力による免責を認めていないが、例外的に不可抗力による免責が認められうることを認めている点で、学説や上記名古屋地判昭和38年8月20日と異なる判断を示しており、参考になろう。

❸ 民法713条による免責との関係

１ 総 論

民法713条は、精神上の障害により自己の行為の責任を弁識する能力を欠く状態にある間に他人に損害を加えた者は、原則として賠償責任を負わない旨を定めている。

そして、自賠法4条は、運行供用者責任について、自賠法3条の規定に定めるほか、民法の規定による旨を定めているから、運転者が心神喪失のため責任能力を欠く状態で事故を起こした場合において、民法713条の規定の適用（または準用）により、運行供用者責任が否定されるか否かが問題となる。

ここで注意すべきは、運行供用者責任において民法713条が問題となる場面には、①運転者が責任能力を欠く状態であり、運行供用者が責任能力を有する状態であった場合、②運転者が責任能力を有する状態であり、運行供用者が責任能力を欠く状態であった場合、③運転者も運行供用者も、ともに責任能力を欠く状態であった場合（運行供用者が自ら運転していた場合を含む）の3つがあるところ、論者によって念頭におく場面が異なっており、しか

もそれが明示されないことが多いという点である。本章で検討の対象としているのは、運転者が心神喪失のため責任能力を欠く状態で事故を起こした場合であるから、上記①と③の類型である。

② 運転者が責任能力を欠き、運行供用者が責任能力を有する場合（①の類型）について

後掲東京地判平成 25 年 3 月 7 日（判時 2191 号 56 頁）は、上記①の類型について、民法 713 条により運行供用者責任が否定されることはないとの判断を明示的に示している。

また、前掲名古屋地判昭和 38 年 8 月 20 日は、運転者（バス運転手）がバスの運転中に、突発的なてんかんの発作によって一時的な心神喪失に陥り、順次 3 名の通行人をはねてそのうち 2 名を死亡させた事故につき、自賠法 3 条ただし書所定の免責事由が立証されていないとして、運行供用者（バス会社）の責任を認めているが、他方で、運転者本人の不法行為責任については、運転者は事故当時責任能力を欠く状態であり、かつ、民法 713 条ただし書の場合にあたらないとして、同条本文により免責を認めている。したがって、本判決は、上記①の類型について民法 713 条により運行供用者責任が否定されることがないことを前提としているといえる。

さらに、後掲大阪地判平成 17 年 2 月 14 日（判時 1917 号 108 頁）は、上記③の類型について、民法 713 条により運行供用者責任が否定されることはないとの判断を示しているが、その理由の一つとして「運行供用者が他人に運転を委ねている時に、その運転者が運転中に突然心神喪失状態になって事故を起こした場合は、同法〔注：自賠法〕3 条により運行供用者は当然に運行供用者責任を負うと解されるのに対し、運行供用者が自ら自動車を運転中に突然心神喪失状態になって事故を起こした場合は、責任無能力を理由として運行供用者責任を免れることができるとすると、前記のような他人に運転を委ね、その者が責任無能力となった場合に責任を負わせることとの均衡が保てず、不合理である」と述べ、上記①の類型について民法 713 条により運行供用者責任が否定されることがないことを前提としている。

学説についてみると、「責任能力規定をどのように理解するにしても、運転者の責任無能力のみでは運行供用者責任が否定されることにならないと思

われる。」とするもの[15]、また、上記②の類型については民法713条による免責を認める一方、上記①の類型については同条による免責を認めない立場をとるもの[16]がある。

③ 運転者・運行供用者ともに、責任能力を欠く場合（③の類型）について

後掲大阪地判平成17年2月14日（判時1917号108頁）や後掲釧路地判平成26年3月17日（交通民集47巻2号337頁）は、上記③の類型について、民法713条により運行供用者責任が否定されることはないとの判断を明示的に示している。

学説ではこの点について必ずしも活発な議論がされてきたわけではないものの、上記①の類型について民法713条により運行供用者責任が否定されることがないことを前提として上記③の類型について検討し、結論として上記①の類型と同様の結論に至る考え方を示すもの[17]があるほか、この点に言及した文献の多くは結論として責任能力規定の適用を否定していたと指摘するもの[18]がある。

4 小 括

以上みてきたとおり、裁判例と学説の多くは、運転者が心神喪失のため責任能力を欠く状態で事故を起こした場合について、運行供用者が責任を負うことを認める[19]。

このことは、「責任無能力者又は責任能力者である未成年者が監督者の保有する自動車を借りるなどして交通事故を起こしたため被害者に人身損害が発生した場合には、監督者は、後述する自賠法3条本文の規定に基づく責

---

15) 熊谷・前掲注14) 139頁。

16) 川井健ほか編『注解交通損害賠償法＜新版第2巻＞』（青林書院、1996年）243頁〔並木茂〕。

17) 安田・前掲注8) 75頁。

18) 熊谷・前掲注14) 142頁。

19) 以上と同様、運転者の責任無能力と運行供用者責任について、自賠法3条ただし書、民法713条、不可抗力の三つの観点から学説および裁判例を総合的に検討したものとして、藤村・前掲注9) がある。

56　第Ⅰ部　第5章　運転者の責任無能力(意識喪失)と責任

任を負うので……」として、運転者の責任無能力が運行供用者責任に影響し
ないことを前提とする記述[20]からも看取しうるところである。

　結局のところ、「同法〔注：自賠法〕3条の趣旨は、単に過失の立証責任を
被害者から運行供用者へ転換するにとどまらず、その免責を不可抗力たる性
格を有する事由に制限しようとするものである。自動車運行に内在する危険
は、物的なものであれ、人的なものであれ、運行供用者がその責任を負わな
ければならないとする判例や学説の姿勢は、このような自賠法の立法趣旨に
適合的である。……運転者の心神喪失は、車両の欠陥と同様に車両圏内の要
因として免責を否定する見解が支配的であることは当然」[21]ということであ
ろう。

---

20)　佐久間＝八木編・前掲注10) 38頁。
21)　松原・前掲注2) 39頁。

2 民法（一般的不法行為責任、使用者責任）との関係

◼1 総 論

① 運転者の不法行為責任との関係

運転者が突然の心神喪失のため責任能力を欠く状態で事故を起こした場合において、それがため運転者の故意・過失が否定されたり、不可抗力の存在が認められたり、民法713条による免責が認められたりすれば、運転者の不法行為責任（709条責任）が否定されるのは当然である。

そして、運転者の故意・過失が否定されるか、不可抗力の存在が認められるかについての考え方は、1で検討したところと基本的に同様である。

民法713条による免責が認められるかの点は、後記◼2で検討する。

② 使用者責任との関係

近時の有力説は、被用者に責任能力が欠けていても、使用者責任が成立するとし[1]、一部の学説は責任能力に加えて被用者の故意・過失も不要であるという[2]。

しかしながら、通説は、民法715条所定の使用者責任が成立するためには、被用者の行為が不法行為の一般的要件を具備していること（被用者について不法行為責任が成立すること）が必要であり、被用者につき故意・過失や責任能力が必要であるとしており[3]、現在の判例の立場は、通説と同じであると理解されている。

---

1) 潮見佳男『不法行為法Ⅱ＜第2版＞』（信山社、2011年）20頁、窪田充見『不法行為法』（有斐閣、2007年）185頁。
2) 加藤雅信『新民法大系Ⅴ 事務管理・不当利得・不法行為＜第2版＞』（有斐閣、2005年）343頁。
3) 加藤一郎編『注釈民法⒆債権⑽』（有斐閣、1965年）292頁〔森島昭夫〕。

58　第Ⅰ部　第5章　運転者の責任無能力(意識喪失)と責任

　したがって、通説・判例の立場からすれば、運転者が突然の心神喪失のため責任能力を欠く状態で事故を起こした場合において、それがため運転者の故意・過失が否定されたり、不可抗力の存在が認められたり、民法713条による免責が認められたりすれば、運転者の不法行為責任が否定されるのと同時に使用者責任も否定されることになる。

③　使用者等の不法行為責任との関係

　裁判例をみると、被害者である原告が、使用者自身やその従業員である労務管理者には、運転者の健康状態を管理し、運転をやめさせるべき義務などがあったと主張して、使用者に対し、不法行為責任（709条責任）または使用者責任（715条責任）を追及することがある。また、運転者の近親者に対して同様の不法行為責任（709条責任）を追及する例もある。

　運転者について不法行為責任が成立する場合であれば、これらの責任が認められることもある（たとえば、後掲宇都宮地判平成25・4・24判時2193号67頁は、同居の母親について不法行為責任を認めている）。

　しかしながら、運転者の故意・過失が否定されたり、不可抗力の存在が認められたり、民法713条による免責が認められたりして運転手自身の責任が否定された場合において、なお使用者や近親者について予見可能性や結果回避可能性を認め上記義務が肯定され、損害賠償責任が認められることはほとんどないと思われる。事実、以下で紹介する裁判例の中にこれを認めたものはない。

❷　民法713条による免責との関係

　民法713条本文の規定に係る責任無能力状態は、継続的に存在することを必要とするものではなく、問題となった行為を行った時にその状態にあったと認められることを要し、また、それで足りると解されている[4]。

　ただし、加害者は、故意または過失によって一時的に責任無能力状態を招

---

4)　佐久間邦夫＝八木一洋編『リーガル・プログレッシブ・シリーズ　交通損害関係訴訟＜補訂版＞』(青林書院、2013年) 35頁（鈴木祐治）参照。

いたときは、賠償責任を負うとされている（同条ただし書）[5]から、運転者の責任無能力状態が一時的であったか否か、故意または過失によってその状態を招いたか否かが問題となる。

　この点、責任無能力状態であったとして民法713条による免責を認めた裁判例（いずれも後掲）としては、釧路地判平成26年3月17日（交通民集47巻2号337頁—てんかん）、名古屋地判昭和38年8月20日（訟務月報10巻1号96頁—てんかん）、名古屋地判平成23年12月8日（交通民集44巻6号1527頁—脳梗塞。ただし後掲名古屋高判平成24・9・11によって取り消されている）、東京地判平成21年11月24日（交通民集42巻6号1540頁—くも膜下出血）、京都地判平成13年7月27日（判時1780号127頁—睡眠時無呼吸症候群）、東京高判平成12年12月27日（判時1744号84頁—統合失調症）がある。

　他方、故意または過失によって一時的に心神喪失状態を招いたとして民法713条ただし書が適用された裁判例（いずれも後掲）としては、大阪地判平成23年1月27日（交通民集44巻1号117頁—てんかん）、名古屋高判平成24年9月11日（自保ジャ1938号131頁—脳梗塞）、浦和地裁熊谷支判平成12年7月26日（判時1744号88頁—統合失調症。ただし前掲東京高判平成12・12・27によって取り消されている）、東京地判平成25年3月7日（判時2191号56頁—無自覚性低血糖）がある。

---

5)　川井健ほか編『注解交通損害賠償法＜新版第2巻＞』（青林書院、1996年）250頁〔並木茂〕は、「酒乱癖があることを知りまたは知りうべきであるのに深酒した」場合を民法713条ただし書の例としてあげる。

3　疾患による場合

　本節では、運転者が疾患を原因として責任能力を欠く状態で事故を起こした事案に関する裁判例を紹介する。

１　てんかん

❶釧路地判平成 26 年 3 月 17 日（交通民集 47 巻 2 号 337 頁）

　本件は、被告 Y1 が加害車両（タクシー）運転中にてんかんの発作により意識を失い、加害車両を暴走させて建物の外壁に衝突させたため、乗客である原告 X に傷害を負わせた事故について、原告 X が、加害車両の運転手である被告 Y1 に対しては不法行為責任（709 条）および運行供用者責任（自賠法 3 条）に基づき、被告 Y1 の勤務先（タクシー会社）である被告 Y2 に対しては使用者責任（715 条 1 項）および運行供用者責任（自賠法 3 条）に基づき、損害賠償を求めた事案である。ただ、被告 Y1 に対する運行供用者責任の追及は、被告 Y1 が会社の業務で運転していた「運転者」にすぎず、運行供用者にはあたらないとの理由により棄却されているから、以下では除外する。

　本件の争点のうち、本章に関係するものは、①被告 Y2 は、民法 713 条により運行供用者責任を免れるか、②被告 Y1 は、民法 713 条により不法行為責任を免れるか、③被告 Y2 は、民法 713 条により使用者責任を免れるか、である（なお、713 条ただし書に関する明示的な主張はなかったようである）。

　本判決は、①について、「自賠法 3 条は、自動車の運行によって人の生命又は身体が害された場合における被害者及び自動車の運行によって利益を得る運行供用者との損害の公平な分担を図るため、上記場合における損害賠償責任に関し、同条本文において、運行を支配する運行供用者に対して人的損害に係る損害賠償義務を負わせるとともに、運行供用者がこの責任を免れるためには、同条ただし書の定める各事由をすべて立証しなければならないとして立証責任の転換を図っており、民法 709 条の特則を定めるものである。このような同条の趣旨に照らすと、行為者保護を目的とする民法 713 条は、運行供用者責任には適用されないものと解するのが相当である。」と判示し、被告 Y2 の運行供用者責任を認めた。

また、②について、「本件事故は、被告Y1がてんかんの発作により意識を失った結果発生したものであり、被告Y1は、精神上の障害により自己の行為の責任を弁識する能力を欠く状態にある間に本件事故を発生させたものであると認められるから、民法713条本文により、被告Y1は本件事故につき不法行為責任に基づく損害賠償義務を負わない。」と判示して、被告Y1の不法行為責任を否定した。

さらに、③について、「使用者責任に基づく損害賠償請求をするためには、被用者の第三者に対する加害行為が、それ自体として、不法行為の成立要件を具備することを要するところ、……被告Y1は本件事故の発生につき責任能力を欠いていたと認められるから、被告Y2は、使用者責任に基づく損害賠償義務を負わない。」と判示して、被告Y2の使用者責任を否定した。

❷宇都宮地判平成25年4月24日（判時2193号67頁）

本件は、被告Y1が加害車両（クレーン車）を運転中にてんかんの発作で意識を喪失し、歩道上を通学のために歩行していた児童6名に衝突して同児童らを死亡させた事故について、同児童らの各両親、兄弟姉妹および祖父母が、①被告Y1に対しては自賠法3条および民法709条に基づき、②加害車両の保有者であり、被告Y1を雇用していた被告Y2に対しては自賠法3条、民法715条1項および同法709条に基づき、③被告Y1（当時26歳）の同居の母親である被告Y3に対しては民法709条に基づき、それぞれ損害賠償を求めた事案である。

ところで、本件では、被告Y1について、かねてよりてんかんの疾病を有し、医師から抗てんかん薬の投薬治療を受けていたうえ、自動車等の運転中にてんかんの発作により意識を喪失して人身事故や物損事故を起こした経験が数回あり、医師から自動車、特に重機など大型特殊自動車の運転をしないよう厳しく指導されていたとの事情があり、さらに、被告Y1は、事故の原因となった運転開始前には、前夜に服薬を失念したことや、睡眠不足および疲労の蓄積から、てんかん発作の予兆を感じていたとの事情もあった。そのため、本件では、被告Y1が、自動車の運転は厳に差し控えるべき自動車運転上の注意義務があるのにこれを怠り、てんかんの発作が起こることはないものと軽信し、漫然と加害車両の運転を開始した過失により、本件事故を発生させたとして、被告Y1が民法709条および自賠法3条に基づく損害賠償責任を負

うこと、被告 Y2 が自賠法 3 条または民法 715 条 1 項に基づく損害賠償責任を負うことは、いずれも当事者間に争いがなかった。

したがって、本件の主たる争点は、被告 Y3 が民法 709 条に基づく損害賠償責任を負うか否かであった。

本判決は、この点について、被告 Y1 と同居していた母親である被告 Y3 は、事故前日の夜に抗てんかん薬を処方どおりに服用しなかった被告 Y1 による自動車の運転行為により、歩行者等の生命、身体および財産に対する重大な事故が発生することを予見できた一方で、勤務先の被告 Y2 に通報すれば、本件事故の発生を防止することができたものと認められ、被告 Y1 が自宅を出た直後に会社に通報することは容易であったことからすれば、被告 Y3 が通報しなかったことには違法性が存する旨判示して、被告 Y3 は民法 709 条に基づき損害賠償責任を負うと判断した。

❸横浜地判平成 23 年 10 月 18 日（交通民集 44 巻 5 号 1370 頁）

本件は、被告 Y1 が加害車両（普通貨物自動車）を運転中にてんかんの発作により意識を失ったため、暴走した加害車両が歩道上で被害者に衝突して被害者を死亡させた事故について、被害者の遺族である原告が、①加害車両を運転していた被告 Y1 に対しては民法 709 条に基づき、②加害車両の保有者であり、被告 Y1 を雇用していた被告 Y2 に対しては自賠法 3 条、民法 715 条 1 項に基づき、③被告 Y2 の代表取締役であり、被告 Y1 の父親である被告 Y3 に対しては民法 709 条、715 条 2 項に基づき、それぞれ損害賠償を求めた事案である。

ところで、本件では、被告 Y1 について、かねてから、てんかんの疾患を有し、てんかんの発作により意識を失って物損事故を起こした経験があったうえ、医師から抗けいれん薬（てんかんの発作を抑えるための薬）の処方を受け、同薬を処方通りに服用していなければてんかんの発作により突然意識を喪失する危険があるとして、医師から同薬を処方通りに必ず服用するよう厳しく指導されていたとの事情があった。そのため、本件では、被告 Y1 は、同薬を処方通り服用していない状態での自動車の運転を厳に差し控えるべき自動車運転上の注意義務を負っていたところ、同薬を処方通り服用しなくてもてんかんの発作は起こらないと軽信し、漫然と運転を開始した過失があるとして、被告 Y1 が不法行為責任を負うこと、被告 Y2 が運行供用者責任および

使用者責任を負うことは、いずれも当事者間に争いがなかった。

　本件の争点のうち、本章に関係するものは、被告 Y3 の責任の有無である。

　本判決は、この点について、被告 Y1 がてんかんの疾患を有していたことなどの上記事情に関する被告 Y3 の認識の内容と程度、被告 Y2 における被告 Y3 の地位、業務内容等を認定したうえ、「被告 Y3 は、被告 Y2 会社の代表取締役として、被告 Y1 を現実に監督する地位にあった者であるということができるから、『使用者に代わって事業を監督する者』に該当すると認められる。」などと判示して、被告 Y3 が民法 715 条 2 項の使用者責任を負うと判断した。

❹大阪地判平成 23 年 1 月 27 日（交通民集 44 巻 1 号 117 頁）

　本件は、要約すれば、自動車の衝突により店舗が全壊する被害を受けた原告が、当該自動車の運転者である被告に対し、民法 709 条に基づき損害賠償を求めた事案である。

　本件の争点のうち、本章に関係するものは、①被告は、本件事故当時、責任能力を欠く状態にあったか、②被告の責任無能力状態は、被告の故意または過失によって一時的に招かれたものといえるか、である。

　本判決は、①について、被告は、事故当時、てんかん発作（複雑部分発作）を起こしており、心神喪失の状態にあったと判断した。

　そのうえで、②について、ⓐ被告は、事故の約 12 年前にてんかんとの診断を受けた後、抗てんかん発作薬が処方されたが、その後服用を止め、本件事故の約 2 か月前には、自家用車を運転しているときにてんかん発作を起こし自損事故を引き起こしていた、ⓑ被告は、本件事故後の調査において、薬を服用していれば本件事故を起こさなかった旨自認している、ⓒ鑑定人である医師は、被告は服薬をしないとてんかん発作を起こすことをある程度は了解していたものと思われるとしている、との事実を認定したうえ、これらによれば、被告は、本件事故前、抗てんかん発作薬を服用せず、てんかん発作が生ずる可能性を認識しうる状況にありながら、自動車を運転し、てんかん発作を起こした状態で本件事故を発生させたものであり、「故意又は過失によって一時的に」てんかん発作の状態を招いたということができると判断し、結局、被告は、民法 713 条ただし書に基づき、民法 709 条に基づく責任を負うと判断した。

64　第Ⅰ部　第5章　運転者の責任無能力（意識喪失）と責任

❺名古屋地判昭和 38 年 8 月 20 日（訟務月報 10 巻 1 号 96 頁）

　本件は、運転者（バス運転手）がバスの運転中に、突発的なてんかんの発作によって一時的な心神喪失に陥り、順次 3 名の通行人をはねてそのうち 2 名を死亡させた事故につき、本章との関係では、①運転者は、事故当時、心神喪失状態にあったか、②運転者の心神喪失状態は、運転者の故意または過失によって一時的に招かれたものといえるか、③運転者が事故当時心神喪失状態にあったとして、そのことが運行供用者（バス会社）の運行供用者責任の成否に影響するか、が問題となった事案である。

　本判決は、まず①について、運転者は、本件事故発生当時、心神喪失の状況にあったと認めた。

　そのうえで、②について、ⓐ運転者は側頭葉てんかんの疾病に罹患しているが、この罹患の事実が判明したのは、本件事故に基づく業務上過失致死等被告事件における第 2 回目の鑑定の結果によってであること、ⓑ運転者のてんかんには発作の前徴がなかったこと、ⓒそのため、運転者は、自己に上記疾病があることを全然知らず、かつ、従前の経緯に照らしても、運転者がこれを知らなかったことは無理からぬことであること、したがって、運転者が、本件事故前において、自己が自動車の運転中にてんかんの発作を起こして心神喪失になるだろうと予見することはとうてい不可能であったと判断し、運転者に故意または過失はなかったと判断した。

　また、③については、本件事故発生当時、運転者が心神喪失の状況にあったことは、自賠法 3 条本文の要件該当性に影響するものではないし、たとえ本件事故が運転者の突発的なてんかんの発作による正常運転の不能に原因するものであり、かつ、このてんかんの発作がまったく予期しないものであったとしても、運行供用者は、同条ただし書所定の免責事由を証明しない限り、運行供用者責任を負う旨判示した。そのうえで、同条ただし書所定の免責事由につき、本件では第 2 要件（被害者または運転者以外の第三者に故意または過失があったこと）が認められず、かえって、「当該事故は運転者の突然の心神喪失によって一方的に生じたものと認めることができる」と判示して、同条ただし書による免責を否定し、運行供用者（バス会社）は運行供用者責任を負うと判断した。

　本判決は、以上の結果、運転者に対する請求を棄却し、運行供用者（バス

会社）に対する請求を認容した。

② 脳梗塞・脳出血

❶名古屋地判平成 23 年 12 月 8 日（交通民集 44 巻 6 号 1527 頁）

本件は、概略、被害車両（大型貨物自動車）が赤信号に従って停止していたところ、後方から進行してきた加害車両（大型貨物自動車）がブレーキをかけることなく被害車両の後部に追突し、そのはずみで被害車両が前方に停止していた第三車両（大型貨物自動車）に衝突した玉突き事故につき、被害車両の積荷の所有者である原告が、加害車両の運転者の使用者である被告に対し、民法 715 条および民法 709 条に基づき損害賠償を求めた事案である。

本件の争点のうち、本章に関係するものは、①加害車両の運転者（以下❶および❷において「加害運転者」という）には、運転を控えるべきであったのに、運転行為に及んだ過失があったか、②加害運転者は、本件事故当時、責任能力を欠く状態にあったか、③加害運転者の責任無能力状態は、加害運転者の故意または過失によって一時的に招かれたものといえるか、④使用者である被告またはその従業員である労務管理者に労務管理上の過失があったか、である。

本判決は、②について、加害運転者は、追突するより前に脳梗塞を発症させて右不全麻痺となり、運転を制御できない状態となったものであって、事故当時、責任能力を欠いていたもの（713 条本文）と認められるとした。

そのうえで、①および③について、次のように判示し、加害運転者には、運転を控えるべきであったのに、運転行為に及んだ過失があるとみることはできず（①関係）、また、自ら過失によって一時的に責任無能力の状態を招いたものとみることもできない（③関係）と判断した。

すなわち、ⓐ心原性脳梗塞は、心臓でできた血栓が遊離して、脳血管に流れ込み、脳の太い血管を閉塞させるところ、心臓に血栓ができる要因には、心房細動などが考えられるが、心房細動などが生じる危険性は、高血圧や冠動脈疾患（狭心症等）等の基礎疾患があれば高まるものとみられるところ、ⓑ加害運転者は、本件事故前の約 2 年余りにわたって、高血圧症、高脂血症等で要治療とされ、本件事故の約 3 か月前には、度々胸部圧迫感等の症状があり、狭心症疑いの診断もされるようになったものである。

しかしながら、ⓒ上記のような基礎疾患があるからといって、直ちに心原性脳梗塞になるものではない。

そして、ⓓ加害運転者には、脳梗塞等の既往歴や、過去に意識障害、見当識障害、注意障害等に陥ったことがあったものとはうかがわれない。ⓔ本件事故直前に何らかの前駆症状があったとは認められない。ⓕ胸部圧迫感等の症状については、病院の医師らは、加害運転者が職業運転手であることをわかっていながら、その状態で運転することの危険性を説いたり、運転を控えあるいは労働負荷を減らすよう指示したりするなどしていたものとはうかがわれない。さらに、ⓖ高血圧症については、数値的には徐々にある程度の改善はしており、処方された薬は服薬していたことがうかがわれる。

これらの諸事情に鑑みれば、加害運転者が、本件事故前、自己が運転行為に及べば、脳梗塞等の脳血管疾患、心筋梗塞等の虚血性心疾患などによって自己が運転不能な状態にまで陥るとの蓋然性を予見しえたものとは認められない。

したがって、加害運転者が運転を控えるべきであったのに、運転行為に及んだ過失があるとして、不法行為が成立するものとみることはできない。また、加害運転者は、自ら過失によって一時的に責任無能力の状態を招いた（713条ただし書）ものとみることもできない。よって、被告は、民法715条に基づく損害賠償責任を負わないとしたのである。

なお、④については、具体的な状況を認定したうえで、加害運転者について正常な運転ができないおそれが特に高まっていたものとはいえず、使用者である被告またはその従業員である労務管理者に労務管理上の過失があったとは認められない旨判示して被告の民法715条責任および民法709条責任を否定した。

❷名古屋高判平成24年9月11日（自保ジャ1938号131頁）──❶の控訴
審判決

本判決は、本件事故は、加害運転者が体調に異常を感じたにもかかわらず運転を継続した過失または心疾患を有しながら加害車両の運転業務を漫然と継続した過失により生じたものであると判断し、原判決を取り消したうえ、請求を一部認容しており、原判決と結論を異にしている。

すなわち、本判決は、ⓐ加害運転者は、本件事故の約2年余り前から高

血圧症、高脂血症、左心室肥大と診断され、高血圧症、狭心症治療薬の処方を受けていたが、本件事故の約9か月前からは狭心症発作または心房細動が始まり、これが次第に増悪し、本件事故の約3か月前には、狭心症疑いと診断され、入院して検査を受けるように勧められていたとの事実を認定したうえ、ⓑ加害運転者は、本件事故発生前には、出庫後約1時間加害車両を走行させ、約1時間半の休憩をとった直後、加害車両をごく短時間低速で走行させただけで約20分間アイドリング状態で停止させ、走行を再開した約15分後には、再び加害車両を約25分間アイドリング状態で停止させていたことが認められるところ、本件事故の約9か月前から加害運転者が狭心症または心房細動の発作を繰り返していたこと、心原性脳梗塞発生の機序、上記アイドリング状態のタイミングがきわめて不自然であることを総合考慮すると、加害運転者は、胸部圧迫感等の症状を自覚したため、症状が治まるまで加害車両をアイドリング状態で停止させたものと推認されるとし、そうすると、ⓒ加害運転者としては、狭心症疑いとの診断を受けて入院検査を勧められていたところ、この日、15分間隔で2度も胸部圧迫感等を自覚したのであるから、目的地まではまだ遠く3度目を発症する可能性があること、運転中に発症すれば場合によっては大事故となるおそれがあることからすれば、直ちに加害車両の運転を中止し、使用者である被告に連絡して代わりの運転手の手配を依頼すべき義務があったと判示した。そして、ⓓ加害運転者は、アイドリング状態で停止して20分ないし25分程度時間をおいただけで、安易に加害車両の運転を再開したため、その約22分後に心原性脳梗塞による運動障害、意識障害を発症させて本件事故を生じさせたのであるから、本件事故は加害運転者の過失により生じたものと認められると判示した。

　ところで、本判決は、加害運転者は、深夜を含む長時間拘束勤務を続けていれば、大型貨物自動車を運転中に、これまで経験している胸部圧迫感等や、さらに症状の進んだ脳梗塞等が生じて正常な運転が妨げられ、人身事故等を惹起する蓋然性があることを予見しえたから、仮に、加害運転者が出庫後に胸部圧迫感等の症状を発症したものではないとしても、本件事故は、心疾患を有しながら加害車両の運転業務を漫然と継続していた加害運転者の過失により生じたものと認められる旨判示しており、この点も参考になろう。

　なお、本判決は、上記のように判示し、原審（前記❶）の争点①に関連し

て被告の民法 715 条責任を肯定したため、争点④については判断を示していない。

❸東京地判平成 21 年 11 月 24 日（交通民集 42 巻 6 号 1540 頁）

　本件は、加害車両（普通乗用自動車）の運転者がくも膜下出血を発症し、加害車両がセンターラインを越えて対向車である第三車両（普通乗用自動車）と衝突したため、その直後、第三車両の後方を走行していた被害車両（普通乗用自動車）が第三車両に衝突した事故につき、被害車両の所有者である原告が、加害車両の運転者（以下❸において「加害運転者」という）の相続人に対し、民法 709 条に基づき損害賠償を求めた事案である。

　本件の争点のうち、本章に関係するものは、加害運転者は、本件事故当時、責任能力を欠く状態にあったかである（なお、713 条ただし書に関する明示的な主張はなかったようである）。

　本判決は、この点について、ⓐ加害車運転者は、事故前、運転中に脳動脈瘤破裂に基づくくも膜下出血を発症して正常な運転ができない状態となり、意識を失うなど、意思に基づいて運転することがまったく不可能な状態となっていた、ⓑくも膜下出血は、多くは前駆症状がなく、突然の激しい頭痛、意識障害などで発症するとされているから、加害車両が反対車線に進入する一定時間前に加害運転者がくも膜下出血を発症したのだとしても、突然の発症と同時に意識障害が起き、あるいは激しい頭痛等により意識が正常でなくなり、適切な運転操作あるいは安全に停止をすることもできなくなったと推測される、ⓒそうすると、加害運転者は、精神の障害により自己の行為の責任を弁識する能力を欠く状態で、事故を起こしたというべきであると判示して、請求を棄却した。

　なお、本判決の認定事実によれば、加害運転者は、事故以前に、高血圧症の治療を受けていたことがあったが、事故の約半年前には治癒したとされており、脳動脈瘤の存在は指摘されていなかったとのことである。

❹大阪地判平成 12 年 2 月 29 日（交通民集 33 巻 1 号 390 頁）

　本件は、概略、加害車両（普通乗用自動車）と被害車両（普通貨物自動車）とが交差点で衝突し、加害車両の運転者が死亡した事故につき、加害車両の運転者（以下❹において「加害運転者」という）の相続人である本訴原告（反訴被告）が、被害車両の運転者である本訴被告（反訴原告）に対し、民法 709 条、

711 条、715 条 1 項、同条 2 項、自賠法 3 条に基づき損害賠償を求める本訴と、他方、被害車両の運転者である本訴被告（反訴原告）が、加害運転者の相続人である本訴原告（反訴被告）に対し、自賠法 3 条、民法 709 条に基づき損害賠償を求める反訴の事案である。

本件の争点のうち、本章に関係するものは、本件事故の態様、本訴被告（反訴原告）の過失の有無（本件事故は、加害運転者の一方的過失によるものか）である。

本判決は、事故態様について、加害車両は、左右の見通しが悪いにもかかわらず、停止線で停止せず、速度を落とすことなく時速 70 ないし 80 キロメートルで交差点に進入し、まったくブレーキをかけずに被害車両に向かって一直線に進行して被害車両に衝突したと認定した。他方、本判決は、加害運転者について、ⓐ本件事故の約 7 年前、左大脳の脳梗塞等、左下肢麻痺の症状が現れ、緊急入院し、それ以降、病院で治療を継続してきたが、脳梗塞の再発は認められておらず、本件事故当時は、脳梗塞の後遺症状を残して治療中であった（再発防止の内服薬を服用していても、脳梗塞の再発の可能性がないとはいえない状態であった）、ⓑ本件事故当時、右半身の軽い運動麻痺と知覚障害があり、たとえ運転できても、急な危険の回避という事態に際しては、判断が不適切になる、あるいは、遅れる可能性が大きく、自動車の運転は危険であるという状態であり、医師から、自動車の運転は危険であるから中止するよう指示を受けていたと認定した。

そのうえで、本判決は、本件事故の発生には、脳梗塞の再発または加害運転者の右半身の軽い運動麻痺と知覚障害が影響した可能性が大きいといわざるをえず、本件事故は、加害運転者の不随意的な、自制の利かない運転行為という一方的な過失によって発生したものと判断し、本訴原告（反訴被告）の請求を棄却し、本訴被告（反訴原告）の請求を認容した。

❺ **新潟地判平成 7 年 11 月 29 日**（交通民集 28 巻 6 号 1638 頁）

本件は、加害車両（普通乗用自動車）の運転者が突然くも膜下出血で倒れて意識を失い、歩行中の被害者に加害車両を衝突させて傷害を負わせた事故につき、被害者が、加害車両の所有者である被告に対し、自賠法 3 条に基づき損害賠償を求めた事案である。

本件の争点のうち、本章に関係するものは、不可抗力による免責が認められるかである。

70　第Ⅰ部　第5章　運転者の責任無能力（意識喪失）と責任

　本判決は、この点について、まず、自賠法3条ただし書による免責は、第2要件（被害者または運転者以外の第三者に故意または過失があったこと）を欠くことが明らかであるから認められる余地はないとした。

　そのうえで、「自賠法3条が過失の立証責任を転換し、かつ、立証すべき無過失の内容を加重して交通事故の被害者の保護を厚くしているといっても、法律上の無過失責任を負わせたものではない以上、例えば、突然の地震、落雪、崖崩れ、野獣の飛び出しなど、いわゆる不可抗力によって事故が発生した場合には、被害者又は第三者に故意、過失が認められない場合であっても、免責が認められる余地がある」として不可抗力による免責の検討に進み、「そもそも、不可抗力とは、外部から来る事実で、普通に要求される程度の注意や予防方法を講じても損害を防止できないことを意味するところ、運転者の心神喪失というのは、いわば加害者の内部の事実であって、地震、落雷など一般に不可抗力として論じられている、外部から来る事実と同列に考えられるかは疑問である」、「運行供用者の免責事由としての不可抗力は、車両圏外の要因のうち、被害者、第三者の故意・過失を除いた、最終的な法的責任帰属の主体が見出せない事由に限定すべきであって、運転者の心神喪失は、原則として免責事由には当たらないというべきである」、「もっとも、自賠法3条が無過失責任でないことは前記の通りであるから、運行供用者側で、運転者について常日頃から十分な健康管理を行っており、同人が運転中に心神喪失状態に陥るようなことが、現代の医学上の知識と経験に照らしておよそ予見不可能であることを立証した場合には、例外的に免責されるものと解される」と判示し、運転者の心神喪失は、原則として不可抗力による免責の対象とならないが、運転中に心神喪失状態に陥ることにつき予見不可能であった場合には、例外的に不可抗力による免責を認めることができるとした。この例外を認める点が本判決の特徴といえる。

　もっとも、本件事案の判断としては、「被告は、53歳の男性で、過去10年以上にわたって高血圧であったというのであるから、当時、血圧の薬を服用しており、かつ、過去にクモ膜下出血ないし脳出血になったことがないとしても、運転中にクモ膜下出血を起こして心神喪失状態に陥ることが現代の医学上の知識と経験に照らして予見不可能であったとは、認めがたい」などと判示し、結局、不可抗力による免責を認めなかった。

3 疾患による場合　71

③　睡眠時無呼吸症候群

❶京都地判平成 13 年 7 月 27 日（判時 1780 号 127 頁）

本件は、加害車両（普通貨物自動車）が被害者に衝突して被害者を死亡させた事故につき、被害者の遺族である原告が、①加害車両を運転していた被告 Y1 に対しては民法 709 条に基づき、②被告 Y1 を雇用していた被告 Y2 に対しては民法 715 条に基づき、それぞれ損害賠償を求めた事案である。

本件の争点のうち、本章に関係するものは、加害車両の運転者は、事故当時、責任能力を欠く状態にあったかである（なお、713 条ただし書に関する明示的な主張はなかったようである）。

本判決は、この点について、被告 Y1 は、睡眠時無呼吸症候群により、入眠状態の下で、精神上の障害により自己の行為の責任を弁識する能力（責任能力）を欠く状態にある間に本件事故を惹起したものであるから、民法 713 条本文により、損害賠償責任を負わないと判示した。

判文によれば、被告 Y1 は、事故後に受けた診察により、事故当時から睡眠時無呼吸症候群であったと診断されたが、事故当時は自分が睡眠時無呼吸症候群に罹患していることを知らず、また、運転経験は 30 年以上に及び、大型二種、牽引車等の自動車運転免許を有し、タクシー運転手の経験もあったようである。

なお、本判決は、被告 Y2 の使用者責任について、使用者責任が成立するためには、被用者の第三者に対する加害行為が、それ自体として、不法行為の成立要件を具備することを要するものと解すべきところ、被告 Y1 は事故の惹起につき責任能力を欠いていたと認められるから、被告 Y2 の使用者責任は成立しない旨判示している。

④　統合失調症

❶浦和地裁熊谷支判平成 12 年 7 月 26 日（判時 1744 号 88 頁）

本件は、被告運転の自動車に衝突されて破損した自動車の所有車である原告が、被告に対し、民法 709 条に基づき損害賠償を求めた事案である。

本件の争点のうち、本章に関係するものは、①被告は、本件事故当時、心神喪失の状態にあったか、②被告の心神喪失状態は、被告の故意または過失

によって一時的に招かれたものといえるか、である。

　本判決は、①について、被告は、本件事故当時、統合失調症の悪化による著しい精神運動興奮状態、幻覚妄想状態にあり、心神喪失の状態にあったと判断した。

　そのうえで、②について、ⓐ被告は、事故の 10 年以上前から、統合失調症による幻覚、妄想状態を呈して、複数の病院で治療を受け、治療継続の必要性を認識したうえで、医師に対し、受診、服薬をする旨約束していたが、症状が軽快すると、医師の意見もきかないまま、治療を中断し、その結果、症状を悪化させ、家族らに攻撃的な行動をとった経験を少なくとも 2 回は有することに照らせば、被告は、自己の行為についての判断能力を失う可能性があることについて予見可能であったといえるから、民法 713 条ただし書にいう過失があり、ⓑ被告は、事故後 1 か月も経ないうちに、事故による民事上の責任を認識し、判断するだけの能力を回復していたから、被告の心神喪失状態は一時的に生じたものといえる旨判断し、民法 713 条ただし書の適用があるから被告は不法行為責任を負うとした。

❷東京高判平成 12 年 12 月 27 日（判時 1744 号 84 頁）──❶の控訴審判決

　本判決は、原審（前記❶）の争点①については、原審と同じ判断をしたが、争点②については、原審と判断を異にし、被告の心神喪失状態は一時的に招かれたものとは認められないとして、被告の不法行為責任を否定した。

　すなわち、本判決は、被告には、ⓐ事故の約 12 年前に統合失調症に罹患し、事故の約 6 年半前まで通院治療・入院治療を受けていたが、病識に欠け、医師の指示に従った服薬を怠り、その頃を最後に通院もやめ治療を受けていなかったこと、ⓑ事故の数日前から妄想に支配された異常行動が存在したこと、ⓒ事故直後は、幻覚妄想が著しく、精神運動興奮状態にあり、直ちに措置入院の手続がとられ、その後約 3 週間保護室に隔離されていたこと、ⓓ判決時もなお妄想が残存したまま入院を継続していることなどの事実が認められ、こうした事実に照らすと、被告の本件事故当時の心神喪失状態は一時のものとはとうてい認められない旨判断し、民法 713 条ただし書の適用を否定して、同条本文により被告の不法行為責任を否定した。

3 疾患による場合　73

5　無自覚性低血糖

❶東京地判平成 25 年 3 月 7 日（判時 2191 号 56 頁）

　本件は、被告運転の普通乗用自動車が被害者運転の自転車と正面衝突して被害者を死亡させた事故につき、被害者の遺族である原告が、被告に対し、自賠法 3 条または民法 709 条に基づき損害賠償を求めた事案である。

　本件の争点のうち、本章に関係するものは、①被告は、民法 713 条により運行供用者責任を免れるか、②被告は、事故当時、心神喪失状態にあったか、③被告の心神喪失状態は、被告の故意または過失によって一時的に招かれたものといえるか、である。

　本判決は、①について、「自賠法 3 条は、自動車の運行に伴う危険性等に鑑み、被害者の保護及び運行の利益を得る運行供用者との損害の公平な分担を図るため、自動車の運行によって人の生命又は身体が害された場合における損害賠償責任に関し、過失責任主義を修正して、運行を支配する運行供用者に対し、人的損害に係る損害賠償義務を負わせるなどして、民法 709 条の特則を定めたものであるから、このような同条の趣旨に照らすと、行為者の保護を目的とする民法 713 条は、自賠法 3 条の運行供用者責任には適用されないものと解するのが相当である。」と判示した。

　次に、②について、「被告は、本件事故当時、1 型糖尿病に基づく無自覚性低血糖により、分別もうろう状態になり、高度の意識狭窄のため、見当識は著しく障害され、自己の行動が周囲に及ぼす意味合いを全く理解できなかったものであり、自己の行為の責任を弁識する能力を欠く状態にあった」と判示し、そのうえで、③について、「被告は、インシュリン投与後や運動後には血糖値が下がることを知っていた上、最近では、頻繁に低血糖状態になり、実際に警告症状がないまま低血糖状態に陥ったこともあり、自動車の運転中に低血糖になったこともあったのであるから、自動車の運転などといった他人に危害を加えることにもなり得る危険な行動をする際には、血糖値を把握し、必要に応じて糖分補給をするなどして低血糖状態に陥ることを回避するように血糖値を管理する義務があるというべきところ、被告は、本件事故当日、夕食前に速効型インシュリンを自己注射し、スポーツクラブで運動をし、低血糖を招きやすい状況であったにもかかわらず、簡易に血糖値

を測定する器機を持ち合わせながら血糖値を測定せず、糖分補給もしないまま、血糖値管理を怠って、一人で自動車の運転をして無自覚性低血糖による意識障害に陥ったものであるから、民法713条ただし書の過失がある」と判示して、民法709条に基づく損害賠償責任を負うとした。

⑥ その他

❶大阪地判平成17年2月14日（判時1917号108頁）

本件は、被告運転の加害車両（普通貨物自動車）が国道を逆走し、被害者運転の被害車両（普通乗用自動車）と正面衝突して被害者を死亡させた事故につき、被害者の遺族である原告が、被告に対し、自賠法3条または民法709条に基づき損害賠償を求めた事案である。

本件の争点のうち、本章に関係するものは、①被告は、民法713条の規定の適用により運行供用者責任を免れるか、②被告は、事故当時、心神喪失状態にあったか、③被告の心神喪失状態は、被告の故意または過失によって一時的に招かれたものといえるかである。

本判決は、まず、②について、被告は、精神病に罹患し家出していた長女を捜しに行くため、自宅から加害車両を運転して出発したものであるが、長女のことを心配して、本件事故の3日ないし4日前から食事も摂らず、不眠状態が続いて極度のノイローゼ状態に陥っており、本件事故前には、お経のようなものを唱えたり、「宗教が守ってくれるから大丈夫」、「信じる者は救われる」などといいながら加害車両を運転していたことなどや、精神鑑定の結果を踏まえ、被告は、本件事故当時、心神喪失の状態にあったものと認めた。

そのうえで、①について、「自賠法は、自動車事故の被害者が損害賠償請求をするに当たり、民法709条の不法行為責任等の規定によったのでは、被害者が加害者側に故意・過失があったことの立証をしなければならず、自動車保有台数が増加し、自動車による人身事故が多発化・多様化し、一般不法行為規定だけでは被害者の保護・救済を十分に図ることができないため、自動車による人身事故の損害賠償責任者として『自己のために自動車を運行の用に供する者』（運行供用者）は、その者が自動車を自ら運転していると否とにかかわらず責任を負うべき主体と定め、故意・過失の立証責任を転換

することで実質的な無過失責任を負わせることにしている（自賠法3条）」、「自賠法4条によれば、運行供用者の損害賠償責任については、同法3条の規定によるほか、民法の規定によるとしており、形式的に見れば、自賠法3条の運行供用者責任についても、民法713条本文の責任無能力を理由とする免責規定の適用があるものとも考えられる。しかしながら、例えば、民法723条などは自賠法4条で適用の余地がないように、形式的には民法の条文に該当するものの適用がない条文もあるところであるから、前記自賠法の趣旨に則り、民法のどの規定が適用されるのか否かを検討する必要がある。そして、自賠法3条但書は、自動車に構造上の欠陥又は機能の障害がなかったことを証明しなければ運行供用者は免責されないとしているところ、人の心神喪失も、車両の構造上の欠陥又は機能の障害と同様、車両圏内の要因・事情ということができるから、このような場合に運行供用者の免責を認めるのは相当でないというべきである。また、運行供用者が他人に運転を委ねている時に、その運転者が運転中に突然心神喪失状態になって事故を起こした場合は、同法3条により運行供用者は当然に運行供用者責任を負うと解されるのに対し、運行供用者が自ら自動車を運転中に突然心神喪失状態になって事故を起こした場合は、責任無能力を理由として運行供用者責任を免れることができるとすると、前記のような他人に運転を委ね、その者が責任無能力となった場合に責任を負わせることとの均衡が保てず、不合理であるというべきである。以上の自賠法3条の趣旨等に照らすと、自賠法3条の運行供用者責任については、民法713条は適用されないと解するのが相当である」と判示し、被告は運行供用者責任を負うとした。

4 薬物に起因する場合

運転者が薬物に起因して責任能力を欠く状態となり、事故を起こした事案も一定数ありそうであるが、公刊裁判例はみあたらない。

このような事案は、大きく、①かぜ薬等の適法薬物を服用したところ、その副作用により昏睡するなどして一時的に責任能力を欠く状態に陥った場合と、②危険ドラッグ等の違法薬物を摂取したため、その作用により前後不覚となり、一時的に責任能力を欠く状態に陥った場合とに分けることができる。

このうち、①の類型については、民法713条との関係で、責任能力を欠く状態といえるか、またそれが故意または過失によって一時的に招かれたものではないかが問題となろう。

これに対し、②の類型でも同様の点が問題となるが、この類型については、仮に責任能力を欠く状態であったと認められるとしても、原則として、故意または過失により一時的に責任無能力状態を招いたものとして、民法713条ただし書が適用され、損害賠償責任が肯定されることになろう。

この点については、名古屋地判昭和60年2月14日（判時1173号95頁）が参考になる。同判決は、シンナー遊び中、シンナーで濡れた友人のズボンにライターを近づけたため、シンナーに引火し、友人が熱傷を負った事故に関する損害賠償請求事件において、加害者が当時シンナー吸引により意識が朦朧となっていた点については、仮に加害者が上記理由により当時心神喪失状態であったとしても、それは加害者が故意に一時の心神喪失を招いたものにすぎない旨判示して、損害賠償責任を認めている。

第6章 | 自然災害との競合

本章では、自動車事故またはそれによる損害の発生につき、自然現象（大雨、地震、土砂崩れ、地滑りなど）が競合的に影響している場合における問題を扱う。

1 自賠法との関係

◼ 自動車事故と他の事由との競合

　自動車事故の発生について、①被害者側の過失や②第三者の過失、③自然現象などが関与・影響していることがある。

　また、自動車事故の発生自体は加害者側の過失のみによるものであったとしても、損害の発生や拡大について、④被害者の疾病等の身体的素因や性格等の心因的要因、⑤他の加害行為（搬送先の病院で医療事故にあった場合や、後日別の自動車事故の被害にあった場合）などが影響していることもある。

　加害者側（運転者・運行供用者）にも過失がある場合には、自賠法3条ただし書所定の運行供用者責任の免責要件[1]のうち第1要件（自己および運転者が自動車の運行に関し注意を怠らなかったこと）を満たさないことになるから、原則として運行供用者責任が肯定されることになる。それを前提として、上記各類型は、それぞれ次のように処理されることになる。すなわち、被害者側の事情が問題となる類型（上記①、④）は、過失相殺またはその類推適用に

---

1) 自賠法3条ただし書所定の運行供用者責任の免責要件については、第5章1◼◼参照。

より処理される[2]。また、他の加害者または第三者が関係する類型（上記②、⑤）は、事案によって相当因果関係の問題や共同不法行為の成否の問題として処理されることになる[3]。そして、加害者の有責行為と自然現象とが競合する類型（上記③）は、加害者の有責行為と結果との相当因果関係の問題として処理されることになる[4]。

　これに対し、加害者側（運転者・運行供用者）に過失がない場合には、自賠法3条ただし書所定の運行供用者責任の免責要件のうち第1要件を満たすことになり、上記各類型は、それぞれ次のように処理されることになる。

　すなわち、被害者または第三者に過失がある類型（上記①、②）では、上記免責要件のうち第1要件および第2要件が満たされ、自賠法3条ただし書により運行供用者責任が免責されることになろう（第5章1■参照）。また、地震、落雷などの自然現象などによって事故が発生した類型（上記③）では、運行供用者責任の不可抗力による免責が検討されることになる（第5章1■参照）[5]。

　ところで、道路、河川その他の公の営造物の設置または管理の瑕疵が事故発生の原因の一つとなっている場合には、国家賠償法2条1項に基づく損害賠償責任が問題となるが（後記■参照）、これが肯定される場合には、第三者の過失があるものとして扱う（上記③の類型ではなく、上記②の類型として扱う）のが通説である[6]。

---

2)　佐久間邦夫＝八木一洋編『リーガル・プログレッシブ・シリーズ　交通損害関係訴訟＜補訂版＞』（青林書院、2013年）96頁（小林邦夫）、206頁、国土交通省自動車交通局保障課監修『逐条解説　自動車損害賠償保障法』（ぎょうせい、2002年）73頁。

3)　佐久間＝八木編・前掲注2）259頁〔齋藤顕〕、福永政彦「二重事故と賠償責任」塩崎勤編『交通損害賠償の諸問題』（判例タイムズ社、1999年）111頁、佐堅哲生「二重衝突事故の賠償責任の範囲」塩崎勤編『現代民事裁判の課題⑧　交通損害・労働災害』（新日本法規出版、1989年）126頁、国土交通省自動車交通局保障課監修・前掲注2）73頁。

4)　これらの場合について、因果関係の割合的認定の問題とする考え方もある。加藤新太郎「因果関係の割合的認定」塩崎編・前掲注3）『交通損害賠償の諸問題』122頁、小賀野晶一「因果関係の割合的認定の意義と問題点」塩崎編・前掲注3）『現代民事裁判の課題⑧』233頁など参照。

5)　不可抗力の証明ができない場合、運行供用者責任は免責されない。この場合、運行供用者は完全な無過失責任を負うことになる（国土交通省自動車交通局保障課監修・前掲注2）73頁）。

2 運行起因性との関係

ところで、事故の発生につき自然災害の影響がある事案では、自賠法3条本文の「運行によって」（運行起因性）の要件を満たすかが問題となることがある。

「運行によって」（運行起因性）の解釈については、大きく、①運行に際して事故が発生すればよく、運行と生命または身体の傷害（事故）との間に時間的・場所的近接があれば足りるとする説、②運行と事故との間に事実的な因果関係があれば足りるとする説、③運行と事故との間に相当因果関係の存在を要するとする説があり、判例・通説は、相当因果関係説（上記③）を採っている（第1章**2**参照）[7]。

したがって、自然現象が影響している場合についても、運行と事故との間に相当因果関係が認められる限り、運行起因性が認められることになる。

なお、後掲東京地判平成24年12月6日（判タ1391号261頁）およびその控訴審である東京高判平成25年5月22日（交通民集46巻6号1701頁）は、いずれも相当因果関係がないとして運行起因性を否定しているが、自動車が走行不能になったため降車し、歩いて避難していたところ濁流に流された事案についてのものである点に注意を要する。

3 国家賠償責任との競合

自動車事故について、国または公共団体が国家賠償法に基づき損害賠償責任を負うことがある。国または公共団体の公権力の行使にあたる公務員が、その職務を行うについて、故意または過失によって違法に他人に損害を加え

---

6) 児玉康夫「免責」塩崎勤＝園部秀穂編『新・裁判実務体系5　交通損害訴訟法』（青林書院、2003年）129頁、133頁、篠田省二「自賠法における免責」吉岡進編『現代損害賠償法講座3　交通事故』（日本評論社、1972年）145頁、159頁、安田実「自賠法3条における免責立証の現状と問題点」ジュリ431号133頁、138頁。

7) 佐久間＝八木編・前掲注2）52頁（鈴木祐治）、国土交通省自動車交通局保障課監修・前掲注2）58頁。

た場合（同法 1 条 1 項）と、道路、河川その他の公の営造物の設置または管理に瑕疵があったために他人に損害を生じた場合（同法 2 条 1 項）である。

国家賠償法 2 条 1 項にいう営造物の設置または管理の瑕疵とは、営造物が通常有すべき安全性を欠いていることをいい、道路の設置・管理の瑕疵としては、①穴や段差等の路面の欠陥、②ガードレール、道路標識等の交通施設の不備、③道路工事、④落石、地滑り、雪崩、路面凍結等の自然現象、⑤障害物の放置などがある[8]。

たとえば、運転者の前方不注視により国道の陥没部分に落輪して同乗者が負傷したような場合には、同乗者（被害者）は、運転者に対しては自賠法 3 条または民法 709 条に基づき、国に対しては国家賠償法 2 条 1 項に基づき、それぞれ損害賠償を求めることができることになる。

このように運行供用者責任と国家賠償責任が競合する場合における両責任の関係をどのように考えるかは、難しい問題である[9]が、少なくとも損害が同一である限り、不真正連帯債務の関係に立つことになるものと解される。

ところで、運行供用者責任と国家賠償責任では、責任の発生要件、免責の要件が異なるため、どちらか一方の責任のみが肯定されることもありうるので、被害者としては、どちらの責任を追及するか慎重に検討する必要があろう。

たとえば、後掲最判昭和 45 年 8 月 20 日（民集 24 巻 9 号 1268 頁）、後掲札幌高判昭和 47 年 2 月 18 日（判タ 278 号 165 頁）、後掲大阪地判昭和 52 年 3 月 25 日（判タ 363 号 318 頁）、後掲札幌地判平成 10 年 12 月 14 日（判時 1680 号 109 頁）は、いずれも国家賠償責任のみが問題となった事案であり、道路管理者（国家賠償責任）との関係では、不可抗力による事故とはいえず、管理に瑕疵があるとされ、国家賠償責任が認められているが、運転者・運行供用者との関係では、基本的に不可抗力による免責が認められる事案ではな

---

8) 佐久間＝八木編・前掲注2) 62頁（鈴木祐治）。

9) 北河隆之「自賠法3条と道路管理者責任」塩崎＝園部編・前掲注6) 26頁、都築弘「道路管理の瑕疵による事故責任」不法行為法研究会『交通事故賠償の新たな動向』（ぎょうせい、1996年）77頁、88頁、塩崎勤ほか編『専門訴訟講座1　交通事故訴訟』（民事法研究会、2008年）62頁、伊藤進「運転者と道路管理者」判タ393号45頁、國井和郎「自動車事故における共同不法行為に関する一考察」民商71巻1号、71巻2号、71巻3号、71巻6号、72巻1号など参照。

いかと思われる。現に、後掲大阪地判昭和 52 年 3 月 25 日、後掲札幌地判平成 10 年 12 月 14 日では、因果関係の主張や過失相殺の主張に対する判断としてではあるが、運転者には過失がなかったとの判断が示されている。

また、裁判例をみる限り、運行供用者責任と国家賠償責任の双方の責任を同時に追及する例は少ないところ、後掲広島地判平成 5 年 2 月 24 日（判タ 822 号 243 頁）は、その双方が問題とされた事案であるが、いずれの責任も否定されている。なお、同判決は、運転者の運行供用者責任が否定される根拠を自賠法 3 条ただし書とするが、被害者・第三者に過失が認められない本件においては第 2 要件が満たされておらず、不可抗力による免責を認めるべきであったと思われる。

2 民法(一般的不法行為責任、使用者責任)と の関係

◼1 総　論

　地震、落雷などの自然現象などによって事故が発生した場合において、そ
れがため運転者の故意・過失が否定されたり、不可抗力の存在が認められた
りすれば、運転者の不法行為責任（709条責任）が否定されるのは当然である。
また、これと同時に使用者責任も否定されることになる。

◼2 国家賠償責任との競合

　不法行為責任と国家賠償責任との競合については、運行供用者責任と国家
賠償責任との競合について述べたところと基本的に同様である（1◼3参照）。

3 裁判例

❶名古屋地判昭和 48 年 3 月 30 日（判時 700 号 3 頁）〔飛騨川バス転落事故
　訴訟第一審判決〕

　本件事故の状況は、概略以下のようである。

　すなわち、被害にあった観光バスは、愛知県犬山市から乗鞍岳に向けて国
道 41 号線を走行していたが、途中から降り出した激しい豪雨により崩落が
あって同国道が通行不能となっていたため、引き返すこととした。しかしな
がら、引き返す途中、土砂崩落に直面して進行不能となり、また、後方に約
30 台の観光バス、トラック、乗用車等が無秩序に駐車していたうえ、さら
に後方でも土砂崩落が発生したため後退することも困難となり、その地点に
閉じ込められたような状態となって停車を余儀なくされた。そうしたところ、
折からの集中豪雨によって山間部の地盤が緩み、大量の土石流が発生した。
上記観光バスは土石流の直撃を受け、瞬時にして真下の飛騨川へ転落水没し、
乗客および運転手ら合計 104 名が死亡したというものである。

　本件は、被害者の遺族が、国に対し、上記事故は国道の設置・管理の瑕疵
によるものであると主張して損害賠償を求めた事案である。これに対し、被
告は、上記事故は不可抗力によるものであって、それ以外に原因があったと
すれば、それは旅行主催者および運転手らの過失であると主張して争った。

　本判決は、本件事故は、不可抗力というべき土石流の発生を直接の原因と
し、それに、国道の設置・管理の瑕疵、旅行主催者・運転手らの過失が関連
競合して発生したものと認定したうえで、被告が賠償すべき範囲は、不可抗
力というべき原因が寄与している部分（4 割）を除いたものに限定されると
して、被告は全損害の 6 割につき賠償責任を負う旨の判断を示した。

　すなわち、本判決は、①本件事故発生の直接の原因は土石流の発生であり、
それは予見不可能であったと認定しつつ、②もし、国道の設置・管理におい
て土石流の発生以外の点に瑕疵があり、その瑕疵と予見不可能な土石流の発
生とが関連競合して事故が発生するに至ったという事実関係が認められる場
合には、なお、事故は国道の設置・管理の瑕疵があったために生じたという
ことができる旨を述べ、そのうえで、土石流の発生以外の点についての瑕疵

の有無について検討している。そして、③国道の本件事故現場付近において
は降雨の際には崩落のおそれがあり、しかもそれは予見できるものであった、
④国道にこのような危険が存在することは瑕疵といえるが、この瑕疵さえな
ければ本件バスは停滞を余儀なくされることなく事故地点を無事に通過して
事故の発生を免れたはずであり、上記の瑕疵が本件事故の一因をなしている、
⑤また、国道の管理態勢も不十分であり、この管理態勢の瑕疵も本件事故発
生の一因をなしている、⑥旅行主催者および運転手らにも過失があり、この
過失も本件事故の一因をなしている旨の判断を示したものである。

❷名古屋高判昭和 49 年 11 月 20 日（判時 761 号 18 頁）──**❶**の控訴審判
　決

　本判決は、「道路の設置または管理に瑕疵があるとは、道路が通常有すべ
き安全性に欠けていることをいうと解するのが相当であるから、当該道路に
おいて通常予測される自然現象（外力）に対し安全性を具備していなければ
ならないものである。したがって、当該道路に対し交通の安全を阻害する土
砂崩落等の災害が発生する危険があり、その危険を通常予測することができ
る場合には、当該道路の設置または管理に当たり、交通の安全を確保する措
置が講じられなければならず、もしこれに欠けるところがあったために事故
が発生したとすれば、設置または管理の瑕疵による責任が生ずる」としたう
えで、災害をもたらす自然現象の発生の危険を定量的に具体的に予測しえな
くとも、その発生の危険が蓋然的に認められる場合であれば、これを通常
予測しうるものであるといって差し支えないと解し、本件の事情の下におい
ては、激しい集中豪雨を原因とする斜面崩壊、土石流、土砂流などの崩落等
の発生する危険のさし迫っていることを予測しえたとして、本件事故当夜に
起きた事故発生の原因たる自然現象発生の危険はすべて予見しえたものと認
め、被告は全損害につき賠償責任を負う旨の判断を示した。

　また、本判決は、本件事故は道路管理者にとって不可抗力であったとの主
張については、「本件土石流の発生そのものは予知し得なかったものである
が、その発生の危険およびこれを誘発せしめた集中豪雨は通常予測し得た」、
「本件土石流による事故を防止するためには、防護施設が唯一のものではな
く、避難方式たる事前規制その他の方法により、その目的を達し得た」など
として、本件事故が不可抗力であったとはいえないと判断した。

さらに、本判決は、旅行主催者および運転手らについては、「本件事故当夜の判断・行動につき、より慎重な配慮が望ましかったとはいえようが、過失があったとまで断定するのは酷というべきである」として、過失を否定した。

❸最判昭和 45 年 8 月 20 日（民集 24 巻 9 号 1268 頁）〔高知落石事故判決〕

本件は、国道に面する山地の上方部分が崩壊し、土砂とともに落下した直径約 1 メートルの岩石が、たまたま当該道路を運行していた自動車の運転助手席の上部に当たり、その衝撃により、助手席に乗っていた被害者が即死したため、被害者の両親が国家賠償法 2 条 1 項等に基づき損害賠償を求めた事案である。

本判決によれば、本件道路の付近では従来しばしば落石や崩土が起き、通行上危険があったにもかかわらず、道路管理者は、「落石注意」の標識を立てるなどして通行車に対し注意を促したにすぎず、道路に防護柵または防護覆を設置し、危険な山側に金網を張り、あるいは、常時山地斜面部分を調査して、落下しそうな岩石を除去し、崩土のおそれに対しては事前に通行止めをするなどの措置をとらなかったなどの事情があったことから、本件道路は、通行の安全性の確保に欠け、その管理に瑕疵があったものというべきであり、本件事故は不可抗力によるものとはいえないとして、国家賠償法 2 条 1 項に基づく損害賠償責任が認められた。

❹札幌高判昭和 47 年 2 月 18 日（判タ 278 号 165 頁）

本件は、海に突き出た山腹を切り開いて設置した国道が地すべりを起こしたため、たまたま走行中のバスが地すべりによる崩土とともに海中に転落し、乗客らが死亡した事故について、被害者の遺族が、国家賠償法 2 条に基づき損害賠償を求めた事案である。

地すべりの発生自体は不可抗力的な面があるが、第一審判決（函館地判昭和 45・3・27 判タ 246 号 165 頁）も本判決も、事故前日までの管理の瑕疵を否定しつつ、事故当日の管理の瑕疵を認めた。

❺大阪地判昭和 52 年 3 月 25 日（判タ 363 号 318 頁）

本件は、激しい降雨で停滞した先行車に続いて国道に停車していたところ、道路南側の斜面が土砂崩れを起こし、被害者の乗っていた自動車が土砂に押し流されて北側道路下に転落した事故につき、被害者が、国家賠償法 2 条

に基づき損害賠償を求めた事案である。

被告が国道の設置・管理に瑕疵はなく、本件事故はまったく予測できなかった局地的集中豪雨により発生したものであるから不可抗力であると争ったが、本判決は、本件事故現場において土砂崩れの発生を予測することはできなかったから、防災措置を講じなかったことをもって本件国道の管理に瑕疵があったということはできないが、事故当日の状況によれば、通行者の安全確保のため迅速に通行禁止の措置をとるべきであったのに、これをとらないで本件事故を発生させたのは、本件国道の管理の瑕疵によるものであるとして、国家賠償責任を認めた。

また、被告は、運転者には事故現場まで運転を続けたことに重大な過失があり、土砂崩れと本件事故による損害との間には相当因果関係がないとの主張をしたが、本判決は、事故現場付近の道路の状況や事故の態様を考慮した結果、運転者に過失があったとは認められない旨判示している。

❻広島地判平成 5 年 2 月 24 日（判タ 822 号 243 頁）

本件は、要旨、集中豪雨に伴い住民に避難命令が出されたことを受け、近くの寺に避難すべく自動車で国道を走行していたところ、国道が陥没したため自動車が川に転落し、運転者および同乗者が死亡した事故につき、同乗者の遺族が、①運転者の相続人である被告 Y1 に対しては自賠法 3 条に基づき、②国道および川の管理者である被告 Y2（国）に対しては、国家賠償法 2 条に基づき、それぞれ損害賠償を求めた事案である。

被告 Y1 は、本件事故は、豪雨による国道の崩壊、陥没という不可抗力によるものであり、自動車の運行によって発生したものではないなどとして自賠法 3 条の運行供用者責任を負わないなどと主張し、被告 Y2 は、国道および河川の管理に瑕疵はないなどと主張した。

本判決は、国道が陥没したのは、豪雨により川の護岸の一部が崩壊し、道路の下部が削り取られて空洞になっているところを自動車で通行したためであるとしたうえで、道路の表面上には異常がなかったことなどからして運転者には過失がなく、運転者（の相続人である被告 Y1）は自賠法 3 条ただし書により損害賠償責任を負わない旨判示した。

また、被告 Y2 の責任については、川の護岸および道路は、通常予想される程度の水害には耐えられる設計および構造になっていたし、管理者が豪雨

による道路の異常事態を知り、適当な措置をとることも到底不可能であったなどと判断し、護岸および国道の設置・管理の瑕疵を否定して、被告 Y2 の国家賠償責任を否定した。

❼札幌地判平成 10 年 12 月 14 日（判時 1680 号 109 頁）

本件は、高速道路に飛び出した野生のエゾシカと衝突して車両が破損した事故につき、車両の所有者である原告が、道路管理者である被告（日本道路公団）に対し、国家賠償法 2 条に基づき損害賠償を求めた事案である。

本判決は、エゾシカが出現することが予見されたのに、エゾシカの進入を防ぐための防護設備が設置されていなかったことについて、本件道路は、高速道路として通常備えるべき安全性を欠き、その設置または管理に瑕疵があったと認めた。

また、被告は、過失相殺の主張として、運転者に過失があったと主張しているが、本判決は、事故現場付近の道路の状況や事故の態様を考慮した結果、運転者には、本件事故について過失があったとは認められないとしている。

❽東京地判平成 24 年 12 月 6 日（判タ 1391 号 261 頁）

本件は、家族 4 人が乗った自動車が集中豪雨のため冠水していた道路に進入し、走行不能になったため、その 4 人全員が自動車から降車し、歩いて避難していたところ、濁流に流されてそのうちの 3 名が死亡した事故について、被害者の遺族（生存者の祖母）が、自賠責保険の保険会社に対し、損害賠償（保険金の支払い）を求めた事案である。

本件の争点のうち、本章に関係するものは、①停車した自動車から脱出した者がその付近で濁流に流されて死亡したことが、運行に「よって」他人の生命が害された場合にあたるといえるか（運行起因性）、②自賠法 3 条ただし書または不可抗力による免責が認められるか、である。

①について、原告は、自動車の運行と被害者の死亡との間には時間的場所的接近性が存する、あるいは自動車の停止と被害者の死亡との間には相当因果関係がある旨を主張したが、本判決は、ⓐ被害者の死亡は、100 年に一度の降雨を凌ぐ予測を超える局地的な集中豪雨による川の氾濫という自然災害によるものであって、自動車本来が有する固有の危険性が具体化したものではないから、本件車両の運行によるものとはいえない、ⓑ被害者は、上記自然災害によって死亡したものであって、その死亡と自動車の運行との間には

相当因果関係はない旨判示し、運行起因性を否定した。

　なお、①の点で運行供用者責任を否定したため、②の点については判断されていない。

　本判決に対しては原告が控訴をしたが、控訴審（東京高判平成25・5・22 交通民集46巻6号1701頁）は、本判決の認定・判断を基本的に維持しており、本章に関係する①、②の点については本判決の上記判断を全面的に維持して、運行起因性を否定する判断をしている。

第Ⅱ部

民事上の責任・各論

第1章 事業用自動車の加害責任

1 トラック等

❶ 運行供用者責任

① 「運行供用者」性が問題となる場合

　自賠法3条本文は、自己のために自動車を運行の用に供する者は、その運行によって他人の生命または身体を害したときは、これによって生じた損害を賠償する責任を負うとして、いわゆる運行供用者責任を定めている。

　この運行供用者責任は、運行供用者が自動車という危険物の運行をコントロールできる立場にある以上、その運行によって生じた責任を負担させるべきであるという危険責任の原理と、自動車の運行によって利益を得ている以上、その運行によって生じる不利益についても責任を負うべきであるという報償責任の原理に基づくものであるとされる。

　したがって、運行供用者責任を負うべき「運行供用者」とは、加害自動車について運行支配を有し、かつ、運行利益の帰属する者であるとするのが判例・通説の立場（二元説）と解されている[1)2)]。

　もっとも、名義貸与者や元請の運行供用者責任をめぐっては、いかなる事情があれば「運行供用者」といえるのかについて争いになることが多く、これらの者の運行供用者性については当該事案ごとに判断する必要がある。

　　❶＜否定＞

最判昭和 45 年 2 月 27 日（交通民集 3 巻 1 号 43 頁・判時 586 号 57 頁・集民 98 号 295 頁）

事案の概要　車体に「Y」と記載された C（B の従業員）運転の普通貨物自動車（B 車）が、A 運転の原動機付自転車に追突して A が死亡した事故について、A の遺族らが、自賠法 3 条に基づき、Y に対して損害の賠償を求めた。

　これに対し、Y は、B 車は B の所有であり、Y と B は運送契約を締結してはいるが、B 車を自己のために運行の用に供しているものではないとして運行供用者性を争った。

判決要旨　「本件事故は、B 車を所有して運送業を営んでいた B が Y との運送契約に基づき自己の営業のためにその被用者である C をして従事させていた B 車の運行中に生じたもので、Y は B との右運送契約上の注文主にすぎず……B 車の車体に Y の許諾を得てその社名が表示されていたとはいえ、B 車の運行自体については、Y はなんら支配力を有していなかったものというべきであるから、右事故につき、Y に自動車損害賠償保障法 3 条にいう『自己のために自動車を運行の用に供する者』としての責任を負わせることはできない」。

❷＜肯定＞

最判昭和 50 年 9 月 11 日（交通民集 8 巻 5 号 1207 頁・判時 797 号 100 頁・集民 116 号 27 頁）

事案の概要　A 運転の普通乗用自動車（A 車）と C（B の従業員）が運転する大型貨物自動車（B 車）とが交差点で出合い頭に衝突して A が死亡した事故について、A の遺族らが、B および B との間で定期路線運送につき下請契約を結んでいた Y に対して、自賠法 3 条に基づき損害の賠償を求めた。

　これに対し、Y は、B 車の運行について何らの支配も及ぼしていない

---

1)　飯村敏明編『現代裁判法大系 6 ＜初版＞』（新日本法規、平成 10 年）80 頁〔小西義博〕。

2)　運行供用者性の主張立証責任については、二本松利忠『民事要件事実講座 4 ＜初版＞』（青林書院、2007 年）323 頁以下、木宮高彦＝羽成守＝坂東司朗＝青木莊太郎『注釈自動車損害賠償保障法＜新版＞』（有斐閣、2003 年）37 頁以下、川井健ほか編『注解交通事故損害賠償法 1 ＜新版＞』（青林書院、1997 年）41 頁以下〔青野博之〕等参照。

として運行供用者性を争った。

判決要旨 「Y及びBは、いずれも貨物運送を業とする会社であるが、Yは昭和42年11月ごろからBよりその保有する貨物自動車を傭車してきたところ、あらたに……Yの各営業所相互間における定期路線運送を開設したことにともない……B所有のB車を運転手付きで右定期路線運送用として借り上げ、右各営業所においてYが荷主から注文を受けた荷物の運送にあたらせるようになり、本件事故も、B車がYの……営業所に赴く途中で発生したものであり、右定期路線を運行するにあたってB車は、Yが発行する運行表の指示するコース、スケジュールに従い、また、各営業所における荷積及び荷降も、必ずYの係員の立会と荷物の確認をうけておこなうなど、もっぱらYの指揮監督に服して右定期路線の運送業務に従事していたものであり、かつ、Yが運送依頼者から受け取る運賃のうち40％をみずから取得し、残余の60％をBが取得する約定であったというのであって、右事実関係のもとにおいては、本件事故当時のB車の運行は、Yの支配のもとに、Yのためになされたということができ、Yは自動車損害賠償保障法3条の運行供用者責任を負うものというべきであ」る。

❸＜肯定＞

横浜地判昭和58年12月20日(交通民集16巻6号1713頁・判タ531号218頁・判時1113号119頁)

事案の概要 Aが交差点を横断中に、Yが貨物運送業のために使用していたB運転の大型貨物自動車(Y車)に轢かれて死亡した事故について、Aの遺族らが、自賠法3条に基づき、Yに対して損害の賠償を求めた。

これに対し、Yは、BはCの従業員であって、本件事故はCの業務従事中に発生したものであり、Yは、本件事故当時、Cに対して仕事を斡旋してはいたが、CはYの下請人ではなかったとして運行供用者性を争った。

判決要旨 「Yは、本件事故当時、Y名義で営業することをCに許した全車輛につき、その一を取り上げれば他の運行が経営上成り立たないという意味で生殺与奪の権を握って」いたのであり、「車検手続、日報やタコメーターのチャート紙を預って集金、給料計算をする手続に際し、

これを代行していた。従って、Yは事故車輌の運行を掌握し、これによる危険を未然に防ぐことが十分にできる立場にあった。」

Yは、「得意先にYの名義貸しの事実を伝え、事故まで相当長期にわたって経営を続けさせたことにより、Yにも商業上無形の利益が生じたものと推認すべきであり、Y車の運行もその原因となっている。一般に、自動車損害賠償保障法第3条の運行供用者責任の成否を定めるにあたっては、危険責任、報償責任の立場を考慮すべきものであるが、Yは、両者の観点から見て、Y車の運行供用者の立場にあったものと認めるのが相当である。」

▶解　説◀

❶は運行供用者性を否定し、❷❸はこれを肯定した裁判例である。

❶❸は名義貸与者の運行供用者性に関するものであるところ、❶は名義貸与の外形はあるものの、貸与者は、加害車の運行自体について何ら支配力を有していなかったことを理由に運行供用者性を否定したものであるのに対し、❸は名義貸与者が加害車の運行を支配し、これによる危険を防止できる立場にあったこと、加害車の運行による利益が生じていたものと推認すべきであることを理由に運行供用者性を肯定したものである。もっとも、❸は運行利益について、「商業上無形の利益が生じたものと推認すべき」としており、貸与者に具体的な運行利益が生じていたことまでは認定されていないが、貸与者の加害車に対する運行支配の程度がきわめて強い事案であった。

❷は元請会社が加害車の運行を具体的に指揮監督していたことや、運送依頼者から受け取る運賃を元請会社自身においても取得しており、加害車両の運行による利益の帰属が認められることなどから、運送契約を締結していた元請会社の運行供用者性を肯定したものである。

名義貸与者あるいは元請の運行供用者性については、貸与の外形（請負関係）の事実だけでなく、当事者間における加害車両の運行に対する支配の有無および強弱、運行による利益の帰属の有無および程度の検討が不可欠である。

なお、判例は、運行供用者性について、運行支配と運行利益という判断基準を用いているが、運行供用者性の判断基準は、運行支配の有無により決す

94 第Ⅱ部 第1章 事業用自動車の加害責任

べきとするもの[3]や、「運行」ではなく、「供用」に着目し、供用支配の有無を基準に判断すべきとするもの[4]もある。

上記❶❷❸は、加害車両の所有者以外の者の運行供用者性についての裁判例であるが、加害車両につき所有権その他加害車両を使用する権利を有する者（以下「所有者等」という）以外の第三者が加害車両を運転して事故を起こした場合には、所有者等の運行供用者性も問題となる。たとえば①加害車両を窃取した者による事故[5]、②被用者の無断運転による事故[6]、③子の無断運転による事故[7]等である[8]。

運行支配は直接的なものでなくともよい[5][9]ため、これらの事案においては、所有者等が加害車両の運行支配を失うかが問題となり、加害車両の使用・管理状況、鍵の保管状況、無断乗出態様、無断乗出から事故までの時間的・場所的接着性、人的関係の内容・強弱などを検討することになる。

② 「運行によって」が問題となる場合

「運行」とは、人または物を運送するといないとにかかわらず、自動車[10][11]を当該装置の用い方に従い用いることをいう（自賠法2条2項）。

この「運行」の概念に関する判例の立場は、原動機説から走行装置説、さ

---

3) 原田和徳「自賠法3条の『他人』の意義」判タ237号39頁。

4) 藤村和夫『交通事故Ⅰ 責任論』（信山社、2012年）34頁。

5) 最判昭和48年12月20日民集27巻11号1611頁（否定）、名古屋高判昭和56年7月16日判時1010号61頁（肯定）。

6) 最判昭和39年2月11日民集18巻2号315頁（肯定）、最判昭和43年10月18日判タ228号115頁（肯定）、最判昭和44年9月12日民集23巻9号1654頁（肯定）、最判昭和49年11月12日交通民集7巻6号1541頁は元被用者が退職した翌日の無断運転による事故（肯定）、最判昭和52年9月22日交通民集10巻5号1246頁（肯定）。

7) 最判昭和53年8月29日交通民集11巻4号941頁（肯定）。

8) これらの運行供用者該当性を整理したものとして、藤村和夫＝山野嘉朗『概説交通事故賠償法＜第3版＞』（日本評論社、2014年）124頁以下参照。

9) 最判昭和46年11月9日民集25巻8号1160頁（肯定）。

10) 自動車の定義については、法令間でその概念を異にし、あるいはその範囲を異にするので注意を要する（木宮＝羽成＝坂東＝青木・前掲注2）17頁）。

11) タイヤ以外の走行装置を有する車両も含まれ（名古屋地判昭和46・12・20交通民集4巻6号1784頁）、戦車も「自動車」であるとされる（東京地判昭和52・9・27交通民集10巻5号1372頁）。

らに固有装置説へと移ってきており、現在はこの固有装置説が判例[12]・通説と解されている。

固有装置説は、自動車の構造上設備されている各装置のほか、当該自動車に固有の装置の全部または一部をその目的に従って使用することをいうとするものであるが、当該自動車固有の装置が「当該装置」にどの範囲まで含まれるのかは必ずしも明確ではない。たとえば、荷台またはこれに設置されている設備が「当該装置」にあたるのか、あるいは駐停車中の荷積・荷卸作業等が「運行」といえるのかなど、様々なケースが存在する。

なお、「運行によって」については、「運行」と「によって」に峻別し、それぞれの意義に分けて考察されることが多い[13]が、両者を明確に峻別することは容易ではないため、以下では、これを合わせて「運行起因性」と呼ぶ。

運行起因性については、裁判例上、これを肯定するものと否定するものとに分かれている。以下では、①特殊装置、②牽引車、③荷積み・荷下ろし、④荷台からの転落、⑤駐停車自体、の各類型に関する裁判例をとりあげる。

(1) 特殊装置に関するもの

❹＜肯定＞

徳島地判昭和44年7月29日（交通民集2巻4号1030頁）

事案の概要　A（Yの従業員）は、工事現場において生コンクリートを降ろすため、Y所有のコンクリートミキサー車（Y車）を路肩に停車させ、ミキサーに水を注入していたところ、突然付近の路肩が崩れ落ちてY車が転落し、路肩付近で作業をしていたBがその下敷きになり死亡した。

判決要旨　自賠法3条にいう「自動車の『運行』とは自動車を当該装置の用い方に従い用いることをいうと定義されているところ、右の『当該装置』とは自動車の構造上設備されている各装置であって、それは自動車の機関たる原動機、それに付属する操向、制動、電気、燃料等の各装置のほか、特殊自動車が備付している固有の装置、例えばクレーン車

---

12)　最判昭和52年11月24日民集31巻6号918頁。

13)　藤村＝山野・前掲注8）102頁以下、比佐和枝「自賠法3条の運行の意義」塩崎勤編『交通損害賠償の諸問題』（判例タイムズ社、1999年）2頁以下参照。

のクレーン、ダンプカーのダンプ、コンクリートミキサー車のミキサーなどを含むと解すべきであり、そして、これら各装備の全部または一部を運転者がその意思により操作作動することを自動車の『運行』というものと解するのが相当である。」

「Y車転落時にAは既に運転台から出て後部車台に上がり、ミキサーに給水をしていたのであるが、エンジンは車輪との連結のみを切ってミキサー回転のため起動させていたのであるから、Aは自動車の装置をその用法に従い用いていたものというべきであり、同車の右後車輪下の地盤は右ミキサーの回転中前示重量ある車両の震動が一因となって崩壊したものであることが明らかであるから、これによる死亡事故もY車の運行によって生じたものと解するのが妥当である。」

❺＜肯定＞

名古屋地判昭和46年12月20日（交通民集4巻6号1784頁・判タ275号335頁・判時661号70頁）

事案の概要　Y₁所有のパワーショベル（Y車）をY₁の従業員Y₂が操作し、ダンプカーに土砂を積み込もうとしてY車のアームを回転させたところ、Y車の近くにいたAの頭部に同アームを激突させて死亡させた事故について、Aの遺族らが、自賠法3条に基づき、Y₁に対して損害の賠償を求めた。

　これに対して、Y₁は、Y車による土砂の掘削積込み作業は自賠法3条の自動車の運行に該当しないとして争った。

判決要旨　Y車は「パワー・ショベルであり、カタピラにより移動可能ではあるが、道路を通行できず、これを運転するには、免許をも要しないことが明らかであるが……原動機により陸上を移動させることを目的として作成された用具であって、道路運送車輌法に定める特殊自動車であることが認められるので、自賠法第2条所定の自動車というべきこと勿論である。そして、本件事故は、Y車のアームの旋回に伴い、Y車後部の鉄塊の錘が、Aの頭部に激突して発生」したものであるが、これは「自賠法第3条にいう『自動車の運行』によって生じたものとなすに妨げないのである。けだし、同条に所謂『運行』とは、『人又は物を運送するとしないとにかかわらず、自動車を当該装置の用い方に従い用いる

ことをいう』のであるから、自動車の構造上設備されている各装置のほか、特殊自動車が設備している固有の装置を、その目的に従い操作する場合も、当然包含されてしかるべきであるからである。」

❻＜肯定＞

函館地判昭和 47 年 6 月 28 日（交通民集 5 巻 3 号 871 頁・判タ 280 号 276 頁）

事案の概要　A が、B 所有のショベルローダー（B 車）を運転し砂利採取に従事し、B 車のショベルを上方に押し上げたままエンジンを切り、運転台を離れたところ、C が B 車の運転台に上ろうとしてショベル操作レバーを押し倒したため、同ショベルが落下しアームが A に激突してA が死亡した事故について、A の遺族らが、B 車につき自賠責保険契約を締結していた Y 保険会社に対して、自賠法 16 条に基づき、損害賠償額の支払いを求めた。

　これに対して、Y は、ショベルの落下は自賠法にいう運行には該当しないとして争った。

判決要旨　自賠法 2 条 2 項によれば「運行とは自動車を当該装置の用い方に従い用いることをいうと定めている。しかして右当該装置は走行装置に限定さるべきではなく、本件 B 車におけるショベルの如く当該自動車に固有の装置として設置されているものを含むものと解すべきである。そして、本件ショベルの落下はエンジンの動力にかかわりなく自重によって落下したものであって、目的的にこれを操作した場合にあたらない」が、「エンジンの動力によってショベルを下降せしめる場合とエンジンの動力にかかわりなくショベルの自重によって落下する場合とを比較してみても外観上その態容において著しい差異は存しないから、エンジンの動力にかかわりなく自重によって落下する場合も運行に含まれる。しかしながら、ショベルの落下はエンジンの動力によってこれを上方に押し上げる行為があって始めて生じ得るものであるから、落下の部分のみを切り離して……運行にあたるか否かを論ずべきではなく、エンジンの動力によってショベルを上方に押し上げた運行行為とその落下とを一体として評価し運行にあたるものと解すべきである。」

　Y 車の「ショベルをエンジンの動力によって上方に押し上げた運転行為は A がなしたものであり、過ってこれを落下せしめたのは C である

けれども、その間わずかに数分間が経過したにすぎないから、これら全体を一体として評価し自賠法第2条第2項の運行にあたるものというべきである。」

❼＜肯定＞

京都地判昭和 48 年 4 月 10 日（判タ 306 号 243 頁）

事案の概要　X（A の従業員）は、大型トラック（A 車）への米穀積込作業完了後、A の指示で、A および B とともに A 車荷台後部の側板を閉鎖しようとしたところ、A が手を離したため同側板が落下して、X は頭部外傷を負った。

判決要旨　「自賠法 3 条にいわゆる自動車の運行とは自動車を当該装置の用い方に従い用いることをいうのであって、後部荷台ドアの開閉はまさにこれに該当する」。

❽＜肯定＞

最判昭和 52 年 11 月 24 日（民集 31 巻 6 号 918 頁・判タ 357 号 231 頁）〔固有装置説〕

事案の概要　A は、道路下の田に転落した貨物自動車（転落車）の引揚作業に従事中、B（Y の従業員）の運転するクレーン車のブームから吊り下げられたワイヤーの先端に取り付けられたフックを、転落車に巻きつけたワイヤーに引っ掛ける作業をしていたところ、同ワイヤーが上方に架設されていた高圧電線に接触したため、感電死した。

　A の遺族らが、Y に対して、自賠法 3 条に基づき、損害の賠償を求めた。これに対し、Y は、本件事故はクレーン車を固定してクレーンを操作し、転落した自動車の引揚作業中に発生したものであるから、自賠法 3 条の「運行」には該当しないと主張して争った。

判決要旨　「自動車損害賠償保障法 2 条 2 項にいう『自動車を当該装置の用い方に従い用いること』には、自動車をエンジンその他の走行装置により位置の移動を伴う走行状態におく場合だけでなく、特殊自動車であるクレーン車を走行停止の状態におき、操縦者において、固有の装置であるクレーンをその目的に従って操作する場合をも含むものと解するのが相当である。」

❾＜肯定＞

大阪地判昭和 57 年 9 月 29 日（交通民集 15 巻 5 号 1274 頁・判タ 483 号 138 頁）

事案の概要　A（Y の従業員）が、Y 所有のフォークリフト車（Y 車）を用いてトラックへ鋳鉄管の積込作業を行っていた際、これを手伝っていたトラック運転手 X の合図を待たないで鋳鉄管を転がり落としたため、X が鋳鉄管に手指をはさまれ負傷した事故について、X が、自賠法 3 条に基づき、Y に対して損害の賠償を求めた。

判決要旨　運行とは、「人又は物を運送するとしないとにかかわらず、自動車を当該装置の用い方に従い用いることをいうと定義されているところ、右装置は……走行装置のみならず当該自動車に固有の装置もこれに含まれ、これらの装置の全部又は一部をその目的に沿って操作すれば、右『運行』に該るものと解するのが相当である。」

「Y 車の前部に 2 本のフォークが設置されておりこれは上昇下降及び前方後方に傾斜させる操作をすることができ」ること、Y 従業員 A は「フォークの先端を荷台に近づけた後これをやや前方に傾斜させて右鋳鉄管を荷台上に転がり落した際に本件事故が発生したことが認められるから、右フォークの操作は前記『運行』に該当す」る。

❿＜否定＞

岐阜地判昭和 58 年 12 月 13 日（交通民集 16 巻 6 号 1699 頁）

事案の概要　X は、工事現場に駐車中の Y 所有の大型貨物自動車（Y 車）の荷台からコンクリートパイルを地上に降ろすための作業に従事するにあたり、タイコ係としての役割を担当していた。タイコとは、ワイヤーロープを Y 車に固着された心棒に巻き付ける器具をいい、コンクリートパイルを縛ったワイヤーロープの余剰部分を地上に垂らして這わせたりする作業を担当する者をタイコ係という。

B（A の従業員）運転にかかる小型貨物自動車（A 車）が、Y 車の側方を通過しようとした際、道路上に垂れ下がって這っていたワイヤーロープ先端のフックに A 車の車体下方部分を引っ掛けてワイヤーロープを強く引っ張ったため、ワイヤーロープを握持していた X の右手がロープとタイコとの間に挟まれ右手指を切断する重傷を負ったため、X は、A および Y に対し、自賠法 3 条に基づき、損害の賠償を求めた。

判決要旨　自動車の運行に該当するか否かを判断するにあたっては、「当

100　第Ⅱ部　第1章　事業用自動車の加害責任

該装置を自動車に設置する目的・態様をはじめ、当該装置と自動車の走
行との接着性ないしは関連性の有無・程度並びに当該装置が内包する危
険性の程度・態様など諸般の事情を総合・考量して、これを決定するの
が相当である。」

①「荷降ろし装置のうちのタイコと軸（心棒）は、荷降ろし作業時に
限って車体に装着されるものであって、それ以外の機会には、これらは、
終始車体から取りはずされていること」、②ワイヤーロープは「荷降ろ
し作業の際そのための装置の一部として車体に装着されるタイコに（該
ロープを）4〜5回巻きつけることによって、これが自然に弛緩するの
を防止できるものである」こと、③本件事故は稀有なものでありY代
表者においても「同種の事故の事例報告には接していないこと」、④「Y
車は、本件事故発生時よりも3〜4時間以前に本件事故現場に到着し
……、本件事故発生時よりも約1時間以前にようやく……荷降ろし作業
が開始され」たことが認められる。

上記の判断要素と認定事実とを対比・検討すると、「本件におけるが
ごとき荷降ろし装置を用いてするコンクリートパイルの荷降ろし作業を
目して、これが自賠法3条所定の『自動車の運行』に該当するものと評
価することは、いまだとうてい不可能であるというのほかはない。」

❶❶＜肯定＞

大分地判昭和61年1月31日（判時1181号127頁）

事案の概要　　X（Yの従業員）は、Y所有の作業用普通貨物自動車（Y車）
に固定された折たたみ式作業台の上において、信号機の電球取替作業を
終えた後作業台上の後片付けをしていたところ、Y従業員Aが作業台
を固定していたピンを抜き去ったため、作業台が傾き、Xが地上に落下
し、頭部外傷等の傷害を負った。

Xは、Yに対して、自賠法3条に基づき、損害の賠償を求めた。

判決要旨　　「Y車は、Yの業務の一つである交通信号機の保守・点検等
のために荷台に作業台足場が取り付けられており、通常走行時には足場
が倒され、作業時には足場が組み立てられる構造となっていることが認
められ、右によると作業台足場はY車の固有の装置と認められ、右作
業台足場を組み立てたり倒したりする作業は自賠法2条2項にいう『自

動車を当該装置の用い方に従い用いること』に該当するものと解するのが相当である。」

⓬＜肯定＞

最判平成 7 年 9 月 28 日（交通民集 28 巻 5 号 1255 頁）

事案の概要　Y（Y1）は、A からパワーショベル（A 車）の搬送を依頼され、従業員 B（Y2）に Y（Y1）所有の大型貨物自動車（Y 車）の荷台に A 車を積載して搬送するよう指示した。

　　B（Y2）は、Y 車から A 車を降ろすために Y 車のアウトリガーを操作して同車を傾斜させたところ、A 車が滑走して転落し、同車の運転席に乗っていた A が死亡した。A の遺族らは、Y（Y1）に対して自賠法 3 条に基づき、損害の賠償を求めた。

　　これに対し、Y（Y1）は、本件事故は、A が Y 車の荷台から A 車を運転して積降しをするときに安全を無視して無謀な運転操作を行った結果生じたものであって、Y 車の運行に起因するものとはいえないとして、本件事故の運行性を争った。なお、A の他人性に対する判断については後掲⓭を参照。

判決要旨　　「所論の点に関する原審の事実認定は、原判決挙示の証拠関係に照らして首肯するに足り、右事実関係の下においては、所論の点に関する原審の判断は、正当として是認することができる。」

原　審：広島高判平成 6 年 12 月 15 日（交通民集 27 巻 6 号 1569 頁）

　　「Y 車は建設機械等の運搬を目的として購入され……荷台にユニットクレーンを取付るべく改造がなされた大型貨物自動車であって（証拠略）、Y 車のアウトリガー、荷台は Y 車の固有の装置に該当するというべきである。そして、本件事故は、B（Y2）が Y 車に A 車を積載して本件事故現場まで運搬し、走行停止のうえ、A 車を Y 車から積降すべく、Y 車のアウトリガーを操作して荷台を傾斜させていた際に発生したものであるから、自賠法 2 条 2 項の『運行』の定義にいう『自動車を当該装置の用い方に従い用いる』場合に該当し、……本件事故は Y 車の運行によって生じた事故というべきである。」

(2) 牽引車に関するもの

⓭＜肯定＞

最判昭和43年10月8日（民集22巻10号2125頁・判タ228号114頁）〔走行装置説〕

事案の概要　Yが所有する自動三輪車（Y車）の故障を調整するため、Yに雇用されていたAが、Y車の後部荷台にBを乗せて、他の自動三輪車に牽引させて運転中、Bが荷台から飛び降りた際に三輪車の車輪に轢かれて死亡した事故について、Bの遺族らが、Yに対して、自賠法3条に基づき損害の賠償を求めた。

これに対し、Yは、自動車の運行とは自動車を原動機により移動させることを意味するのであり、本件事故当時、Y車は牽引されていたから運行中とはいえないとして争った。

判決要旨　自賠法2条にいう運行の定義として定められた「当該装置」とは「エンジン装置、すなわち原動機装置に重点をおくものではあるが、必ずしも右装置にのみ限定する趣旨ではなく、ハンドル装置、ブレーキ装置などの走行装置もこれに含まれると解すべきであり、したがって本件の如くエンジンの故障によりロープで他の自動車に牽引されて走行している自動車も、当該自動車のハンドル操作により、あるいはフットブレーキまたはハンドブレーキ操作により、その操縦の自由を有するときにこれらの装置を操作しながら走行している場合には、右故障自動車自体を当該装置の用い方にしたがい用いた場合にあたり、右自動車の走行は、右法条にいう運行にあたると解すべきである。」

⓮＜否定＞

東京地判昭和60年11月29日（交通民集18巻6号1555頁・判タ575号23頁・判時1174号40頁）

事案の概要　Xは、Aから被牽引用自動車（A車）を賃借して、自己の従業員であるBにX所有の牽引用自動車（X車）でA車を牽引させていたところ、X車の前を走行中のC運転の普通貨物自動車（C車）が一時停止したため、X車が急制動をかけた結果、A車に積載されていた鉄骨が、緩んでいたワイヤーロープから抜けて前方に飛び出し、C車後部に衝突して、Cが傷害を負った事故について、XがCに和解金を支払っ

たため、Xが、A車にかかる自賠責保険会社であるYに対し、Cに支払った和解金相当額の保険金の支払いを求めた。

これに対し、Yは、牽引車と被牽引車とが連結された状態にある場合、被牽引車の運行は牽引車の運行と一体化して不可分の関係にあるから、両者が連結された状態にあるときの事故は、すべて牽引車の運行によって発生した事故として、牽引車の保険金のみが支払われるべきであると主張した。

判決要旨　X車は「被牽引車を連結して牽引するための専用の車両であって、運転席の後方は被牽引車の前部を乗せる架台となっていて連結機構を有する構造のものであること、A車は、牽引車に牽引されるための専用の車両であって、運転席、原動機、ハンドル、前輪等の単独で走行するに必要な装置がなく……牽引車と切り離して単独で駐停車させる場合以外は、常に牽引車と一体として運行の用に供されることが予定された構造の車両」である。

「故障車両をロープ等で連結して牽引し、牽引された車両に運転手が乗車してハンドル、ブレーキ等を操作していた場合と異なり……専用の被牽引車であるA車が専用の牽引車であるX車に連結されて走行していた際……発生した本件事故においては、被牽引車であるA車は、牽引車であるX車と独立した運行の用に供されていたものとは認め難く、A車の運行は、X車の運行と一体としてこれに吸収され、X車のみが運行の用に供されていたものというのが相当であって……本件事故は、自賠法第3条にいわゆるA車の『運行によって』発生したものと解することはできない。」

(3) 荷積み・荷下しに関するもの
⓯＜肯定＞
大阪地判昭和46年5月12日（交通民集4巻3号808頁・判タ266号253頁）

事案の概要　A（Yの従業員）は、Y車に積載した鉄筋を降ろすため路上駐車し、B（Y従業員B）がY車荷台から鉄筋を路上に投下したところ、Y車の側方を通過しようとした歩行者Cに落下衝突した。

判決要旨　「当該装置とは、自動車の車種、用途に応じて構造上設備さ

れている各装置例えばダンプカーのダンプはもとより、普通貨物自動車の荷台、側板等固有の装置を指称するものと解する」。

そして、荷物を積載して運送することを目的とする貨物自動車においては、「目的地附近の路上に駐車して荷おろし作業のなされている間の如く、走行と密接した状態にあり、且つ貨物自動車としての用法、即ち荷台に位置的に関係づけられた積荷を、それから分離するために固有の装置たる荷台そのものを使用している状態下にあっては、未だ『運行』の概念の中に含ましめるのが妥当である。」

したがって、「路上に駐車した貨物自動車における荷おろし作業中、誤って荷物を転落させて他人を負傷させた場合は、自賠法3条本文にいう『運行によって』生じた事故というべきである。」

「本件事故は、Y車の違法駐車後間もない時点での、荷おろし作業に際して生じたもので、しかも、右作業完了後Y車は速やかに同所をたち去るべき状況にあったものであるから自賠法3条本文にいう事故車の『運行によって』生じたものであるといわざるを得ない。」

⓰＜肯定＞

大阪高判昭和47年5月17日（交通民集5巻3号642頁）

事案の概要　Aが所有する貨物自動車（A車）からB（Aの従業員）が荷下ろし作業を行っていた際、荷台から積荷をバール（人力）で落下させ、通行人Xに衝突させた。

Xは、A車につき自動車損害賠償責任保険契約および任意保険契約を締結していたYに対し、損害の賠償を求めた。

これに対し、Yは、本件事故は「運行によって」生じた事故ではないと主張して争った。

判決要旨　「貨物自動車はその車種からみて荷物の積込み、荷下ろしを予定しているものであり、その用途からみれば荷物の積込み、走行に続いて荷下ろしのための一時停車という経過を辿るのが一般であるから、そのような経過を辿った荷下ろし中の事故は貨物自動車の『運行』と密接な関連があり両者の間には前叙の相当因果関係があるというべく、その間に荷下ろし作業員の過失が介在したとしても右の因果関係が切断されるとは解し難い。けだし右にいう『運行』とは定義規定たる自賠法2

条 2 項により自動車を当該装置……の用法に従って用いることをいう
が、それは自動車をエンヂンにより移動する場合に限らず、停車中の扉
の開閉、荷物の積下ろし等自動車の移動に密接に関連する場合も含むと
解すべきだからである。」

⓱＜否定＞

最判昭和 63 年 6 月 16 日（民集 42 巻 5 号 414 頁・判タ 681 号 111 頁・判時
1291 号 65 頁・裁時 985 号 1 頁）

事案の概要　　Y は、Y 所有の大型貨物自動車（Y 車）で運搬した角材を
S の事務所に搬入するため、道路端に Y 車を駐車し、S の従業員 M が
フォークリフトを運転して Y 車に積載された角材の荷下ろし作業を行っ
ていたところ、Y 車の側方を通過しようとした X 運転にかかる A 所有
の軽四輪貨物自動車（X 車）とフォークリフトのフォークとが衝突する
事故が発生した。

　　X は本件事故により脳挫傷等の傷害を負ったため、Y に対し、自賠法
3 条に基づく損害の賠償を求めた。

　　これに対し、Y は、本件事故は Y 車の運行によって生じたものでは
なく、M 運転のフォークリフトの運行によって生じたものであると主
張して運行起因性を争った。

判決要旨　　自賠法 3 条の責任は「自動車の『運行によって』、すなわち、
自動車を『当該装置の用い方に従い用いることによって』（法 2 条 2 項）
他人の生命又は身体を害したときに生じるものである」ところ、本件事
故は「X が、X 車を運転中、道路上にフォーク部分を進入させた状態で
……停止中の本件フォークリフトのフォーク部分に X 車を衝突させて
発生したのであるから、Y 車がフォークリフトによる荷降ろし作業のた
めの枕木を荷台に装着した木材運搬用の貨物自動車であり、Y が、荷降
ろし作業終了後直ちに出発する予定で、一般車両の通行する道路に本件
車両を駐車させ、本件フォークリフトの運転者 M と共同して荷降ろし
作業を開始したものであり、本件事故発生当時、本件フォークリフトが
3 回目の荷降ろしのため本件車両に向かう途中であったなどの前記の事
情があっても、本件事故は、Y 車を当該装置の用い方に従い用いること
によって発生したものとはいえない」と解する。

106　第Ⅱ部　第1章　事業用自動車の加害責任

⓲＜肯定＞

最判昭和 63 年 6 月 16 日（判タ 685 号 151 頁・判時 1298 号 113 頁・集民
154 号 177 頁）

事案の概要　X は、W が敷地内に運転してきた普通貨物自動車（W 車）
の荷台に積載されたラワン材丸太の荷下し作業をするため、フォークリ
フトを W 車側面に横付けし、荷台上の丸太をフォークリフトによって
反対側の材木置場に突き落としたところ、丸太が W 車の側を通りかかっ
た A の頭部、顔面に落下し、死亡する事故が発生した。X は、W 車に
つき自動車損害賠償責任保険契約を締結していた Y に対し、W の Y に
対する自賠法 15 条に基づく保険金請求権の債権者代位により、保険金
の支払いを求めた。

　これに対し、Y は、W 車の荷台は荷下し作業の目的物の存在する場
所を提供しているにすぎず、荷台の操作が事故の原因力になっていない
など主張して運行起因性を争った。

判決要旨　W 車は「木材運搬専用車であって、その荷台には木材の安
定緊縛用の鉄製支柱のほかフォークリフトのフォーク挿入用の枕木等が
装置されており、その構造上フォークリフトによる荷降ろし作業が予定
されている車両であるところ、本件事故は、X が前記フォークリフトの
フォークを右枕木により生じているラワン材原木と荷台との間隙に挿入
したうえ、右フォークリフトを操作した結果、発生したものである、と
いうのであり、右事実関係のもとにおいては、右枕木が装置されている
荷台は、W 車の固有の装置というに妨げなく、また、本件荷降ろし作
業は、直接的にはフォークリフトを用いてされたものであるにせよ、併
せて右荷台をその目的に従って使用することによって行われたものとい
うべきであるから、本件事故は、W 車を『当該装置の用い方に従い用
いること』によって生じたものということができ」る。

⓳＜肯定＞

甲府地判平成 3 年 1 月 22 日（交通民集 24 巻 1 号 65 頁・判タ 754 号 195 頁）

事案の概要　A（X の従業員）は、X 所有の普通貨物自動車（X 車）の荷
台上で荷下し作業中、積荷である梱包されたコンデンサ盤を転倒させ、
作業を手伝っていた積下し作業専門の作業員 B をコンデンサ盤の下敷

きにして死亡させた。Xは、Bの遺族らに対し、本件事故による損害の賠償をしたので、X車につき自賠責保険契約を締結していたYに対し、自賠法15条に基づき、保険金の支払いを求めた。

　これに対し、Yは、本件事故は、自動車の運行によって発生したものではないと主張した。

判決要旨　　X車は「幌付きの荷台がある貨物自動車であり、構造上、右荷台に荷物を積載し、その積荷の積み降ろしは、荷台最後部の幌をまくりあげ後部出入口から出し入れすることによって行うことを予定しているものである。したがって、右幌付きの荷台は、X車の固有の装置といえる。本件事故は、積荷を満載して……X車の右荷台上において、Aらによって到着後直ちに行われたX車の積荷の荷降ろし作業中に、Aが右荷台の最後部のまくりあげられた幌に荷台上の本件積荷を接触させるなどして、荷台内で荷降ろし中の右積荷のバランスを失わしめ転倒させたために発生したものであり、本件荷降ろし作業は、右幌付きの荷台をその目的に従って使用することによって行われたものというべきである。すなわち、本件事故は、X車を当該装置の用い方に従い用いることによって生じたものということができる。したがって、本件事故は、X車の運行によって生じたものであると認められる。」

(4)　荷台からの転落に関するもの

⑳＜肯定＞

仙台高判昭和54年9月7日（交通民集12巻5号1184頁）

事案の概要　　A（Yの従業員）が、杉丸太材をY所有のトラック（Y車）に積載する作業中に、Y車から転落して原木の下敷きになり死亡した事故について、Aの遺族らが、Yに対して自賠法3条に基づき、損害の賠償を求めた。

　これに対し、Yは、本件事故は自動車の走行とは無関係な積荷作業中に発生したもので、自賠法3条にいう「運行」による事故ではないと主張した。

判決要旨　　「Yは本件事故当時Y車を本件事故現場から製材所までの原木運搬の用に供すべく、製材所から事故現場まで運行し、更に原木を積み

込んで製材所に運搬するために事故現場に駐車させていたものであり、本件事故は、右駐車中における原木積載作業中の終了時点において、Y車上にいたAが地上に転落し、更にその上から積荷の一部が落下したことに因り発生したものであるから、自賠法2条にいう『自動車を当該装置の用い方に従い用いる』状態において発生したものということができる。したがって、本件事故は自賠法3条にいう運行による事故というべきである。」

㉑＜肯定＞

福岡地裁小倉支判昭和54年11月26日(判タ415号183頁・判時962号106頁)

事案の概要　Y所有の貨物自動車（Y車）の荷台でAが土砂を降ろす作業をしていたところ、BがY車を発進させたため、AがY車から転落して死亡した事故について、Aの遺族らが、Yに対して自賠法3条に基づき、損害の賠償を求めた。

　　これに対し、Yは、運行起因性を争った。

判決要旨　「自賠法3条所定の『運行』とは必ずしも自動車の走行そのものに限定するのではなく、その走行自体の他これに密接してなされた駐停車中等をも含むものと解すべきである。」

　　「Y車の運転者であるBがこれを運転して花壇の前で一時停車させ、その花壇への土入れ作業が終了したとみるや、同車を次の花壇の前へと順次走行し移動させていたこと、Aは右土入れ作業に従事中、本件事故現場の花壇付近で右自動車の荷台から同車後部付近の路上に転落したものであるところ、右転落の時には少くとも同車のエンジンは作動していたことが認められる。Aが転落した時に同車が発進、走行していたか」は必ずしも明らかではないが、「同事故はY車を比較的近距離内の花壇から花壇へと順次停車と走行を繰り返し移動させながらしていた一連の作業中に生じたものであるから、同事故発生時における同車の状態はその走行中かこれに密接してなされた停止中であったというべきであり、いずれにしても前記『運行』に該当するものと認められる。」

　　Aの転落は「Y車の運行の際に惹起されたことが明らかであるので、本件事故は自賠法3条所定の自動車の運行によって生じた」ものといえる。

⚫⚫＜否定＞

最判昭和 56 年 11 月 13 日（交通民集 14 巻 6 号 1255 頁・判タ 457 号 82 頁・判時 1026 号 87 頁・集民 134 号 209 頁）

事案の概要 X₁ は、古電柱の回収作業を X₂ に請け負わせ、X₁ 所有の普通貨物自動車（X 車）を使用させていた。X₂ は、従業員 A とともに材料置場に X 車を停車させて X 車から電柱の荷下し作業をしていた際、積載中の電柱が荷台から落下し、A が下敷きとなって死亡した。

X₁ および X₂ は、自賠法 3 条の責任に基づき A の遺族らに賠償金を支払ったとして、X 車の自動車損害賠償責任保険の保険者である Y に対し、保険金の支払いを求めた。

これに対し、Y は、本件事故は X 車の運行によって発生したものではないと主張した。

判決要旨 「本件事故が自賠法 3 条にいう自動車の運行によって発生したものということはできないとした原審の判断は、正当として是認することができ、原判決に所論の違法はない。」

原 審：大阪高判昭和 55 年 12 月 23 日（交通民集 14 巻 6 号 1261 頁）

本件事故は「回収した古電柱を X 車に積載して X₁ の材料置場に到着後、右材料置場での右古電柱の荷卸し作業の際、積載中の 1 本がなんらかの原因で X 車の荷台から落下したために、A がその下敷となったことによるものである。」

普通貨物自動車の場合、「荷台については、ダンプカー等の場合と異なり、『操作』ということは考えられないし、本件事故時側板や後板が操作された形跡」もない。

材料置場の敷地内には「X のプレハブ 2 階建倉庫兼事務所も存在し、……X 関係者以外の人間や車両が出入することは許容されておらず……一般通行人や一般通行車が出入するという事態はまず考えられないところである。」

「本件事故は、古電柱を回収してきた X₂ やその被用作業員らが、古電柱積載中の本件事故車を右材料置場に駐車させたまま、同置場敷地内の X の倉庫兼事務所内で昼食を済ませ、更に約 1 時間休憩を取った後の荷卸し作業中の事故であって、駐車前の走行との連続性に欠け、また、

右荷卸しが、走行準備のためのものではなく、駐車後の走行との連続性にも欠けている。」

　以上によれば、「本件事故が自賠法2条にいう『自動車を当該装置の用い方に従い用いること』によって発生したもの、すなわち同法3条にいう自動車の『運行によって』発生したものということはできない。」

❷❸＜肯定＞

金沢地判昭和58年8月18日（交通民集16巻4号1116頁・判時1101号100頁）

事案の概要　Xは、X所有のブルドーザー（X車）を工事現場へ搬送するため、Kからセルフローダー付きの大型貨物自動車（K車）を借り受けた。A（Xの従業員）は、K車のセルフローダーを操作して荷台を傾斜させた後、X車を運転し、K車の荷台に積載しようとしたが、K車の後方に設置した仮設台からはずれて横転し、AがX車の下敷きとなって死亡した。

　Xは、Kとの間で自動車保険契約を締結していたYに対し、保険金の支払いを求めた。

　これに対し、Yは、K車の固有装置は何ら事故発生の原因力となっていないとして争った。

判決要旨　「本件事故の態様によると、K車は車両系建設機械等の搬送を目的とするセルフローダー付きの大型貨物自動車であり、K車のセルフローダー、荷台はK車における固有の装置に該当するものということができる。そして、本件事故は、K車の本来の用途に従い、セルフローダーを操作し、傾斜した荷台にブルドーザーを積載する作業において発生したものであり、右積載作業はK車の走行に引続き国道上で行なわれ、積載終了後直ちに他へ走行する予定であって、本件車両の走行と時間的場所的に接着しているものである。これらによれば、本件における一連の積載作業は本件車両を当該装置の用法に従って用いたものというべきであり、本件車両の『運行』に該当する。」

　本件事故においては「タイヤホイルを仮設台に用いたというAらの過失が事故発生の危険性をより高度のものとさせたことは否定できないが、これをもって本件事故がK車の運行に起因していないということはできないというべきであ」り、「相当因果関係の有無を判断するにつ

いては、本件事故発生について直接の原因であることまで要求するもの
とは解せられない。」

㉔＜否定＞

東京高判昭和 62 年 3 月 30 日（交通民集 20 巻 2 号 313 頁・判タ 644 号 200 頁）

事案の概要　X は、工事現場で、A 所有の大型貨物自動車（A 車）にス
クラップ等を積み込む作業を行っていた。

　B（A の従業員）は、A 車に給油した後、エア抜き作業のためエンジ
ンをみようとしたが、運転台の上にスクラップの鉄筋が突き出ていたた
め、そばにいた X に鉄筋を取り除くよう依頼した。

　X は、A 車荷台の積荷の上に乗り、鉄筋を取り除き、積荷から降りよ
うとしたところ、足を滑らせ、道路上に転落して負傷した。

　X は、A 車につき A との間で自動車損害賠償責任保険を締結してい
た Y に対し、自賠法 16 条 1 項に基づき、損害の賠償を求めた。

　これに対し、Y は、A 車の固有装置の操作、使用は何ら事故発生の原
因となっていないとして、運行起因性を争った。

判決要旨　X が「足を滑らせた原因は荷台の積荷の荷崩れによるもので
はなく、足元に十分注意しないで漫然と移動しようとしたためであるこ
とがうかがわれる。ところで、自動車の荷台の積荷上を移動する場合に
は、足元に注意を払わないと足を滑らせて地上に転落、負傷するおそれ
があるが、その危険性は当該自動車が運行中であると否とにかかわりな
く一般的に存在する」のであり、本件事故当時、「A 車が路上で発進準
備状態にあったことにより、右の状態にない場合よりも積荷の足場が特
に不安定で滑りやすい状況となっていたとか、X が特に急いで荷台から
降りる必要があったとか、路面の状態が転落したときに特に負傷しやす
い状況となっていたというような事情は見当らないから、本件事故は、
A 車の運行によって新たに付加され、又は増大するに至った危険性に起
因して発生したものということはできず、一般の高所作業中の労災事故
と何ら異なるところ」はない。

　したがって、「本件事故は A 車の運行とはかかわりのない原因によっ
て発生したものというほかはなく、これが A 車の運行によって生じた
ものということはでき」ない。

(5) 駐停車自体に関するもの

㉕＜肯定＞

松山地裁今治支判昭和46年1月29日（交通民集4巻1号171頁）

事案の概要　A（Yの従業員）は、Y所有のブルドーザ（Y車）を運転して整地作業に従事中、昼食のためにY車を山腹の斜面に停止していたところ、Y車が山腹の下方に向かって後退し、Y車の下方にいたXが両下腿部を轢かれ下腿部骨折等の傷害を負った。

　　Xは、Yに対して、自賠法3条に基づき、損害の賠償を求めたところ、Yは、本件事故はY車の運行中に発生したものではないと主張した。

判決要旨　「Y車の停車個所は山腹の一面であってその傾斜が緩やかであったにせよ、停車装置をはずせば同車がその重力により下方に向けて動き出す程度の傾斜面であった」のであり、「本件事故はY車の駐車中にこれが暴走して発生したものではあるけれども、同車の運行と相当因果関係があると認められる」。

㉖＜肯定＞

福岡地裁小倉支判昭和46年3月24日（判時637号65頁・判タ270号345頁）

事案の概要　A（Yの従業員）が、Y所有の普通貨物自動車（Y車）の荷台に丸太材を積み替えるためY車を駐車して同作業をしていたところ、Y車の荷台からはみだしていた丸太材にX運転の自動二輪車が衝突し、Xが傷害を負った。

判決要旨　「自動車損害賠償保障法第3条にいう自動車の運行とは、同法第2条第2項により自動車を当該装置の用い方に従い用いることをいうが、それは自動車をエンジンにより移動させる場合に限らず、右認定のY車のように、積荷替えのため走行と走行の中間に自動車を短時間道路上に違法駐車させる場合をも含むと解すべきである。」

㉗＜否定＞

千葉地裁松戸支判昭和50年7月2日（交通民集8巻4号996号）

事案の概要　Y市は、移動の図書館車として中型四輪車（Y車）を所有し、その内部に図書を納め、Yの職員に運転せしめて市内を移動し、図書閲覧希望者に自由に閲覧貸出しを行っていた。

　　Y車の両側面は外側から上下に開き、この下側が支え棒によって水平

に支えられ、これが図書館の閲覧台となるようになっていた。

　　Yの職員は、Y車を駐車させて図書の貸出しを行っていたところ、Xが閲覧台の角に右眼を接触し、角膜裂傷の傷害を受けた。

　　Xは、Yに対して、自賠法3条に基づき、損害の賠償を求めたのに対し、Yは、運行中の事故にはあたらないと主張した。

判決要旨　　自賠法3条にいう運行とは「自動車の走行そのものに限らず、駐停車中であっても、それが運行中の一態様とみられる限りこれをも『運行』によるものと解すべきであ」るが、本件事故は、「自動車が運行の機能を完全に停止させて駐車中、自動車としての装置とは全く無関係な『図書館』としての装置（閲覧台）によって負傷したものであるから、これは『運行』中の一態様とはいえず、従って自賠法3条には該当しない。」

㉘＜肯定＞

東京高判昭和51年6月28日（判時828号41頁）

事案の概要　　Yは、Y所有の大型貨物自動車（Y車）を運転中、眠気を催したため、駐車禁止の標識に気づかずに片側3車線の第三車線上にY車を駐車させて、運転台の中で仮眠するため横になってしばらくしたところ、X運転の普通乗用車がY車に追突した。

　　Xは、Yに対して、自賠法3条に基づき、損害の賠償を求めた。

判決要旨　　「自動車が道路上に駐車している場合も自動車損害賠償保障法第3条所定の運行状態にあるものと解すべきところ、前記認定によれば、本件事故現場にY車が駐車していなかったならば、X車がこれに衝突することはなかったものと認められるので、この意味でYがY車を本件事故現場に駐車させたことと本件事故との間には因果関係があり、Yは前記法条による責任を免れない。」

㉙＜肯定＞

名古屋高裁金沢支判昭和52年9月9日（交通民集10巻5号1274頁・判タ369号358頁）

事案の概要　　A所有の大型トラック（A車）を使用して砂利アスファルト等の運送に従事していたBは、翌朝からの仕事に使用するために、夜間、道路上にはみだした状態で道路左側に寄せてA車を駐車させて

おいたところ、C 運転の自動二輪車が A 車に衝突して、C が死亡した。

そこで、C の遺族らは、A 車につき自賠責保険契約を締結していた Y に対して、自賠法 16 条に基づき、損害の賠償を求めた。

判決要旨 「駐停車中で、すでにエンヂンを切り、夜間の場合は車灯をすべて消していても、なお、翌早朝の運転の便に備えて、とくに所定の車置場へはこばないで路上に駐車せしめているごとき場合は、右駐車が前日から翌早暁に及ぶ長時間にわたっても、なお、右の路上駐車を自動車なる装置の用い方に従って用いていることに当る場合と、即ち運行と解することができるものということができ」、本件においては、「B による A 車の前記道路上の駐車をも B による A 車の運行中と解することが必ずしも不当でないと解しうることとなる。」

㉚＜肯定＞

大阪地判平成 2 年 9 月 17 日（交通民集 23 巻 5 号 1155 頁）

事案の概要 A（Y の従業員）は、休息のため Y 所有の普通貨物自動車（Y 車）を路上に駐車させていた。B 車は、Y 車を避けるため道路中央を直進していたところ、C 運転の対向自動二輪車（C 車）が急ブレーキをかけたために C 車が転倒し、その際 A 車後部に同乗していた X が路上に投げ出されて B 車に衝突した。

X は、Y に対して、自賠法 3 条に基づき、損害の賠償を求めた。

判決要旨 「本件事故当時の Y 車の駐車は、Y の業務である長距離貨物輸送業務の一環をなすものであって、その前後の走行と連続性があるということができ、このことに、自賠法の立法趣旨からすると、自動車は、それが交通の用に供され、それによって作り出された危険状態が存続している間は、引き続き運行状態にあると解するのが相当であるところ、道路上に駐停車中の自動車は他の車両等の円滑な交通の妨げとなってその交通上の危険を多少とも増大せしめるものであるが、道路の状況、夜間における駐車灯点灯の有無等の駐車の態様によっては、走行中の自動車に劣らない危険性を有することがある点を考え合わせると、Y 車の本件駐車は運行に当たるというべきである。」

Y 車の駐車態様は、「車道内に約 70 センチメートル車体をはみ出したものであ」り、Y 車は「駐車灯を点灯していないうえ、本件事故現場

付近は比較的灯火の少ないやや暗い場所であり、また、本件道路は、最高速度が 30 キロメートルに規制されているが、比較的交通量の少ない直線道路であって、高速走行車両の存在も予見可能であること等を考慮すると、Y 車の本件駐車には、事故を誘発する危険性があり、本件事故は右危険が現実化したものということができ、右駐車と本件事故との間には相当因果関係が認められるから、本件事故は Y 車の運行によって生じたものということができる。」

　「従って、Y は、自賠法 3 条に基づき、本件事故によって X の被った損害を賠償する責任がある。」

㉛ ＜肯定＞
千葉地判平成 6 年 1 月 18 日（交通民集 27 巻 1 号 41 頁）

事案の概要　A（Y₁ の従業員）は、Y₁ 所有の事業用貨物自動車（Y 車）による配送業務を終え、翌々日の配送業務のために Y 車に乗って帰宅したが、A が借りていた駐車場には A が使用する車を駐車させていて、駐車できなかったので、交差点直前の駐車禁止場所に道路中央近くまでふさぐ形で Y 車を駐車させていたところ、X 運転の自転車（X 車）と B 運転の普通乗用自動車（B 車）が交差点で出合い頭に衝突し、X は死亡した。

　X の遺族らは、Y₁ に対しては自賠法 3 条に基づき、Y 車につき自賠責保険契約を締結していた保険会社 Y₂ に対しては自賠法 16 条に基づき、損害の賠償を求めたところ、Y らは運行起因性を争った。

判決要旨　A は、「極めて危険性の高い駐車禁止場所に違法駐車をし、翌日も右違法駐車を継続していたところ、本件事故が発生したというのであるから、本件事故当時の Y 車の駐車は、Y₁ の業務である貨物運送業務の一環をなすものであって、その前後の走行と連続性があり、本件のような交差点の直前での駐車禁止場所における違法駐車は、走行中の自動車に劣らない危険性を有することがあることを勘案すると、Y 車の本件駐車は運行に当たると解するのが相当である。」

　そして、「B 車が本件事故現場付近に駐車していた Y 車を避けて本件道路の中央付近を進行したために、X 車と衝突したが、本件違法駐車も本件事故の原因の一つになっているということができるから、本件事故

116　第Ⅱ部　第1章　事業用自動車の加害責任

とY車の違法駐車との間には事実的因果関係が認められ……Y車の駐
車の態様は交差点直前の駐車禁止場所に道路中央近くまでふさぐ形で長
時間駐車したという極めて危険性の高い違法駐車の事案であること等を
勘案すると、Y車の違法駐車には、交通事故を誘発する危険性があり、
本件事故は右危険が現実化したものということができ、右駐車と本件事
故との間には相当因果関係が認められるから、本件事故はY車の右運
行（違法駐車）もその一つの原因となったものであ」り、Y1は本件事
故により発生した損害を賠償すべき責任がある。

▶解　説◀

　特殊車両についてみると、クレーン車のクレーン、ダンプカーのダンプ、
コンクリートミキサー車のミキサー、油圧ショベルやショベルローダーの
アーム、フォークリフトのフォーク、アウトリガーなど、これら特殊車両の
装置は固有の装置にあたり、その操作は「運行」にあたるとされる。❿は、
加害車両に備え付けられた装置が常時設置されるものではなく、当該装置自
体に内包する危険性も低いものであったことから、運行起因性を否定したも
のと考えられる。
　荷積み・荷下しについてみると、⓯⓲は荷台自体を固有の装置と解し、運
行起因性を肯定したものであるが、⓲と同日に言い渡された⓱はこれを否定
した。⓱と⓲はいずれも荷台に枕木を接着した貨物自動車の荷下しに関する
運行起因性について判断したものであるが、当該装置と事故（被害）発生と
の間の関わり度合い（その濃度）によって結論を異にしたものと考えられる[14]。
　荷台からの転落についてみると、肯定したもの⓴㉑㉓と否定したもの㉒㉔
とに分かれる。㉓はセルフローダーを操作して荷台を傾斜させていた際に起
きた事故であり、固有の装置の操作と同様に捉えることができる。⓴㉑㉒㉔
は停車中の荷台からの転落事故に関するものである。貨物自動車にあっては、
荷台に荷物を積むことはその自動車の本来的用法であり、荷台での荷積み・
荷下し作業は、その自動車固有の装置の利用とも考えられるが、㉒のように、
一律に運行起因性を肯定するのではなく、その自動車の構造・目的、駐停車

14)　藤村＝山野・前掲注8）112頁。

の場所、走行との連続性（時間的場所的接着性）を判断要素として、各事案ごとに運行起因性を判断していると考えられる。

駐停車自体の運行起因性についてみると、㉗はこれを否定したが、そのほかはいずれもこれを肯定したものであり、下級審においては、駐車車両の運行起因性を肯定するものが増えている[15]。

㉘は、夜間、見通し不良の駐車禁止場所に駐車、㉙は、夜間、駐車灯を使用することなく駐車、㉚は、夜間、駐車禁止場所に駐車灯を使用することなく駐車、㉛は、駐車禁止場所に長時間駐車していたというものであり、いずれも事故誘発の危険性の高い駐車行為といえる事案であった。

一方、運行起因性を否定したものとして、東京地判平成18年5月16日（交通民集39巻3号647頁）がある。この事案では、違法駐車であったものの、駐車灯を使用していたこと、事故発生が午前6時40分ころで、周囲の視認・見通しは良好であったことなどから、事故と駐車行為との間に相当因果関係がなく、「運行によって」生じたものとはいえないとした。

以上のように、運行起因性が問題となるケースについて、一定の類型化が可能であるものの、当該類型ごとに運行起因性の肯否を判断することはできず、結局のところ、事案ごとに検討せざるをえない。

③「他人」性が問題となる場合

自賠法3条は、運行供用者が「他人の生命又は身体を害したとき」に損害賠償責任を負うと規定している。運転者は、事故の加害者であるため、事故発生を防止すべき立場にあること、自ら起こした事故によって被害を受けても、その責任を追及する立場にはないことから、自賠法3条にいう「他人」にはあたらないと解されている[16]。なお、実際に運転をしていた者以外であっても、「運転の補助に従事する者」は、自賠法上の「運転者」に含まれる（自賠法2条4項）ため、運転補助者は、狭義の運転者と同様に他人性を否定さ

---

15) 本文で紹介したもののほか、東京地裁八王子支判平成3年9月24日（判時1412号130頁）、千葉地判平成13年1月26日（判時1761号91頁）、東京高判平成20年11月20日（自保ジャ1764号2頁）等があげられる。

16) 最判昭和37年12月14日（民集16巻12号2407頁）、最判昭和42年9月29日（集民88号629頁）。

118　第Ⅱ部　第1章　事業用自動車の加害責任

れる[17]。

　もっとも、いかなる者が運転補助者に該当するのかについては、運転の補助あるいは関与の態様は千差万別であるため、様々な裁判例および学説が存在しているところである。

　ところで、被害者が共同運行供用者の1人である場合、他の運行供用者に対して、自賠法3条にいう「他人」性を主張して保護を受けられるか否かという、いわゆる共同運行供用者の他人性の問題がある。これまでの裁判例では、共同運行供用者間における「他人」性について、これを否定したもの[18]と肯定したもの[19]があり、判例は、共同運行供用者の他人性の判断にあたっては、運行供用者間における運行支配の程度態様を比較考量し、被害者のそれが直接的・間接的、顕在的・潜在的、具体的・抽象的であったか否かを基準としている[20]。

(1)　交替用の運転者に関するもの

㉜＜肯定＞

大阪地判昭和43年5月10日（判時534号66頁）

　事案の概要　　Yの従業員であるAとBは、長距離運送のため交替でY所有の貨物三輪自動車（Y車）の運転に従事していたところ、BがY車の運転をしていた際、前方に急停車したC運転の大型貨物自動車（C車）に追突し、Y車の助手席に乗っていたAが即死した事故について、Aの遺族らが、Yに対して、自賠法3条に基づき、損害の賠償を求めた。

　　　　　これに対し、Yは、Aは交替運転に従事していたため自賠法3条の他人にはあたらないと主張した。

　判決要旨　　「Y車にはA、Bが搭乗して交互に運転していたが本件事故

---

17)　最判昭和57年4月27日（交通民集15巻2号299頁・集民135号793頁）。

18)　共同運行供用者の他人性について初めて正面から判断したものとして最判昭和50年11月4日（民集29巻10号1501頁）、最判昭和57年11月26日（民集36巻11号2318頁）、最判昭和52年5月2日（集民120号567頁）、最判昭和52年9月22日（集民121号289頁）。

19)　最判平成9年10月31日（交通民集30巻5号1298頁）、名古屋高判平成14年12月25日（交通民集35巻6号1506頁）。

20)　川井ほか編・前掲注2）84頁〔稲田龍樹〕。

発生時にはＢが運転を担当しＡは助手席に坐していた」ところ、Ｙの工務職服務規定には「『長距離運行その他業務上の必要により運転者２名以上を搭乗させた場合、交替運転者は当該運転者と同様の職務と責任を有し運転者と協力して安全運行をはたすことにつとめなければならない。』旨定められていること、ＹとＹ労働組合との間の労働協約には、200キロメートル走行するごとに15分間休憩するよう定められていること」、Ｙ営業所長Ｄは、Ａ、Ｂに対して「『遅くなってもいいから静岡で一泊してくれ。』との指示を与え各自に宿泊代として金800円を手渡したこと、Ａ、Ｂはそれほど疲労していなかったので旅館には宿泊」することなく「約１時間車を停めて休憩したこと、ＡとＢは３時間交替で運転し……Ａは事故発生当時助手席に坐して仮眠していたことが認められるところ、右事実に当裁判所に顕著な長距離運送の実情ならびに被害者を広く保護しようとする自賠法第３条の立法趣旨および同条が民法第709条、第715条の特則と考えられる点を併せ考えると、前記工務職服務規定、労働協約およびＤの指示は、長距離運送の安全を期する一応の目安としての指示にとどまるものと解すべく、危険に際して担当運転者からの要請がある場合など特段の事情のない限り、交替運転者は自己の当番に備えて、休養睡眠をとることは許されるものであると解すべきである。そうであるとすれば、Ａは事故当時は前記工務職服務規定労働協約の存在にもかかわらず同法第３条にいわゆる『他人』に該るものといわざるをえない。」

㉝＜肯定＞

東京地判昭和54年2月15日（交通民集12巻1号220頁）

事案の概要　Ｙの従業員であるＡとＢは、長距離運送のため交替でＹ所有の大型トラック（Ｙ車）の運転に従事していたところ、ＢがＹ車を運転していた際、Ｂが運転操作を誤りＹ車を道路外へ転落させたため、同乗していたＡが死亡した事故について、Ａの遺族らが、Ｙに対して、自賠法３条に基づき、損害の賠償を求めた。

　　これに対し、Ｙは、ＡはＹ車の正運転手として副運転手であるＢを指揮監督すべき立場にあったから、自賠法３条の「他人」に該当しないと主張した。

120　第Ⅱ部　第1章　事業用自動車の加害責任

判決要旨　「本件事故当時、A は正運転手、B は副運転手としてそれぞ
れ Y 車に乗務していたこと、A は、昭和 46 年 11 月ころ Y に入社し、
Y の就業規則上は未だ試用期間中であり、一方 B は昭和 47 年 1 月 6 日
に同会社に入社したものであるが、大型運転免許は B の方が A よりも
1 年位先に取得していること、Y においては、長距離運転の場合、正、
副 2 人の運転手を乗務させてそれぞれ交替で運転させ、片方が運転し
ているとき他方は原則として運転席後部のベッド等で睡眠等をとること
とされており本件事故時は B が運転し、A が助手席で休憩仮眠中であっ
たこと、さらに B につき Y から運転をさせてはいけない区間等につい
て指示はなか」った。

　「Y においては就業規則、乗務員服務規定には運転手に『正』、『副』
の区別はなく、右区別は事実上のもので、正運転手は通常入社の早い者
がなるが、正運転手になると自己の専用車が与えられる外、正運転手手
当として月額金 5000 円が支給されるにとどまり、右服務規定でも高速
道路を運行する場合、身体に疲労を感じたときは速かに同乗の運転手と
交代し睡眠をとるよう定められていることが認められ、これらの事実か
らすると、Y において正運転手は、積荷の保全受渡し等についての責任
者ではあるが、他の運転手を監督し、運行を管理すべき立場にあったも
のとは認められ」ない。

　「そうだとするならば、A は自賠法 3 条の『他人』もしくは民法 715
条の『第三者』に該当するといわざるを得ない。」

(2)　運転補助者に関するもの

㉞＜否定＞

最判昭和 44 年 3 月 28 日（民集 23 巻 3 号 680 頁・交通民集 2 巻 2 号 291 頁・
判タ 234 号 127 頁・集民 94 号 711 頁等）

事案の概要　Y1 は貨物集配業を営む会社であり、A を集配業務の正運
転手として、Y2 を助手としてそれぞれ雇用し、Y2 に対しては各車両に
同乗させ、地理・運転技術・集配業務を習わせていた。

　A は、集配業務のため、Y1 所有の三輪貨物自動車（Y 車）の助手席に
Y2 を同乗させてこれを運転していたが、集配業務の途中で運転を交替

して Y2 が Y 車を運転していた際、踏切で線路を進行してきた電車と Y 車が衝突して A が死亡した事故について、自賠法 3 条に基づき、A の遺族らが Y1 および Y2 に対して損害の賠償を求めた。

これに対し、Y らは、A は運転手としての地位を離脱しておらず、運転補助者にあたるから、自賠法 3 条にいう「他人」に該当しないとして争った。

判決要旨　「A は正運転手として Y 車を自ら運転すべき職責を有し、Y2 に運転させることを厳に禁止されていたのにかかわらず、右禁止の業務命令に反して Y2 に Y 車を運転させたものであり、その際 A は助手席に乗っていたものであること、Y2 は本件事故発生の 10 日前 Y1 に入社し……地理を知らず、そのため正運転者の運転する車に助手として乗りこまされていたものであり、そして、同人は Y 車のような三輪自動車をそれまで運転したことがなく、本件事故当日 A から運転をすすめられたが、いったん断わり、更にすすめられたため事故発生の数分前から運転席についたばかりで、地理が分らないまま助手席の A の指図どおり運転していた」。そうだとすれば、「A は、事故当時 Y 車の運転者であったと解すべきであり、自動車損害賠償保障法 3 条所定の他人および民法 715 条 1 項所定の第三者にあたらな」い。

㉟＜否定＞

最判昭和 57 年 4 月 27 日（交通民集 15 巻 2 号 299 頁・判タ 471 号 99 頁・判時 1046 号 38 頁・集民 135 号 793 頁）

事案の概要　K は、A と B を雇用し、A にはブルドーザーを、B にはダンプカーを運転させ、工事現場において整地作業に従事させていた。

A は、整地作業完了後、ブルドーザーを同車の回送専用車を使用することなく持ち帰ろうと思い、B に対し、ブルドーザーをダンプカーに荷積して回送することを提案し、A がブルドーザーを運転して B 操作のダンプカー荷台後部からブルドーザーを積み込もうとしたところ失敗し、同車を後方地上に転倒させてしまった結果、A が同車の下敷きになって死亡した。

そこで、A の遺族らは、ダンプカーにつき自賠責保険契約を締結していた Y に対し、自賠法 16 条に基づき、損害の賠償を求めた。

122 第Ⅱ部 第1章 事業用自動車の加害責任

これに対し、Yは、Aは他人には該当しないと主張した。

判決要旨 「Bは、Aに全面的に服従する関係になく自己の判断でAの提案に同調したものとはいえ先任者、年長者であり、経験者でもあるAの具体的指示に従ってダンプカーを操作したものであり、Aは、Bといわば共同一体的にダンプカーの運行に関与した者として、少なくとも運転補助者の役割を果たしたものと認められる事情が多分にうかがわれる。そして、自動車損害賠償保障法3条本文にいう『他人』のうちには、当該自動車の運転者及び運転補助者は含まれないと解すべきであるから、本件においても前記事実によれば、AはBのダンプカーの運行について他人に当たらないと解される余地がある。」

❸❻＜否定＞

名古屋高判昭和61年4月16日（判タ597号91頁・判時1206号40頁）

事案の概要 Xは、Kからクレーン車の派遣要請を受け、Aにクレーン車を運転させて、工事現場に派遣した。

Aは、工事現場において、クレーン車を操縦し、トラックに積載されていた三角形の鉄柱を同車から地上に降ろす作業をしていたが、同現場では、Kの下請けであるMの従業員Bや、そのまた下請けであるTの従業員Cも同作業に従事していたところ、鉄柱がトラック荷台上で玉掛作業に従事していたCの立っているほうへ横ずれしてきたため、Cはこれを避けようと後ずさりしたところ、逃げ場を失って荷台の側板に当たり、後ろ向きに頭から転落して左鎖骨々折等の傷害を負った。

Xは、Cに対し、自賠法3条の規定により本件事故による損害の賠償をしたため、本件クレーン車につき自賠責保険契約を締結していたYに対し、自賠法15条に基づき、保険金の支払いを求めた。

これに対し、Yは、CはAの助手としてトラックに積載してあった荷物の玉掛作業に従事していたものであって、運転補助者にあたり、「他人」に該当しないと主張した。

判決要旨 「本件事故は、本件クレーン車の固有の装置であるクレーンを運転者であるAがその目的に従って操作している際、Cがクレーンガーターをクランプで挟んだ位置が不適切であったため発生したものであるところ、Aがクレーン巻上げの操作をするには、その構造上必ず吊

り上げる荷物に対し玉掛作業をする補助者が必要であり、Cは正にその有資格者として荷物であるクレーンガーターの玉掛作業に従事し、Aに対し巻上げの合図を送ったその者であるから、本件クレーン車につき運転補助者の地位にあったものというべきである。そして、クレーン作業においては、クレーン運転手、玉掛作業者及び合図者の三者が一体となって作業をする必要があることに鑑みれば、仮にクレーン車の運転手と玉掛作業者が所属する雇用主を異にし、その間に何らの主従関係もなく、偶々作業時にはじめて共同作業に従事したにすぎない場合であっても、運転補助者である玉掛作業者に自賠法3条にいう『他人』性を肯定することは困難であるといわなければならない。」

㊲ （前出⑲）＜肯定＞

甲府地判平成3年1月22日（判タ754号195頁）

事案の概要　A（Xの従業員）は、X所有の普通貨物自動車（X車）の荷台上で荷下し作業中、積荷である梱包されたコンデンサ盤を転倒させ、作業を手伝っていた積降し作業専門の作業員Bをコンデンサ盤の下敷きにして死亡させた。Xは、Bの遺族らに対し、本件事故による損害の賠償をした。

　　そこで、Xは、X車につき自賠責保険契約を締結していたYに対し、自賠法15条に基づき、保険金の支払いを求めた。

　　これに対し、Yは、Bは運転補助者であり、他人性は認められないと主張した。

判決要旨　「Bは、本件事故現場のターミナルにおける積み降ろし作業専門の作業員であって運転手ではなく、本件自動車に同乗して積荷の積み降ろしに従事していたものでもなく、作業主任で運転手であるAが行っていた本件荷降ろし作業において、本件事故当時、本件積荷の後方で手を添えて押す程度の補助作業しかしていなかった。したがって、本件自動車の運転を補助的に支配するものとはいい難く、自賠法3条で除外される運転補助者とはいえない。」

㊳＜否定＞

札幌地判平成3年11月21日（交通民集24巻6号1453頁・判タ781号184頁）

事案の概要　Xは、Kから依頼を受けた造園作業のため、Yから運転手

付きで配車されたクレーン車（A運転）と大型トラック（B運転）を使用して、庭石に玉掛けをし、これをクレーンで吊り上げてトラックの荷台に移す作業をしていた。

　Xは、A（Yの従業員）に合図して、クレーンのワイヤーを下げさせたところ、玉掛けロープから庭石がはずれて荷台上に落ちかけたのでこれを避けようとして荷台から飛び降りたため、腰椎粉砕骨折等の傷害を負った。

　そこで、Xは、クレーン車の所有者Yに対し、自賠法3条に基づき、損害の賠償を求めた。

　これに対し、Yは、Xは庭石を運搬するために、Aに対し作業上の指示を与えて、その通り運転させたものであるから、クレーン車の運転補助者であって、自賠法3条にいう「他人」にはあたらないと主張した。

判決要旨　「Yは、重機の賃貸業の営業として、Kからの申し込みに応じてクレーン及び本件トラックを賃貸したこと、AがY代表者の指示にしたがい、Xの指揮のもとにクレーンを操作していた間、クレーンのフックに掛けて吊り上げていた庭石が玉掛けロープからはずれトラックの荷台上に落ちて本件事故が発生し」たことが認められる。

　「Xは、Kから造園作業の依頼を受け、その作業の一部として、裏庭の置き場から表の庭まで庭石を運搬することになったこと、作業手順はXが大部分決定しAらに簡単に説明して指示したこと、すなわち、クレーンの機械装置自体の操作はもとよりAが行ったが、ブームの上下及び旋回、巻き上げロープの巻き上げ及び巻き下げをするかどうか、その速度、時期、程度などは、すべてX（一部Bが補佐した部分はある。）の指揮にしたがいAが機械操作をして行ったものであるから、Xは、本件事故当時、少なくともクレーン車の運転者に準ずる地位にあったものと認められ、自賠法3条の『他人』には当たらないというほかない。」

㊴＜否定＞

東京高判平成4年8月27日（東高民時報43巻1～12号63頁）

　事案の概要　　A（Yの従業員）は、Y所有のキャタピラー付油圧ショベル（Y車）のアタッチメントの交換作業を指示され、同作業に従事していたところ、Y従業員Xも同作業を手伝うことになり、XがY車のアイアン

フォークの爪の部分を支えていたところ、突然、AがY車のショベルを操作してアームを上げたため、爪が閉じてXに右手指不完全切断等の傷害を負わせた。

そこで、Xは、Yに対して、自賠法3条に基づき、損害の賠償を求めた。

これに対し、Yは、XはAに適切な操作を指示すべき立場にあり、Y車の運転補助者にあたるから、「他人」に該当しないと主張した。

判決要旨　Xは、「Yの指示でY車と同種の油圧ショベルのアタッチメントであるブレーカーからバケットへの交換作業に従事したことがあり、Y車と同種の車両を運転したこともあった。」

Yは、Aが、アタッチメント交換作業「の経験に乏しく、かつ一人で右作業を行うことは困難であったため、Xに作業現場の下見を終えた後にAを手伝うよう指示した。Xは、Yの指示に従い、Aとともに交互に本件ショベルを操作しアタッチメントであるアイアンフォークの取りつけ作業にあたり、本件事故の際も、右取りつけのためAと協議のうえ操作方法を決し、Aが運転を担当したものであって、Xは、Aの運転行為に参与し、これを助けるべき地位にあったといえる。したがって、本件事故当時におけるY車の運行につき、Xは、運転補助者に当たるから、自賠法3条本文所定の『他人』に該当しないものというべきである。」

⓴＜肯定＞

最判平成7年9月28日（交通民集28巻5号1255頁）

事案の概要と判決の要旨は前掲⓬を参照。

原　審：広島高判平成6年12月15日（交通民集27巻6号1569頁）

「Y2はAにA車の運搬を有償で依頼されたY1の指示によりA車を本件事故現場まで運搬したものであって、Y車に積載されていたA車の積降しにA車の運転者であるAの協力が必要としても、その責任自体はY1の指示を受けたY2にあるというべきであって、前記認定事実に照らせば、本件事故は、Y2がY車の前側左右のアウトリガーを操作して荷台を傾斜させて後側左右の固定式アウトリガーが地面に接地した直後に発生したものであって、AがY2とその責任を分担すべきものとは認めがたく、自賠法3条の『他人』と解するのが相当であ」る。

126　第Ⅱ部　第1章　事業用自動車の加害責任

㊶＜肯定＞

最判平成 11 年 7 月 16 日（交通民集 32 巻 4 号 983 頁・判時 1687 号 81 頁・判タ 1011 号 81 頁・集民 193 号 493 頁）

事案の概要　X が請け負った工事の現場において、トラック（S 車）に積載された鋼管くいを B（X の従業員）が X 所有の移動式クレーン車（X 車）で吊り上げて荷下しする際に、玉掛作業を手伝った A（S の従業員）に鋼管くいが落下し、A が死亡した。

　　X は、A の遺族らに支払った損害金について、X 車につき自賠責保険契約を締結していた Y に対し、自賠法 15 条に基づき賠償金の支払いを求めた。

　　これに対し、Y は、A は運転補助者としてクレーン運転者と一体となって作業をしていたから、自賠法 3 条にいう「他人」に該当しないと主張した。

判決要旨　「S 車により本件工事現場へ運搬された鋼管くいは現場車上渡しとする約定であり、S 車の運転者 A は、B が行う荷下ろし作業について、指示や監視をすべき立場になかったことはもちろん、右作業を手伝う義務を負う立場にもなかった。また、鋼管くいが落下した原因は、前記のとおり、鋼管くいを安全につり上げるのには不適切な短いワイヤーロープを使用した上、本件クレーンの補巻フックにシャックルを付けずにワイヤーロープを装着したことにあるところ、これらはすべて B が自らの判断により行ったものであって、A は、B が右のとおりワイヤーロープを装着した後に、好意から玉掛け作業を手伝い、フックとシャックルをワイヤーロープの両端に取り付け、鋼管くいの一端にワイヤーロープの下端のフックを引っ掛けて玉掛けをするという作業をしたにすぎず、A の右作業が鋼管くい落下の原因となっているものではない。そうすると、A は、X 車の運転補助者には該当せず、自賠法 3 条本文にいう『他人』に含まれると解するのが相当である。」

㊷＜肯定＞

大阪高判平成 16 年 9 月 16 日（交通民集 37 巻 5 号 1171 頁）

事案の概要　A の従業員である X と B は、トラック荷台上において、吊り荷の外壁パネルの玉掛け作業に従事していたところ、Y₁ 所有のク

レーン車を C が操作した際、クレーンから落下した吊り荷が X が当たり負傷した。

X は、Y1 に対しては自賠法 3 条に基づき、クレーン車につき自賠責保険契約を締結していた保険会社 Y2 に対しては自賠法 16 条 1 項に基づき、損害の賠償を求めた。

これに対して、Y らは、X は自賠法 3 条の他人性を否定される運転補助者にあたると主張した。

判決要旨　「自動車損害賠償保障法 3 条の他人性を否定される運転補助者に該当するというためには、職務上運転を補助する立場にあって、現に運転補助作業に従事している者（あるいは運転補助作業から離脱していない者）であることとともに、その者の行為によって当該事故が発生したという補助行為と事故発生との因果関係を要すると解するのが相当である。」

「本件事故当時、X と B の 2 名で玉掛け作業を行い、地切り作業を終えた後、C が、D の合図によって、クレーンを操作し」たところ、「ナイロンスリングが外れて吊り荷が落下したことが認められ」るが、「少なくとも X の玉掛けの方法が不十分であったために本件事故が発生したと認めるに足りない。」

また、X は、「本件事故当時、B と 2 人で玉掛け作業を行っていたものであるが、2 人で玉掛け作業を行っていたからといって、直ちに、B の行った玉掛け」について「確実に掛かっていることを確認すべき義務が X に生じるものとはいえない。さらに、仮に、X がクレーンの吊り荷の運搬経路から退避しなかったことが本件事故の原因の一つになっているとしても、クレーンの吊り荷の運搬経路から退避する行為は、運転の補助をする行為ではない。」

「よって、X の補助行為と事故発生との間に因果関係が認められないから、X は自動車損害賠償保障法 3 条の他人性を否定される運転補助者に該当するとはいえない。」

(3)　共同運行供用者間における他人性

㊸＜肯定＞

128 第Ⅱ部 第1章 事業用自動車の加害責任

大阪地判昭和47年3月30日（交通民集5巻2号495頁・判タ277号260頁）

事案の概要　Xは、Yから土工事作業を下請して、同作業のためにA
からB（Aの従業員）所有のダンプカー（B車）を傭車し、AおよびBを
Yからの下請業務に従事させていた。

　C（Yの従業員）が、工事現場へB車を搬入させるためB運転のB車
を誘導して後退させていたところ、道路上にいたXおよびD（Xの子）
を轢過して、Dを死亡させた事故について、Xら（Dの両親）が、Yに
対して、自賠法3条に基づき、損害の賠償を求めた。

　これに対し、Yは、YにはB車の運行支配も運行利益も帰属してお
らず、仮に運行利益が認められるとしても、本件事故による責任はまず
Xが負担すべきところ、XはDの親であり、被害者ではあるが同時に
加害者でもあるから、権利と責任が同一主体に帰属し、Xには損害賠償
請求権は発生しないと主張した。

判決要旨　「XとYとはB車の共同運行供用者と認められ、また、Xが
被害者でもあるので、このような場合、Xらの被告に対する請求が許さ
れるか否かについて判断するに、自賠法第3条にいう『他人』とは当該
自動車の運行供用者および運転者を除くそれ以外の者をいうと解されて
いるので、共同運行供用者であるということは賠償義務側に属すること
になり、賠償権利者たりえないという考え方が成り立たないわけではな
い。しかしながら、権利者、義務者というも必ずしも排他的なものでは
なく、相対的なものであり、対外的に対第三者との関係で義務者となっ
ても、対内的に運行供用者相互間では権利者となりうる場合もあるもの
と解される。」

　したがって、「共同運行供用者間においても直接事故に関与していな
い限り対内的には相互に自賠法第3条の『他人』として保護が与えられ
てしかるべきである。」

㊹＜否定＞

さいたま地判平成21年8月26日（交通民集42巻4号1072頁）

事案の概要　Xは、Bが運転するA所有の自動車（A車）に同乗してい
たところ、Cが運転するトラックと出合い頭に衝突し、頸椎捻挫の傷害
を負った。

1　トラック等　129

　　Ｘは、Ａに運行供用者としての責任があると主張して、Ａ車につき
自賠責保険契約を締結していたＹに対し、自賠法 16 条１項に基づき保
険金の支払いを求めた。

　　これに対し、Ｙは、Ｘが、自賠法３条の「他人」に該当しないと主張した。

判決要旨　「Ａ車を日常的に管理・使用していたのは所有者であるＡで
　　あったことが認められるものの、本件事故当時において、Ｘは、Ａから
　　Ａ車を借り受け、これを後輩のＢに運転させていたのであり、その運
　　行目的もＸを友人との待ち合わせ場所に送り届けることにあったので
　　あるから、Ｘには、本件事故当時、Ａ車について運行支配及び運行利益
　　があったというべきである。そうすると、Ｘは、Ａとともに A 車の運
　　行供用者たる地位にあることになるが、上記認定事実によれば、本件事
　　故当時のＸのＡ車に対する運行支配は、同乗していなかったＡのそれ
　　に比して直接的、顕在的、具体的であったことが認められ、ＸがＡと
　　の関係で自賠法３条の『他人』に当たるとは認められないというべきで
　　ある。」

　　また、Ｘは、「運転免許を取得したことがなく自動車を運転したこと
　　もないから、車両の運行を具体的直接的にコントロールすることは不可
　　能であるし、本件事故当時もＢの運転について何らの指示も出してい
　　ない」と主張するが、「Ａ車を借り受けたのも運転を依頼したのもＸで
　　ある上、Ｘは運転者であるＢの親方で先輩にあたり、Ｘの私用でＢに
　　運転させてＡ車を使用したこと等の事情に鑑みれば、運転免許がない
　　点や具体的指示がなかった点のみをもって、Ｘの運行供用者性を否定す
　　ることや他人性を肯定することはできない」。

▶**解　説**◀

　　運転補助者の概念および判断基準に関する裁判例および学説は、様々であ
る[21]。

　　運転補助者の他人性について、❸❼❹❶❹❷はこれを肯定し、❸❹❸❺❸❻❸❽❸❾はこ
れを否定した。❹❶では、被害者の他人性が肯定されたが、ここでは、加害者
が行う荷下し作業について、指示や監視をすべき立場になかったこと、その
作業を手伝う義務もなかったこと、被害者の行った作業が事故発生の原因と

130　第Ⅱ部　第1章　事業用自動車の加害責任

なっていないことから、運転補助者に該当しないと判断された。そして、その後に出た**❷**の高裁判決は、運転補助者に該当するというためには、職務上運転を補助する立場にあって、現に運転補助作業に従事している者（あるいは運転補助作業から離脱していない者）であることとともに、その者の行為によって当該事故が発生したという補助行為と事故発生との因果関係を要すると判示し、補助行為と事故発生との因果関係を否定して、他人性を認めた。

一方、**❸❹**では、被害者が作業の具体的指示を行うなど、現に補助業務に従事し、あるいは運転者に準ずる地位にあったこと、**❹**では、被害者が運転すべき職責を有し、運転者を指示監督すべき立場にあったこと、**❻**では、作業を行う職責を有し、現に補助業務に従事していたこと、**❺**では、運転者と共同一体的に運行に関与しており、運転補助者の役割を果たしていたことから、運転補助者にあたるとして他人性を否定した。

運転補助者該当性については、これら裁判例から統一的な判断基準を定立することは困難であり、具体的な関与の態様に応じて判断せざるをえないであろう。

また、共同運行供用者間における他人性については、**❸**が共同運行供用者間においても直接事故に関与していない限り、対内的には相互に自賠法第3条の「他人」として保護が与えられてしかるべきであるとして、これを肯定し、さらに、共同運行供用者間の損害負担の割合は、加害車両の運行に対する支配・利益の割合をもって、その負担の割合とすべきであるとした。**❹**は被害者の加害車両に対する運行支配が、他の共同運行供用者のそれに比して直接的、顕在的、具体的であったことから、これを否定した。

なお、同乗中の所有者が他人として保護されるのは、運転中の者が所有者の運行支配に服さない等の特段の事情がある場合に限るとして、所有者の他人性を否定したもの[22)23)]や、特段の事情を認めてこれを肯定したもの[24)]がある。

また、共同運行供用者間において、被害者の運行支配の程度・態様が直接

---

21)　裁判例および学説を紹介するものとして、藤村・前掲注4) 170頁以下、藤村和夫「運転補助者の他人性」判タ1033号121頁以下、来司直美「運転補助者の判断基準」日弁連交通事故相談センター東京支部編『交通事故による損害賠償の諸問題Ⅲ』(2008年) 68頁以下、丸山一朗「自賠法における『運転補助者』概念の再検討」自動車保険研究2号59頁（自動車保険料率算定会、2000年）等参照。

22)　最判昭和57年11月26日（民集36巻11号2318頁）。

的、顕在的、具体的であるとして他人性を否定したもの[23)25)]とこれを肯定したもの[26)]があるが、共同運行供用者の内部関係において、運行支配の程度が直接的、顕在的、具体的であるというための決定的な要因は見出し難いため、運行に至る経緯、運行状況、人的関係などを総合考慮して判断することになろう[27)]。

② 使用者の責任

① 趣　旨

　ある事業のために他人を使用する者は、被用者がその事業の執行について第三者に加えた損害を賠償する責任を負う（民法715条1項本文）。また、使用者に代わって事業を監督する者も同様の責任を負う（同条2項）。ただし、これらの者が、被用者の選任およびその事業の監督について相当の注意をしたとき、または相当の注意をしても損害が生ずべきであったときは、その責任を免れる（同条1項ただし書）。

　使用者は、被用者を使うことによって事業活動を拡大し、これにより多くの利益をあげているのであるから、反面、それによって生ずる損害についても、これを負担すべきである。本条は、このような根拠に立って特別の責任を認めるものであって、報償責任の原理の現れといわれる[28)]。

---

23)　最判平成20年9月12日（集民228号639頁）〔同差戻審：名古屋高判平成21・3・19（交通民集41巻5号1097頁）〕。

24)　最判平成4年4月24日（交通民集25巻2号283頁）。

25)　東京地判平成15年9月3日（交通民集36巻5号1208頁）、名古屋地判平成9年8月29日（交通民集30巻4号1269頁）、高松高判平成5年7月20日（交通民集26巻4号855頁）は被害者の運行支配の程度が他の共同運行供用者のそれと同等であるとして他人性を否定。

26)　東京地判平成15年5月27日（交通民集36巻3号786頁）。

27)　共同運行供用者の他人性が問題となる事案を類型化して解説するものとして、藤村＝山野・前掲注2）158頁以下参照。

28)　我妻栄＝有泉亨『コンメンタール民法＜第2版追補版＞』（日本評論社、2011年）1361頁。

132　第Ⅱ部　第1章　事業用自動車の加害責任

2　要　件

　使用者責任が認められるためには、①使用関係の存在、②事業の執行について なされたこと、③被用者の不法行為、④第三者の損害、が必要である。 なお、効果については、第Ⅰ部第2章2参照。

(1)　使用関係

　事業のために「他人を使用する」とは、事実上の指揮監督の下に他人を仕 事に従事させることを意味する[29]。使用関係の典型は雇用関係であるが、雇 用契約等の契約関係の存在は不可欠ではなく、実質的な指揮監督関係がある 場合には、雇用関係がなくてもこれにあたると解されている[30]。それゆえ、 親会社と子会社、元請と下請という関係が認められるときは、運行供用者性 の場面だけでなく、この使用者責任の場面でも問題となる。

(2)　事業の執行について

　「事業」とは、仕事という程度の意味で、使用関係を限定する趣旨ではな いと解するのが、判例・通説の立場である。事業は、一時的か継続的である か[31]、営利か非営利であるかを問わず[32]、違法であってもかまわない[33]。

　また、被用者の行為は、「事業の執行について」なされたものである必要 があり、加害行為が使用者の支配領域内の危険に由来するか否か[34]、あるい は使用者の事業の執行行為を契機としこれと密接な関連を有するか否か[33] [35]

---

29)　松並重雄『最高裁判例解説平成16年度（下）』661頁。

30)　最判昭和37年12月14日（民集16巻12号2368頁）、最判昭和41年7月21日（民 集20巻6号1235頁）、最判昭和42年11月9日（民集21巻9号2336頁）、最判昭和45 年2月12日（集民98号201頁）等。

31)　最判昭和56年11月27日（民集35巻8号1271頁）。

32)　大判大正6年2月22日（民録23輯212頁）。

33)　最判平成16年11月12日（民集58巻8号2078頁）。

34)　最判昭和34年4月23日（民集13巻4号532頁）、最判昭和39年2月4日（民集18 巻2号252頁）、最判昭和52年9月22日（民集31巻5号767頁）、最判平成4年10月6 日（集民166号21頁）、内田貴『民法Ⅱ＜第2版＞』（東京大学出版会、2007年）465頁。

1　トラック等　　133

で判断される。

(3)　被用者の不法行為

被用者の行為が一般的不法行為の要件を満たしていることが必要であり、故意による加害行為についても本条の適用がある[36]。

(4)　第三者の損害

「第三者」とは、使用者と加害行為をした被用者を除くその他の者をいう。したがって、加害者が同一の使用者に雇われる被害者に損害を与えた場合も、第三者に加えた損害となる[37]。

③　裁判例

(1)　直接の雇用関係がある場合

㊺＜肯定＞

最判昭和46年6月22日（民集25巻4号566頁・交通民集4巻3号721頁・判タ265号135頁・集民103号199頁）

事案の概要　　Yの従業員であるAとBは、Yの出前業務に従事中、AがY所有の軽四輪貨物自動車（Y車）を運転し、Bが助手席に同乗して、出前に向かっていたところ、Y車の方向指示器を点滅させたまま直進したため、X運転の小型乗用自動車（X車）と衝突しそうになり、そのことでXと口論になったAとBは、Xに殴る蹴るの暴行を加えた。

　　Xは、使用者であるYに対して、民法715条1項に基づき損害の賠償を求めた。

　　これに対し、Yは、Aらの行為はYの事業の執行とは無関係であると主張した。

判決要旨　　AとBは、Yに「店員として雇用されていたところ、Aは

---

35)　最判昭和44年11月18日（民集23巻11号2079頁）、最判昭和48年2月16日（民集27巻1号132頁）。

36)　大判昭和8年4月18日（民集12巻807頁）、最判昭和44年11月18日（民集23巻11号2079頁）。

37)　最判昭和32年4月30日（民集11巻4号646頁）。

Y所有のY車を運転し、Bはその助手席に同乗して、いずれも出前およう鮨容器の回収業務におもむく途次……X車と接触しそうにな」り、Xと口論になったあげく、「AB両名がXに対し原判示の暴行を加えたというのである。右事実によれば、Xの被った原判示の損害は、AB両名が、Yの事業の執行行為を契機とし、これと密接な関連を有すると認められる行為をすることによって生じたものであるから、民法715条1項にいう被用者が使用者の事業の執行につき加えた損害というべきである。」

㊻＜肯定＞

名古屋高判平成24年9月11日（自保ジャ1938号131頁）

事案の概要　Y所有の大型貨物自動車（Y車）を運転するA（Yの従業員）が脳梗塞を発症させて運転を制御できない状態になったため、前方赤色信号機の表示に従い停止していたX運転の大型貨物自動車（X所有、X車）に追突し、その弾みでX車がその前車である大型貨物自動車に玉突き追突した。

　　Xが、Yに対して、民法715条に基づき損害賠償を請求したのに対し、Yは、本件事故はAが突発的に脳梗塞を発症したことにより発生したものであるから、予見不可能であったなどと主張して争った。

判決要旨　「Aとしては、狭心症疑いとの診断を受けて入院検査を勧められていたところ、この日、15分間隔で2度も胸部圧迫感等を自覚した」のであるから「直ちにY車の運転を中止し、Yに連絡して代わりの運転手の手配を依頼すべき義務があったというべきであ」る。ところが、Aは「安易にY車の運転を再開したため……運動障害、意識障害を発症させて本件事故を生じさせたのであるから、本件事故はAの過失により生じたものと認められる。」

　　「AはYが産業医のCクリニックに委託した定期健康診断を受けていたところ、Yが保管する健康診断個人票には……『要治療継続』とそれぞれ記載されており……Yも上記健康診断個人票の記載内容をみて、Aの心臓の状態が心疾患にまで増悪しないか、また、深夜、長時間、不規則な拘束時間の勤務に従事させても大丈夫か、Aの健康状態を把握すべきであったといえる。」

1 トラック等 135

　それにもかかわらず、Yは、Aに関して「何らの措置も取らないまま、同人に深夜、長時間、不規則な拘束時間の勤務を継続させ……拘束時間340時間15分という過重な労働に従事させていたのであるから、運転手が業務に就く前に作業点呼を実施していたことを考慮しても、Yが、本件事故との関係で、被用者の選任及びその事業の監督について相当の注意をしていたということはできないし、相当の注意をしても損害が生ずべきであったということもできない。」

(2) 下請・孫請の場合

❹❼＜肯定＞

最判昭和46年12月7日（交通民集4巻6号1645頁・判時657号46頁・集民104号583頁）

事案の概要　Xはリヤカーを曳いて進行していたところ、Yから請け負った工事の現場に赴くため同一方向に進行していたB（Aの従業員）が運転する普通貨物自動車（A車）とリヤカーが接触したため、Xは転倒して左上腕亀裂骨折等の傷害を負った。

　Xは、Aの元請人であるYに対して、AとYは使用者と被用者の関係と同視しうるとして、使用者責任に基づく損害の賠償を求めた。

　これに対し、Yは、A車はAの所有であり、BはAの従業員であるから、使用者責任を負わないと主張した。

判決要旨　Y組名義で土木請負業を営むYは、「Aなど4業者に下請けさせ、Aからは貨物自動車4両とBら4名の運転手の派遣を受け、……Y自身の被用者といっしょにぼた運搬の業務に従事させていたこと、右下請負業者の作業実施にあたっては、Y自身またはY組係員が、下請負業者に配車の指図をするほか、随時ぼたの積込現場や埋立現場においてぼたの積みおろしの状況を見回り、貨物自動車に乗って運搬途中の監督にあたるなどして、間接的には各下請業者の運転手らに対してもぼた運搬の業務の指揮監督をしていたものであり、他方、Aの代表者においては、その被用者であるBら4名の運転手の下請負業務の実施を指揮監督することをせず……Yは、右運転手らを実質的に自己の被用者と同様に利用し支配」し、Bは「事実上Yの指揮監督のもとにその支

配下にあって、もっぱら、A所有のA車を運転し、その下請けにかかる右ぼた運搬の業務に継続して従事していた」ところ本件事故を起こした。そして、本件事故当時の「A車の運行は、客観的に見て、Yの支配のもとにかつYのためになされたものと認め」られ、「AもまたA車に対する運行支配を有しかつ運行利益を受けていたからといって、Yの責任を否定する理由はないというべきである。」

❽＜否定＞

最判昭和46年12月7日（交通民集4巻6号1660頁・判時657号46頁・集民104号595頁）

事案の概要　B（Aの従業員）が、AがCから受注した下請業務に従事中にY名義の加害車（Y車）を運転していたところ、X運転の自動車と衝突する事故を起こした。

　　Y車の車体には、Yのマークが表示されていたことなどから、Xは、Yに対して、民法715条に基づき、損害の賠償を求めたところ、Yは、使用者責任の成立を争った。

判決要旨　「Y車の自動車検査証の使用者および自動車損害賠償責任保険の保険契約者はY名義になっており、Aの使用する十数台のダンプカーのうちY車を含む3、4台の車体にはYのマークが表示されていたこと、しかし、Yは、Y車を第三者から買い受けこれをAに売り渡して、すでにその所有権を有しないものであり、代金完済と同時にAに名義変更の手続をする運びになっていたこと、Yは掘削・宅地造成工事の請負を主たる業とし、Aは残土運搬等を業とするもので、Aの全仕事量の約5割はYからの下請工事であったが、Yにとっては、Aは30社以上に及ぶ下請先の一つであって、両者の間に専属的関係は認められず、YがAに対して出資をし、役員を派遣し、事務所などの営業財産を貸与しあるいは自動車の保管場所を提供していたなどの事実はなく、両企業間に緊密な一体性があるともいえないこと、また、AがYからの下請作業を行なうにあたっても、Y自身の関係者が現場で指揮監督にあたったことはなく、作業はもっぱらAの責任において遂行されていたこと、そして、本件事故は、Aの被用者であるBが、AのCからの下請作業に従事中に発生したこと」が認められ、これらによれば、

「Yは本件事故当時におけるY車の運行に対し支配を及ぼすものでなく、したがって、本件事故につき運行供用者としての責任を負わない」。

❹<否定>

神戸地判昭和 49 年 5 月 8 日（交通民集 7 巻 3 号 660 頁）

事案の概要　Y1 は、鉄枠、鉄板等のトンネルマシン用シールド部材（以下「本件積荷」という）の運送を Y2 に依頼し、Y2 は Y3 に、Y3 はさらに Y4 に本件積荷運送の業務を下請けさせた。

　Y4 は、本件積荷の運搬のために従業員 A 運転の Y4 所有の大型貨物トラック（Y 車）を派遣し、Y1 の従業員 B が、同社所有のクレーンを使用して本件積荷の鉄枠と鉄板を一括して Y 車荷台上に積み込んだが、鉄枠と鉄板の一括積込みは異例であったため、A は、鉄板を未縛着のまま Y 車を走行させたところ、鉄板が落下し、道路左側端に避難していた X1 および X2 に当たり、X らが鉄板の下敷きになる事故が発生した。なお、Y 車の扉および荷台には、Y3 の社名と Y3 所有の車両に用いる通し番号が表示されていた。

　X らは、Y らに対して、民法 715 条 1 項に基づき、損害の賠償を求めた。

　これに対し、Y1 は本件積荷の運送中の事故については関知していない、Y2 は Y3 を、Y3 は Y4 をそれぞれ指揮監督する関係にはなかったと主張して、いずれも使用者責任の成立を争った。

判決要旨　＜ Y1 について＞「物品運送契約自体は物品の場所的移動を目的とする請負契約であるが、重量物の運送のようにその積込について特殊な機械装置が必要とされる場合において、その積込について運送人が之をすることを約したような場合を除き、積込を荷送人自身がする場合には、その積込にあたって荷送人としても留意すべき注意義務の存することは当然であり、その注意義務の懈怠が運送人の運送上の注意義務違反と相まって事故が惹起されたときは、荷送人としても共同不法行為者として損害賠償の責に任ずべき場合があることは否定できない。」

　「B は Y1 のクレーンを使用してトンネルマシン用鉄枠と一括して本件鉄枠を Y 車荷台に積載したが、その積載方法は異例」であったのであるから、B は、「トンネルマシン用鉄枠の底部に鉄板が積込まれている旨を運転者に告知し、縛着の措置をとるよう注意すべき注意義務があ」っ

た。Bが「注意義務を怠った結果、Y車の運転者Aは、鉄板が積込まれていることを看過し、鉄板を車両に縛着しないままY車を運転した過失と競合して本件事故を惹起したもので、Bにも過失がある」と認められる。

「Y1は、クレーン操作にあたったBを使用し、BがY1の業務を執行中前記のような過失があったのであるから、Y1は民法第715条第1項による責任がある。」

＜Y2について＞「Y3はY2と親子会社の関係にある……と云うものの、その経営、営業は独立した形態をとり元請企業の一部門とし包摂されるような関係にはなかったこと、従ってY2 Y3の関係は専属的下請の関係もなく、また個々的に運送上の注意を与えるなど指揮監督を受ける関係にもなかったこと、そしてY1との取引についても以前その陸上運送をY2が請負っていた関係上、Y3独立後もY1の契約締結上の都合から全てY2が運送人として契約の当事者となり通常の陸上運送はY3に下請させていたこと、本件トンネルマシン用シールド部材の運送の場合においても右の関係はかわることなく、Y2は、Y3に全面的に請負せたものであって、Y3にまた同社を通じてY4に右積荷の運送に関し何らの指揮監督もなす立場にはなかったことが認められる。従って、Y2とY3との間に使用者と被用者との関係又は之と同視することができる関係があるとは認められないから、Y2は下請人であるY3が更に再下請をさせたY4の被用者の不法行為につき民法第715条第1項による責任はない。」

＜Y3について＞「Y3は自社で運送しきれない貨物の運送をY4外数社の運送業者に下請させることにしていたこと、他方Y4は、全体の仕事量のうちY3より下請する仕事が約60パーセントを占めているが、自ら独立して運送業をなしていたものであり、両者間に専属的関係はもとより支配従属の関係は存しなかったこと、……Y3はY4に本件トンネルマシン用シールド部材の運送を下請したが、特に本件運送契約にあたってY車による右貨物の運送に関し積込、運送にあたって具体的に指揮監督をする等関与したようなことはないこと、Y車にはY3の社名が表示されているが、Y車にはY3がHに下取に出したものをY4が買受け自己の業務の便宜のためそのまま使用していたもので、Y3はその

社名表示につき異議を述べたことがあるし、また Y 車に表示された通し番号は Y4 自身により書かれたものであることが認められ」る。

「Y 車には Y3 の社名が表示されている事実があっても、Y3 は Y4 及び A の本件積荷の運送に関し指揮監督関係があったとは認められないから、民法第 715 条第 1 項の責任はない。」

㊿＜元請について否定、下請について肯定＞

大阪地判昭和 49 年 6 月 26 日（判タ 319 号 236 頁・判時 777 号 72 頁）

事案の概要　Y1 は、N から送炭コンベアー建設工事を請け負い、それを Y2 に下請けさせ、さらに Y2 は、Y1 から下請けした工事のうちトビ職関係の作業を Y3 に下請けさせた。

Y2 および Y3 は、工事現場で使用するため、X から運転手付きで X 所有のレッカー車（X 車）を賃借した。

A（X の従業員）は、工事現場において X 車を運転していたところ、X 車のクレーンのブレーキを緩めすぎたため、鉄梁材が落下し、これが B（Y3 の従業員）に当たり同人が死亡した。

X は、B の遺族らに賠償金を支払ったことから、Y らに対し、Y らも民法 715 条の責任を負うとして、事務管理費用の償還ないし共同不法行為者間における求償請求をした。

判決要旨　＜ Y1 について＞ Y1 は「下請の Y2 より求められれば設計図等の説明に応じてやったり、Y1 より Y2 への若干の現場支給部品の受払、管理等の事務に従事していたけれども、他面において、下請の作業について指揮監督することはせず、この点は専ら Y2 がなしていたし、Y2 において更に孫請等を使うかどうか、使うとしてその業者の選定についても、また、前記現物支給以外の物品資材等の調達についても専ら Y2 に任せていた」ことが認められ、「Y2 の Y1 に対する専属的な関係、資本は役員従業員面等での関連を認むべき証拠はない。」

「Y2 は Y1 より下請した前記工事をおおむねその独自の判断と責任において施行していたものであって、Y2 が一般的に Y1 の指揮監督を受ける立場にあったとは言い難いばかりでなく、本件不法行為者たる A は……Y1 との関係は遠くかつ薄いものであり、A に対し具体的な指図をしていたのも Y3 のみであり、Y1 において A に対し直接間接に指揮監

督関係をおよぼしていたということは言えず、他にこれを認むべき証拠もないので、Y₁ が A の使用者またはそれと同視しうる地位にあったとは言えず、Y₁ に使用者責任を負わすことはできない。」

＜Y₂・Y₃ について＞「Y₂、Y₃ は、その請負った工事のため X より X 車を賃借するとともに、貸主たる X の従業員 A をそのまま承認して、事実上、使っており、とくに、Y₃ においては A の運転操作に対し具体的な指図をしていたものであるから、Y₂Y₃ は A との間で民法第 715 条にいう使用者たる地位にあったというべく、A の本件不法行為は Y₂Y₃ の事業の執行につきなされたということもできるから、Y₂Y₃ は X とならんで民法第 715 条の使用者責任を負うものというべきである。」

㊶＜否定＞

大阪地判昭和 50 年 1 月 30 日（判タ 323 号 241 頁）

事案の概要　Y から土砂の運搬を依頼された A が、同運搬作業のために A 所有のダンプカー（A 車）を運転していた際、B 運転の自動車と正面衝突して B が死亡した。

　B の遺族らは、Y に対して、民法 715 条に基づき、損害の賠償を求めたところ、Y は、A との間には指揮監督関係はないなどと主張して争った。

判決要旨　「A に対するもっとも大口の注文主は Y であって、Y の仕事が A の全体の仕事量の約 7 割を占めていたが、右下請契約の方法は、A が早朝 Y の事務所に A 車を持ち込んで出頭し、当日 Y から物品の運送の依頼があれば、A において運送の目的地、運送物品の重量等の請負条件を考慮したうえ、右依頼を引受けるか否かを決してい」た。

　「A が Y の運送の下請を行なう場合には Y から積荷の種類、数量および配達場所を指示されるだけで、右以外の点については格別の指示はなく、運転上の注意も与えられていなかった」こと、「A 車のガソリン代、自賠責保険の保険料等 A 車の維持費はすべて A が自ら負担しており、また A は、Y から、健康保険の加入等従業員類似の身分上の地位は一切与えられていなかった」ことが認められる。したがって、「Y と A との関係は通常の運送依頼者と運送請負人との関係に過ぎないものであつて、雇用関係ないしこれと同視しうるような専属的、従属的下請関

係、指揮監督関係は認められな」い。

❷＜肯定＞

東京地裁八王子支判昭和 50 年 12 月 15 日（交通民集 8 巻 6 号 1761 頁）

事案の概要　A は、T から砂利運搬の仕事を請け負い、B（A の従業員）は、荷台側面に「Y」と記載された A 所有のダンプカー（A 車）に砂利を積載した状態で A 車を運転していた際、道路から転落して、X が所有する家屋を破壊した。

　X は、Y に対して、民法 715 条に基づき、損害の賠償を求めたところ、Y は、A および B との間で指揮監督関係を有していなかったなどと主張して争った。

判決要旨　Y は「大部分の営業は車両持込の下請業者……を使用して行なっていたが、その営業活動に便宜をはかるためそれらの持込車両の荷台側面に大きく Y 名を記載させ、右下請業者らに仕事をさせたとき（下請業者らは Y 名をもって注文主のところへ行って仕事の注文を受ける。）は、Y が注文主からその代金を集金して仕事を行った下請業者に支払っていたが、その際そのうち 10 パーセントを経費名義で天引取得していた。」

　「A もかなり以前から Y の右のような下請業者の一人であり、A 車を購入する際は Y の取締役である K に手形を振出してもらったり、Y を連絡場所に使用したことがあるなど、Y とは密接な関係にあり、かつその仕事の主力（約 6 割）も Y に仰ぎ、……A 所有の A 車……の荷台側面にも大きく Y 名が記載されていた。」

　「本件事故の際 A が B に行わせていた砂利運搬は T 発注の仕事であ」り、「本件事故当日 A は他に仕事がなかったので Y に電話連絡したところ、Y から T へ行けば仕事がある旨の指示を受けたので、B に T へ行かせ、T から Y 名で砂利運搬を請負って B がこれを遂行中、本件事故を起したものである。」

　「Y は A ら車両持込の下請業者を支配使用することでその建築資材運搬業としての営業を成立させていたということができ、しかも右下請業者らの持込車両の車体には Y 名を記載させて Y との関係を外部に表示していたのであり、またこれを A の側から見ると、Y の仕事の主力は Y から受ける仕事であって……Y との密接な関係をも総合すると、A は

Yの専属ともいえるほどの密着した関係にあったということができる。右事実のもとでは同YとAとの間には指揮監督関係が及んでいたと認めることが相当であり、本件事故はYの指示によってY名義でAが行ったT発注の砂利運搬業務の遂行中に発生したものであるから、YはAの被用者Bの起した本件事故につき民法715条の規定に基く使用者責任を負うべきである。」

㊾＜肯定＞

千葉地判平成10年10月26日（判時1678号115頁）

事案の概要　Yは、Sから山砂を買い受け、その運搬をAに依頼したところ、Sの従業員であるB・Cは、A所有の大型貨物自動車（A車）に最大積載量の4倍を超える山砂を積載した。

　Aは、過積載の状態でA車を運転していた際、踏切前で停止していた自動車との衝突を回避するためブレーキを踏んだが間に合わず、踏切内に進入して通過中のX所有の列車と衝突した。

　Xは、Yに対して、民法715条に基づき損害賠償を求めた。なお、Xは、本件事故の原因が過積載にあるとして、B、CおよびSに対しても損害の賠償を求めた。

判決要旨　「B、Cが、A車にその法定最大積載量の4倍を超える重量の山砂を積み込んだことと本件事故との間には相当因果関係があり、B、Cは、民法719条による共同不法行為責任を負うものというべきであり、その使用者であるSも同法715条1項による使用者責任を負うと解される。」

　「過積載をした大型貨物自動車による交通事故の増加が憂慮される中、関係各方面で過積載車両の取締強化や過積載をなくすための種々の対策の必要性が唱えられていた状況に鑑みれば、過積載をやむを得ないものとして正当化することは到底許されないというべきである。」

　「Aが運搬業務に使用する大型貨物自動車はAが所有するものであり、勤務時間の拘束もYの他の従業員に比して緩やかであって、報酬も1台当たりの単価により計算され、その額も月額80万円ないし120万円と高額で……〔A〕自ら所得税の確定申告を行っているものの、他方、Aは、その業務の殆どを、Yの指示する土砂積込現場に行ってその指示

する場所へ土砂を運搬する業務に従事しており、稼働日数等の義務はなかったものの、その業務の内容や土砂等の積込み先業者との関係等から、Aは事実上Yの業務に従事するほかなく、実際にもAがYからの仕事の依頼を拒否したことは殆どなく……AはYに出資してその社員の一人となっていること……からしてYとの結びつきが強く、運搬業務に使用していた車両はAの所有であるにもかかわらず、車体には『Y』の文字を表示していたこと」からすれば、「YとAの間には雇用関係はないものの、相当高度の指揮監督関係が存在し、YはAの業務を事実上支配しており、また、外形的にも、Aが行う土砂の運搬業務は、Yの業務として遂行していたものと認めるのが相当である。したがって、Yは民法715条1項にいう『使用者』に該当し、使用者責任を負うものと解される。」

❺❹＜否定＞

大阪地判平成25年5月21日（交通民集46巻3号616頁・自保ジャ1907号106頁）

事案の概要　　Xが牛乳空箱回収の現場で車両を誘導していたところ、Y₁が請け負った牛乳の配送等業務を下請けさせていたY₂の従業員であるA運転のフォークリフトが後退してきて衝突し、Xは右足関節の脱臼骨折等の傷害を負った。

　　Xは、Aの勤務先であるY₂およびその元請であるY₁に対し、それぞれ民法715条に基づき、損害の賠償を求めた。

　　これに対して、Y₁は、Y₂との間で配送契約を締結したにすぎず、指揮監督の関係は存在しないと主張した。

判決要旨　　「Y₁に使用者責任が認められるか否かは、もっぱら実際の作業に際してY₁から出される指示の有無・内容、現場における具体的な作業内容や作業に関する指示系統、指示内容、作業員相互の関係等を総合考慮して、Y₁とY₂・Aとの間に具体的な指揮監督・管理関係が認められるか否かによって決せられ」る。

　　「Y₂担当者はY₁の指揮系統には直接属してはおらず、対外的に一定程度独立した形で作業を行い……自らの責任で対応していた様子がうかがわれる。また、Y₁が現場全体の指揮監督にあたり、Y₂他各業者の安全・

作業手順を管理していたような状況も見受けられない。」

そして、「本件事故がAの単独作業中に発生した事故であり、Y1従業員が作業自体に直接関与していないことも併せて考慮すると、Y1・Y2間に生じていた指揮監督関係は、事実上かつ抽象的であり、またその範囲・強度についても限定的なものにとどまるというべきであり、Y1とAとの関係を使用者・被用者の関係と同視するに足りるほどの、直接間接に及ぶ強いものではなかったといわざるを得ない。」

㉟<雇用主について肯定、元請について否定>

名古屋地判平成26年7月8日（交通民集47巻4号881頁）

事案の概要　A（Y1の従業員）は、Y1の業務時間外に、Y1から指示された待機場所である路外地に向かってA所有の普通貨物自動車（A車）を運転していたところ、Bが運転するX所有の大型貨物自動車（X車）と衝突した。なお、Y2は、路外地において、Y1を含めたY2の複数の下請会社の作業員らに対して、朝礼を行い、作業内容・作業場所の振分けを行っていた。

Xは、Yらに対して、民法715条に基づき、損害の賠償を求めた。

これに対し、Y1は、本件事故は、Aが業務時間外にY1の業務とは関係なく個人の車両を運転中に起こしたものであると主張し、Y2は、AはY1の指揮監督に服していたのであり、本件事故はY2の指揮監督が及ぶ範囲内の出来事ではないとして、それぞれ使用者責任の成立を争った。

判決要旨　＜Y1について＞「被用者の自家用車による通勤途上の事故について使用者の責任が認められるためには、車両の運行が使用者の業務とかなり密接に結びついていること、使用者がその車両の使用を命令し、助長し又は少なくとも容認していたこと等の特段の事情が必要であると解される」ところ、本件事故は、「Aが、休憩時間中に個人的な便宜を図るために本件路外地を出てA車を運転していた際に起こした事故であるとはいえ、K代表者において、翌日の本件工事に備えて本件路外地に駐車したA車内で休憩することを指示又は承諾していたのであって、使用者であるY1が、A車の使用を助長又は少なくとも容認していたという事情があったと認められるから、AのA車の運転は、その外

形から観察して、あたかも被用者である Y₁ の職務の範囲内の行為に属すると認められ」る。

＜Y₂について＞「Y₂ と A との間に使用関係があるといえるためには、両者の間に雇用契約などの契約関係が存在する必要はなく、Y₂ が実質的に A を直接間接に指揮監督しているといえる関係があればよいものと解される」ところ、本件では、「Y₂ の監督が、複数の下請会社に対して、作業内容・作業場所の振り分けを行い、それを受けた各下請会社が、各社の作業員に対して、具体的な作業内容を指示していたことが認められる」。そうすると、「Y₂ が実質的に A を直接間接に指揮監督していたとは認められな」い。

▶解　説◀

使用者責任について、㊼㊾㊿はこれを肯定し、㊽㊾㊱㊾㊾はこれを否定した。㊿は孫請負に派遣された者が起こした事故について、元請の責任を否定し、下請の責任を肯定した。

下請（孫請）の従業員が惹起した業務中の事故について、元請（下請）が使用者責任を負うのは、実質的な指揮監督関係があるといえる場合である。そして、このような指揮監督関係が認められるか否かは、双方の人的・物的関係性、実際の作業に際して出される指示の有無・内容、現場における作業に関する指示の有無・内容、管理監督の有無・程度等を総合考慮して判断することになる。

㊱では、元請からの仕事が下請の全体の仕事量の約 7 割を占めており、元請から積荷の種類、数量および配達場所を指示されていたが、下請には依頼を受けるか否かの諾否の自由があったこと、業務遂行過程においては元請の指示等はなかったこと、加害車両の費用は下請自身で負担していたことなどから、元請と下請の関係は通常の依頼者と運送請負人との関係にすぎないとされた。㊽は、下請が、車体に元請会社名が記載された使用名義が元請となっている加害車両を運転中に起こした事故であるが、加害車両は下請に売却済みで名義変更をする予定となっていたこと、元請からの仕事量から両者の間に専属的関係は認められないこと、下請作業を行うにあたっても元請が現場で指揮監督にあたったことはないことなどから、元請の使用者責任を否定し

た。❺❻では、作業上の指揮監督の程度は強いとはいえないものの、仕事の
ほとんどが元請からのものであり、下請所有の加害車両に元請会社名を記載
していたことなどから、専属・密着した関係にあり、指揮監督関係が存在す
るものとされた。❻は過積載が原因となって発生した事故について、過積載
に加担した者に共同不法行為責任を認め、その使用者についても使用者責任
を認めた点でも参考になる。

　トラック運転者は、他業種の労働者と比べて長時間労働が常態化していると
いう実態があるところ、❹は運転手の健康に配慮することなく過重な労働[38]に
従事させていた使用者の責任を認めた。

3 　一般的不法行為責任

　自賠法3条の運行供用者責任は、あくまでも同条の要件を満たしたこと
によって負うものであり、自賠法3条の責任は認められないが民法709条
の不法行為責任を負う場合がある。たとえば、①物損に係る損害賠償、②自
転車等自賠法の適用のない車両による事故の場合、③加害車両の運転者が自
賠法の「運転者」（他人のために自動車を運行の用に供する者）にあたるため自
賠法上の責任を負わない場合に、その運転者の責任を追及する場合、④被害
者が自賠法にいわゆる「他人」にあたらず、加害者側に対し自賠法上の責任
を追及しえない場合等である[39]。

　トラック等の貨物自動車においては、積載物等の落下・飛散による事故も
少なくないが、この種の事案では、加害車（運転者）側が積載物の落下・飛
散を認識していないことがあり、事故の発生自体が争点となるケースが多い。

　また、走行中の積載物等の落下・飛散による事故においては、加害車側が
事故の発生を認識していなければ、その場で停止するなどして事故の事実確
認を行うことが期待できないことや、被害者側において走行中の加害車を特
定するということがそれほど容易ではないといった事情があるため、積載物
等の落下・飛散による事故では、被害者自身が加入する任意保険会社に対す

---

38)　「自動車運転者の労働時間等の改善のための基準」（平成元年労働省告示7号）4条参
　　照。
39)　藤村・前掲注4) 159頁。

る保険金請求という対応を採ることが多いと考えられる[40)]。

以下でとりあげる裁判例は、積載物等の落下・飛散事故のうち、被害者が、直接の加害者（およびその使用者）に対して、損害賠償を請求した事案であり、㊻では積載物の落下と事故の因果関係が争われ、㊼㊽㊾は積載物等の落下・飛散による事故の発生自体が争われたものである。

㊻＜肯定＞

東京地判昭和61年12月23日（判タ652号227頁）

事案の概要　高速道路上において、A運転の自動二輪車（A車）が、Y_1運転の大型貨物自動車（Y_1車）から落下した鉄骨の組立に使用する建築用アングルブラケット約10個を避けようとした際、本車線の第三通行帯に駐車していたY_2運転の普通貨物自動車（Y_2車）に衝突し、死亡した。

Aの遺族らは、Y_1およびY_2に対して、民法709条に基づき、損害の賠償を求めた。

これに対し、Y_1は、Aが進路前方を注視して適確なハンドル操作をしていれば積載物を避けることが十分に可能であったから、アングルブラケットの落下と事故発生との間には因果関係がないとして争った。

判決要旨　「Y_1は、大型貨物自動車の荷台にアングルブラケットのような鋼鉄製の重い貨物を積載して自動車専用道路を走行する際には、右積載物を路上に転落又は飛散させた場合、他の車両の安全且つ円滑な走行を著しく妨害し車両間の追突などの交通事故を惹起する危険の大きいことが予想されたのであるから、右貨物の積載を確実に行ったうえ走行し、かかる事態の発生を防止する措置を講ずべき注意義務があったにもかかわらず、これを怠り……二段に組んだH型鋼の上に運転席の天井を越える高さにまでアングルブラケットを積み上げてわずか1本のワイヤーロープで荷台に固定するという甚だ不安定な方法で右貨物を積載したまま走行した過失により、走行中にアングルブラケットを転落飛散させたものというべきである。」

「Aは、路上に落下していたアングルブラケットに乗り上げてバラン

---

40)　保険金請求事案として、名古屋地判平成24年2月15日（自保ジャ1869号172頁）、東京地判平成24年10月1日（自保ジャ1886号130頁）等。

スを崩したためにY₂車との衝突を避けることができなかったものと推認され、したがって、アングルブラケットの落下と本件事故の発生との間に因果関係が認められることは明らかである。」

㊗＜肯定＞

横浜地判平成27年2月5日（自保ジャ1948号159頁）

事案の概要　Aが運転するX所有の普通乗用車（X車）が、Y₁が運転するY₂所有の大型自動車（コンクリートポンプ車・Y車）の後方を走行していたところ、Y車からコンクリート片等が落下しX車に接触したとして、Xが、Y₁に対しては民法709条、Y₂に対しては民法715条1項に基づき、修理費等について損害の賠償を求めた。

　これに対し、Yらは、Y車からコンクリート片等が落下し、X車に接触することはありえないとして本件事故の発生を争った。

判決要旨　X車は、本件事故直前、「Y車の約20メートル後方を走行していたところ、Y車から粒子状のコンクリート片（以下『本件コンクリート』という。）が多数飛来しX車に接触した。本件コンクリートの大きさは、約1から2ミリメートル程度の粒子状のものであった。」

　Aは、本件事故後、「Y車を道路の左脇に停車させ、警察を呼ぶとともに、Y₁とX車の損傷状況を確認したところ、X車のフロントガラス付近に本件コンクリートが砂のように付着していることを確認した。Y₁もX車のフロントガラスに粒状のものが多数付着しているのを確認し、Y車から本件コンクリートが飛来したとのAからの指摘に対して、『そうかもしれませんね。』などと述べてこれを否定しなかった。Y車に付着したコンクリート片が乾燥し、1から2ミリメートル程度の粒子状になってX車に飛来し接触することがあり得ないとはいえない。」

　Y₁は、本件事故後、「本件コンクリートがY車から飛来したとのAからの指摘を否定していなかったこと……X車の損害調査において、X車の右ドアミラーカバーにはコンクリート片の付着が認められ、ラジエーターグリル等にも飛来物による傷が認められたことに照らせば、本件事故は、Y車から粒子状の本件コンクリートがX車に多数飛来し接触したものと考えることが自然であ」る。

　「このような本件事故態様等に照らせば、Y₁は、Y車の状況に注意せ

ずに本件コンクリートを落下させ、X車に接触させたといえ、Xが被った損害について民法709条に基づき……Y₂は、Y₁の使用者であり、本件事故は、Y₂の業務の執行中に生じたものといえることから、民法715条1項に基づき、Y₁と連帯して損害賠償責任を負う。」

❺❽＜肯定＞

東京地判平成27年2月6日（自保ジャ1942号127頁）

事案の概要　X運転の普通乗用自動車（X車）が、Y₁運転の大型貨物自動車（Y車）の後方を走行していたところ、Y車が積載していた砂利が落下・飛散してX車に衝突してX車が損傷した。

　　そこで、Xは、Y₁に対しては民法709条に基づき、Y₁の使用者Y₂に対しては民法715条に基づき、それぞれ損害の賠償を求めた。

　　これに対し、Yらは、砂利が飛散してX車に衝突することはありえないとして本件事故の発生を争った。

判決要旨　「①Y車が、荷台の後アオリの高さを超える量の砂利を積載し、飛散防止シートをかぶせることなく本件道路を走行していたこと、②XおよびX車の助手席に乗車していたAが、X車に『バシバシバシ』と物体が衝突する音を聞き、Y車から砂利が飛散しているのを現認して携帯電話のカメラ機能によりY車を撮影していること、③X車には、本件事故前には目に見える損傷がなかったが、本件事故後にボンネット、フロントウインドガラス、フロントバンパー及びフロントフェンダー等に損傷が生じていること、④Xが本件事故直後に警察に通報して被害届を提出し、本件事故の発生を内容とする交通事故証明書が作成されていること、⑤本件と類似の事故はままあることであり、本件事故当時の状況において、Y車に積載された砂利が飛散し、X車に損傷が生じたものとして矛盾はないことからすると、Y車の荷台から落下した砂利がX車に衝突したことが強く推認できる。以上によれば、本件事故は、Y車が積載物の落下・飛散を防止すべき義務を怠ったことより発生したもの」と認められる。

❺❾＜否定＞

大阪地判平成14年8月26日（交通民集35巻4号1157頁）

事案の概要　高速道路上において、Y運転の貨物自動車（Y車）が、先

行するX運転の普通乗用車（X車）を追い越して同車両の前方に割り込んだ際、道路上の小石を跳ね飛ばし、その小石が、X車のフロントガラスにあたってこれを破損したとして、Xが、Yに対して、民法709条に基づき、損害の賠償を求めた。

判決要旨　「運転者に課せられる注意義務としては、一般的に小石等の轢過を回避すべき義務ではなく、轢過した場合に備えて飛び石ガード等を装備した上で、轢過された小石等が飛散する可能性の特に高い危険な運転を避ける注意義務であるというべきである（こういった危険な運転をする場合に初めて小石等を跳ね飛ばして他の車両を損傷する結果の予見可能性と回避可能性が生じる。）ところ、Y車には飛び石ガードが装備されていることが認めら」れ、Yが「轢過された小石等が飛散する危険性の高い運転をしたこと」も認められないから、Yには本件事故に関する過失は認められない。

▶**解　説**◀

　自動車の運転者は、貨物を積載して道路を走行する際には、積載している物の転落・飛散[41]を防止するための措置を講ずべき注意義務を負っている（道路交通法71条4号、75条の10）。

　そのため、積載の状況に応じて、積載物の転落防止のために、十分な強度を有するロープを用いて、積載物が転落しないように固定したり、飛散防止のために、荷台にシートをかぶせたりする等の措置を講じなければならない。

　加害車両の積載物が落下・飛散して生じた事故において、事故の発生自体が争われる場合、被害車側は、加害車両から積載物が落下・飛散したことにより被害車両に損害が生じたことを立証しなければならない。

　この場合、①積載物が落下・飛散する可能性、②それが被害車両に接触する可能性、③事故態様と被害車両の損傷状況の整合性、④事故後の当事者の対応、⑤その他、加害車両の走行区間における飛び石・積載物落下事故の警察への報告の有無等を検討することになろう。

　積載物が接触する可能性については、積載物が地面に落下してから被害車

41）　大阪高判昭和62年7月9日（判タ654号263頁）は、荷台に積載した砕石から多量の水を路上に滴水させることも物の飛散に含まれるとする。

両に衝突したのか、あるいは地面に落下することなく直接被害車両に衝突したのかで、損傷部や損傷の入力方向が異なり、積載物等の物理的接触可能性については、当事車両の高低差、車間距離、速度、気候条件、飛散物の大きさ等を検討する必要がある。

たとえば、小石を2メートルの高さから落下させても、平均0.1メートルほど跳ね返るだけであるとする実験報告[42]もあり、積載物の落下位置と損傷部との整合性や損傷の入力方向等から、因果関係が否定される場合もある[43]。

❺❻は、重さ1個約20キログラムのアングルブラケットの積載方法について、1個ずつ平らに並べてワイヤーロープで固定するなどの確実な方法で荷台上に積み込むことが可能であったにもかかわらず、Y₁は、アングルブラケットをY車運転席の天井を越える高さにまで積み上げて、その上部に荷台の両横から引いた太さ約1.5センチメートルのワイヤーロープ1本を真横にかけて荷締機で締め付けるのみであったため、荷崩れの危険性があった。

また、X車の前後輪のタイヤには鉄錆のようなものが付着しており、その後輪のホイールには鋭利なものに乗り上げたような凹み損がみられたことから、これらにはX車が転落したアングルブラケットに乗り上げたものの痕跡であるとして、アングルブラケットの落下と事故発生との間の因果関係を認めた。

❺❼では、①Y車のホッパー、輸送管、ホースやポンプ部分は洗浄したものの、Y車の全体が洗浄されるわけではないため、Y車にコンクリート片が付着しそれが落下する可能性があったこと、②本件コンクリートの大きさは、約1から2ミリメートル程度の粒子状のもので、X車に飛来し接触することがありえないとはいえないこと、③X車の右ドアミラーカバーにはコンクリート片の付着が認められ、ラジエーターグリル等にも飛来物による傷が認められたこと、④事故後、Y車を停車させ、警察を呼ぶとともに、X車の損傷状況を確認し、Y車から本件コンクリートが飛来したとの指摘をしていることなどから、事故の事実を認定したものである。

❺❽では、Y車が、荷台の後アオリの高さを超える量の砂利を積載し、飛

---

42) 相見忍「飛び石損傷事故についての考察」日本法科学技術学会誌第16巻別冊（2011年）123頁。

43) 大阪地判平成27年7月31日（平25（ワ）10349号）。

152　第Ⅱ部　第1章　事業用自動車の加害責任

散防止シートをかぶせることなく本件道路を走行していたこと（①）、Y車に積載された砂利が飛散し、X車に損傷が生じたものとして矛盾はないこと（②、③）、X車には、本件事故前には目に見える損傷がなかったが、本件事故後にボンネット、フロントウインドガラス、フロントバンパーおよびフロントフェンダー等に損傷が生じていること（③）、Xおよび同乗者Aが、X車に「バシバシバシ」と物体が衝突する音を聞き、Y車から砂利が飛散しているのを現認して携帯電話のカメラ機能によりY車を撮影していること、事故直後に警察に通報して被害届を提出し、本件事故の発生を内容とする交通事故証明書が作成されていること（④）などから事故の事実を認定したものである。

❺❾は、事故当時、X車以外にも走行中の車両が複数存在していた上、X車も時速約100キロメートルの速度で走行していたことから、Y車が跳ね飛ばした物体でなくともX車のフロントガラスの破損が生じる可能性は否定できず、X車のフロントガラスを破損した物体が、Y車が跳ね飛ばしたものであると断定することはできないとし、蛇足として、判旨のように述べた。

2　タクシー

■1　タクシー会社のタクシー（ハイヤー）

　タクシー事業を営むためには、道路運送法（昭和 26 年 6 月 1 日法律第 183 号）の定めに従い、一般乗用旅客自動車運送事業を営む許可を得なければならない（同 3 条 1 号ハ、4 条）。タクシー業務適正化特別措置法（昭和 45 年 5 月 19 日法律第 75 号）は、「一般乗用旅客自動車運送事業を経営する者がその事業の用に供する自動車で当該自動車による運送の引受けが営業所のみにおいて行なわれるもの」をハイヤーと定義し、「一般乗用旅客自動車運送事業を経営する者がその事業の用に供する自動車でハイヤー以外のもの」をタクシーと定義したうえで、タクシーについては、運送の引受けが営業所以外の場所においてもなされること等を踏まえた特別な規制を置いている。しかし、タクシーとハイヤーのいずれも一般乗用旅客自動車すなわち乗用自動車によって有償で旅客の運送の引受けを行う営業であり、交通事故に関する民事上の責任に大きな違いはないものと考えられる。

　そこで、本稿ではタクシーとハイヤーを区別することなく、タクシーが関連する交通賠償法上の法律問題について論じていくこととする。

①　運行供用者責任

　自賠法 3 条は、自己のために自動車を運行の用に供する者は、その運行によって他人の生命または身体を害したときは、これによって生じた損害を賠償する責任を負うとし、自己および運転者が自動車の運行に関し注意を怠らなかったこと、被害者または運転者以外の第三者に故意または過失があったことならびに自動車に構造上の欠陥または機能の障害がなかったことを証明したときは免責されると定めている。かかる責任を運行供用者責任という。

　これは、自動車による人身事故が多様化・多発化する中で、民法の規定だけでは被害者の保護・救済を十分に図ることができなくなったことから、自動車の運行供用者に実質的な無過失責任を負わせ、被害者の救済を図るため

に定められたものである。

運行供用者責任の性質や要件については議論の積重ねがあり、他の章においても詳細に解説されているが、ここではタクシー事業者の責任に関連する部分を中心に検討していく。

(1) 運行供用者性についての要件

タクシー事業者が運行供用者責任を負担する前提として、当該事業者が「運行供用者」に該当する必要がある。

運行供用者とは、自己のために自動車を運行の用に供する者（自賠法3条本文）であり、自動車の運行について事実上の支配力（運行支配）を有し、かつ、その運行による利益（運行利益）を享受しているものをいうとされている（最判昭和44・9・18民集23巻9号1699頁）。ここでいう運行支配とは、自動車をその運行時に管理・運営しているという意味であり、運行自体を直接的・現実的に支配している場合だけでなく、事実上自動車の運行を支配・管理する地位を有する場合や指示ないし制御をなしうる場合のような間接的支配ないし支配可能性がある場合も含む。

また、運行利益は、自動車の運行による事実上の利益を得ることをいい、経済的利益だけでなく広く社会生活上の利益を得る場合も含み、その有無は客観的かつ外形的に判断される。

タクシー事業者は、無線等による指揮命令体勢を整備したうえで、GPS等によってタクシー営業車の位置や運行状態を逐一把握し、その運行を直接的または間接的に支配していることは明らかである。また、タクシー営業車の運行によって得られる料金はタクシー事業者に帰属するのであり、運行による利益がタクシー事業者に帰属していることも明確である。したがって、そのタクシー営業のための運行に関し、タクシー事業者が運行供用者にあたることに異論はないと思われる。

なお、判例においては、タクシー事業者がその所有する営業車にエンジンキーを差し込んだまま自己の駐車場の入口付近に長時間駐車していたところ、その営業車を窃取され、窃取者が約2時間タクシー営業をした後に事故を起こした事例において、タクシー事業者は「なんらその運行を指示制御すべき立場になく、また、その運行利益も……帰属していたといえないことが

明らか」として、運行供用者にあたらないとしたものがある（最判昭和48・12・20民集27巻11号1611頁）。一方で、自動車にエンジンキーを差し込んだまま第三者が自由に立ち入ることができる場所に放置していたなど、自動車の管理に過失があり、かつ、窃取から事故までの時間的・場所的近接性が認められるような場合には、泥棒運転であっても運行支配を喪失しないとする裁判例もある（大阪地判昭和61・3・27交通民集19巻2号426頁等）。

　タクシー事業者が営業車をリース等で調達したり、ローンによって購入したりすることは珍しくはない。リースの場合には自動車の所有権はリース会社に属することが多いし、ローンの場合にも、ローン事業者に所有権が留保される場合があるが、このような場合には運行供用者性の判断に影響があるか。判例においては、所有権留保の特約を付して自動車を月賦払いにより売り渡した者は、特段の事情のない限り、販売代金債権の確保のためだけに所有権を留保するものにすぎず、自動車を買主に引き渡し、その使用を委ねた以上運行供用者にあたらないとする（最判昭和46・1・26民集25巻1号126頁）。このような場合には、タクシー事業者が自動車の運行を支配し、運行利益もタクシー事業者に帰属するのであるから、当然の帰結といえよう。

(2)　「運行によって」——運行起因性についての要件

　運行供用者責任は、運行供用者が自動車の「運行によって」他人の生命・身体を害したときに、これによって生じた損害について発生する（自賠法3条）。損害が、自動車の運行に起因していなければならないのである。運行起因性の要件は、文字通り「運行」と「によって」の2つの要素から成る。それぞれの要素について検討しよう。

①　「運行」とは何か

　「運行」については、自賠法2条2項が「この法律で『運行』とは、人又は物を運送するとしないとにかかわらず、自動車を当該装置の用い方に従い用いることをいう」と定義している。また、「自動車」については、自賠法2条1項が「道路運送車両法……2条2項に規定する自動車……及び同条第3項に規定する原動機付自転車をいう」としており、道路運送車両法2条2項は、「『自動車』とは、原動機により陸上を移動させることを目的として製作した用具で軌条若しくは架線を用いないもの又はこれにより牽引して陸上

を移動させることを目的として製作した用具であって、」原動機付自転車以外のものをいうとしている。

そこで、道路運送車両法の定めをも考慮しつつ、自動車を、「当該装置の用い方に従い用いる」とはどのような状態をいうのかを検討していくこととなる。

ⓐ **「当該装置」の範囲**　「当該装置」の意義をめぐっては、様々な説が対立してきた。

「当該装置」を原動機装置と解し、「用い方に従い用いる」とは、原動機の作用によって陸上を移動させることをいうと理解する原動機説は、自動車が移動することに危険がある点に着目するものであるが、この説によれば、「運行」は基本的にエンジンによる発進から停止までの走行に限定されることになる。タクシーの場合も、エンジンによる走行中が「運行」であり、停車中の事故については「運行」によるものとは認められないことになる。

次いで、「当該装置」を原動機だけでなく、ハンドルやブレーキその他の走行に関連する装置も含まれると考える「走行装置説」に立つと、「運行」には、原動機を用いない惰力走行等が含まれうるものの、「運行」は基本的には自動車の走行に限定されることになる。

さらに、「当該装置」を当該自動車に備え付けられている固有の装置とする「固有装置説」に立った場合、原動機や走行装置だけでなく、自動車の構造上の各装置のほか、クレーン車のクレーンやダンプカーのダンプ等、当該自動車に固有の装置を含むことになる。この説に立った場合、駐停車中であっても、固有装置の使用にあたるものは「運行」にあたると考えることになる。

また、「当該装置」を自動車それ自体と解し、車庫を出てから車庫に戻るまでを運行とする「車庫出入説」は、タクシーが営業所車庫から出て営業所車庫に戻るまでであれば、駐車中であっても「運行」にあたるとする。

そのほかにも、自動車は危険なものであり、その自動車の装置といえるものをその用い方に従って用いる場合の物的危険が事故の原因となった場合に「運行」にあたるとする物的危険説、自動車を走行と同様の危険な状態に置く行為を「運行」にあたるとする危険説、自動車がその用途・目的に従って用いられている状態にあることを「運行」とし、駐車中や放置等も含むとする自動車機能使用説も存在する。

ⓑ **判例の変遷**　判例は、当初、原動機説によっていたが、その後、走行装置説を経て、固有装置説を採るに至ったものと理解されている。

すなわち、古い判例では、「自動車の『運行』とは、自動車を当該装置の用い方に従い用いること、すなわち自動車を原動機により移動せしめることをいうものと解するべきであるが、(本件事故は) 給油所において自動車を停車中に、しかも原動機を止めて同車の故障箇所を修理中に発生したものであるから、自動車の運転中に発生した事故ではない」とするものがあった (神戸地判昭和34・4・18判時188号30頁)。

その後、最判昭和43年10月8日 (民集22巻10号2125頁) は、自賠法2条にいう「運行の定義として定められた『当該装置』とは、エンジン装置、即ち原動機装置に重点をおくものではあるが、必ずしも右装置にのみ限定する趣旨ではなく、ハンドル装置、ブレーキ装置などの走行装置もこれに含まれると解すべきであり、従って本件の如くエンジンの故障によりロープで他の自動車に牽引されて走行している自動車も、当該自動車のハンドル操作により、或いはフットブレーキまたはハンドブレーキ操作により、その操縦の自由を有するときにこれらの装置を操作しながら走行している場合には、右故障自動車自体を当該装置の用い方に従い用いた場合にあたり、右自動車の走行は、右法条にいう運行にあたると解すべきであるから、これと同旨の原審の判断は、正当として肯認することができる。」と判示し、ロープで牽引されている自動車の荷台から子どもが飛び降り死亡したことについて、自動車の「運行」中の事故と認めた。

さらに、最判昭和52年11月24日 (民集31巻6号918頁) は、「『自動車を当該装置の用い方に従い用いること』には、自動車をエンジンその他の走行装置により位置の移動を伴う走行状態におく場合だけでなく、本件のように、特殊自動車であるクレーン車を走行停止の状態におき、操縦者において、固有の装置であるクレーンをその目的に従って操作する場合をも含むものと解するのが相当である。したがって、原審の適法に確定した事実関係のもとで、右と同旨の判断のもとに、本件事故は本件クレーン車の運行中に生じたものであるとし、亡某の死亡との間の相当因果関係をも肯認して、上告人に対し同法3条所定の責任を認めた原審の判断は、正当として是認することができ」るとし、自動車をクレーンで吊り上げ中にクレーンが高圧電線に接

触して作業員が感電死したことについて、自動車の「運行」中の事故と認めた。

　ⓒ　**タクシーへの固有装置説の当てはめ**　　そこで、実務としては判例の趣旨を踏まえ、固有装置説に従って判断することになる。「当該装置」を固有装置と解した場合、自動車の構造上設けられている各装置のほか、クレーン車のクレーン、ダンプカーのダンプ、ミキサー車のミキサー、トラックの側板等の当該自動車に固有の装置も「当該装置」に含まれることとなるが、タクシーの場合には、通常の自動車と大きく異なる固有装置はそれほどみあたらない。しいていえば、社名表示灯やタクシーメーター、スーパーサイン、プリンタ、料金表示機、自動ドア等がある程度である。しかしながら、最近は営業車の屋根の横幅一杯に広がった大きな社名表示灯もみられることもあるから、それが駐車中に何らかの原因で破裂、出火したり、落下したりすることで他人の生命・身体に損害を生じた場合には、自動者の「運行」中の事故として認められる可能性は否定できないと思われる。また、停車している間に自動ドアのレバーに触れてドアが開いてしまい、通行人にけがをさせたような場合にも、「運行」中の事故として認められる。

　なお、下級審裁判例においては、車庫出入説を前提にしているようにも考えられるものが存在するが、これによる場合にも、上記のような場合は車庫の外で自動車そのものから生じた事故として「運行」中の事故となるものと考えられる。

　②　**運行「によって」――因果関係の要件**

　次に、運行「によって」に関しても様々な議論がなされてきた。

　まず、「によって」を、運行と事故との間の相当因果関係を求めるものと解する相当因果関係説があげられる。これによれば、運行が事故の原因力となっている関係を有することを要求することになる。また、賠償されるべき損害の範囲については、民法416条に準じて検討することになる。すなわち、社会一般の観念に照らして事故によって通常生じるものと考えられる損害（通常損害）については、加害者の予見の有無を問わず賠償しなければならないが、特別の事情によって生じた損害（特別損害）については、その損害の発生の原因（特別事情）について当事者が予見し、または予見することができた場合に限り、当該特別事情から通常生じるであろう範囲の損害の賠償をしなければならないとの結論が帰結される。

これに対して、特別事情の予見可能性を被害者が主張・立証しなくともよいとして、運行と事故の間に事実的な因果関係があれば足りるとする事実的因果関係説や、運行と事故との間に時間的・場所的接着性が認められれば足りるとする説もある。

ⓐ **判例における因果関係の判断**　判例は、相当因果関係説に近い判断を示している（最判昭和 43・10・8 民集 22 巻 10 号 2125 頁、最判昭和 52・11・24 民集 31 巻 6 号 918 頁、最判昭和 54・7・24 交通民集 12 巻 4 号 907 頁等）。

相当因果関係の有無は、被害者側に立証責任がある事実ではあるものの（反対、広島地判昭和 45・5・8 交通民集 3 巻 3 号 675 頁）、多分に評価的な要素を含んでおり、実際の認定はかなり微妙である。

フォークリフトによる荷物運搬中の事故に関する著名な事例では、荷物を積んでいた貨物自動車の運行に起因した事故といえるかについて相当因果関係の有無の判断が分かれている（相当因果関係を否定：最判昭和 63・6・16 民集 42 巻 5 号 414 頁、相当因果関係を肯定：最判昭和 63・6・16 判時 1298 号 113 頁・判タ 685 号 151 頁）。いずれの事案も、固有装置説に立っており、固有装置であるフォークリフト用枕木を装着した貨物自動車の荷台を固有装置ととらえている。

しかし、前掲（前者の）最判昭和 63 年 6 月 16 日は、固有装置である荷台に荷物を積もうとして道路上にフォーク部分を進入させた状態で停止していたフォークリフトに自動車が激突し、運転車が受傷した事故について、貨物自動車の運転者が荷下し作業終了後直ちに出発する予定で、一般車両の通行する道路に貨物自動車を停車させ、フォークリフト運転者と共同して荷下し作業を開始し、フォークリフトが貨物自動車の荷下しのために貨物自動車に向かう途中であった等の事情があったとしても、当該貨物自動車を装置の用い方に従って用いることによって発生したものとはいえないとし、相当因果関係を否定した。

一方、前掲（後者の）最判昭和 63 年 6 月 16 日は、フォークリフトを利用して貨物自動車から荷下している作業中に、落下した木材の下敷きとなった子どもが死亡した事故について、荷下し作業は直接的にはフォークリフトを用いてされたものであるにせよ、「荷台をその目的に従って使用することによって行われたものというべきであるから、本件事故は、本件車両を『当該

装置の用い方に従って用いること』によって生じたものということができる」
として因果関係を認めた。

　また、因果関係については、自動車損害保険約款上の「運行に起因する事
故」にあたるかという形でも広く争われてきた。約款上の「運行に起因する」
との要件が因果関係を意味していることは明らかであり、自賠法の因果関係
に関する判断は約款の定める「運行に起因する」の判断にも妥当するもので
ある（なお、現行約款では、「運行に起因する事故」よりもより広い概念である「運
行中の事故」が保険金の支払対象とされている）。

　最判平成 19 年 5 月 29 日（判時 1989 号 131 頁）は、夜間高速道路におい
て自動車を運転中に自損事故を起こし車外に避難した運転者が後続車に轢過
されて死亡したことが自動車損害保険約款の「運行に起因する事故」にあた
るかが争われた事案において次のように判断した。すなわち、「本件自損事
故により、本件車両内にとどまっていれば後続車の衝突等により身体の損傷
を受けかねない切迫した危険にさらされ、その危険を避けるために車外に避
難せざるを得ない状況に置かれたものというべきである。さらに、前記事実
関係によれば、後続車にれき過されて死亡するまでの（被害者の）避難行動
は、避難経路も含めて上記危険にさらされた者の行動として極めて自然なも
のであったと認められ、上記れき過が本件自損事故と時間的にも場所的にも
近接して生じていることから判断しても、（被害者）において上記避難行動
とは異なる行動を採ることを期待することはできなかったものというべきで
ある。そうすると、運行起因事故である本件自損事故と（被害者の）れき過
による死亡との間には相当因果関係があると認められ、（被害者は）運行起
因事故である本件自損事故により負傷し、死亡したものと解するのが相当で
ある。」

ⓑ　タクシー営業における因果関係の判断──客の乗降時の事故の裁判例

　タクシー営業において相当因果関係が問題となった裁判例としては、乗降
時に乗客がけがをした事故に関するものがある。

　事案は以下のようである。午後 9 時頃、自宅へ戻ろうとする乗客を乗車
させたタクシーは、乗客を降車させるため、その自宅手前の路上左端で停車
した。停車地点は乗客の自宅方向に向かって上り坂になっており、当該道路
の左端には約 10 センチメートルの段差があった。乗客は降車後 1 歩か 2 歩

ほど歩いたところでその段差につまずいて転倒して左臀部付近を強打し、左大腿骨転子部骨折の傷害を負った。そこで乗客は、自動車損害保険約款中の人身傷害補償条項に定める「運行に起因する事故」として、保険会社に対して保険金の支払いを請求した。

　第一審裁判所は、そもそも乗客がタクシーのドアが閉まる前（すなわちタクシーから降車する際）に転倒したものとは認めがたいとの事実認定を行ったうえで、「タクシーから降車後に転倒したとしても、傾斜がきつく段差のすぐ傍に停車したタクシーから降車した直後に、タクシーの付近で転倒した場合には、なお、自動車の運行に起因して生じた事故と言いうる」との乗客の主張に対して、「降車後に路上で転倒するという危険は、自動車の運行と関わりなく一般的に存在する危険である。そして、本件においても、タクシーが、他に停車可能な場所がなく、転倒しやすい場所に停車して降車せざるを得なかったなど、自動車の運行に起因して転倒の危険が付加又は増大したと認められる事情も見当たらない。」として、本件事故が自動車の運行に起因する事故であるということはできないとした（奈良地裁葛城支判平成22・10・8自保ジャ1880号7頁）。

　これに対し、控訴裁判所は、本件の保険契約約款上の「自動車の運行に起因する」は、自賠法3条の「『自動車の運行によって』と同義である」としたうえで、「『運行』とは『人又は物を運送するとしないとにかかわらず、自動車を当該装置の用い方に従い用いること』（自賠法2条2項）であり、当該自動車に固有の装置の全部又は一部をその目的に従って操作している場合、自動車の『運行』に当たるといえる。そうすると、自動車が停車中であることをもって、直ちに自動車の運行に起因しないと判断するのは相当ではなく、自動車の駐停車中の事故であっても、その駐停車と事故との時間的・場所的近接性や、駐停車の目的、同乗者の有無及び状況等を総合的に勘案して、自動車の乗客が駐停車直後に遭遇した事故については、『自動車の運行に起因する事故』に該当する場合があると解するのが相当である。」との解釈姿勢を示した。そのうえで、本件については、「タクシーが目的地で乗客を降車させるため停車する場合、運転手が座席のドアを開け、乗客が全員降車し終わってドアを再び閉じるまでの間も、自動車の運行中であると解するのが相当であるところ、前記認定の事実に照らすと、控訴人はタクシーから

降車直後で、しかも1歩か2歩程度歩いたところで本件事故に遭遇したことから、時間的に停車直後であったことはもちろんのこと、場所的にもタクシーの直近で本件事故が発生したといえる。そして、本件事故当時、同乗者である控訴人の妻が料金支払のため未だタクシー内にいて、後部座席のドアが開いたままになっていたことも併せ考慮すると、本件事故は自動車の運行に起因する事故であったと認めるのが相当である。」と判示した（大阪高判平成23・7・20判タ1384号232頁）。

　国内のタクシーは自動ドアの設備を備えているのが一般的であるが、自動ドアにかかる装置もタクシーが備えている固有装置といえることは既に述べた。そこで、自動ドアの開扉から閉扉までの間をその操作中と捉え、これが固有装置である自動ドアを「当該装置の用い方に従い用いる」こと、すなわち「運行」にあたると考えることは十分に可能であると思われる。問題は、これによって本件事故が生じたといえるかどうか、つまり、「運行」と本件事故の間の相当因果関係が認められるか否かである。

　前掲大阪高判平成23年7月20日は、「時間的・場所的近接性や、駐停車の目的、同乗者の有無及び状況等を総合的に勘案して、自動車の乗客が駐停車直後に遭遇した事故」については、運行と事故との間の相当因果関係を認めることができる「場合がある」とするのであるが、その表現は控えめかつ曖昧であり、あえて定立した解釈の位置付けが不明確になっていることは否定できない。また、「降車後に路上で転倒するという危険は、自動車の運行と関わりなく一般的に存在する危険である」との原審裁判所の指摘は常識的なものであり、説得力がある。

　タクシーから降車した直後にそのタクシーの至近の場所で乗客が転倒した場合に、すべからく運行と事故との間の相当因果関係が認められてしまうとすれば不当である。前掲大阪高判平成23年7月20日も、その点を認識しているからこそ、相当因果関係を認めることができる「場合がある」との含みをもった規範を示しているのではないかと思われる。一方で、降車直後にタクシーの至近の場所において、荒天や第三者との接触、路面の異常等の特段の異変もないのに転倒等の事故が生じたのであれば、それは降車のための開扉・閉扉操作等の「運行」に関する事情によって事故を招いた可能性が高いといえるようにも思われ、かかる場合に運行と事故との間の相当因果関係

が認められやすいと考えることには一定の合理性がある（高速道路上での避難中のれき過死亡事故に関する前掲最判平成 19 年 5 月 29 日の判示でも、時間的・場所的近接性のみによって因果関係を肯定しているわけではないが、因果関係を肯定する方向の事実として考慮されている）。

　これを前提としつつ、前掲大阪高判平成 23 年 7 月 20 日の判示を善解するのであれば、その趣旨は、「時間的・場所的近接性や、駐停車の目的、同乗者の有無及び状況等を総合的に勘案して、自動車の乗客が駐停車直後に遭遇した事故」については、（具体的事情次第ではあるが、）運行と事故との間の相当因果関係が存在することを「（事実上）推定することができる」というものではないかと思われる。このように解した場合、タクシー事業者はこのような推認を妨げる事実を立証することにより、事実上の推定を覆すことができることになる（いわゆる間接反証）。たとえば、乗客が自動ドアの開扉を待たず自らドアを開いて降りた事実、降車直後の乗客に通行車がヘッドライトを照射したり、降車した乗客の至近距離を猛スピードで走行していった等、第三者が転倒等の事故を誘発したといえるような事情等を主張することが考えられる。

　ⓒ　**相当因果関係についての判断**　　以上に述べたとおり、前掲大阪高判平成 23 年 7 月 20 日は、事実認定についての考え方を示したものと考えるが、そうであれば、相当因果関係の有無についていかなる規範ないし基準に基づいて判断するかは別途検討しなければならない。

　この点で参考になる裁判例がある。貨物自動車の荷台上での積荷の積替え作業中の作業員が、荷台から転落して死亡した事故について、仙台高判平成 14 年 1 月 24 日（判時 1778 号 86 頁）は、事故の原因は「荷台から足を踏み外したことによるものと推認される」としたうえで、「そうだとすれば、本件事故は、自動車に限らず、一般に高所における作業に伴う危険が発現したものというべきであって、自動車の運行によって生じたものと認めることはできない」のであり、「本件車両の荷台は自動車の固有の装置ということができるが、本件事故においては、本件車両の荷台は単にその場所で積荷の積替え作業が行われたという以上の意味を有せず、本件事故が「自動車の当該装置（荷台）の用い方に従い用いること」によって生じたもの、言い換えれば、自動車の荷台の使用から通常予想される危険が発現したものということ

164 第Ⅱ部 第1章 事業用自動車の加害責任

はできない。」と判示した。

　これは、運行と事故との間の相当因果関係が認められるかについて、当該装置の使用（運行）から通常予想される危険が現実化したといえるかという基準によって判断するものであるが、このように、そもそもの原因行為に内在している危険が現実化したといえるかによって因果関係の有無を決する発想は、近年の刑事事件においても採用されているアプローチであり（最決平成4・12・17刑集46巻9号683頁、最決平成15・7・16刑集57巻7号950頁、最決平成16・10・19刑集58巻7号645頁、最決平成18・3・27刑集60巻3号382頁等）、侵害結果を原因行為に帰責することができるかどうかを判断する際の基準として一定の合理性を有するものと思われ、前掲最判平成19年5月29日も、このような判断枠組みに沿っているようにも捉えられる。また、かかるアプローチを採用した場合、因果関係の有無が問題となる事例において、裁判所による民事・刑事の判断が、結果的に整合していくようにも思われ、今後の判例の展開が注目される。

　ⓓ　**運送約款上の取扱い**　　以上が運行起因性に関する自賠法上の議論であるが、そもそもタクシー営業に係る約款の内容がどのようなものであるかは別途検討する余地がある。

　すなわち、ある特定の者（主として事業者）が不特定多数の者を相手方として行う取引であって、その内容の全部または一部が画一的であることがその双方にとって合理的であるような定型的な取引については、定型の取引約款によってその契約関係を規律する必要性が高いため、その取引に関し、取引約款に拘束力が認められるとされている。そうだとすれば、タクシー事業者が行う運送契約においても、約款の定めに一定の拘束力が生じると思われるからである。

　この点、タクシー事業者は、一般旅客自動車運送事業者にあたることから、運送約款を定め、国土交通大臣の認可を受けなければならない（道路運送法11条1項）。国土交通省が定めている一般乗用旅客自動車運送事業標準運送約款（以下、単に「約款」という）によれば、タクシー事業者の自動車の運行によって旅客の生命または身体を害したときは、これによって生じた損害を賠償する（7条1項本文）が、①事業者およびその係員が自動車の運行に関し注意を怠らなかったこと、②当該旅客または係員以外の第三者に故意また

は過失があったこと、③自動車に構造上の欠陥または機能の障害がなかったことを証明したときはこの限りではない（同条同項ただし書）とされている。これは、タクシー事業者が自賠法上の運行供用者責任と同様の責任を契約上も負担することを明らかにするものであるといえる。また、当該約款は、事業者の旅客に対する上記の責任は、旅客の乗車のときに始まり、下車をもって終わるとも定めている（同条2項）。

　すなわち、タクシー事業者は、運行によって旅客に生じた人身損害については、上記①ないし③の要件を満たした場合には免責されるのに加えて、旅客が下車した後に生じた旅客の人身損害については、約款7条1項本文の責任を負わないとしているのである。

　自賠法上の運行供用者責任は同法3条ただし書に定められているもの以外の事由、たとえば不可抗力によっても免責されうると解されているが、約款7条1項ただし書の免責事由は自賠法所定のものと同様であるから、仮にかかる免責規定が、契約責任のみならず運行供用者責任まで対象にしたものといえるとしても、約款を根拠として自賠法や不可抗力等とは別の免責事由が認められることにはならない。

　他方、約款7条2項の定めを、旅客の下車をもって、運行供用者責任が免責される趣旨の規定と解することはできるかは問題である。この点、当該条文の規定ぶりは通常の免責文言とは異なっているうえ、運行供用者責任を免責する趣旨で設けられた定めであるといった事情もうかがわれない。そこで、約款7条2項は、端的に、「下車後」の事故は運行によって生じることは稀であることを踏まえ、特段の事情がない限り、「下車後」には運行に起因する損害が生じることはない旨を明らかにする趣旨の規定と解するべきである。そうであれば、約款7条2項の解釈としては、「下車後」とは運行の影響を免れる程度の状態に至っている場合を指すものと解するべきであり、たとえばタクシーを降車した後1、2歩ほど歩きだしたがいまだにタクシーのドアが開いていたような場合は、原則として約款のいう「下車後」にはあたらないものと考えられる（前掲大阪高判平成23・7・20）。

　また、約款は、タクシー事業者は上記の責任のほか、運送に関し旅客が受けた損害を賠償する責に任じるが、タクシー事業者または係員が運送に関し注意を怠らなかった場合にはこの限りではないとも定めている（8条）。した

がって、厳密には自動車の運行によって生じたとはいえない損害であっても、人身損害も含めて、運送に関連した過失によって生じたものといえる損害については、これを賠償する責任がタクシー事業者に生じることとなる。約款7条の責任と同8条の責任は、その立証責任の分配に差異があると思われるが、「下車後」の事故であってもタクシー事業者が責任を完全に免れるわけではないことについては留意する必要がある。

＜資　料＞

一般乗用旅客自動車運送事業標準運送約款

運輸省告示第 372 号
昭和 48 年 9 月 6 日
一部改正国土交通省告示第 175 号
平成 26 年 2 月 28 日（4 月 1 日施行）

（適用範囲）

第 1 条　当社の経営する一般乗用旅客自動車運送事業に関する運送契約は、この運送約款の定めるところにより、この運送約款に定めのない事項については、法令の定めるところ又は一般の慣習によります。

2　当社がこの運送約款の趣旨及び法令に反しない範囲でこの運送約款の一部条項について特約に応じたときは、当該条項の定めにかかわらず、その特約によります。

（係員の指示）

第 2 条　旅客は、当社の運転者その他の係員が運送の安全確保のために行う職務上の指示に従わなければなりません。

（運送の引受け）

第 3 条　当社は、次条又は第 4 条の 2 第 2 項の規定により運送の引受け又は継続を拒絶する場合を除いて、旅客の運送を引き受けます。

（運送の引受け）

第 3 条　当社は、次条又は第 4 条の 2 第 2 項の規定により運送の引受け又は継続を拒絶する場合を除いて、旅客の運送を引き受けます。

（運送の引受け及び継続の拒絶）

第 4 条　当社は、次の各号のいずれかに該当する場合には、運送の引受け又は継続を拒絶することがあります。

(1) 当該運送の申込みがこの運送約款によらないものであるとき。

(2) 当該運送に適する設備がないとき。

(3) 当該運送に関し、申込者から特別な負担を求められたとき。

(4) 当該運送が法令の規定又は公の秩序若しくは善良の風俗に反するものであるとき。

(5) 天災その他やむを得ない事由による運送上の支障があるとき。

(6) 旅客が乗務員の旅客自動車運送事業運輸規則の規定に基づいて行う措置に従わないとき。

(7) 旅客が旅客自動車運送事業運輸規則の規定により持込みを禁止された物品を携帯しているとき。

(8) 旅客が行先を明瞭に告げられないほど又は人の助けなくしては歩行が困難なほど泥酔しているとき。

(9) 旅客が車内を汚染するおそれがある不潔な服装をしているとき。

(10) 旅客が付添人を伴わない重病者であるとき。

(11) 旅客が感染症の予防及び感染症の患者に対する医療に関する法律による一類感染症、二類感染症、新型インフルエンザ等感染症若しくは指定感染症（入院を必要とするものに限る。）の患者（これらの患者とみなされる者を含む。）又は新感染症の所見のある者であるとき。

第4条の2　当社の禁煙車両（禁煙車である旨を表示した車両をいう。次項において同じ。）内では、旅客は喫煙を差し控えていただきます。

2　旅客が当社の禁煙車両内で喫煙し、又は喫煙しようとしている場合、運転者は喫煙を中止するように求めることができ、旅客がこの求めに応じない場合には、運送の引受け又は継続を拒絶することがあります。

（運賃及び料金）

第5条　当社が収受する運賃及び料金は、旅客の乗車時において地方運輸局長の認可を受け、又は地方運輸局長に届出をして実施しているものによります。

2　前項の運賃及び料金は、時間貸しの契約をした場合を除いて、運賃料金メーター器の表示額によります。

（運賃及び料金の収受）

第6条　当社は、旅客の下車の際に運賃及び料金の支払いを求めます。

（旅客に対する責任）

第7条　当社は、当社の自動車の運行によって、旅客の生命又は身体を害したときは、これによって生じた損害を賠償する責に任じます。ただし、当社及び当社の係員が自動車の運行に関し注意を怠らなかったこと、当

該旅客又は当社の係員以外の第三者に故意又は過失のあったこと並びに
自動車に構造上の欠陥又は機能の障害がなかったことを証明したときは
は、この限りでありません。

2　前項の場合において、当社の旅客に対する責任は、旅客の乗車のとき
に始まり、下車をもって終ります。

第8条　当社は、前条によるほか、その運送に関し旅客が受けた損害を賠
償する責に任じます。ただし、当社及び当社の係員が運送に関し注意
を怠らなかったことを証明したときは、この限りではありません。

第9条　当社は、天災その他当社の責に帰することができない事由により、
輸送の安全の確保のため一時的に運行中止その他の措置をしたときは、
これによって旅客が受けた損害を賠償する責に任じません。

(旅客の責任)

第10条　当社は、旅客の故意若しくは過失により又は旅客が法令若しく
はこの運送約款の規定を守らないことにより当社が損害を受けたとき
は、その旅客に対し、その損害の賠償を求めます。

(3)　運転者の意識喪失

タクシー営業中に運転手が意識を失い、交通事故によって他人の生命・身
体に損害を生じさせた場合については、どのように考えるべきか。

民法713条は、「精神上の障害により自己の行為の責任を弁識する能力を
欠く状態にある間に他人に損害を加えた者は、その賠償の責任を負わない。
ただし、故意又は過失によって一時的にその状態を招いたときは、この限り
でない。」と定めているから、具体的事実関係によっては、運転手は不法行
為責任を免れることになる。また、被用者に不法行為責任が成立しない場合
には、使用者責任も成立しないことになる（使用者責任の項で詳述する）。

それでは、運行供用者責任に関し、運転手の意識喪失が影響を与えるか。
この点、タクシー運転者が乗客を後部座席に乗車させて走行中、てんかんの
発作により意識を失い、乗客に傷害を負わせた事案について、自賠法4条
により民法713条も準用され、事故発生時に運転手が責任能力を欠いてい
たから運行供用者責任を負わないとするタクシー事業者の主張を排斥して、
次のように判示したものがある。

「自賠法3条は、自動車の運行によって人の生命又は身体が害された場合

における被害者及び自動車の運行によって利益を得る運行供用者との損害の公平な分担を図るため、上記場合における損害賠償責任に関し、同条本文において、運行を支配する運行供用者に対して人的損害に係る損害賠償義務を負わせるとともに、運行供用者がこの責任を免れるためには、同条ただし書の定める各事由をすべて立証しなければならないとして立証責任の転換を図っており、民法709条の特則を定めるものである。このような同条の趣旨に照らすと、行為者保護を目的とする民法713条は、運行供用者責任には適用されないものと解するのが相当である」(釧路地判平成26・3・17自保ジャ1922号55頁)。

確かに、自賠法4条は「自己のために自動車を運行の用に供する者の損害賠償の責任については、前条の規定によるほか、民法(明治29年法律第89号)の規定による」と定めてはいるものの、同法3条ただし書が、運行供用者責任を免れるには「自己及び運転者が自動車の運行に関し注意を怠らなかったこと、被害者又は運転者以外の第三者に故意又は過失があったこと並びに自動車に構造上の欠陥又は機能の障害がなかったことを証明」する必要があると定めている以上、これらの免責事由を立証することなく運転手の心神喪失を立証するだけで運行供用者責任を免れると考えることは難しいように思われる。しかし、たとえば、運転手が、運行供用者および運転者の責に帰すことができない未知の疾患等の事情で突然意識を失った場合には、原則として「自己および運転者が自動車の運行に関し注意を怠らなかったこと」に該当する限度で、民法713条の法理を及ぼすこともできるのではないかと考えられる。なお、このように考えた場合でも、薬物摂取等による心神喪失が「運行に関し注意を怠らなかった」にあたらないことはいうまでもない。

② 一般的不法行為責任

(1) 不法行為の一般的要件

民法709条は不法行為責任について、「故意又は過失によって他人の権利又は法律上保護される利益を侵害した者は、これによって生じた損害を賠償する責任を負う」と定めている。不法行為責任は、運行供用者責任と異なり、交通事故でなくとも、また、人身損害でなくとも発生する責任である。運行供用者ではない運転者に対して損害の賠償を求める場合にも、不法行為責任

を主張することとなる。不法行為の成立要件を条文に照らしてあげると、①故意または過失に基づく行為（加害行為）により、②他人の権利または法律上保護された利益を侵害し（権利利益侵害）、③当該他人に損害が発生し、④加害行為と損害の発生との間に因果関係が存在することである。

(2) 使用者責任

　民法715条1項は、「ある事業のために他人を使用する者は、被用者がその事業の執行について第三者に加えた損害を賠償する責任を負う。ただし、使用者が被用者の選任及びその事業の監督について相当の注意をしたとき、又は相当の注意をしても損害が生ずべきであったときは、この限りでない。」としている。交通事故の被害者が、運転者の使用者ではあるが運行供用者ではない者に対して責任を追及する場合には、使用者責任を主張することとなる。使用者責任の要件は、加害行為を行った被用者について前記(1)①ないし④の要件が充足されることに加え、⑤使用者が、加害行為の時点で当該加害行為者を事業のために使用していること、⑥加害行為が使用者の事業の執行について行われたものであることが必要である。

① 「事業のために」「使用する」とは

　被用者を「事業のために使用している」とはどのような場合か。「事業」とは事実的であるか法律的であるか、継続的であるか一時的であるか、営利的であるか否か、企業活動・経済事業であるか個人的・家庭的なものであるかを問わないとされている。また、事業は適法なものである必要もなく、違法なものも含まれる。ただし、事業は現に行っていたものを意味し、外形からみて事業にあたるというだけでは足りない。

　一方、「使用している」というためには雇用関係が存在する必要はなく、実質的にみて、使用者が被用者を指揮監督する関係があれば足りる。判例のなかには、兄が運転経験の乏しい弟を自動車で迎えに来させ、運転上の指示を与えていた場合に使用関係を肯定したものがある（最判昭和56・11・27民集35巻8号1271号）。

　いずれにせよ、タクシー事業者が雇用等している運転手がタクシー営業中に交通事故を起こして他人に損害を生じさせた場合には、タクシー事業者の「事業のために使用している者」が「事業の執行について」第三者に損害を

加えた場合にあたるから、当該運転手が不法行為による損害賠償責任を負うことになるとともに、タクシー事業者も使用者として損害賠償責任を負い、両責任は連帯することになる。

② 事業執行性の要件──事実行為としての運転行為について

次に、「事業の執行について」第三者に損害を加えたといえるか、すなわち、事業執行性の要件について検討する。これは、運転手がタクシー営業後、帰宅のために運転している最中に事故を起こした場合等において問題となる。

この点、「事業の執行について」とは、被用者の行為と被用者の「職務」との間に関連性を要求する要件であるが、これについて、判例は、取引行為だけでなく、運転行為等の事実行為についても、当該行為が外形から客観的にみて職務の範囲といえるか否かによって「事業の執行について」の要件を充足するかを判断している（いわゆる外形標準説）。

すなわち、被用者が会社の出張の帰途に利用が禁止されている自家用車で事故を起こした事件において、「行為の外形から客観的にみても、被上告人の業務の執行にあたるということはでき」ない（最判昭和52・9・22民集31巻5号767頁）として使用者責任を否定したが、商品販売係が社用での使用を許されていた自動車を勤務時間外に私用に用いて事故を起こした事案では、会社に勤務時間の定めがあり、被用者が本件自動車を使用したのは勤務時間後で、その使用目的が私用のためであったとしても、それらは、ただ使用者と被用者の内部関係にすぎないとし（最判昭和37・11・8民集16巻11号2255頁）、自動車の販売係が私用で用いることを禁じられていた自動車を勤務時間外に持ち出し事故を起こした事案では、事業執行性は、「必ずしも被用者がその担当する業務を適正に執行する場合だけを指すのでなく、広く被用者の行為の外形を捉えて客観的に観察したとき、使用者の事業の態様、規模等からしてそれが被用者の職務行為の範囲内に属するものと認められる場合で足りるものと解すべきである」とし（最判昭和39・2・4民集18巻2号252頁）、いずれも雇用主の使用者責任を認めている。

これを踏まえると、タクシー事業者の場合においても、被用者である運転手が営業車を帰宅等の私用に用いている際に事故を起こした場合であっても、外形上はタクシー事業者の「事業の執行について」第三者に損害を加えたものと認められることになるのが通常であると思われる。タクシー事業者

に限られたことではないが、営業車による直行直帰の扱いを原則として禁止するとともに、営業車が許可なく出退勤に利用されないように規則を定め、車両を厳格に管理する等の措置を講じることが必要であるといえる。

③ 事業執行性の要件——暴力行為の場合

それでは、さらに進んで乗客とのトラブル等の末に暴力をふるい、負傷させたような場合も事業執行性は認められるか。

この点、判例は、他の事実行為で用いる外形を標準とする基準とは異なり、被用者が被害者に暴行を加えて負傷させたような暴力行為については、被害者の被った損害が、被用者が「会社の事業の執行行為を契機とし、これと密接な関連を有すると認められる行為」によって生じたものであるか否かを判断基準としている（最判昭和 44・11・18 民集 23 巻 11 号 2079 頁、最判昭和 46・6・22 民集 25 巻 4 号 566 頁、最判昭和 58・3・31 判時 1088 号 72 頁）。

具体的には、「使用者の施工にかかる水道管敷設工事の現場において、被用者が、右工事に従事中、作業用鋸の受渡しのことから、他の作業員と言い争ったあげく、同人に暴行を加えて負傷させた場合、これによって右作業員の被った損害は、被用者が会社の事業の執行行為を契機とし、これと密接な関連を有すると認められる行為によって加えたものであるから、被用者が事業の執行につき加えた損害にあたる」とした事例（前掲最判昭和 44・11・18）や、「すし屋の店員 2 名が、使用者所有の自動車を運転し、またはこれに同乗して、出前に行く途中、右自動車の方向指示器を点灯したまま直進したため、これと衝突しそうになった他の自動車の運転者と口論になり、そのあげく同人に対し暴行を加えて負傷させた場合、これによって同人の被った損害は、被用者が会社の事業の執行行為を契機とし、これと密接な関連を有すると認められる行為をすることによって生じたものであるから、被用者が事業の執行につき加えた損害というべきである」とした事例（前掲最判昭和 46・6・22）、「使用者の屋内更衣室において、被用者甲が被用者乙に対して加えた暴行が、前日の事業の執行行為を契機として発生した両者の口論にかかわり合いのある言葉のやりとりに端を発するものであっても、右暴行は必ずしも前日の口論から自然の勢いで発展したものではなく、しかも右前日の口論とは時間的にも場所的にもかなりのへだたりがある」などの事情の下では、被用者の暴行は会社の事業の執行と密接な関係を有するものと認めることはできないとし

て、「右甲の暴行により乙の被った損害は、使用者の事業の執行につき加え
た損害にあたるとはいえない」とした事例（前掲判昭和58・3・31）等があげ
られる。

④ 事業執行性の要件——運転行為を手段とする暴行

では、運転行為自体が暴行手段となっている場合はどうか。参考になる裁
判例がある。

歩行に障害のある乗客が営業車の左後部から降車し、杖を右手に車外に
立っていたが、運転手が営業車のドアを閉めずに日報を書いているため、ド
アが妨げとなって歩道に出られず、乗客が何度かドアを閉めるように求めた
ものの運転手がこれに応じないことから口論になり、顧客が後部座席のシー
トベルトのあたりに手を置き、重心を営業車に寄せている状態であるにもか
かわらず、運転手が営業車を急発進させたために顧客がバランスを崩して身
体を前に引っ張られる格好になり、その結果右膝内障の傷害を負った事案に
ついて、「乗客である杖をついた身体障害者の原告が降車して発車するに際
しては、その身体の安全を十分に確認すべき注意義務があるにもかかわらず、
漫然と原告に何の合図もすることなく突然に発進したため、被告車両に身体
の重心を掛けていた原告はバランスを崩して身体を前に引っ張られる格好に
なり、倒れまいとして両足に力を入れて踏ん張ったので両足を痛めたことが
認められる」とし、運転手について不法行為責任を認めただけでなく、特段
の判示もなく、事業執行性を認めた（大阪地判平成14・5・28交通民集35巻3
号717頁）。

この点、たまたま運転手と乗客との間で喧嘩闘争の状態となり、その結果、
運転手が乗客に殴る蹴る等の暴行を加えて負傷させたような場合には、③で
述べた判例理論に従い、運転手が乗客に生じさせた損害が、被用者である運
転手がタクシー事業者の事業の執行行為を契機とし、これと密接な関連を有
すると認められる行為によって加えたものであるといえるか否かによって判
断されることになる。しかし、本件では、加害行為である暴行が、営業車を
急発進させるという運転行為である点で通常の事案とは異なる。運転行為を
手段とする意図的な暴力行為によって不法行為が成立すると認定するなら
ば、③に示した判例理論の枠組みによって判断がされることになると思われ
る。一方、運転行為は事実行為であり、運転上の注意義務違反による不法行

為が成立すると認定するならば、事業執行性は行為の外形から客観的に判断
されることになる。

　そこで本件についてみると、裁判所の事実認定を前提とすれば、歩行に杖
を使用している乗客が営業車内に手を置いているような状態で営業車を急
発進させるという異常な事案であり、故意に乗客に暴行を加えたものと認
定することも可能な事案であるとも思われるところ、営業車を急発進させた
行為は乗客の安全に配慮すべき注意義務に反した過失行為として認定されて
いる。タクシー事業者側が故意の暴行が存在しないことを前提とする主張を
行っていたことの結果でもあろうが、これによって、事実行為による不法行
為の場合として行為の外形から客観的に事業執行性が判断され、その結果、
特段の議論なく事業執行性が認められることになったのではないかと思われ
る。

　前述のとおり、仮に暴行があったこと自体を前提として事業執行性を検討
するのであれば、乗客の損害が「事業の執行行為を契機とし、これと密接な
関連を有すると認められる行為をすることによって生じたもの」といえるか
否かによって判断されることとなるが、「事業の執行行為を契機とし、これ
と密接な関連を有すると認められる行為」といえるか否かは、職務上のやり
とり等と加害行為である暴力行為との時間的・場所的な接着性等によって左
右されるようであるから（前掲最判昭和58・3・31）、営業車のドアを閉めて
ほしいとのタクシー営業上のクレームから顧客と口論に発展し、時間的・場
所的接着性を維持したまま暴行にまで至ったとされている本件については、
やはり暴力行為について事業執行性を肯定することになるものと思われる。
いずれにせよ、事業の執行行為と暴力行為の間の時間的・場所的接着性は事
案によってまちまちであることを勘案すると、加害行為を運転上の注意義務
違反の行為とみるか、暴力行為とみるかによって結論が相違する場合も考え
られ、実務上は留意が必要であるように思われる。

② 個人タクシー

　いわゆる個人タクシーとは、1人1車制のタクシー事業者またはその営業
車の通称である。個人タクシーもタクシー事業者であるから、これを営むた

めには、道路運送法の定めに従い、一般乗用旅客自動車運送事業を営む許可を得なければならない（同3条1号ハ、4条）。また、その許可を得るためには、国土交通省の通達（国自旅第78号平成13年9月12日各地方運輸局長・沖縄総合事務局長あて国土交通省自動車交通局長「一般乗用旅客自動車運送事業（1人1車制個人タクシーに限る。）の申請に対する処分に関する処理方針」）に従って各地方運輸局が定める審査基準に適合するものである必要がある。一例として、関東運輸局が公表している審査基準を示しておくが、その定めからもわかるとおり、個人タクシー事業者の許可を得るためには、申請日以前3年間および申請日以降に、道路交通法の違反がなく、運転免許の効力の停止を受けていないこと（点数が1点もしくは点数が付されない場合は1回に限り許容される。後掲資料4.(2)）等の厳しい基準をクリアしなければならない。優良運転者に限って個人タクシー事業を許容するとの方針に従ったものである。

　個人タクシーが事故を起こした場合についても、一般のタクシー事業者におけるのと同様に、運行供用者責任や不法行為責任が生じることになる。ただし、個人タクシーにおいては、1人1車制での事業の許可であり、他人に営業車を運転させないことが許可条件とされていることから、原則として使用者責任の問題は生じない。そこで、これらの責任については、一般のタクシー事業者について述べたところを参照されたい。

＜資　料＞

> ### 公　示
>
> 　一般乗用旅客自動車運送事業（1人1車制個人タクシー事業に限る。）の
> 　　許可及び譲渡譲受認可申請事案の審査基準について
>
> 　一般乗用旅客自動車運送事業（1人1車制個人タクシー事業（以下「個人
> 　　タクシー事業」という。）に限る。）の許可及び譲渡譲受認可（相続認
> 　　可を含む。）申請について、事案の迅速かつ適切な処理を図るため、そ
> 　　の審査基準を下記のとおり定めたので公示する。
>
> 　　　　　　　　　　　　　　　　　　　　　　　平成13年12月27日
> 　　　　　　　　　　　　　　　　　　　　　　　関東運輸局長

記

I．許可（道路運送法（昭和 26 年法律第 183 号、以下「法」という。）
　第 4 条第 1 項）

1．営業区域

　　道路運送法施行規則（昭和 26 年運輸省令第 75 号）第 5 条に基づき
　関東運輸局長が定める営業区域は別表 1 のとおりとする。

2．年齢

　　申請日現在で 65 歳未満であること。

3．運転経歴等

　(1)　有効な第二種運転免許（普通免許、中型免許又は大型免許に限る。
　　以下同じ。）を有していること。

　(2)　申請日現在における別表 2 の左欄に掲げる年齢区分に応じて、右
　　欄に定める国内の自動車運転経歴、タクシー又はハイヤーの運転経
　　歴等の要件すべてに適合するものであること。

4．法令遵守状況

　(1)　申請日以前 5 年間及び申請日以降に、次に掲げる処分を受けてい
　　ないこと。また、過去にこれらの処分を受けたことがある場合には、
　　申請日の 5 年前においてその処分期間が終了していること。

　　①　法、貨物自動車運送事業法（平成元年法律第 83 号）又は特定地域
　　　及び準特定地域における一般乗用旅客自動車運送事業の適正化及び
　　　活性化に関する特別措置法（平成 21 年法律第 64 号。以下「タクシー
　　　適正化・活性化特措法」という。）の違反による輸送施設の使用停
　　　止以上の処分又は使用制限（禁止）の処分

　　②　道路交通法（昭和 35 年法律第 105 号）の違反による運転免許の
　　　取消し処分

　　③　タクシー業務適正化特別措置法（昭和 45 年法律第 75 号）に基
　　　づく登録の取消し処分及びこれに伴う登録の禁止処分

　　④　自動車運転代行業の業務の適正化に関する法律（平成 13 年法律
　　　第 57 号）の違反による営業の停止命令又は営業の廃止命令の処分

　　⑤　刑法（明治 40 年法律第 45 号）、暴力行為等処罰に関する法律（大
　　　正 15 年法律第 60 号）、麻薬及び向精神薬取締法（昭和 28 年法律
　　　第 14 号）、覚せい剤取締法（昭和 26 年法律第 252 号）、売春防止法（昭
　　　和 31 年法律第 118 号）、銃砲刀剣類所持等取締法（昭和 33 年法律
　　　第 6 号）、その他これらに準ずる法令の違反による処分

⑥　自らの行為により、その雇用主が受けた法、貨物自動車運送事
業法、タクシー業務適正化特別措置法又はタクシー適正化・活性
化特措法に基づく輸送施設の使用停止以上の処分

(2)　申請日以前3年間及び申請日以降に、道路交通法の違反（同法の
違反であって、その原因となる行為をいう。）がなく、運転免許の効
力の停止を受けていないこと。ただし、申請日の1年前以前において、
点数（同法の違反により付される点数をいう。）が1点付されること
となる違反があった場合、又は点数が付されない違反があった場合
のいずれか1回に限っては、違反がないものとみなす。

(3)　(1)又は(2)の違反により現に公訴を提起されていないこと。

5. 資金計画

(1)　所要資金の見積りが適切であり、かつ、資金計画が合理的かつ確実
なものであること。なお、所要資金は次の①～④の合計額とし、各
費用ごとに以下に示すところにより計算されているものであること。

①　設備資金（③を除く。）

80万円以上

ただし、80万円未満で所要の設備が調達可能であることが明らか
である場合は、当該所要額とする。

②　運転資金

80万円以上

③　自動車車庫に要する資金

新築、改築、購入又は借入等自動車車庫の確保に要する資金

④　保険料

自動車損害賠償保障法に定める自賠責保険料（保険期間12ヶ月以
上）、並びに、旅客自動車運送事業者が事業用自動車の運行により生
じた旅客その他の者の生命、身体又は財産の損害を賠償するために
講じておくべき措置の基準を定める告示（平成17年国土交通省告示
第503号）で定める基準に適合する任意保険又は共済に係る保険料
の年額

(2)　所要資金の100%以上の自己資金（自己名義の預貯金等）が、申請
日以降常時確保されていること。

6. 営業所

個人タクシー事業の営業上の管理を行う事務所であって、次の各事
項に適合するものであること。

178　第Ⅱ部　第1章　事業用自動車の加害責任

(1)　申請する営業区域内にあり、住居と営業所が同一であること。

(2)　申請する営業区域内に申請日以前継続して1年以上居住しているものであること等、居住する住居に永続性が認められるものであること。

(3)　使用権原を有するものであること。

7.　事業用自動車

　　使用権原を有するものであること。

8.　自動車車庫

(1)　申請する営業区域内にあり、営業所から直線で2キロメートル以内であること。

(2)　計画する事業用自動車の全体を収容することができるものであること。

(3)　隣接する区域と明確に区分されているものであること。

(4)　土地、建物について、3年以上の使用権原を有するものであること。

(5)　建築基準法（昭和25年法律第201号）、都市計画法（昭和43年法律第100号）、消防法（昭和23年法律第186号）、農地法（昭和27年法律第229号）等の関係法令に抵触しないものであること。

(6)　事業用自動車が自動車車庫への出入りに支障のないものであり、かつ、事業用自動車が当該私道に接続する公道との関係においても車両制限令に抵触しないものであること。

(7)　10.に定める法令及び地理の試験合格後の関東運輸局長が指定する日（申請前に法令及び地理の試験に合格している者にあっては申請時）までに確保できるものであること。

9.　健康状態及び運転に関する適性

(1)　公的医療機関等の医療提供施設において、胸部疾患、心臓疾患及び血圧等に係る診断を受け、個人タクシーの営業に支障がない健康状態にあること。

(2)　独立行政法人自動車事故対策機構等において、運転に関する適性診断を受け、個人タクシーの営業に支障がない状態にあること。

10.　法令及び地理に関する知識

　　関東運輸局長が実施する法令及び地理の試験に合格した者であること。

　　ただし、申請する営業区域において、申請日以前継続して10年以上タクシー・ハイヤー事業者に運転者として雇用されている者で、申請日以前

5年間無事故無違反であった者又は申請する営業区域において、申請日以前継続して15年以上タクシー・ハイヤー事業者に運転者として雇用されている者については、地理試験を免除する。

なお、法令及び地理の試験については、平成14年1月31日付け公示「一般乗用旅客自動車運送事業（1人1車制個人タクシー事業に限る。）の許可等に係る法令及び地理の試験の実施について（以下「試験実施公示」という。）」で定めるところにより実施する。

11．その他

申請日前3年間において個人タクシー事業を譲渡若しくは廃止し、又は期限の更新がなされなかった者でないこと。

12．申請の時期等

(1) 申請の受付

毎年9月とする。ただし、タクシー適正化・活性化特措法第3条第1項に基づく特定地域に指定されている地域を営業区域とする申請の受付は行わない。

また、タクシー適正化・活性化特措法第3条の2第1項の規定による。なお、法令及び地理の試験については、平成14年1月31日付け公示「一般乗用旅客自動車運送事業（1人1車制個人タクシー事業に限る。）の許可等に係る法令及び地理の試験の実施について（以下「試験実施公示」という。）」で定めるところにより実施する。

(2) 法令及び地理の試験の実施

試験実施公示で定めるところにより実施する。

(3) 申請内容の確認

申請内容の確認のため、関東運輸局長が必要と認める場合にヒアリングを実施する。

(4) その他

新規許可申請の受付日から処分日までの間に当該申請に係る営業区域がタクシー適正化・活性化特措法第3条第1項の規定による特定地域に指定された場合には、当該申請事案は同法第14条の2の規定に基づき却下処分とする。

II．許可等に付す期限及び条件（法第86条第1項）

1．許可等に付す期限

許可又は譲渡譲受認可若しくは相続認可（以下「許可等」という。）に当たっては、当該許可又は認可の日から概ね3年間の期限を付すこと

とする。

2. 許可等に付す条件

許可等に当っては、少なくとも次の条件を付すこととする。

(1) 引き続き有効な第二種運転免許を有するものであること。なお、当該第二種運転免許の取り消し処分を受けた場合には許可を取り消す。

(2) 使用する事業用自動車は1両であり、他人に当該事業用自動車を営業のために運転させてはならない。

(3) 患者輸送等の特殊な需要に特化した運送のみを行うものでないこと。

(4) 事業用自動車の両側面に見やすいように「個人」及び「タクシー」又は「ＴＡＸＩ」と表示すること。

(5) 月に2日以上の定期休日を定めること。

(6) 関東運輸局長等が日時及び場所を指定して出頭を求めたときは、特別の事情がない限りこれに応じること。

(7) 営業中は運転日報を携行しこれに記入を行い、1年間は保存すること。

(8) 氏名等の記載とともに写真を貼付した事業者乗務証を車内に掲示すること。

(9) 刑法、暴力行為等処罰に関する法律、麻薬及び向精神薬取締法、覚せい剤取締法、売春防止法、銃砲刀剣類所持等取締法のいずれかに抵触する行為により処罰を受けた場合には、許可を取り消すことがある。

(10) 年齢が満65歳に達した場合には、旅客自動車運送事業運輸規則（昭和31年運輸省令第44号）第38条第2項に定めるところにより同項の認定を受けた高齢者に対する適性診断を受けること。また、公的医療機関等の医療提供施設において健康診断を毎年受診すること。

(11) 申請書、添付書類及び陳述の内容が事実と異なることが判明した場合には、許可を取り消すことがある。

(12) 許可等の期限更新時において、年齢が満75歳に達する日以降の期限は付さない。

(13) 許可等の日から4ヶ月以内に事業を開始すること。

Ⅲ. 譲渡譲受及び相続の認可（法第36条第1項及び第37条第1項）

1. 譲渡譲受の認可

(1) 譲渡人の資格要件

申請日現在において、次のいずれかに該当するとともに、有効な第二種運転免許を有していること。

① 年齢が 65 歳以上 75 歳未満であること。

② 年齢が 65 歳未満で、傷病等により事業を自ら遂行できない正当な理由がある者であること。

③ 年齢が 65 歳未満で、20 年以上個人タクシー事業を経営している者であること。

(2) 譲受人の資格要件

Ⅰ．(12. を除く。) に定める基準を満たす者であること。

(3) 申請の時期等

① 申請の受付

通年とする。

② 法令及び地理の試験の実施

試験実施公示で定めるところにより実施する。

③ 申請内容の確認

申請内容の確認のため、関東運輸局長が必要と認める場合にヒアリングを実施する。

2. 相続の認可

(1) 被相続人の死亡時における年齢が 75 歳未満であること。

(2) 相続人がⅠ．に定める基準を満たす者であること。

(3) 申請の受付、法令及び地理の試験並びに処分は、随時行うこととする。ただし、申請が被相続人の死亡後 60 日以内になされるものであること。

Ⅳ．挙証等

申請内容について、客観的な挙証等があり、かつ、合理的な陳述がなされるものであること。

3 福祉・介護タクシー

1 福祉・介護タクシー事業の概要

福祉タクシーとは、1 個の契約により乗車定員 11 人未満の自動車を貸し

切って、要介護者、要支援者、身体障害者、肢体不自由等により単独での移動が困難な者であって、公共交通機関の利用が困難な旅客を運送する事業をいう。

　介護タクシーとは、介護保険法の介護事業の指定を受けている介護サービス事業者が、要介護認定者のみに対してその自宅等と介護報酬の支払対象となる医療施設等との間の送迎輸送を行う場合や身体障害者福祉法・知的障害者福祉法・児童福祉法の支援費事業の指定を受けている事業者が、支援費の支払対象となる行為と連動した輸送を行う事業をいう。

　上記の福祉タクシーを介護タクシー、上記の介護タクシーを介護保険介護タクシーと呼ぶ例もあるようである。

　福祉タクシーを営むためには、道路運送法の定めに従い、一般乗用旅客自動車運送事業を営む許可を得なければならない（同3条1号ハ、4条）。ただし、福祉タクシーについては、国土交通省の通達（国自旅第169号平成18年9月25日改正各地方運輸局長・沖縄総合事務局長あて国土交通省自動車交通局長「一般乗用旅客自動車運送事業〔福祉輸送事業限定〕の許可等の取扱いについて」〔平成21年11月25日一部改正国自旅第192号〕）に従って各地方運輸局が定める審査基準に適合する者である必要がある。

　一方、介護タクシーは、道路運送法の定めに従い、特定旅客自動車運送事業の許可を得て営まれる（3条2号、43条1項）。すなわち、特定旅客自動車運送事業においては、各地方運輸局が定める審査基準等において、運送需要者が単数ないし実質的に単数と認められる必要があるとされているが、①介護報酬の支払対象となることを前提として、医療施設等と自宅等との間で複数の要介護者の送迎輸送を介護サービス事業者である介護タクシー事業者が行う場合であって、②当該事業者と運送需要者たる複数の要介護者との間で介護サービスの利用に関する契約（運送契約であることが明示されていない場合を含む）が締結されており、③運送需要者たる複数の要介護者が同一の運送目的を有していること、④当該契約の内容を証する書面が作成されていること、⑤当該契約について、需要者が運送契約の締結および運送の指示を直接行い第三者を介入させないなど自らの運送需要を満たすための契約であると認められるものであること、⑥運送需要者たる複数の要介護者は、要介護認定を受け、特定の市町村から介護報酬の支払いを受け得る資格を有すること、

⑦会員制により運送需要者たる複数の要介護者が特定されている場合であって、介護タクシー事業者の作成する会員リスト等により、当該事業者が個々の運送需要者を明確に把握していると認められること等の要件を満たす場合には、当該運送需要者は実質的に単数と認められることとなる。これにより、介護タクシー事業においては、タクシー事業者が運送の役務とともに通院乗降介助の役務を提供し、タクシー料金とともに介護報酬を受ける営業となる。

　一般的には、福祉タクシーがドアからドアへの送迎を行うのに対し、介護タクシーはベッドからベッドへの送迎と考えるとわかりやすい。

② 福祉・介護タクシーの事故における民事上の責任

　福祉タクシーや介護タクシーが事故を起こした場合についても、一般のタクシー事業者におけるのと同様に、運行供用者責任や不法行為責任が生じることになる。これらの責任に関する一般論については、すでに通常のタクシー事業者について述べたところを参照されたい。ここでは、福祉タクシーや介護タクシーについて特別に問題が生じる可能性がある点についてのみ触れることとする。

　まず、福祉タクシーないし介護タクシーは、車いすを乗降させるためのスロープやリフト等を営業車に備える必要がある。多人数が乗車することができる構造を備えるには仕様変更によることも多いようであるが、多くの自動車メーカーが福祉車両を販売している。すでに述べたとおり、自賠法3条の「自動車を当該装置の用い方に従い用いること」の要件につき、判例は固有装置説に立っていると考えられるから（最判昭和52・11・24民集31巻6号918頁）、これらのスロープやリフトも、固有装置として考えなければならない。そうすると、これを操作している際に乗降しようとしている者が転落、転倒したり、他の者が巻き込まれたりする等してその生命身体が害された場合には、運行供用者責任が生じることとなりそうである。この点、タクシーの降車直後の転倒等の事故に関しては、「タクシーが目的地で乗客を降車させるため停車する場合、運転手が座席のドアを開け、乗客が全員降車し終わってドアを再び閉じるまでの間も、自動車の運行中であると解するのが相当である……。タクシーから降車直後で、しかも1歩か2歩程度歩いたところで本件事故に遭遇したことから、時間的に停車直後であったことはもちろん

のこと、場所的にもタクシーの直近で本件事故が発生したといえ……、本件事故は自動車の運行に起因する事故であったと認めるのが相当である。」とした裁判例があった（前掲大阪高判平成23・7・20。〔原審：前掲奈良地裁葛城支判平成22・10・8〕は運行起因性を否定）。この裁判例の事例は、スロープやリフト等の乗降装置がない自動車から降車した直後の事故に関する判断である。

　これに対し、乗降装置を用いての乗降中や乗降直後に生じた転倒等の事故に関しては、乗降装置は人の乗降そのものを補助し、安全に乗降を終えさせること自体を目的とする装置であることから、運行起因性の肯否判断については、前掲大阪高判平成23年7月20日とは様相を異にしよう。

　すなわち、この場合には、安全に人の乗降を完了させるための装置である乗降装置の使用自体に内在している危険性が現実化した結果損害が生じたものと通常は考えられ、乗降装置を用いない降車直後の事故にも増して、当該装置の使用（運行）と事故との間の相当因果関係が強く推認されるべきであると考える。また、そうでなくとも、介護タクシーについては、乗降介助のサービスをも介護事業者として提供している際に事故を生じさせることとなるから、乗客の降車後の事故についても法的責任を免れないであろう点も留意するべきである。

4　過失相殺──乗客（被害者）の過失

　民法722条2項は、被害者に過失がある場合には、裁判所はこれを考慮して賠償額を定めることができるとしている。不法行為（加害）者が責任を負うべき損害賠償の額を定めるあたり、公平の見地から損害発生についての被害者の不注意をいかに斟酌するかの問題である。ここでは、タクシー事業者の乗客が負傷した場合における交通事故の過失相殺の事例を紹介しよう。

①　シートベルト未装着事案

❶**名古屋地判平成26年5月28日**（交通民集47巻3号693頁・自保ジャ1926号144頁）

　本件は、前日からの降雨・降雪により路面の一部が凍結していたという気

象状況下を走行中のハイヤーが緩やかな左カーブで適切な減速措置等を講じなかったためスリップし、事故時後部座席でシートベルトを装着せずに寝ていた乗客が顔面や膝を窓ガラスにぶつけるなどし、右頬部挫創、頸椎捻挫・挫傷、左膝挫創等の傷害を負った事案である。

ここでは、ハイヤー運転手は客を同乗させて走行していたのであるから、事故当時の気象状況、道路状況等に応じて、特に本件事故現場のような鉄製の継ぎ目部分が存在する陸橋を走行する際には車両がスリップする可能性を予見し、十分に減速するなどいっそう慎重に運転すべきであったと指摘しつつ、「一方、本件損害の発生と拡大にシートベルト不着用が影響していることは否定できない」とされた。

乗客は道路交通法のシートベルト装着義務にかかる定めの規定ぶりを指摘し「同乗者のシートベルト着用は運転者の義務であって、同乗者の義務ではない」と主張したが、採用されなかった。その理由は明確に述べられていないものの、シートベルトの装着が安全上必要であることは周知のことであり、単にシートベルトの着用は同乗者の義務として定められていないという規定ぶりだけを理由として乗客に落ち度がないとすることはできないと思われることから、かかる判断は妥当なものであると思われる。

一方で、ハイヤーの運転手も客にシートベルト着用を促すべきであったのにそのような事実が認められないことから、これを考慮し客の過失を1割とした。運転手が乗客にシートベルトの装着を促したか等の事情を乗客の過失割合を定めるにあたって考慮している点が注目される。

❷　神戸地判平成26年10月1日（自保ジャ1939号81頁）

本件は、タクシーと赤信号を無視して交差点に進入した加害者運転の普通乗用自動車とが交差点で出合い頭に衝突した交通事故により、シートベルトを装着していなかった乗客が右半身をドアに打ちつけられて右肩腱板損傷、顔面打撲等の傷害を負い後遺障害が残るなどしたとしたため、乗客が加害者に対しては民法709条に基づき、加害者運転車の所有者に対しては自賠法3条に基づいて損害賠償を求めた事案である。

まず、シートベルト未装着が損害拡大に寄与したかについては、本件事故で運転手および加害者のいずれも受傷しなかったにもかかわらず、被害者が本件事故の衝撃により後部座席を左側から右へ移動し、右半身がドアに打ち

付けられて右肩腱板損傷、顔面打撲等の傷害を負っていることをあげ、シートベルトを着用していなかったことが被害者の傷害の発生ないし拡大に寄与したことは否定できないと認定した上で、「後部座席におけるシートベルト着用の義務については、道路交通法上明らかなだけでなく、一般にも広く周知されているところであり、タクシーの乗客である原告も自己の判断においてシートベルトを着用すべきであった」ともしており、シートベルト装着義務が運転者に課せられたものであったとしても、シートベルト未装着を乗客の過失として考慮する根拠を明確に述べている点が注目される。

　この事例では、被害者は、趣味で習っていたジャズダンスの発表会が終わり、帰宅するためにタクシーに乗り、後部座席の助手席側（左後部座席）に着席し、シートベルトを装着しないまま、抱えていた花束やバッグなどを整理しており、バッグを拾い上げようと前にかがんだときに、本件事故にあっている。この点について、本判決は「（乗車場所から）本件事故現場までの距離からすると、乗車後シートベルトを装着する時間的余裕はあったものと推測でき、乗車直後とはいえないのであって、荷物の整理をしていたからといって、シートベルトを着用すべき義務を免れるものではない。このようなことからすると、原告においても、シートベルトを着用しなかったことについて落ち度があったことは否定できず、過失相殺として、損害の10％を控除するのが相当」と結論づけた。

　損害の公平な分担という観点から、過失相殺にあたって、シートベルトを装着する時間的猶予や、装着することができない事情があるか等について考慮することは必要と思われるが、通常は健康上の理由等のやむをえない理由がないのにシートベルトを装着していないのであれば、そのことが落ち度とならない場合は稀であると思われる。

　❸　**釧路地判平成 26 年 3 月 17 日**（自保ジャ 1922 号 55 頁）

　本件は、タクシーが乗客を後部座席に乗車させて走行中、運転手がてんかんの発作により意識を失い、暴走したタクシーが進行方向左側にある建物の外壁に衝突し、シートベルトを装着していなかった乗客が右上腕骨近位端脱臼骨折、右脛骨近位骨幹部骨折、右足関節後果骨折等の傷害を負った事案である。

　本判決は、シートベルト未装着により乗客の傷害結果に影響があったこと

は否定できないとしたうえで、「本件事故当時には、運転者を名宛人とするものではあるものの、後部座席におけるシートベルトの着用も義務化されており（道路交通法71条の3第2項）、同乗者としても自らの生命・身体を保護するためシートベルトを装着すべきであると考えられる」として、乗客によるシートベルト未装着の事実を過失とみて過失相殺すべきとした。

また、その過失割合については、被害者が客としてタクシーに乗車していたことや、同人が乗車していたのが後部座席であったことなどの事情を考慮して5パーセントと判断した。

後部座席に乗車している乗客については、シートベルト未装着による危険も小さいものと考えられることから、このような場合に乗客の過失は比較的小さく見積もられるべきとの前提に立つものと考えられる。

2 その他

シートベルト未装着の乗客が子どもであった場合はどうか。この点、過失相殺にあたって被害者の過失を斟酌するには、被害者が責任弁識能力を有している必要はなく、事理を弁識するに足りる知能が備わっていれば足りるとされている（最大判昭和39・6・24民集18巻5号854頁）。また、被害者本人だけでなく、被害者と身分上ないしは生活関係上一体をなすとみられるような関係にある者の過失についても、いわゆる「被害者側の過失」として考慮することができるとされている（最判昭和34・11・26民集13巻12号1573頁、最判昭和42・6・27民集21巻6号1507頁）。したがって、幼児と同乗した母親に損害拡大についての落ち度があれば、幼児の損害について、母親の落ち度を考慮して過失相殺をすることができることになる、

このような場合の事例として、タクシーの事故ではないが、チャイルドシートが設置されておらずシートベルトも未装着の被害車両が信号無視の加害車両に衝突され、横転した被害車両から子どもが車外に放り出され死傷した事案について、チャイルドシートが設置され、シートベルトを着用していた場合には車外放出を回避することができた可能性が高いとしたうえで、チャイルドシート未設置・シートベルト未装着について、子どもと身分上、生活上一体の関係にある親の過失として考慮し、5パーセントの過失相殺を行ったものがある（名古屋地判平成24・11・27交通民集45巻6号1370頁・自保ジャ

1890 号 38 頁)。

　この事案と同様、タクシーの乗客である親が同乗した子どもにシートベルトを装着させなかった場合についても、被害者側の過失として考慮されるものと思われる。では、親がタクシーに乗車せず、また、乗車の際にも立ち会うこともなく、子どものみがシートベルト未装着でタクシーに乗車中に事故にあった場合はどうか。この場合、子どもに事理弁識能力があれば、子ども自身のシートベルト未装着を過失相殺にあたって考慮することができるはずである。判例では、8 歳 1 か月と 8 歳 2 か月の子どもが自転車に相乗りして自動車にはねられ死亡した事案について、「交通の危険」について弁識する能力はあったとして過失相殺を認めたものがある（前掲最大判昭和 39・6・24）。8 歳児がシートベルトの未装着に関して「交通の危険」を認識することができるかという議論はあると思われるものの、この程度の年齢であればシートベルトの機能や意義についても理解することも可能であるように思われることから、概ね 8 歳以上の子どもに関しては、シートベルト未装着を理由とする過失相殺も認められうると思われる。

3　バ　ス

■1　乗合バス──乗客が被害者の場合（深夜・長距離・高速バス）

1　乗合バスについて

　乗合バスとは、一般的には路線（経路）を定めて定期的に運行し、設定された運行系統の起終点および停留所で乗客が乗り降りする運行形態をさす。

　市バスやコミュニティバスなどが典型例であるが、都市間高速バスや定期観光バスの一部も含まれる。

　以前は、高速バスもいわゆるツアーバスとして運行され、利用者との間で旅行業法に基づく企画旅行契約が締結されていたが、国土交通省が平成25年4月2日に策定した「高速・貸切バスの安全・安心回復プラン」（以下、「安全・安心回復プラン」という）に基づき、高速ツアーバスは廃止され、現在は高速乗合バスとして、利用者との間で道路運送法に基づく乗合運送契約が締結されるものとされている。

　国土交通省が前記安全・安心回復プランを策定したのは、平成24年4月29日に関越自動車道で高速ツアーバスが壁に衝突して45人が死傷した痛ましい事故を受けて、貸切バスによって運行されていた高速ツアーバスの事業主体を乗合バスの事業許可を受けた者に限定し、運送責任の明確化と安全運行の確保を図ったものである[1]。

2　運行供用者責任

　乗合バスで乗客が被害者となる事故が発生した場合、乗合バス事業者が自賠法3条の運行供用者責任を負うことに異論はない。

　通常、乗合バス事業者は、自己が保有する車両を路線に投入していることからいわゆる車両保有者に該当することになると考えられる。

　もっとも、高速乗合バスの場合は、乗合バス事業者が自己の保有する車両

---

1)　国土交通省自動車局「バス事業のあり方検討会平成25年4月2日「報告書」6頁。

だけでは供給量をまかなえない場合があることから、他の貸切バス事業者との間で運行委託契約を締結して路線に投入することが認められている（道路運送法35条1項、「事業の管理の受委託」として国土交通大臣の許可が必要）。

この場合にも、前記管理の受委託事業の実施は、すべて委託者の名義で行われる必要があることから、委託者である乗合バス事業者は、自賠法3条の運行供用者に該当し同条の責任を負うことになると解される。

また、受託者たる貸切バス事業者も、乗合バス事業者から委託を受けて自ら所有する車両を運転者付で運行に供するものであるので、車両保有者として自賠法3条の運行供用者責任を負うことになるのが通常であると解される。

なお、道路運送法35条1項による管理の受委託の許可申請がなされた場合の処理基準としては、旅客その他の第三者に対する契約上の責任は、委託者が負担するものであること、受託者が行った、委託に係る運行で交通事故が発生した場合の被害者等に対する不法行為による損害賠償責任については、受託者が委託者と連帯して責任を負う旨を管理の受委託契約で規定するものであることとされており（平成24年7月31日国土交通省自動車局通達第55号・「高速乗合バスの管理の受委託について」）、受託者が、事業用自動車の運行により生じた旅客その他の者の生命、身体または財産の損害を賠償するための損害賠償責任保険（共済）契約を締結していることも要件とされている（同通達別紙2）。

③ 使用者責任

乗合バス事業者は、その雇用する運転手が事故を起こした場合には民法715条の使用者責任を負うことに異論はない。

現在の判例実務では、「使用関係」については広く認められるところであるし、「事業の執行について」も自家用車などと異なりバスが事業の執行と無関係に運行されることは稀であろうことから、乗合バス事業者は原則として使用者責任を負うことになる。

もっとも、人身損害が発生した場合の責任追及としては、民法715条の場合は、被害者の側で「使用関係」や「事業の執行について」の要件を主張立証する必要があるのに対し、自賠法3条によるときは、使用者が加害車

両の運行供用者であることを主張立証すれば足りることから、立証の容易性という観点からは、民法 715 条の使用者責任の有無がストレートに問題となるケースは少なく、自賠法 3 条と民法 715 条が選択的に責任原因としてあげられることが多い（東京地判平成 26・8・27 交通民集 47 巻 4 号 1040 号など）。

乗合バス事業者の側としては、民法 715 条 1 項ただし書の「使用者が被用者の選任及びその事業の監督について相当の注意をなしたとき、又は相当の注意をしても損害が生ずべきであったとき」との免責要件を立証しない限りその責任を免れることはできないこととなるが、具体的には、運転手の経験年数・技量や能力の吟味、運行前の点呼・運行上の注意の実施、身心の状況の確認、車両の点検・整備の実施、研修の実施、車両に構造上の欠陥がないこと、車内アナウンスの実行、また、高速乗合バスの場合は、運転手の交替基準の遵守と交替運転者の同乗などを立証してはじめて責任を免れることになろう。

4 一般的不法行為責任

乗合バスの事故で乗客が被害者となった場合、当該バスを運転していた過失ある運転手は民法 709 条の不法行為責任を負うことになる。

しかし、バス事故の被害者の救済という観点からするならば、民法 709 条の一般不法行為によって被害者の救済が図られるケースは実際には少ない[2]。

特に大規模事故の場合には、運転者に乗客の被害すべてをカバーするだけの資力がないのが通常であるし、前述のように、雇用主である乗合バス事業者が自賠法 3 条の運行供用者責任ないしは民法 715 条の使用者責任を負うからである。

もっとも、運転手は、事故における直接の当事者であって、運転手の行為態様が過失判断の基礎事情となりうるものであるし、運転者こそが事故の状況を最も知りうるものであることから、運転手も乗合バス事業者らとともに民法 709 条に基づいて損害賠償請求がなされるのが通常である。

---

2) 高野真人『要約交通事故判例 140』（学陽書房、2014 年）6 頁。

5 運転者の意識喪失

(1) 疾　患
ⓐ　序

　近時、バスの運転手が運転中に意識を喪失して事故を引き起こしたケースとしては、平成 26 年 3 月 3 日、富山県小矢部市の北陸自動車道上り線の小矢部川 SA で夜行バスを運転していた運転手が意識を喪失して大型トラックに相次いで衝突し、運転手と乗客 2 名が死亡し、乗客ら 26 名が負傷した事故が記憶に新しい（北陸道バス事故）。

　運転手は事故直前に意識を失い、心肺停止かそれに近い状態であったとのことであるが、事故当日まで 11 日間連続で勤務していたとのことであり、運転手不足による過重労働が問題となった。

　この事故が発生したことを受けて、国土交通省自動車局は同年 4 月 18 日に「事業用自動車の運転者の健康管理マニュアル」（以下、「健康管理マニュアル」という）を改訂するなどして対策を講じているが、同様な事故が後を絶たない。

　健康管理マニュアルには、運転に影響するおそれのある主な疾病として、眼疾患、神経疾患、脳血管疾患、心疾患、睡眠障害、呼吸器系疾患、消化器系疾患、感冒・アレルギー疾患、精神疾患などがあげられているが、これらのうち事故の報告が多いのは脳血管疾患であり、次いで心疾患である。

　これらの疾患に起因する事故を防止するために、バス事業者らには以下のような法令上の義務が課されている。

① 健康診断の義務付け、健康状態の把握、疾病等のある乗務員の乗務禁止（旅客自動車運送事業運輸規則（以下、「運輸規則」という）21 条および 48 条、貨物自動車運送事業輸送安全規則（以下、「安全規則」という）3 条および 20 条、

② 運行管理者による点呼実施（運輸規則 24 条、安全規則 7 条）、

③ 運転者の適性診断（運輸規則 38 条、安全規則 10 条）——初任・高齢運転者のほか、過去に事故等を起こした運転者を対象に、運転行動・態度等の測定のほか、生活習慣、健康状態、睡眠時無呼吸症候群（SAS）に係る問診を把握。必要な改善策を指導・助言、

④ 運行管理者の講習（運輸規則 48 条の 4、安全規則 23 条）——運行管理者に対する法定講習（2 年に 1 回の受講を義務付け）において、健康管理

の把握の重要性や法令上の義務についての講習を実施、

⑤　緊急時の体制整備（運輸規則21条の2）──車両運行中の乗務員の体調変化等による運行中止等の判断・指示を適切に実施するための体制を整備、

⑥　健康状態の報告義務（運輸規則50条、安全規則17条）──疲労、疾病その他の理由により安全な運転をすることができないおそれがある場合、その旨の申し出を実施。（以上、「健康マニュアル」15頁より抜粋）

　法令上のこれらの義務はバス会社のみに課せられるものではないが、バスの場合には、ひとたび事故が発生すると、被害者が多数に上り、その被害も甚大なものとなって、世間の耳目を集める結果となることから、これらの義務の確実な履践が求められ、不遵守の場合には自賠法3条ただし書ないしは民法715条第1項ただし書の免責は認められない。

ⓑ　くも膜下出血

　くも膜下出血で運転手が意識を喪失した状態でバス事故が発生したケースとしては、平成23年10月7日に愛知県瀬戸市で社会見学に向かう岐阜県瑞浪市の小学生ら約40名を乗せた貸切バスが対向車線のガードレールを突き破って転落した事故があるが、裁判例としては見当たらない。

　バス事故ではないが、この点に関する先例的な判例としては新潟地判平成7年11月29日（交通民集28巻6号1638頁）がある。

　車両を運転して事故現場にさしかかった際、突然くも膜下出血で倒れて意識をなくし、歩行中の被害者に後方より車両を衝突させて傷害を負わせたという事案において、加害車両の所有者に自賠法3条に基づく損害賠償請求がなされたところ、同人が不可抗力による免責を主張したものである。

　本判決は、「自賠法3条ただし書は、自動車の運行供用者が免責されるための要件として、〈1〉自己及び運転者が自動車の運行に関し注意を怠らなかったこと、〈2〉被害者又は第三者に故意又は過失があったこと、〈3〉自動車に構造上の欠陥又は機能の障害かなかったこと（いわゆる免責三要件）が必要である旨規定しているところ、本件においては、〈2〉の要件を欠くことが明らかであり、自賠法3条ただし書の適用によって免責が認められる余地はない。

　しかしながら、他方、自賠法3条が過失の立証責任を転換し、かつ、立

証すべき無過失の内容を加重して交通事故の被害者の保護を厚くしていると
いっても、法律上の無過失責任を負わせたものではない以上、例えば、突然
の地震、落雪、崖崩れ、野獣の飛び出しなど、いわゆる不可抗力によって事
故が発生した場合には、被害者又は第三者に故意、過失が認められない場合
であっても、免責が認められる余地があるといわなければならない。」とし
た上で、

「そもそも、不可抗力とは、外部から来る事実で、普通に要求される程度
の注意や予防方法を講じても損害を防止できないことを意味するところ、運
転者の心神喪失というのは、いわば加害者の内部の事実であって、地震、落
雷など一般に不可抗力として論じられている、外部から来る事実と同列に考
えられるかは疑問である。

また、車両の運行は、車両自体とそれを運転する者によって実際に行われ
るのであるが、車両自体に存する構造上の欠陥又は機能の障害が原因で事故
が発生した場合に原則として免責されないのであれば、車両の運転者の身体
ないし健康上の障害が原因で事故が惹起された場合にも、同様に考えるべき
であろう。

してみると、運行供用者の免責事由としての不可抗力は、車両圏外の要因
のうち、被害者、第三者の故意・過失を除いた、最終的な法的責任帰属の主
体が見出せない事由に限定すべきであって、運転者の心神喪失は、原則とし
て免責事由には当たらないというべきである」と判示して、運転者が過去
10年以上にわたって高血圧であり、事故当時も血圧の薬を服用していたこ
とから、過去にくも膜下出血ないし脳出血になったことがないとしても、運
転中にくも膜下出血を起こして心神喪失状態に陥ることが現代の医学上の
知識と経験に照らして予見不可能であったとは認めがたいとして、自賠法3
条の責任を認めた。

本判決は、不可抗力の場合には自賠法3条の責任が免ぜられる余地があ
ることを認めたうえで、例外的に免責が認められるケースについて、運行供用
者が日頃から運転者の十分な健康管理を行っていたか、行っていたとして
も現代の医学上の知識と経験に照らして運転者が運転中に心身喪失状態に陥
ることが予見不可能であったといえるかという判断基準によることを明らか
にしている。

これを運行供用者の側で立証することは非常に困難であるといわざるをえ
ず、実際上免責が認められることはきわめて稀であるということになろう。

ⓒ　てんかんのケース

てんかん発作により運転中に意識を喪失して事故を引き起こした事例とし
ては、宇都宮地判平成25年4月24日（判タ1391号224頁ほか）のいわゆる「鹿
沼市クレーン車暴走事故」がある。

児童6名を死亡させた上記事故の民事裁判では、運転手と同居していた
母親が運転手による運転を回避するための措置をとるべき法的義務を負って
いるか否かが争点となった。

バスの運転中にてんかん発作により意識を喪失して事故を引き起こした
裁判例としては、名古屋地判昭和38年8月20日（訟務月報10巻1号96頁）
がある。

事案は、大型乗合バスにより観光事業を営む会社の従業員が、会社の業務
として観光バスを運転中にてんかん発作により心神喪失となり、自転車に
乗っていた2名の被害者にバスを衝突させて死亡させたものである。

本判決は、乗合バス会社の自賠法3条の責任については、「被告会社が大
型乗合自動車により観光事業を営む会社であり、被告Xが被告会社に自動
車運転者として雇われ、被告会社の業務として被告会社所有の大型乗合自動
車を運転中、この自動車でYら両名をはね飛ばし、右両名が死亡したもの
であることはすでに認定したとおりであって、これらの事実によると、被告
会社は、同条本文にいわゆる自己のために右自動車を運行の用に供していた
者であり、かつその運行によって右訴外人両名の生命を害したものといわな
ければならない。もっとも、被告Xは、前記認定のように右自動車の運転中、
突然癲癇の発作を起して一時心神喪失状態に陥り、いわゆる責任無能力者と
なって運転を続けているうち本件事故を惹起したわけであるが、本件事故発
生当時同被告が責任無能力者となって運転中であったとしても、これも外形
的にみれば、同被告が心神正常な状態で運転していたときと同様に、被告会
社は自己の業務のため同被告を運転に従事させ、他方同被告は被告会社のた
め運転に従事していたものと認められるのであるから、当然被告会社のため
の運行というべきであり、従って、被告会社は本件事故発生当時前記自動車
を自己のために運行の用に供していた者であるというに何ら支障となるもの

ではないのである」とし、「被告会社は、たとえ本件事故が運転者の突発的な癲癇の発作による正常運転の不能を原因とするものであり、かつこの癲癇の発作が全く予期しえないものであったとしても、自動車損害賠償保障法第3条但書所定の免責要件を証明しない限り、前記訴外人両名の生命を害したことによって生じた損害を賠償する責に任ずべきであるといわなければならない」とした上で、自賠法3条ただし書所定の免責要件の検討を行い、被害者または運転者以外の第三者に故意または過失があったことを認めるに足りる証拠はないとして、被告バス会社については自賠法3条の責任を認めている。

本判決は、運転者については心神喪失の間に事故を惹起したものとしてこれによる損害の賠償責任を免れるとする一方で、バス会社の自賠法3条の責任を認めたものである。

その根拠としては、外形的にみれば、心神正常な状態で運転していたときと同様に、会社は自己の業務のために被用者を運転に従事させ、他方、運転手は会社のために運転に従事していたから、責任無能力となって運転していたことは会社が運行供用者であることの支障とはならず、てんかん発作のために正常な運転ができなくなったことにより被害を生じさせている点で、運行起因性もあるとしているにすぎないのであって、後掲大阪地判平成17年2月14日のように、自賠法3条ただし書の免責要件について詳細な検討を加えているわけではない。

ただ、結論としては異論のないところであろう。

ⓓ **精神病性心神喪失**

疾患による意識喪失は、くも膜下出血やてんかんなどにより運転者が意識を失うケースが典型例といえるが、精神病性の症状によって運転手が意識を喪失した状態で人身事故が発生した場合にも、運転者に自賠法3条の責任を問いうるかは一つの重要な論点である。

バスの事例ではないが、運転者が精神病性の症状により心神喪失となり事故を発生させた事例としては大阪地判平成17年2月14日（判時1917号108頁）がある。

事案は、加害者が対向車線を逆走して発生した衝突事故の被害者の遺族が、加害者である運転手に対し、自賠法3条または民法709条に基づき損害賠

償を請求している事案であるが、加害者が本件事故当時、精神病性の症状により心神喪失の状態であったと認定されたものである。

本判決は「自賠法4条によれば、運行供用者の損害賠償責任については、同法3条の規定によるほか、民法の規定によるとしており、形式的に見れば、自賠法3条の運行供用者責任についても、民法713条本文の責任無能力を理由とする免責規定の適用があるものとも考えられる。

しかしながら、たとえば民法723条などは自賠法4条で適用の余地がないように、形式的には民法の条文に該当するものの適用がない条文もあるところであるから、前記自賠法の趣旨に則り、民法のどの規定が適用されるのか否かを検討する必要がある。そして、自賠法3条但書は、自動車に構造上の欠陥又は機能の障害がなかったことを証明しなければ運行供用者は免責されないとしているところ、人の心神喪失も、車両の構造上の欠陥又は機能の障害と同様、車両圏内の要因・事情ということができるから、このような場合に運行供用者の免責を認めるのは相当でないというべきである。」と判示し、自賠法3条の運行供用者責任を認めた。

なお、原告は、被告が運転を開始する直前において3日間眠っていないという極端な睡眠不足に加えて、食事も水も摂取しないという極度の疲労状態にあった上、家出をした娘を心配し極度のノイローゼ状態にあったものであり、これを自覚しつつ漫然と被告車の運転を開始し、対向車線を逆走させて本件事故を発生させた過失があるとして、民法709条に基づく損害賠償も請求していたが、本判決は、かかる不法行為責任について判断するまでもなく、被告は運行供用者責任に基づいて損害賠償責任を負担するとして民法709条についての具体的な判断はしていない。

本判決は、自賠法3条の責任については民法713条が適用されないと明確に判示した数少ない裁判例であり参考となろう。

学説上も、責任能力の存在は、もはや不法行為責任成立の論理必然な要件とはされず、むしろ不法行為における独立の免責要件とする考え方が支配的であり、責任能力のない者によって惹起された損害は、過失責任主義・無過失責任主義のいかんを問わず、その制度趣旨や被害者・加害者等をとりまく様々な状況を踏まえたうえで、誰に賠償責任を負担させたらよいかを判断する際の政策的な問題として位置づけられると考えられるようになっているこ

と、そして自動車損害賠償責任は、不可避的に発生する自動車事故による被害者の保護に万全を期するための、いわゆる業務型不法行為に関する責任制度であることなどを考えると、民法712条・713条の適用を除外するとの考え方が妥当であるとして、かかる判例の方向性に賛同する見解が多い[3]。

(2) 薬　物

バスの運転手が、薬物（特に違法薬物）を体内に摂取して運転した結果、運転中に意識を喪失して事故を発生させた裁判例は見当たらない。

違法薬物を摂取して運転中に意識喪失を招いた事故は、近時急増しており、主に刑事事件として立件されているが（いわゆる危険ドラッグに関する名古屋地判平成25・6・10判時2198号142頁など）、刑事上の責任と同様に、民事上の責任を問いうるかが問題となる。

刑事事件においては、行為と責任の同時存在の原則が要求されることから、結果行為時に心神喪失の状態となっていた場合には、原因において自由な行為の理論を用いて責任を認めることとなるが、民法の分野では、過失責任が原則であることから、必ずしも原因行為時の意思決定が結果行為の時点まで貫かれている必要はなく、原因行為時に過失があって、その過失と結果との間に相当因果関係が認められれば結果行為についての責任を問いうると考えられる。したがって、前記違法薬物を摂取した結果、意識を喪失して事故を発生させたとしても賠償責任を認めうると考えられる。

(3)　その他

意識喪失の事例ではないが、バス運転手が酒気帯び運転をしていたことが判明したとのニュースを耳にする。

過去に遡れば、平成14年には神戸市で酒気帯び運転の路線バスが前方道路を横断中の高齢者に接触して死亡させた事故、同年7月には高速乗合バスの運転手が酒気を帯びて中央自動車道談合坂サービスエリアで接触事故を起こすなどの事故があったが、近時も、幸いにして事故には至らないものの、路線バスで酒気帯び運転が発覚したとして運転手が懲戒解雇処分を受けるな

---

3)　樫見由美子「自賠法における責任無能力者の問題」日本交通法学会編『交通事故と責任能力』交通法研究第42号（2014年）31頁。

どしている。

　事故に発展した場合、運転手を雇用するバス会社は、自賠法 3 条の運行供用者責任ないしは民法 715 条の使用者責任を負担するのみならず、運行前の点呼・健康状態の確認の不実施ないしは形骸化していることが判明すれば、一般乗合旅客自動車運送事業の許可にも影響を与える事態となりうることから、バス会社にとっては再発防止策を講じることが急務となっている。

　乗客からすると、このようなバスに乗車してしまったことは不運としかいいようがなく、事業者の行政処分情報を検索して入手するなどして自衛措置を講じるほかない。

⑥　バスの乗客の過失──過失相殺

　ⓐ　バスの乗客が被害者となる事故については、裁判例は必ずしも集積しているとはいえないが、その類型としては、①バス発進時の振動による乗客の転倒事故、②バス走行時におけるハンドル操作・制動等の振動による乗客の転倒事故、③バス降車時の乗客と他の車両との衝突事故あるいは降車後の乗客とバスとの衝突事故、④乗降時にバスの開扉の際における乗客の転落事故に分類できる（判タ 1155 号 235 頁解説参照）。

　これらの乗客を被害者とする事故において、過失相殺が認められるか否かについては、画一的な基準があるわけではなく、乗客の年齢等や事例ごとに具体的状況を考慮して決せられる。

　以下、①～④の類型に従って具体的裁判例をみていこう。

　ⓑ　①の類型

　本類型に該当する裁判例としては、大阪地判平成 22 年 6 月 21 日（交通民集 43 巻 3 号 782 頁）がある。

　本判決は、停留所からいったん発車した乗合バス（被告車両）が、乗り遅れた原告を乗せるために停車して原告を乗車させたが、原告が被告車両後部乗降口の最上段のステップに足をかけて昇段中であったにもかかわらず、原告が被告車両の発車に備えた安全な姿勢となっているかなどを確認しないまま、運転手が乗車口のドアを閉めると同時に被告車両を発進させたため、原告がバス内部に体を打ち付けて受傷した事故につき、次のように判断した。

　すなわち、「一般的に、乗合バスの運転者は、発進時の乗客の着席確認や

席移動時の注意の呼びかけ、停止してからの乗客の移動下車、発車時のドア扱い、乗降客の動静把握などに注意して乗合バスを運転すべき注意義務がある」ところ、「一方、乗客も、乗合バスに乗車するにあたり、たとえば発進することが予想される状況においては、可能な限り速やかに手すりを持ち、または空席に着席するなどして、バスの発進による揺れ等から自らを守る努力をすることも必要である」とした上で、「本件事故の態様に照らせば、本件事故は、原告が、乗降口の最上段のステップに足をかけて昇段中であったにもかかわらず、原告が被告車両の発車に備えた安全な姿勢となっているかなど確認しないまま、乗車口のドアを閉めると同時に被告車両を発進させたため、原告が、バランスを崩したのであるから、原告が、バスの発進による揺れ等から自らを守る努力をする余裕を認めるに足りる的確な証拠はなく、原告の本件事故による過失割合はないものとする」として、過失相殺の主張を認めなかった。

　乗り遅れた当該乗客のために一度は発車したバスを停車させて乗車させたという直前の経緯からするならば、運転者に同情の余地がないではないが、判決の述べるとおり、乗客に自らの身を守る余裕すらなかったことを考えると妥当な結論といえよう。

　これに対して、神戸地判平成8年1月18日（交通民集29巻1号52頁）は、乗客がバス停から乗車し、乗車ステップの最上段に昇って座席に座ろうと進みかけたときに、運転手がバスを急発進させたことから、乗客がバランスを失って後方に倒れ、胸椎圧迫骨折の傷害を負った事案である。

　本判決は、運転手には、車内の動静にまったく注意を払うことなく、バスを発車させた過失があるが、「右発車は、最終の乗客である被害者が右センサー線を完全に離脱してから約7秒後であったこと、本件事故当時、バスには空席が多く、被害者が速やかに着席し、又は、吊革や手すりをつかむのに何の支障もなかったこと、そして、バスの乗客には、乗車に際し、バスの円滑迅速な運行に配慮し、できるだけ速やかに着席するか、吊革や手すりをつかみ、バスの発進や揺れに伴う危険から自己を守るため努める義務があるというべきであるから、これらの義務を十分に果たすことなく、バスの発進の際に転倒した被害者には、過失相殺すべき過失がある」とし、被害者が事故当時73歳であったという事実も考慮して、乗客の過失を3割とした。

また、東京地判平成 4 年 2 月 13 日（交通民集 25 巻 1 号 169 頁）は、乗客が乗合バスに乗車し、運転席の後ろの座席に腰掛けようと歩きかけたところ、運転手がバスを発車させたため、バランスを失って横転し負傷した事案において、乗客に 3 割の過失を認めた。

これらの裁判例からは、①の類型に属する事例においては、時間的にも車内の状況的にも乗客に自らの身を守る努力をする余裕があったか否かが、過失相殺が認められるか否かの分かれ目となっていることがわかる。

ⓒ　②の類型

本類型に該当する裁判例としては、市バスの運転者が、その過失により、市バス進行中に急制動の措置をとった結果、乗客が転倒して四肢麻痺となった事故において、乗客の過失割合が問題となった名古屋地判平成 15 年 3 月 24 日（判タ 1155 号 235 頁ほか）がある。

これは、運転手が市バスを運転して前車に追従して走行中に、前車の動静を注視しないで進行したため、前車が進路前方で停止しようとかけたブレーキランプを発見するのが遅れ、前車との衝突を避けるため急制動の措置をとったところ、自分の降車する予定のバス停が近づいてきたとして、それまで座っていた座席を立ち、片方の手に鞄を、もう片方の手で座席の肘当て部分を持っていた原告がかかる急制動により転倒した結果、四肢麻痺という重傷を負った事案である。

本判決は、「市バスの運行に際して、バスの運転手は、バスの運行に伴う危険防止のため、やむを得ず制動措置等をとることがある。これに対応して乗客にも、バスの発進や走行中の揺れに伴う危険から自らを守る努力が求められるというべきであり、そのような努力をしていたならば、損害の発生を防ぐことができ、又は、損害の拡大を防止できる場合があることは否定できない」ところ、「本件事故において原告は、バス停が近づいてきたために降車のため席を立ち、その後安全確保のためつり革や手すりに常に掴まっていたわけではなかったという事実があり、これは過失相殺において原告の過失と評価するのが相当であるけれども、その過失は被告 A の過失と比較したとき、それ程大きいものとは認められない。なお、原告は被告車に乗車前にアルコールを摂取していたが、このことが本件事故に影響を与えたことを認めるに足りる証拠はない」として、乗客であった原告の過失割合は 1 割 5

分が相当と判断している。

　乗客が、降車する停留所が近づいてきたことから座席を立って降車口へ向かおうとすることは乗合バスの車内でよく見かける光景であるが、近時は車内アナウンスなどでバスが停車してから座席を離れるよう注意喚起されていることなどから、不用意に座席から立ち上がった点を捉えて過失相殺が認められた結論自体はやむをえないと思われる。ただ、乗客の被害が重大であることに加え、運転手の前方不注視が招いた急制動であり、過失相殺の程度は妥当といえよう。

　同じく②の類型で、過失相殺どころか運転手の責任および運行会社の自賠法３条の責任を否定した例として東京高判昭和57年5月20日（判タ476号175頁）＜原審：横浜地裁小田原支判昭和55・12・16交通民集15巻3号592頁＞がある。

　本件は、カーブの多い急坂の山岳部の道路を運行する乗合バスにおいて、座席に座れずに通路の乗車ステップ付近に立っていた乗客が転倒して受傷した事故に関するものである。

　本判決は、まず、運転者の責任について「いわゆる乗合バスを運転する運転者は、乗客の安全に十分注意を払いながら運転すべきであることはいうまでもないが、特に本件事故現場付近のようにカーブの多い急坂の山岳部の道路を運行する場合において、座席に座れず、通路に立っている乗客があるときには、転回や急制動によってこれらの乗客が転倒する危険を避けるため、予め乗客がそのような道路状況を知り得るような措置を講じて乗客の注意を促し、また、道路状況に応じて減速し、転回や急制動による乗客への衝撃をできる限り軽減するよう注意して運転すべき義務があるというべきである」と運転者の注意義務を認めた上で、事故現場を含む箱根山一帯の道路状況は公知の事実であり、これについて車内放送が行われており、途中の停留所でも後方に移動するように注意がなされ、さらに事故現場で急転回するについては時速10ないし20キロメートルに減速していること等を考慮すれば、運転者には過失はないと判示して運転者の民法709条の責任を否定した。

　また、運行会社の責任については、民法715条の使用者責任は成立しないとしたうえで、自賠法3条本文の責任についても、本件バスのような登山バスの運転手には経験年数の多い技量優秀な者を配置しており、本件運転

手も、本件事故当時、自動車の大型免許を取得してから 20 年、当該運行会
社におけるバス運転歴 14 年に及んでいたこと、同会社では、本件バスを含
む全車両について、毎日、整備管理者による始業点検、終業点検を行うほか、
運行前に、運行管理者による運転手の心身の状況の確認および運転手に対す
る運行上の注意がなされていること、毎月 2 ないし 3 回、全車両につき所
定の項目について定期点検と整備を行っていること、毎月 1 日、バス運転
手に対し、事故防止対策等の研修を実施していること、本件事故当時、本件
バスのハンドルおよびブレーキには欠陥は存しなかったこと、本件バスは、
構造上における法令上の基準は十分みたしていること、本件バス内で座席に
座れず、通路に立っている乗客は、支柱や、通路上部や座席の背の横に設け
られているパイプや把手を把持することによって、転回や急制動の際の遠心
力の作用や、衝撃に対して安全を確保する構造となっていること、その構造
は山岳部を走行するバスを含め、大型バスについて広く用いられている構造
であり、乗客が乗車口ステップに転落するという事故はきわめて稀であるこ
と、さらには、乗客に注意を促す車内放送を行っていたことを併せ考えれば、
当該運行会社は、本件バスの運行に関し注意を怠らなかったものであり、ま
た、本件バスには構造上の欠陥および機能の障害はなかったというべきであ
るとして、運行会社に自賠法 3 条ただし書の免責事由の存在を認めた。
　むしろ、乗客について「乗合バスの乗客としても、走行中の当該道路の状
況等から通常予測されるような事態に対しては、自らの安全を守るための注
意を払うべきものというべきであるが、本件事故現場付近の道路が幾重にも
折れ曲ったカーブを含む急坂の続く状態であることは控訴人も承知していた
のみならず、後方に移動するように（運転者）から注意を受け、車内の状況
からは後方に移動することが可能であったにもかかわらず後方に移動せず、
万一転倒した場合転落する可能性のある乗車口ステップの近くに立っていた
ものであり、しかも、前記のとおり、（運転者）は、十分減速して転回して
いたのに控訴人が転倒したことからすると、控訴人は鉄製パイプを確実に把
持していなかったことが推認されるから、結局、控訴人は、本件事故につい
て、乗客として自らの安全を守る上で過失があったものというべきである。」
として、結果的に乗客に 100 パーセントの過失相殺を認めた。
　前掲名古屋地判平成 15 年 3 月 24 日の裁判例と同様、乗客が立っていた

ケースであるが、本件では、急ブレーキを踏むなどしたものではなく、運転手の運転態様に何らの落ち度はないと判断されているものであり、参考となろう。

そして、運転者に過失がないとされたことから使用者責任も成立しないとされているが、自賠法3条は運転者に不法行為責任が成立することを当然の前提とするものでないことから、運行供用者自身に同条ただし書の免責事由があるか否かについて詳細な判断をしたものである。

さらに、山口地判昭和55年3月27日（交通民集13巻2号407号）は、乗合バスの乗客は、立っている場合には急停車等の衝撃による危害を避けるため座席の背ずりにとりつけられた握り金具などの車内の安全設備を利用し、かつ、安定した姿勢を保持して自らその危害を防止する義務があるとした上で、急停車により転倒して受傷した乗客にもかかる注意義務を尽くさなかった過失があったとして3割の過失相殺を認め、神戸地判昭和43年9月18日（判時567号68頁）は、乗合バスの乗客が、次の停留所で下車すべく座席から立って乗降口まで進み、そこで握り棒を軽くつかんで立っていたところ、バスが急停車したため転倒し受傷した事案で、バスの乗客には、バスの動揺・急停車等の衝撃による危害を避けるため安全設備を利用し、自らその危害を防止する義務があるものと判示し、被害者がかかる注意義務を十分尽くしていなかったとして約5割の過失相殺を認めた。

ⓓ ③の類型

本類型に該当する裁判例としては、京都地判平成元年9月6日（判タ723号236頁）がある。

これは、市バス（ワンマンバス）が停留所の標柱から約1メートル離れた場所に停車したため、バスから降車した乗客が、バスと停留所の標柱との間を走行してきた自転車と衝突して受傷した事故で、市に対して自賠法3条、民法715条、商法570条1項の責任を追及した事例である。

本判決は、「ワンマンバスの運転手としては、バスを停留所に停車させる際、バスと停留所の標柱との間を通過しようとする自転車等の車両があることは十分予測できるから、右間隔をできるだけ狭めて右車両の通過を防ぐとともに、乗降口を開くに当たっては、予め、バスの左側方を通過し、あるいは通過しようとする車両のないことを確認し、開扉の後も右車両が現われたとき

は降車を制止するなどして乗客の降車の安全を図るべき注意義務がある」と認定した上で、本件運転手がかかる注意義務を怠り、特段の事情もないのにバスを本件標柱から約1メートル離れた場所に停車させてその間に自転車等の車両が容易に通り抜けられる空間を作ったうえ、前方から右側通行して同空間に向かって自転車としてはかなりの高速で進行してきていたのに、前方を確認することなく本件バスの降車口の扉を開けて原告を降車させようとした点を捉えて、運転手の過失を肯定し、同運転手を雇用する被告市についても民法715条の使用者責任を肯定した。

　なお、本件では、被告市より乗客の過失相殺の主張もなされたが、「バスの乗客は降車する停留所を指定できるにとどまり、当該停留所における具体的な停留位置、降車口の扉の開扉の時期等乗客をどのように降車させるかについては、当該バスの乗務員（いわゆるワンマンカーにおいては運転手）の判断に委ねられていることはいうまでもないから、乗客を安全な場所に降車させることは右乗務員に課せられた基本的な義務というべきであり、右のような事情から、乗客が右乗務員の降車の指示（停留所の標柱付近にバスを停止させて降車口の扉を開けることは、黙示の降車の指示にあたる。）を信頼し、降車場所に危険がないものと考えて降車するのはむしろ当然といえる上、乗客が乗務員の指示に従って行動することにより旅客運送の円滑が保たれていること等の事情にも照らすと、本件バスの乗客であった原告に被告市主張のような注意義務を課してその懈怠を過失として斟酌することは、乗務員の注意義務をいたずらに乗客に転嫁するものであって相当でなく、到底採用できない」として、過失相殺の主張を退けている点が特徴的である。

　乗客が受傷した事案ではないが、少し特殊な事例としては大阪地判昭和56年1月30日（交通民集14巻1号184頁）がある。

　これは、原告の使用人が運転する普通貨物自動車が、乗客乗降のためバス停留所に停車していた乗合バスの右側方を通過しようと対向車線に出て進行したところ、バス前方の横断歩道を横断していた児童（乗客ではない）に衝突して傷害を負わせたことから、児童に対する損害賠償を履行したうえで、横断歩道の設置、管理に瑕疵があるものとして、国に対して、国家賠償法2条1項に基づいて損害賠償請求した事案である。

　本判決は、以前から存在するバス停留所の位置からして、バスがその車体

で横断歩道を遮る形で停車せざるをえないような位置に横断歩道を設置するのであれば、その際にバス停留所を適切な位置に移動させる等の措置をとることによって、交通の安全に支障を与えるような状態を解消しておくべきであったのに、これを本件事故当時までそのままに放置していたのであるから、本件横断歩道の設置、管理には瑕疵があったものといわざるをえないとして、国に国家賠償法2条1項の責任を認め、その責任割合を1割と判示した。

また、本件は共同不法行為者間の求償の事案であることから、本判決は上記被告の責任割合を定めるにあたり、各共同不法行為者の責任割合を理由中で判断しているが、バス会社については、バス停留所の設置時期は横断歩道開設より前であるが、現実に本件横断歩道が設置された以上は、すみやかに被告と協議して、同停留所を他の適切な場所に移動すべき義務があったにもかかわらず、これを怠って本件事故発生に一原因を与えたとして、バス会社の責任割合を1割とした。

乗客が被害者となった事例ではないが、乗合バスが横断歩道を遮るような形で停留所に停車することは、バスから降車した乗客を含む歩行者を被害者とする事故発生の蓋然性を高めるものであることから、現場の具体的な位置関係の検討をしたうえで、横断歩道の設置・管理に瑕疵があるとしたものであり、興味深い事例であることから紹介した。

ⓔ　④の類型

本類型に該当する裁判例としては、大阪地判平成27年3月3日（自保ジャ1948号106頁）がある。

これは、事故当時77歳の原告がバスに乗車しようとして、ステップに立って整理券を取ったところ、運転手がクラッチ操作を誤ってバスをエンストさせ、その際にバスが大きく揺れ、その揺れによって、手すりをつかんでいなかった原告が開いたままのドアから車外に転落し転倒した事案である。

本判決は、「バスの乗客としては、バスは一定の確率で急発進等が生じるものである以上、乗車中、あるいは乗降車の際に手すりをつかむなどして安全を確保するというのは、自分の身を守る上では必要な行為であり、その意味で本件事故が原告にとって全く避け得ないものであったとまではいえない。しかし、本件事故は通常の運転や乗降車のプロセスの中で発生したものではなく、(運転手)のクラッチ操作ミスという大きな過失によるものであり、

バス乗車において一般的に生じる危険性に由来する事故というわけでは必ずしもない。また、原告は整理券を取ろうとしていたのであり、その意味では必然的に片手を必要とする動作中であって、そのような段階で、原告が手すりをつかんでいなかったということを強く非難できるわけでもない」として、少なくとも、過失相殺という形で損害の一定割合を減額しなければ公平に反するといえるまでの明白な注意義務違反が原告にあったということはできないとして、過失相殺を否定した。

運転手のクラッチ操作のミスにより乗客が転倒して車外に転落したというやや特殊な事例であるが、前記①の類型に属する前掲大阪地判平成22年6月21日と同様の判断構造により、過失相殺が否定されている。

完全に④の類型に分類できるわけではないが、ドアの開扉に関連する事故についての裁判例としては以下のものがある。

広島高判昭和47年4月7日（判タ283号288頁）は、対向車との擦れ違いのためにバスが徐行して一時停止したちょうどその時、車掌が安全を確認するために自動式のドアを全開にしたので、降車させてくれるものと誤解して降車しようとした乗客が、再びバスが動き出したために転倒した事故について、車掌の過失を認めて、バス運行会社に民法715条の使用者責任を認め、大阪地判平成22年8月25日（交通民集43巻4号1010頁）は、バス停留所で停車した乗合バスの運転手がいったん開いた後部扉を閉じようとしたところ、乗車しようとしていた被害者の足が後部扉に挟まれてバランスを崩した被害者が転倒・受傷した事故について、運転手に民法709条の責任、バス会社に民法715条の使用者責任を認めた。

いずれの裁判例でも、過失相殺が特に問題にされているものではない。

2 観光バス──乗客が被害者の場合

1 観光バス（貸切バス）について

ここでいう観光バスとは、いわゆる貸切バス、すなわち、他人の需要に応じ、有償で、自動車を使用して旅客を運送する事業のうち、一個の契約により国土交通省令で定める乗車定員以上の自動車を貸し切って旅客を運送するバスであって（貸切バスには、乗合バス事業者からの委託を受けて高速乗合バスとして

使用される形態もあるが、それについては上述したところ〔189頁以下〕を参照されたい。主としてパック旅行や社員旅行・修学旅行などの団体旅行で使用されるものを想起されたい）。

本稿執筆中の平成28年1月にも、長野県軽井沢町でスキーバスが転落し、乗客の大学生らに多数の死傷者が出る事故が発生しているが、このバスも旅行会社が企画して貸切バス会社が運行したものであり、上記の形態に含まれる。

② 運行供用者責任

観光バスの場合も、前記乗合バスの場合と同様に、乗客が被害者となる事故が発生した場合、その観光バスを運行している貸切バス会社が自賠法3条の運行供用者責任を負うことに異論はない（貸切バス会社が受託者となって高速乗合バスの運行のためにその保有車両と運転者を路線に投入している場合の貸切バス会社の責任については乗合バスのところで述べたとおりである〔190頁〕）。

貸切バス会社が自賠法3条の責任を免れるためには、同条ただし書の免責要件を主張立証する必要があることも同様である。

乗客が被害者となった事例ではないが、観光バスにおいて、自賠法3条ただし書の免責が認められた裁判例としては、神戸地判平成6年11月24日（交通民集27巻6号1719頁）、大津地判平成5年4月23日（交通民集26巻2号516号）、大阪地判平成10年5月27日（交通民集31巻3号751頁）などがある（いずれも運転者に過失がないとされたケース）。

③ 使用者責任

観光バスを運行する貸切バス会社は、通常、自らが雇用する運転手にその保有する車両を運転させるのであるから、乗客を被害者とする事故が発生した場合、当該貸切バス会社が自賠法3条の運行供用者責任とともに民法715条の使用者責任を負うことになる。

もっとも、貸切バス会社が民法715条ただし書の「使用者が被用者の選任及びその事業の監督について相当の注意をなしたとき、又は相当の注意をしても損害が生ずべきであったとき」との免責要件を立証した場合にはその責任を免れる。

旅行業者が、その主催旅行の一内容として観光バス（貸切バス）を手配するケースにおいて、乗客が被害者となる事故が発生した場合、貸切バス事業者が使用者責任を負うことは格別、旅行業者が同責任を負うか否かが問題とされることがある。

これについては、海外団体旅行を主催した国内の旅行会社に対し、同社がチャーターした現地バス会社が保有するバスで観光中に追突事故に遭い旅行者が受傷したとして、旅行会社に対して債務不履行責任および民法715条の使用者責任を追及した静岡地判昭和55年5月21日（判タ419号122頁）が参考になる。

同判決は、旅行者側が、旅行会社と旅行者との間には現地バス会社を履行補助者として、旅行者を現地において自動車によって運送する旨の請負契約が成立していると主張したのに対し、証拠よりそのような事実は認められないとして債務不履行責任を否定したほか、旅行会社が、現地旅行会社を介して現地バス会社に旅行者の運送を依頼したものであるとしても、それだけで直ちに旅行会社と現地バス会社との間に民法715条に規定する使用関係があるということはできないとして、民法715条の使用者責任に基づく損害賠償請求も否定した。

旅行会社の契約責任については後述するが、本件事実関係のもとで、現地バス会社が旅行会社の履行補助者ではないとされたこと、現地バス会社と旅行会社との間に使用関係があるとはいえないと判断されたことはやむをえないと考えられる。

4 一般的不法行為責任

観光バス（貸切バス）の運転手の場合も、乗合バスの場合と同様に、運転手の過失に起因して事故が発生した場合に、運転手が民法709条の不法行為責任を負うことに問題はない。

また、観光バスの場合で、とりわけ乗客が被害者となる事故が発生した場合には、基本的に貸切バス会社が自賠法3条の運行供用者責任ないしは民法715条の使用者責任を負うことになるから、被害者の救済という観点からは民法709条が機能する場合は限定的であることや、それでも運転手は事故の直接の当事者であり、事故の状況を最もよく知りうるものであること

から、貸切バス会社らとともに被告に名前を連ねることになることは、乗合
バスについて述べたところと同様である。

⑤ 旅行業者の債務不履行責任

① 観光バスも通常の対物対人事故と同様に事故の当事車両となりうるも
のであることから、主として不法行為責任が問題となるものであるが、観光
バスの場合で、とりわけ乗客が被害者となる場合には、旅行業者と乗客との
間で主催旅行契約が締結されているケースが多いことから、被害者となった
乗客から、旅行業者に対して、主催旅行契約に基づいて債務不履行責任を追
及することが考えられる。

使用者責任や自賠法3条の責任を負う貸切バス業者が事故による被害を
十分に補填する資力がないような場合や、これらの責任を負うものが海外の
業者である場合に、国内の旅行業者の責任を追及することが考えられるので
ある。

そこで、以下では旅行業者の責任についても触れることとする。

② 企画旅行契約を締結した旅行会社と旅行者の関係は、旅行業業者およ
び観光庁長官および消費者庁長官が定めて公示した標準旅行業約款により規
律されることになり、旅行会社は旅行者に対し、同約款や信義則を根拠とし
て旅行手配の完成、旅程管理、安全確保、旅程保証、および特別補償等の各
義務を負担する[4]。

バス事故が発生した場合には、このうちの旅行会社の安全確保義務の不履
行が問題となり、この点を直接判示した裁判例は見当たらないが、近接した
時期に出された以下の2つの裁判例が参考になる。

東京地判平成元年6月20日（判タ730号171頁）は、台湾を目的地とす
る主催旅行の実施中に発生したバス転落事故につき、旅行業者に対し、安全
確保義務の懈怠があったとして債務不履行責任および不法行為責任等を追及
したものである。

同判決は、「旅行業者は、主催旅行契約の相手方である旅行者に対し、主
催旅行契約上の付随義務として、旅行者の生命、身体、財産等の安全を確保

---

4) 兵庫県弁護士会消費者保護委員会編『旅行のトラブル相談Q&A』（民事法研究会、
2016年）32頁。

するため、旅行目的地、旅行日程、旅行行程、旅行サービス機関の選択等に関し、あらかじめ十分に調査・検討し、専門業者としての合理的な判断をし、また、その契約内容の実施に関し、遭遇する危険を排除すべく合理的な措置をとるべき注意義務（以下「安全確保義務」という。）があるものというべきである」として旅行業者に安全確保義務があることおよびその具体的内容を明らかにしたうえで、当該具体的状況の下では安全確保義務違反は認められないと判示した。

次いで、東京地判昭和63年12月27日（判タ730号190頁）は、パキスタンを旅行目的地とする主催旅行の実施中に発生したバス転落事故に関し、旅行業者に対し、同じく安全確保義務の懈怠があったとして主位的に債務不履行責任、予備的に不法行為責任を追及した事案について、前掲東京地判平成元年6月20日と同様、旅行業者に信義則に基づく安全確保義務を認めるとともにその具体的内容について判示した裁判例である。

③　これらの裁判例から導かれる安全確保義務の具体的内容としては、ⓐ安全確保のために日本国内おいて可能な調査・資料の収集を行うこと、ⓑ当該外国における平均水準以上の旅行サービス提供機関を選択し、これと旅行サービス提供契約を締結すること、ⓒ旅行の目的地および日程、移動手段の選択に伴う特有の危険（たとえば、未整備の道路を移動する場合の土砂崩れ等）が予想される場合に、その危険をあらかじめ除去する手段を講じ、旅行者にその危険を告知して旅行者が自らその危険に対処する機会を与える等の合理的措置を講じること、ということになろう。

上記2つの裁判例はいずれも海外旅行におけるバス転落事故であったことから、旅行業者がとりうる「危険を排除するための合理的な措置」等の安全確保義務の履行にはおのずと限界があった事例であり、安全確保義務違反を否定した結論には異論がないと考えられるが、国内旅行においては、同裁判例から導かれる安全確保義務の上記具体的内容を履行していたならば事故を回避しえたといえる場合には、旅行業者に安全確保義務違反が認められ、債務不履行責任を負うことになろう。

④　上記2つの裁判例は、海外旅行中の事故であり、事故を起こした運転手を雇用する現地バス会社に対して損害賠償請求をするのが困難であったと思われる事例であるが、国内で同様のバス事故が発生した場合には、当然

バス運転手に対しては民法709条に基づいて、貸切バス会社に対しては自賠法3条ないしは民法715条に基づいて損害賠償請求がなされることとなり、それと併せて前記旅行会社に対する債務不履行責任の追及がなされることになる。

⑤　ところで、国内旅行で同様の事故が発生した場合に、貸切バス会社を手配した旅行会社に対して自賠法3条の運行供用者責任を追及することが可能かどうかについて判断した裁判例は見当たらない。

この点、ゴミ収集車の交通事故について、ゴミ収集業務を委託した市に自賠法3条の運行供用者責任を認めた大阪地判昭和60年4月30日（判タ560号263頁）や同判決が引用する最判昭和50年11月28日（民集29巻10号1818頁）などから考えると、旅行会社も運行供用者に該当するようにも思われるが、市町村の固有事務に属するゴミ収集業務の委託と同様に考えることができるかどうかは疑問であるし、また旅行会社がバス会社の従業員である運転手が運転する貸切バスについて運行支配・運行利益があるとは言い難いことから、上記ゴミ収集の場合のような特別な事情がない限り消極に解されることになると思われる。

⑥　ただ、前記標準旅行業約款は、企画旅行契約において、旅行業者に特別補償責任を負わせており（手配旅行契約においては認められないことに留意）、こうした面で被害者の救済が図られている。

特別補償の制度は、旅行者が旅行中にバス事故などで生命・身体等に損害を受けた場合に、旅行業者の故意・過失の有無を問うことなく、旅行業者から補償金および見舞金の支払いを受けることができる制度である。

それでも、補償金等の金額があらかじめ定まっていることから、損害が多額にのぼるときは、旅行会社に対する債務不履行に基づく損害賠償請求をする意義は失われないが、損害賠償請求にあたっては補償金等はその一部とみなされるものとされている（同約款28条2項）。

実際には、旅行会社からは、かかる補償金とは別に旅行代金の返還や見舞金の支払いがなされることになろうが、被害者が多数の場合には見舞金も低額とならざるをえず、旅行者の側の自衛手段として、旅行傷害保険に加入しておくことが有用である。

⑥ 自然災害との競合

　自然災害と競合してバス事故が発生した場合には、道路や河川その他公の営造物の設置・管理の瑕疵が問われることがありえ、国家賠償法 2 条が責任根拠となることがある。

　自然災害に対する国道の設置・管理の瑕疵が争われた著名な裁判例としては「飛騨川バス転落事故」がある。

　この事故は、新聞社が読者サービスの一環として観光バスによる観光旅行を観光会社と共催で実施することなり、バス会社の観光バス 15 台で出発したが、15 台のバスのうち先行していた 6 台が国道上の崩落によって停滞を余儀なくされていたところ、折からの集中豪雨によって発生した大量の土石流が 6 台のうち 2 台を直撃し、その 2 台が飛騨川に転落水没し、乗客および運転手ら 104 名が死亡した事故である。

　被害者の遺族らが、本件事故は国道の設置・管理の瑕疵によるものであるとして、国に対して国家賠償法 2 条 1 項に基づいて損害賠償を求めて提訴したものである。

　第一審の名古屋地判昭和 48 年 3 月 30 日（判時 700 号 3 頁）は、「本件事故は、予見し難い、その意味において不可抗力というべき土石流の発生を直接の原因とし、これに被告の道路設置・管理の瑕疵および旅行主催者・バス運転手の過失が関連競合して発生したものというべきである。而して、このように不可抗力と目すべき原因とその他の原因が競合して事故が発生し、それによって損害を生じた場合には、国家賠償法 2 条 1 項によって責任を負うべき国、民法 709 条によって責任を負うべき旅行主催者・運転手らはそれぞれその損害を賠償しなければならないが、賠償の範囲は、事故発生の諸原因のうち、不可抗力と目すべき原因が寄与している部分を除いたものに制限されると解するのが相当である。蓋し、民法 709 条は過失責任を定めたものであり、国家賠償法 2 条 1 項も瑕疵の存在を前提とするもので純然たる結果責任を負わせるものではないのである。このことは、事故の原因が全部過失または瑕疵に在ればそれによって生じた損害のすべてを賠償すべきものであることは勿論であるが、逆に全部不可抗力によって生じたものであれば損害は生じてもこれを賠償すべき義務はないことを意味するのであって、

もし現実の具体的な事件において、それが右両端のいずれでもなく両者の中間に位するものであるならば、その実態に即して、不可抗力と目すべき原因が寄与したと認められる部分を除き、その余の部分について賠償の義務を負わせることが、これら損害賠償制度の当然の帰結と考えられるからである。

　そこで、前示諸原因の関係を考えてみるに、事故発生の直接の原因は不可抗力と目すべき土石流の流出であり、バスはまさにこれによって転落、水没したものであること、そうではあるけれども、この土石流の発生を予見することは現在の学問的水準をもってしても不可能であったとは言え、当夜の多量の降雨が原因となっていることには間違いないこと、他方、本件において瑕疵とされているものは、右土石流の発生地点を含む地域において多量の降雨があるときは崩落の危険があり、かつ、この危険を防止するための態勢が不十分であったというのであって、両者の間には程度に懸隔はあれ、ともに多量の降雨という点に共通の要素があること、多量の降雨は必ず時間の経過を経て累積する結果であることおよびその他さきに認定の具体的事実関係を考え合せれば、本件事故の発生に不可抗力と目すべき原因が寄与している程度はその半ばまでには達せず、これを4割と認めるのが相当である。

　なお、本件においては、前示旅行主催者・運転手らの過失は損害賠償の額を定めるにつきこれを斟酌しないこととする。」と判示し、6割の限度で国の道路設置・管理の瑕疵を認めた。

　この第一審判決は、自然災害などの不可抗力と考えられる原因と国道の設置・管理の瑕疵等のその他の原因とが競合して損害が発生した場合に、過失等によって責任を負う者の賠償の範囲は、不可抗力を原因とする部分を除いた分に限られるとの、いわゆる分割責任の考え方を採用して国の責任を6割としている点に特徴がある。また、旅行主催者およびバス運転手らの過失を認定し、前記各原因と関連競合して本件事故が発生したとするものであり、旅行業者やバス会社および運転手の賠償責任も問題となりうる余地を認めた。

　しかし、控訴審である名古屋高判昭和49年11月20日(判時761号18頁)は、本件事故当夜の集中豪雨および崩落等の予測可能性について、災害をもたらす自然現象について、学問的に発生機構が十分解明されていないため、その発生の危険を定量的に表現して時期・場所・規模等において具体的に予知・

予測することは困難であっても、当時の科学的調査・研究の成果として当該自然現象の発生の危険があるとされる定性的要因が一応判明していてその要因を満たしていること、および諸般の状況から判断して、当該自然現象の発生の危険が蓋然的に認められる場合であれば、これを通常予測しうるものといって妨げないから、その危険により道路の安全を確保する措置が講じられていなければ、道路管理に瑕疵があったものといえるとの見解を前提に、本件集中豪雨については通常予測しうる規模のものであったとし、本件斜面崩壊についても本件事故現場付近には斜面崩壊の危険があるとされる定性的要因が認められることや、過去の現場の状況その他の諸般の状況からして通常予測しえたものと認定した。

その上で、「本件土石流の発生そのものが予知し得なかったものであることは前記認定のとおりであるが、その発生の危険およびこれを誘発せしめた集中豪雨は通常予測し得たものであることも前記認定のとおりであるから、被控訴人（国：筆者注）は、本件土石流による事故を防止するために、適切な管理方法を講ずべきものであった。たしかに、本件土石流を防止することは、現在の科学技術の水準ではなかなか困難であったことは前記のとおりであるが、本件土石流による事故を防止するためには、防護施設が唯一のものではなく、避難方式たる事前規制その他の方法により、その目的を達し得たものであるから、被控訴人の主張するような事由によっては、本件事故が不可抗力であったとはとうていいい得ない」と判示して、本件事故が不可抗力により生じたものであることを否定し、また旅行主催者および運転手の過失についても、「地元の人以外は必らずしも道路の危険性を判断するのに十分な知識・情報を有しないのが通常であろうから、本件事故後に設けられたような道路情報板の設置、道路情報モニター制度、交通規制の制度等、危険性を客観的に判断し得る情報の取得手段が設けられていない以上、前記のような個別的事象の認識があったというだけでは、これから進行しようとする道路についての危険性を予測することは、道路の利用者にとっては必ずしも容易ではないと思われる」とし、「したがって、右旅行主催者及び運転手らにおいて、本件事故当夜の判断・行動につき、より慎重な配慮が望ましかったとはいえようが、過失があったとまで断定するのは酷というべきである」として、旅行主催者および運転手については過失の存在を否定した。

このように控訴審判決は、本件事故は不可抗力と国道の設置・管理の瑕疵および旅行主催者および運転手らの過失が関連競合して発生したとの第一審判決とは異なり、本件事故が不可抗力に起因するものであることを否定した。

そして、第一審判決が判示したいわゆる分割責任の考え方を採用せず、責任論の段階で国の責任に制限を加えることはしなかった。

この「飛騨川バス転落事故」判決以外に、自然災害と競合してバス事故が発生した事例としては、以下の裁判例がある。

大阪高判昭和 56 年 2 月 18 日（判タ 446 号 136 頁）＜第一審：大津地判昭和 54 年 10 月 1 日（判時 943 号 28 頁）＞

会社の慰安旅行中の観光バスが落石によって約 15 メートル下方の路外空き地に転落し、バスに乗っていた会社の役員・従業員の大半が死傷したために会社が休業に追い込まれた事案において、道路管理に瑕疵があったとして日本道路公団の責任が認められた事例（企業損害も争点）。

札幌高判昭和 47 年 2 月 18 日（高裁民集 25 巻 1 号 95 頁）。海に突き出た山腹を切り開いて設置された国道で地すべりが発生し、国道を走行中であった路線バスが海中に転落し多数の死傷者を出した事故について、国に道路管理上の瑕疵があったとして国家賠償法 2 条に基づく賠償責任が認められた事例（路線バスの事例）。

観光バスは、自然の景勝地を目的地として山岳部を運行したり、河川や海辺付近を走行することが多いことから、このような自然災害と競合しての事故が起こりうるものであり、その場合の責任追及の際にはこれらの裁判例が参考となろう。

7 運転者の意識喪失

観光バスについて、運転手が疾患や薬物等の影響により意識を喪失して事故を発生させた事案について判断した裁判例は見当たらない。

しかし、前記乗合バスの場合と同様に、観光バスにおいても、運転手が疾患や薬物等によって意識喪失して事故を発生させた場合、貸切バス会社は、自賠法 3 条ただし書の免責要件を立証しない限り運行供用者責任を免れない。

疾患や薬物等による意識喪失とは別に、貸切バス（高速乗合バスも同様）に

おいて特に目を引くのは、平成 24 年 4 月 29 日に発生した関越道バス事故（関連判例：前橋地判平成 26・3・25 平成 24 年（わ）第 237 号）や平成 19 年 2 月 18 日に大阪府吹田市で発生したスキーバス事故（関連判例：大阪地判平成 21・4・20 自保ジャ 1817 号 173 号）などにみられるバス運転手の居眠り事故である。

これらの事故の一因が、バス運転者の過労運転にあるとの分析に基づき、「旅客自動車運送事業運輸規則の解釈及び運用について」（国土交通省自動車交通局総務課安全対策室長・旅客課長・技術安全部整備課長通達）の一部が改正され、その中で「高速バス及び貸切バスの交替運転者の配置基準について」が策定される等しているが、その後も平成 28 年 1 月に軽井沢スキーバス転落事故が発生するなど、必ずしも効果的な対策とはなりえていない。

バス運転者の過労運転が、規制緩和に端を発する貸切バス業界の構造的な問題に遠因があるとしても、ひとたび事故が発生すれば、貸切バス事業者は原則として自賠法 3 条の運行供用者責任を負い、同条ただし書の免責要件を立証しなければその責任を免れないことや、運転手に対する日々の運行前点呼や心身の状態のチェックにより、居眠りにつながるような過労運転を未然に防止する措置をとらなければ、刑事面・行政面でも処分の対象となることを肝に銘ずる必要があるであろう。

⑧ バスの乗客の過失──過失相殺

観光バス（貸切バス）に乗車中に運転手の過失により事故が発生して乗客が受傷した場合、乗客に過失が認められれば過失相殺が考えられる。

ただ、一般道を走行する乗合バスには、座席にシートベルト（座席ベルト）が装備されておらず、その装着も義務付けられていないのに対し、高速乗合バスや貸切バスの場合には、運転手に、同乗者にシートベルトを装着させることが義務付けられている（道路交通法 71 条の 3 第 2 項）。

乗合バスの箇所（199 頁）で紹介した各裁判例が示すように、乗客にもバスの発進や走行中の揺れに伴う危険から自らの身を守る努力が求められており、それにより損害の発生および拡大を防止する義務があるとされていることから、高速乗合バスや貸切バスなどシートベルトの装置が備え付けられているものについては、シートベルトの未装着が過失相殺の対象となる。

前述（193 頁）の、愛知県瀬戸市内で平成 23 年 10 月に発生した貸切バス

転落事故（運転手が運転中にくも膜下出血で意識喪失した事故）では、乗客の小学生全員がシートベルトを装着していたことから、運転手以外に死亡の結果は生じていないことを考えると、シートベルトの装着が損害の発生や拡大を防止するのに有用であることは争いがない。

　現在では、各バス会社も、乗客にシートベルトの装着を促す車内アナウンスを行っていたり、観光バスにおいて発車前に乗務員が乗客のベルト装着状況を確認して回るなど、シートベルトの装着が強化されてきていることからするならば、万が一、事故に遭った際にシートベルトを装着していなかった場合には、損害の発生および拡大に寄与した過失があるとして乗客に対する過失相殺が認められる可能性が高いといえよう。

　もっとも、過失相殺が認められるためには、シートベルトの未着用が損害の発生および拡大に寄与したといえる場合でなければならないから、受傷部位がシートベルト装着の有無とは関わりのない場合、あるいはシートベルトを着用していたとしても損害の発生ないしは拡大が避けられなかったような場合には過失相殺は認められない。

　バス事故に関するものではないが、シートベルトの未装着と過失相殺については、以下の各裁判例が参考となろう。

　名古屋高判平成 14 年 12 月 25 日（交通民集 35 巻 6 号 1506 頁）は、本件事故当時に被害者がシートベルトを着用していればその負傷内容・程度に異なった結果が生じたとはいえないとして、シートベルト不装着による過失相殺を認めなかったが、名古屋地判平成 24 年 11 月 27 日（交通民集 45 巻 6 号 1370 頁）は、被害者らがジュニアシートないしシートベルトを着用していなかったことにより損害が拡大したと認めるのが相当であり、ジュニアシートの設置が義務付けられており、事故日以前である平成 20 年 6 月 1 日に後部座席シートベルトの着用が義務付けられたことをも併せ考慮すれば、過失相殺を適用せざるをえないとした（ただし、事故時状況や事故態様などから 5 パーセントの過失相殺）、大阪地判平成 27 年 7 月 2 日（自保ジャ 1956 号 154 頁）は、被害者がシートベルトを着用していなかったことによって損害が拡大した可能性が否定できず、平成 20 年 6 月 1 日以降、自動車の運転者は、後部座席を含めてシートベルトを装着しない者を乗車させて運転してはならないとされ、高速道路での義務違反は行政処分の対象にもなっていることからすると、

その義務自体は運転者に対するものであることを踏まえても、被害者にも一定の過失があるというべきであるとした（5パーセントの過失相殺）。

3 マイクロバス

1 マイクロバスについて

マイクロバスとは、定員が十数名の小型バスをいう。マイクロバスには、自家用に使用される場合（送迎バス）と、旅客自動車運送事業に使用される場合とがあり、自家用に使用される場合には一般の車両と同様に考えてよく、マイクロバスに特有の問題があるわけではない。

また、事業用のマイクロバスによって事故が発生した場合には、そのサイズからして貸切バスとして使用されるのが通常であることから、事業者および運転者の加害責任（運行供用者責任、使用者責任、一般的不法行為責任および過失相殺）を考えるにあたっては、これまで観光バス（貸切バス）で述べてきたところの裁判例が参考となる。

事業用のマイクロバスに関する裁判例が見当たらないことから、以下では自家用であると事業用であるとを問わず、マイクロバスに関する裁判例を俯瞰することとする。

2 運行供用者性について

❶レンタカーの場合

最判昭和50年5月29日（判時783号107頁）は、マイクロバスによる人身事故が発生した場合、同マイクロバスを所有するレンタカー会社は、賃貸中であっても自賠法3条の運行供用者責任を負担するとした。

すなわち、「上告人はレンタカーを賃貸するに当り、借主につき免許証の有無を確認し、使用時間、行先を指定させて走行粁、使用時間に応じて預り金の名目で賃料の前払をさせ、借主の使用中、使用時間、行先を変更する場合には、上告人の指示を受けるため返還予定時刻の3時間前に上告人にその旨連絡させ、これを怠った場合には倍額の追加賃料を徴収するものとし、車両の整備は常に上告人の手で責任をもって行われ、賃貸中の故障の修理も原則として上告人の負担であったというのであり、右事実関係のもとにおい

ては、上告人は本件事故当時本件自動車に対する運行支配及び運行利益を有していた」としてレンタカー会社の運行供用者性を認めた。

　なお、レンタカーについては、同旨の最判昭和46年11月9日（民集25巻8号1160頁）があり、マイクロバスに関してもこれに従った判示となっている。

❷送迎用バスの場合

　仙台地判昭和55年4月21日（交通民集13巻2号502号）は、ホテルの送迎バスが乗客を乗せて走行中に左側前後輪を用水路に逸脱させ、バスを傾斜させたことにより、乗客が受傷した事故において、ホテル運営会社は事故を起こした送迎バスの所有者であり、自賠法3条の責任を負うとし、東京地判昭和47年4月12日（判タ282号365頁）は、会社の従業員が、同僚と飲酒の後、自己の帰省の便宜のため同僚に会社の従業員輸送用のマイクロバスで送ってくれるよう頼んで同乗して事故に遭い死亡した事案において、バスは被告会社の従業員の輸送用に使用されていたものであり、その運転はもっぱら本件加害者外1名が担当しており、エンジンキーは同人らで保管していたこと、およびバスの運転目的が、被害者が仕事が終わって帰省するために使われたものであって、本件バスが会社の業務に関連のない被害者の個人的用途にのみに使用されたとはいえないことから、会社の運行支配をまったく排除した意味での無断運転ということはできず、加害車両の所有者である被告会社には依然として同車の運行利益、運行支配が帰属しているというべきであるとして、自賠法3条の責任を認めた。

❸スクールバスの場合

　新潟地裁六日市支判昭和48年2月22日（判時706号59頁）は、自動車教習所の従業員が同送迎用マイクロバスを無断で、かつ業務とは無関係の私用運転の際に事故を起こして同乗者を死亡させた場合に、マイクロバスを所有する自動車教習所に対して自賠法3条に基づいて損害賠償請求がされた事案である。

　同判決は、無断私用運転とはいっても、教習所としては、同車を毎日自宅に持ち帰って保管することを当該運転手に委ねていた以上、当然予想しうる範囲内の私用運転であり、教習所は運行供用者責任を負うとした（ただし、信義則を根拠に損害額の2割を減額）。

また、岡山地判昭和 58 年 8 月 30 日（交通民集 16 巻 4 号 1200 頁）」は、事故当時小学 3 年生であった被害児童が小学校の送迎用に運行されていたスクールバスに衝突されて死亡したケースで、遺族が、運転者に対しては民法 709 条、被告会社に対しては自賠法 3 条に基づき損害賠償を請求した事案である。

まず、運転手について、バスが普段進入したことのない別の私道に進入し、そのために集合していた生徒があわてて左右に散った状態にあったのであるから、運転手としては、進路前方および左右の生徒の動静を注視して安全を確認しつつ進行すべき注意義務があるのに、前方および左方に対する注意を怠り、右後方のみを注視してバスを運転した過失があったとして民法 709 条の責任を認めた。

次いで、バス会社については、バスを所有する同社が運行供用者に該当することを前提に、バスの直前に、背の低い児童が一段と背を丸めて潜り込む形で飛び出してきたものであるから、運転者からは死角に入り、本件事故を回避できなかったとの同社の自賠法 3 条ただし書による免責の主張（児童の一方的過失）を排斥した（ただし、児童および両親の過失を認め 30 パーセントの過失相殺が認められている）。

3 運行起因性について

最判平成 8 年 12 月 19 日（交通民集 29 巻 6 号 1615 頁）＜控訴審：札幌高判平成 4・11・26（交通民集 29 巻 6 号 1621 頁）、第一審：札幌地判平成 3・10・23（交通民集 29 巻 6 号 1618 頁）＞

本件は、マイクロバスのエンジンを始動させるための作業中、自動車のバッテリーと接続させたバッテリーが爆発したことにより、右眼を失明した原告が、同自動車に関する保険契約の保険者である被告に対し、保険契約に基づき、後遺障害（右眼失明）についての保険金を請求した事案である。

この事案では、事故時点では本件車両は走行状態にはなかったものの、原告がこれを走行させるべく操作・作業をしており、いわば走行に至る一連の過程における事故であるとして、本件事故の運行起因性が問題となった。

なお、同保険契約によれば、被告保険会社は、被保険者に対し、「被保険自動車の運行に起因する急激かつ偶然な外来の事故」により被保険者が身体

に傷害を被り、かつ、それによってその被保険者に生じた損害について自賠法3条に基づく損害賠償請求権が発生しない場合に、所定の保険金を支払うことになっていた。

第一審判決は、原告の作業は、「本件車両バッテリー、さらにはそのエンジンという固有装置を走行状態に置くために行われたものであり、その意味で、右本件車両の固有装置の操作と一体のものであったことが認められる。したがって、原告の右作業を全体を通してみれば、本件事故は、右本件車両の固有装置の用法、目的に従った操作の過程で生じたものと考えることができる」とした上で、「原告は、本件車両の運転者であり、自賠法3条の他人に当たらないために、原告に本件事故について同条に基づく損害賠償請求権が発生しないことは明らかである」として保険金の請求を認容した。

これに対して原審判決は、自損事故条項にいう「運行」とは、「被保険自動車の固有の装置をその用い方に従って用いることをいい、「運行に起因する」とは、「運行」と右事故との間に相当因果関係のあることをいうものと解するのが相当である」とした上で、「本件車両のバッテリーを通常予定された使用方法で使用を開始する以前に、本件車両のバッテリーとは別の本件予備バッテリーの起こした爆発事故であり、しかも、その原因は、専ら被控訴人が、本件予備バッテリーとリード線の接続部分の操作を誤ったことによるものである。とすれば、送電後は直ちに本件車両を運転する予定であっても本件事故は、本件車両を当該装置のその用法に従って用いることによって発生したものとはいえないし、少なくとも運行とは相当因果関係を欠くところである」とし、本件事故は、被保険自動車の運行に起因する急激かつ偶然な外来の事故ではないと判示して、保険金請求を否定した。

本判決も原審判決の判断を支持したものであるが、最高裁は、従前より自動車の固有の装置をその用法に従って使用する場合には「運行」にあるとしていることから（最判昭和52・11・24民集31巻6号918頁）、固有の装置をその用法に従って操作して発生した事故か否かで第一審判決と原審判決とで結論が分かれたものであるといえる。

④ 自然災害との競合

　これについては、熊本地判昭和 60 年 7 月 3 日（判タ 567 号 230 頁）を紹介しよう。

　本件は、山間部で働く営林署職員の乗ったマイクロバスが土石流で川に転落して同職員が死亡した事故につき、遺族が、国の道路管理に瑕疵があったとして国家賠償法 2 条に基づき損害賠償請求をするとともに、労働契約に基づく安全配慮義務違反による責任および民法 715 条の使用者責任を追及した事例である。

　本判決は、まず国の道路管理に瑕疵があったといえるか否かについて、市道について、道路法 24 条に基づき道路管理者の承認を受けて維持・補修を行い、その費用を負担している国は、市道に関し国家賠償法 2 条 1 項の管理者または同法 3 条 1 項の費用負担者にあたるとした上で、「本件災害現場において、土石流の発生を予測することは困難であったものというべく、したがって被告において、本件林道上を通行する車両等に災害をもたらす本件のような土石流の発生に備えて、あらかじめ防護施設……を設置していなかったからといって、本件林道が道路として通常有すべき安全性に欠けていたものということはできない。」として、道路の管理に瑕疵があったとは認められず、仮に瑕疵があったとしても本件災害の発生との間に相当因果関係がないとして、国の国家賠償法 2 条の責任を否定した。

　次いで、安全配慮義務違反の主張についても、「国は公務員に対し、国が公務遂行のために設置すべき場所、施設もしくは器具等の設置管理、又は公務員が国もしくは上司の指示のもとに遂行する公務の管理にあたって、公務員の生命及び健康等を危険から保護するよう配慮すべき義務（安全配慮義務）を有するものである」と安全配慮義務自体は認めつつ、原告側の通勤路の整備義務違反の主張については、「本件災害当時、本件林道は相応に整備されていたことが認められる」として退け、また、営林署の事業所主任が営林署職員を山中の作業現場に就労させたこと、およびその後下山の措置をとらずに引き続き就労を命じたことについても、「午前 11 時以降の豪雨は異常であり、その中で下山は危険であったというべきであるから、同主任が第二班に対し下山の措置をとらなかったことをもって、これを非難することは筋違

224　第Ⅱ部　第1章　事業用自動車の加害責任

いであるといわねばならない」と判示して、事業所主任のとった措置は相当
であって、同人に過失はなかったものであり、国に安全配慮義務違反および
不法行為責任（使用者責任）は認められないと判示した。

　これは事例判断ではあるが、道路管理の瑕疵について、前掲名古屋高判昭
和49年11月20日（飛騨川バス転落事故判決）とは逆の結論を導いている。
飛騨川バス転落事故判決では、事前規制その他の方法により土石流による転
落事故を防止することが可能であったとしていたのに対し、本判決において
は、事業所主任が事後的に下山の措置をとらなかったことの是非が判断され
ている。

　当日の事故に至るまでの事業所主任の行動、降水量や降雨継続の見込み、
休憩所の位置・安全性および豪雨の中での下山の危険性などから、事業所主
任の判断に過失はないとしたものであるが、はたしてそのように言い切って
よいものかについては疑問なしとはしないところである。

４　バスジャック

(1)　バスジャックの発生

　近時では、平成12年5月3日に、刃物を持った当時17歳の少年が乗客
乗員22人の西鉄高速バスを乗っ取り、乗客1名を殺害、4人に重軽傷を負
わせた事件がよく知られている（西鉄バスジャック事件）。

　また、平成15年7月28日に、関越自動車道上越線下り線を走行中の新
宿発特急長野行きの高速バス内において、パン切り兼冷凍用包丁を用いて運
転手を脅し、同人および乗客ら合計34名を人質とするバスジャックも発生
している（関連判例：長野地判平成16・2・18平成15年（わ）第231号）。

　これらのバスジャックに巻き込まれて乗客等が死傷した場合、バスジャッ
ク犯が民法709条の不法行為責任を負うことは当然であるとして、バス
ジャックを許したバス会社が乗客等の死傷の結果に責任を負うことはあるで
あろうか。

(2)　バス会社の債務不履行責任ないし不法行為責任

　これまでみてきた裁判例からもわかるように、バス会社には、乗客との間

の運送契約に基づき、乗客の安全を確保すべき義務があることから、バス会社が過失によりかかる義務を怠ったといえる場合には債務不履行責任ないし不法行為責任を問いうることになる。

　もっともバスジャックの場合には、バスの「運行」にあたっての安全確保義務ではないことから、観光バスの箇所で触れた旅行業者の安全確保義務の内容を参考に、バス会社がいかなる内容の安全確保義務を負担し、過失によりその義務を怠ったといえるかを検討してみよう。

　旅行業者は、旅行者に対して、①安全確保のための調査・資料の収集を行うこと、②平均水準以上（安全を確保しうるという意味で）の旅行サービス提供機関を選択し、これと旅行サービス提供契約を締結すること、③旅行の目的地および日程、移動手段の選択に伴う特有の危険が予想される場合に、その危険をあらかじめ除去する手段を講じ、旅行者にその危険を告知して旅行者が自らその危険に対処する機会を与える等の合理的措置を講じること、を内容とする安全確保義務を負うものであるが、このうち特に参考になるのは③である。

　バスジャックを念頭においた場合の③の措置は、行程から予想される危険をあらかじめ除去する手段を講じることが必要となるが、これを推し進めれば、航空機に搭乗するときのように手荷物検査を行ったり身体検査を行うことが必要になると考えられる。

　しかし、現実問題として、バス会社にそこまでの人的・物的設備を整えるよう求めることには無理があり、このようなセキュリティチェックをすることなく凶器を車内に持ち込ませてしまった点をバス会社の過失と評価するのは酷であろう。

　また、乗客に、事前に危険を告知して乗客自らその危険に対処する機会を与えるといっても、バスジャック犯は、その目的を秘して一般の乗客に紛れてバスに乗車したうえで犯行に及ぶものであるから、事前にそのような危険な人物の乗車を阻止することは不可能であるし、そのような事前情報も入手のしようがない。

　この点は、たとえばデパートのように不特定多数人が出入りするような場所で立てこもり事件が起きた場合のデパート側の責任と同様に考えることができると思われるが、その責任としては消極に考えざるをえないであろう。

そうすると、バスジャックの場合、現実問題として、バス会社に乗客に対する安全確保義務の懈怠があったと評価されるのは、たとえば、バス車内に危険物が置いてあったためにそれが犯行に利用されてしまったとか、バス運転手や乗務員の不適切な対応が被害の拡大を招いたというような極めて例外的なケースにおいて限定的に認められるにすぎないということになろう（バスジャックを企図した犯人は、当初からその意図で凶器を持参したうえで乗車してくるのが通常であるので、前者についてはあまり想定できないといえようが）。

したがって、バスジャック事案におけるバス会社の債務不履行責任ないし不法行為責任は否定的に解すべきであろう。

(3) 被害を受けた乗客の被害救済

このようにバス会社に対する責任がほぼ問えないとすると、死傷した乗客に対する被害救済はどのように図られるべきか。

この点、バスジャック犯の刑事事件に際して損害賠償命令制度（犯罪被害者等の権利利益の保護を図るための刑事手続に付随する措置に関する法律第6章）を利用して犯人に対して損害賠償請求することが考えられるが、犯人に資力があることは稀であり、実質的な被害回復にはならない可能性が高い。

また、犯罪被害者給付金（犯罪被害者等給付金の支給等による犯罪被害者等の支援に関する法律）を受給することが考えられるが、損害額をすべてカバーするものではなく、必ずしも十分とはいえない。

そうすると、やはり保険による救済が図られるほかないと考えられる。以前には、バス事業者向けに「バスジャック保険」なる保険商品が発売されたこともあったようであるが（現在は確認できない）、基本的には各人が加入する傷害保険がメインとなるものと思われる。

傷害保険も定額での支払いが基本であり、損害額すべてをカバーするものではないが、バスジャック被害が「急激・偶然・外来の事故」であることは明らかであるので、被害救済にとって簡易であるとともに重要な役割を果たすことになると考えられる。

4 代行運転自動車

1 運行供用者責任

1 運転代行とは[1]

① いわゆる自動車運転代行業とは、他人に代わって自動車を運転する役務を提供する営業（自動車運転代行業の業務の適正化に関する法律（以下、「法」という）2条1項）をいい[2]、他人の自動車をその他人に代わって運転する点で、バスやタクシーと区別される。

運転代行の営業はきわめて限定的である。まず、夜間、飲食店で飲酒し酒気を帯びた状態にある者（いわゆる酔客）が帰宅に際し、そのまま自身の自動車を運転して帰ると飲酒運転となることから、運転代行業者が顧客に代わって、顧客の運転してきた自動車を運転する（法2条1項1号）。運転代行業者は、営業用の自動車（以下、「随伴車」という）で顧客のもとに赴くが、タクシー業を営むわけではない運転代行業者は、顧客を随伴自動車に乗車させてはならず、顧客の自動車に乗車させなければならない（同項2号）。また、運転代行業者は随伴車を顧客の自動車に随伴させることが必要となる（同項3号）。これらの要件を満たす者が運転代行業者として営業することができる。

② 運転代行業を営もうとする者は、公安委員会の認定を受けなければならない（法4条）が、その営業形態は上述のとおりである。そのため、運転代行業者は、2人1組となって営業を行うこととなる。1人が顧客の自動車を運転し、他の1人が随伴車を運転する。運転代行では、1人が顧客の自動

---

1) 運転代行業の歴史的問題については、古笛恵子「代行運転依頼者による自賠責保険金請求の可否」判タ885号34頁以下が詳しい。

2) 平成14年に法が施行されるまでは、法規制がなかったため、参入障壁が少ない状況にあった。そのため業態が多様であったことから、運転代行という言葉で一括りに検討することは困難であった。しかし、法が施行されたことで、後に述べるように公安委員会の認定を受けなければならなくなったことから、運転代行の多様性を問題とする必要はなくなった。この点については、伊藤文夫「運転代行業者と運行供用者責任」金融・商事判例933号134頁が詳しい。

車を運転し、同時に顧客を同乗させなければならないことから、運転代行を
する者には、第二種運転免許の取得が義務付けられている（道交法86条5項）。
また、運転代行中は、顧客の自動車に所定の標識を掲示すること（法16条）、
随伴車には認定番号を入れること（法17条1項）が義務付けられている。タ
クシー業者が運転代行業を行うなど事業用登録を受けている車両を除き、随
伴車に顧客を乗せる行為は禁止されている（いわゆる白タク行為、道路運送法
96条1号、4条1項）。もっとも、白タク行為になったとしても、運転代行業
者には、損害賠償責任保険契約の締結義務がある（法12条）から、保険契
約上の処理は変わらず、顧客に生じた損害は運転代行業者の保険を使うこと
となる。

② 運転代行業者の運行供用者責任

① 自賠法3条の「自己のために自動車を運行の用に供する者」について、
最判昭和43年9月24日（判時539号40頁）は、「自動車の使用についての
支配権を有し、かつ、その使用により享受する利益が自己に帰属する者を意
味する」として、運行供用者の判断基準を示している[3]。

② 運転代行に際しては、前述のとおり、顧客は飲酒して自動車の運転が
法律上禁止された状態にある。そのため、顧客が運転代行者に行き先を指示
することはあっても、実際の道路状況に併せて自動車を運転しているのは、
運転代行者であるから、自動車の使用について支配権を有しているのは運転
代行者である。そして、運転代行者も最終的には、顧客から収受した料金で
利益を得ているから、運転代行者が自動車を運転して「他人」に損害を加え
たときは、自賠法3条の運行供用者責任を負担することは明らかである。ま
た、運転代行業者についても運転代行者を介して、自動車の運行支配、運行
利益を享受しているから、運転代行業者の運行供用者責任も認められる[4]。
したがって、運転代行業者も自賠法3条の運行供用者責任を負担する。問
題は、そのいずれかが「保有者」にあたるかである[5]。

---

3) 運行供用者責任の詳細は、本書の第Ⅰ部第1章を参照。
4) 伊藤・前掲注2）135頁も同旨。

③ 運転代行業者の「保有者」性

自賠法における「保有者」とは、自動車を使用する権利を有する者で、自己のために自動車を運行の用に供するものをいう（自賠法2条3項）。ここでの使用する権利の代表的なものは、所有権に基づく使用権である。運転代行においては、運転代行業者は、顧客の依頼を受けて自動車を使用する権利を取得している[6]。すなわち、運転代行業者は、一時的に顧客の自動車を保有していることになる。この点が争われた事件として、最判平成9年10月31日（民集51巻9号3962頁。以下、「平成9年判決」という）がある[7]。

④ 平成9年判決

(1) 事案の概要

X（原告、被控訴人、被上告人）は、昭和63年12月2日午後6時30分頃、勤務を終えた後、勤務先会社から貸与され、通勤および業務のほか私用に使うことも許されていた自動車（以下、「本件自動車」という）に乗って飲みに出かけ、スナック等で飲酒をした。そして、翌3日午前0時過ぎ頃、スナック従業員を介して、運転代行業者であるP代行に運転代行（本件自動車にXを乗車させて自宅まで運転すること）を依頼した。

Xからの依頼を承諾したP代行は、Aを派遣し、Aは、本件自動車の助手席にXを乗車させてXの自宅に向かった。しかし、午前1時35分頃、本件自動車とB運転の自動車とが衝突する事故が発生し、これにより、Xは右眼球破裂等の傷害を負い、右眼失明等の後遺障害を残した。

そこでXは、本件自動車の自賠責保険契約の保険者であるYに対し、自

---

5)　保険会社に対する直接請求を規定する自賠法16条1項は「第3条の規定による保有者の損害賠償責任が発生したとき」として、自賠責保険が機能するのは運行供用者が自賠法2条3項に規定する「保有者」である場合に限定する。

6)　山下郁夫・最高裁判例解説平成9年度（下）1267頁は「運転代行業の業務の性質は、人（依頼者）及び自動車の運送の請負と解するのが一般的」であると述べる。

7)　代行運転の事例ではないが、一時保有という点では、貸金の担保として自動車を預かった者を「保有者」として認めた最判昭和43年10月18日（判時540号36頁）や自動車の修理のため預かった自動車修理業者に運行供用者責任を認めた最判昭和44年9月12日（民集23巻9号1654頁）が参考になる。

賠法 16 条に基づき、損害賠償請求をした。Y は、X は、本件事故の際も本件自動車の助手席に乗車しており、ほぼ全面的に本件自動車の運行を支配していたのであるから、P 代行に派遣された A は、本件自動車の支配権を有していたわけではなく、他人のために自動車の運転に従事する者である自賠法 2 条 4 項の「運転者」にすぎないとして、代行運転者たる A を派遣した P 代行の運行供用者性を争った。第一審判決は X の請求認容。Y 控訴の控訴審判決は控訴棄却。そこで、Y が上告した。

(2) 判決要旨

上告棄却。

「前記事実関係によれば、P 代行は、運転代行業者であり、本件自動車の使用権を有する被上告人 X の依頼を受けて、被上告人 X を乗車させて本件自動車を同人の自宅まで運転する業務を有償で引き受け、代行運転者である A を派遣して右業務を行わせていたのであるから、本件事故当時、本件自動車を使用する権利を有し、これを自己のために運行の用に供していたものと認められる。したがって、P 代行は、法 2 条 3 項の『保有者』に当たると解するのが相当である。」

(3) 本件の検討

運転代行においては、運転代行業者は、顧客の指示に基づいて、顧客およびその自動車を目的地まで運送することを目的とする。そして、自動車の所有者たる顧客が同乗している上、自動車の運行も比較的短時間、短距離であることが多い。このことからすれば、修理業者や貸金の担保として自動車を預かった者に比して、運行支配の独立性が弱い点を指摘することはできる[8]。しかし、運転代行業者は、有償で顧客およびその自動車を目的地まで運送していることからも、自ら自動車を運行、管理しており、固有の運行支配、運行利益があるといわざるをえない。そして、運転代行業者は、顧客の依頼に基づき、顧客に代わって自動車を運転する以上、運転代行業者に自動車の使用権限があることは明らかである。それゆえ、運転代行業者が自賠法上の「保

---

8) 山下・前掲注6) 1268頁。

有者」であることに疑いはない[9][10][11]。

5　代行運転依頼者の「他人」性

　自賠法3条にいう「他人」とは、運行供用者および運転者以外の者をいう[12]。そのため、代行運転中の自動車が歩行者や相手車両の運転者および同乗者に損害を与えた場合には、これらの者は当然に「他人」に該当する。

　問題となるのは、代行運転依頼者である顧客が「他人」にあたるかである。顧客は、自己の自動車を運転代行者に運転してもらい、目的地までの運行を任せた状態にある。顧客は運転代行業者の運転する自動車に同乗する者であるが、運転代行業者は顧客の指示した目的地まで自動車を運転するから、運行支配はいまだ顧客にあると考えることもできる。そこで、顧客が自賠法上の「他人」にあたるか検討することが必要になる。この点、車内にいて被害者となった自動車所有者は「他人」にあたるか判断した最判昭和57年11月26日（民集36巻11号2318頁。以下、「昭和57年判決」という）は、他人性について判断したリーディングケースとして参照すべきものである。

(1)　昭和57年判決

　Aは、昭和49年1月14日午後9時頃、自己所有の自動車に友人数名を

---

9)　伊藤・前掲注2) 134・135頁、田上富信・判例評論473号38頁（判時1637号200頁）。高野真人「運転代行依頼者」判タ1033号117頁。なお和田真一教授は、「運転代行業者の支配性は限定的と言わざるを得ないが、その限りでは保有者性を肯定するのが妥当である」とする（民商法雑誌118巻6号874頁）。

10)　なお、代行運転者が運転代行業者の従業員である場合の代行運転者は、自賠法2条4項の「運転者」に該当すると考えられる（山下・前掲注6) 1268・1269頁、田上・前掲注9) 38頁）。

11)　なお、本書の中心的課題ではないが、運転代行者の起こした事故の相手方との関係では、顧客は、目的地までの指示をするなど運行支配、運行利益を有しているといえ、「保有者」としての責任を負うものと考える。

12)　最判昭和47年5月30日（民集26巻4号898頁）は、「自賠法3条は、自己のため自動車を運行の用に供する者（以下、運行供用者という。）および運転者以外の者を他人といっているのであって、被害者が運行供用者の配偶者等であるからといって、そのことだけで、かかる被害者が右にいう他人に当らないと解すべき論拠はなく、具体的な事実関係のもとにおいて、かかる被害者が他人に当るかどうかを判断すべきである」としている。

乗せてスナックに行き、友人らと飲酒した後、翌15日午前0時頃、店を出た。Aは、Bから自動車を運転させてほしいと求められて渋々これを承諾して、自動車の後部座席に同乗した。Bが自動車を運転していたところ、運転操作を誤って自動車を左右に大きく蛇行させた挙句、ガードレールに車体を激突させて横転させるという事故を起こし、これによりAを死亡させた。

本判決は、「Aがある程度B自身の判断で運行することをも許したとしても、Aは事故の防止につき中心的な責任を負う所有者として同乗していたのであって、同人はいつでもBに対し運転の交替を命じ、あるいは、その運転につき具体的に指示することができる立場にあったのであるから、BがAの運行支配に服さず同人の指示を守らなかった等の特段の事情がある場合は格別、そうでない限り、本件自動車の具体的運行に対するAの支配の程度は、運転していたBのそれに比し優るとも劣らなかったものというべきであって、かかる運行支配を有するAはその運行支配に服すべき立場にあるBに対する関係において同法3条本文の他人にあたるということはできないものといわなければならない」として、特段の事情の具体的内容についての審理を尽くさせるため破棄差し戻した[13]。

(2) 平成9年判決の「他人」性判断

平成9年判決は、昭和57年判決を参照して、「特段の事情」の有無を具体的に検討した上で、代行運転依頼者の「他人」性を肯定した。

運転の交替を命じ、あるいは、具体的に指示することができる立場であるかにつき、代行運転依頼者たる顧客は、自宅に帰るために運転代行業者を利用することからすれば、少なくとも、自宅までの道のりなどについて具体的に指示する立場にあったというべきであって、運行支配を有していたとはいえよう。もっとも、代行運転依頼者たる顧客が運転の交替を命じることは、自ら飲酒運転すなわち法規違反をすることとなるから、顧客は、運転代行者に自動車の運行を任せざるをえない状況にあった。その意味で、顧客はいつでも運転を交替できる状況にあったとはいえないのであり、それゆえ、自動車の運行を完全に支配していたということはできない。

---

13) 運転代行の事案ではないが、「特段の事情」の有無について判断した近時の裁判例として、仙台地判平成22年3月19日（自保ジャ1836号41頁）がある。

それでは、平成9年判決が顧客を他人と判断した理由についてみてみよう。

「前記事実関係によれば、被上告人Xは、飲酒により安全に自動車を運転する能力、適性を欠くに至ったことから、自ら本件自動車を運転することによる交通事故の発生の危険を回避するために、運転代行業者であるP代行に本件自動車の運転代行を依頼したものであり、他方、P代行は、運転代行業務を引き受けることにより、被上告人Xに対して、本件自動車を安全に運行して目的地まで運送する義務を負ったものと認められる。このような両者の関係からすれば、本件事故当時においては、本件自動車の運行による事故の発生を防止する中心的な責任はP代行が負い、被上告人Xの運行支配はP代行のそれに比べて間接的、補助的なものにとどまっていたものというべきである。したがって、本件は前記特段の事情のある場合に該当し、被上告人Xは、P代行に対する関係において、法3条の『他人』に当たると解するのが相当である。」

平成9年判決は、事故発生防止に対する中心的な責任が誰にあるかに着目して考えているようである。先に述べたように、運転代行依頼者たる顧客は、自ら積極的に運転を交替することができない以上、自動車の運行に対してできる指示はきわめて限定されていたということができる。飲酒運転が法規違反となることからすれば、運転を交替することによって事故の発生を防止することはできないことになる。実際の道路状況に応じて運行するのは、運転代行者であることからすれば、運転代行者に事故発生を防止すべく自動車の運行をする義務があるというべきである。

(3) その他の問題

運転代行業者が非正規、すなわち公安委員会の認定を受けていなかった場合についても、簡単に触れておこう。

運転代行業者が非正規であった場合、事故発生防止に対する中心的責任は顧客にあると考え、「他人」性を否定すべきようにも思われる[14]。しかし、一律に非正規の運転代行業者に依頼したことをもって顧客の「他人」性を否定することはできない。平成9年判決が述べるように、事故発生防止に対

---

14)　原田武彦「他人性」交通事故紛争処理センター編『交通事故紛争処理の法理　（公財）交通事故紛争処理センター創立40周年記念論文集』（ぎょうせい、平成26年）156頁。

する中心的責任が誰にあるかを詳細に検討する必要があるからである。顧客の依頼した運転代行業者がたまたま非正規であった場合にも、顧客は、法規違反を回避しようとする積極的意図の下に依頼をしているのであって、運行そのものを（どのように運行するのかを含めて）運転代行業者に一任しているといえるから、「他人」性を肯定してよいと考えられる。

　これに対し、顧客が積極的に非正規の運転代行業者に依頼したような場合には、どう考えるべきか。このような場合であっても、顧客に法規違反を回避しようとする意図があって、運行を運転代行業者に一任していると認められる限り、その「他人」性を認めてよいように思われる。結局、正規、非正規を問わず、「他人」性は肯定できると考えるべきである。むしろ、運転代行の場合に顧客の「他人」性が否定される事情はどういったものかを検討することが、今後の課題となろう[15]。

　また、顧客と自動車所有者とが一致する場合についても、飲酒運転という危険行為を回避する意図で運転代行業者に依頼することが非難されるとはいえないから、自動車所有者が被害者の場合であっても、運転代行業者との関係でその「他人」性を肯定すべきである[16]。

　さらに、問題となると考えられるのは、顧客が随伴車に乗車して随伴車が事故を起こし、顧客が負傷するという場合であろう。顧客を随伴車に乗車させることは道路運送法違反となり、随伴車に乗車した顧客も非難されるべきではあるが、顧客は飲酒運転を避けるために運転代行業者に運転してもらっているのであって、事故発生防止に対する中心的責任はやはり運転代行業者にあるといえる。したがって、この場合であっても、顧客は「他人」にあたるというべきである。

---

15)　伊藤・前掲注2）139頁は、「自動車の運行による危険の具体化を制禦しうべき立場にあったとみられる限り、自賠法による法的保護主体として位置づけられる『他人』には該当」せず、「危険の具体化を制禦することが可能であった地位を喪失したと評価しうるような特段の事情」のない限り、原則として「他人」性は否定すべきであるとして、平成9年判決に否定的である。

16)　田上・前掲注9）39頁。

4 代行運転自動車　235

2 　使用者責任および一般的不法行為責任

(1)　自賠法3条の責任は、「他人の生命又は身体を害したとき」に負うものであるから、人身損害に限られる。それゆえ、物損が生じたとき、被害者は、民法709条、715条1項の規定によって損害賠償請求をすることになる。運転代行者が交通事故を起こした場合、運転代行者に不法行為責任が生じ、運転代行業者は使用者責任を負うことになる。

　顧客からの依頼を受けて顧客のもとに赴き、顧客を顧客の保有する自動車とともに目的地まで送り届け、運転代行業者のもとないしは待機場所等に帰還するまでが運転代行者の業務である。そして、これらは代行運転に伴う当然の行為であるから、事業執行性は容易に認められるといえよう。また、運転代行者は、顧客のもとに赴く際および顧客を送り届けた後に帰還するに際して随伴車で移動することになるが、随伴車には認定番号の表示が義務付けられていることからすれば、外形上も運転代行に伴う運転であるとの認定が可能である[17]。

　随伴車の業務外使用については、慎重に検討する必要がある。運転代行者が随伴車を業務外に使用したことのみをもって、直ちに運転代行業者の使用者責任が肯定されることにはならない。運転代行者の行為が「事業の執行」といえることが必要だからである。

　「事業の執行について」とは、「広く被用者の行為の外形を捉えて客観的に観察したとき、使用者の事業の態様、規模等からしてそれが被用者の職務行為の範囲内に属するものと認められる場合」をいう[18]から、この点の検討が必要となる。もっとも、この点の検討がされた運転代行に関する裁判例は見当たらない。しかし、運転代行の営業をするには、公安委員会の認定が必要であって、第二種運転免許が必要とされていること、運転代行は顧客の自動

---

17)　千葉地判平成21年5月27日（交通民集42巻3号670頁）は、運転代行を業とする個人事業主が随伴車を運転して起こした事故につき、雇い主に使用者責任が認められることを前提事実として認定している。

18)　最判昭和39年2月4日（民集18巻2号252頁）。このほか大連判大正15年10月13日（民集5巻785頁）、大判昭和15年5月10日（判例全集7輯20号5頁）、最判昭和52年9月22日（民集31巻5号767頁）など。

車を用いたタクシー営業であることやタクシー事業者による運転代行も行われていることからすれば、タクシー事業者に対する使用者責任の判断が参考になろう[19]。

(2) 運転代行業者が使用者責任を負う前提として、顧客の車や随伴車を運転する者の不法行為責任の有無が検討されなければならない。事故発生の有無、故意過失、損害の有無、因果関係など検討すべき点は多岐にわたるが、運転代行に固有の問題として考慮すべきことはそれほどなく、この点についても、タクシー事業者の例やその他の業種の事例を参照されたい。

---

19) 使用者責任を認めた事例として、タクシー会社の自動車運転助手兼整備係が営業用自動車を用いて運転練習中に被害者を負傷させた場合、タクシー会社の使用者責任を認めたものがある（最判昭和34・4・23民集13巻4号532頁）。近時の裁判例として、駐車禁止場所での談笑中の事故につきタクシー事業者の使用者責任を認めた東京地判平成26年9月10日（交通民集47巻5号1127頁）など。

第III部

損害と懲戒

第1章 損　害

1　事業用自動車側の損害

◤1◢　車両損害

　事故によって自動車が損傷し、そのために修理代を負担しなければならなくなったり、自動車の価値が低下したりすると、そのこと自体が損害となる。また、自動車が物理的に全損したような場合には、自動車の買い替え自体を考えなければならず、そのために諸費用を要することにもなる。事故がなければ支出を要しなかったものとして、これらも損害として認められることになる。これらは、自動車が損傷、全損した場合に認められる一般的な損害であって、事業用自動車に特有のものとはいえない。むしろ、一般の車両にあてはまる多くの事柄は事業用自動車にもあてはまるのであって、事業用自動車の損害として特に区別して議論する必要はない。そこで以下では、事業用自動車と一般の車両とを区別せず、事業用自動車の場面でも参考になると考えられる裁判例を概観することにする。なお、本項は損害の認定の問題であるから、以下では、過失割合に関する判断は割愛する。

［1］　損害賠償請求権者

　交通事故によって車両損害が生じると、車両の所有者が被害者として加害者に対し、民法709条に基づき損害賠償請求権を行使することになる。すなわち損害賠償請求の前提として、被害車両の所有者を確定することが必要

になる。もっとも、それも被害車両の使用者と所有者とが一致している場合には問題とならない。しかし、車両購入に際して所有権留保特約が付されている場合やリース業者がユーザーに代わってリース物件を購入してユーザーが車両を使用する場合などには、誰が請求権者となるか別途検討を要する。

❶ 京都地判平成 24 年 3 月 19 日（自保ジャ 1883 号 133 頁）は、自動車ローンを完済していなかった被害車両につき、売主（債権者）に留保された所有権の実体は担保権であり、被害車両の実質的な所有権は買主に帰属するとして、買主は、第三者の不法行為により被害車両を損傷された場合、被害車両に対する完全な支配を回復するため、その第三者に対し、修理費用相当額を請求できるとした。

❷ 東京地判平成 21 年 12 月 25 日（自保ジャ 1826 号 39 頁）は、リース物件である被害車両につき、修理、保守はユーザーが負担することになっていたとして、ユーザーに修理費を認めた。

❶❷のように、被害車両の現在の使用者が、加害者に対して損害賠償請求できると考えるべきであろう。リース物件については、ユーザーが修理、保守を負担するのが通常であろうから、現在の使用者を損害賠償請求権者として差し支えないと思われる。もっとも、念のために、契約内容は確認する必要はある。

② 修理費等

(1) 修理の範囲

事故に基づく基本的な損害として、修理費がある。相手車両やガードレールなどの構造物への衝突によって車体に損傷が生じ、その修理を行うことが必要となる。事故による損傷のうち、どの程度まで修理させるかは因果関係の問題である。事故と修理費との因果関係につき、❸東京地判平成 7 年 2 月 14 日（交通民集 28 巻 1 号 188 頁）は、「原告車が購入後 2 年近くを経過して、既に色褪せ等が生じていたためであることや、全塗装する場合に要する費用は、原告車の損傷のひどい後部の部分塗装の場合に要する費用の 2 倍以上にもなることなどの事情も併せて考慮すれば、本件において、原告車の全塗装を認めるのは、過大な費用をかけて原告車に原状回復以上の利益を得させることになることが明らかであり、修理方法として著しく妥当性を欠くもの

といわざるをえないから、部分塗装を前提とした修理費用をもって本件事故と相当因果関係にある損害というべきである」とした。

不法行為制度が被害者に発生した損害を填補するものである以上は、被害者に原状回復以上の利益を得させる必要はないし、加害者に負担させるべきものでもない。❹も同様の趣旨である。

❹　岡山地判平成 6 年 9 月 6 日（交通民集 27 巻 5 号 1197 頁）

「交通事故により車両が損傷した場合、加害者がどの程度まで修理すべきか問題となるが、厳密に事故前と全く同一の状態に復元修理することが多くの場合技術的に不可能なことに鑑みれば、社会常識的にみて、車両の異常が除去され事故前の状態に復したと認められる程度の義務を果たせば足りるものと解するのが相当であ」って、「新しい部品との取り替えの方が板金修理よりも経済的であるとか板金修理によれば機能上の異常が残ることが認められないことに照らせば、前記各部品については着脱のうえ板金修理をもって足りるというのが相当である。」[1]

修理の内容が常に板金修理であることを要するわけではなく、損傷の部位や部品、損傷の程度などによって個別に検討することが必要になるところ、これらの点を考慮して、部品交換による修理費用を認めたものもある（❺さいたま地判平成 24・9・14 自保ジャ 1891 号 117 頁）。

このように、損害として認められる修理の範囲は、損傷の内容、修理の方法等を考慮して総合的に判断されるものであるから、個別具体的に検討することが必要となる[2]。

(2)　損害額の立証

原告が被告に対して損害賠償請求をするに際しては、当然のことながら、原告の側で損害の立証をする必要がある。そして、そのための証拠が提出されなければ裁判所は損害の認定をしない[3]。もっとも、証拠が提出されても、それによって直ちに損害額が認定されるわけではない。

---

1)　なお、同判決は、音声の出なくなったカセットデッキについては、取替修理の必要性が認められるとした。

2)　修理費の考え方については、宮川博史「物損の損害賠償額」塩崎勤編『交通損害賠償の諸問題』（判例タイムズ社、1999 年）422～423 頁が詳しい。

❻　神戸地判平成14年7月18日（交通民集35巻4号1008頁）は、損害の発生を主張する者の提出した部品・工賃明細書と、これを争う者の提出したカタログを比較し、カタログに照らして、部品・工賃明細書は不当に高額であるおそれがあって、また作成者も不明であったことから、部品・工賃明細書の信用性は低いとして、結果的に民訴法248条に従って損害額を認定している。裁判所に提出する証拠の信用性にも気を遣い、立証を組み立てる必要があることを示しているといえよう。

(3)　物理的、経済的全損

　車両が損傷した場合、通常は修理によって損傷を補い、当該車両を使用し続けるものである。しかし、フレーム等車体の本質的構造部分に重大な損傷が生じると、もはや修理によっては回復不可能な状態となるため、物理的に全損になったとして、事故時の取引価格[4]が損害として認められる[5]。そして、事故時の取引価格は、同一の車種・年式・型、同程度の使用状態・走行距離等の自動車を中古車市場において取得するのに要する価額によって定められる（❼）。

　❼　最判昭和49年4月15日（民集28巻3号385頁）

　「交通事故により自動車が損傷を被った場合において、被害車輌の所有者が、これを売却し、事故当時におけるその価格と売却代金との差額を事故と相当因果関係のある損害として加害者に対し請求しうるのは、被害車輌が事故によって、物理的又は経済的に修理不能と認められる状態になったときのほか、被害車輌の所有者においてその買替えをすることが社会通念上相当と認められるときをも含むものと解すべきであるが、被害車輌を買替えたこと

---

3)　東京地判平成25年9月18日（自保ジャ1910号116頁）ほか参照。同判決は車両損害に関するものではないが、損害額に関する十分な証拠が提出されていないとして、原告ら主張の物損を認めなかったものである。

4)　交通事故事件ではないが、不法行為の損害賠償額は不法行為時の取引価格とした大連判大正15年5月22日（民集5巻386頁）、最判昭和32年1月31日（民集11巻1号170頁）参照。

5)　柴田保幸・最高裁判例解説昭和49年度112頁は、フレーム等車体の重要な本質的構造部分が重大な損傷を受けた場合には、修理によって車の使用能力が回復したとしても、つねに取るに足らない危険があるとして、修理後の売却も許されるとする。

242　第Ⅲ部　第1章　損害

を社会通念上相当と認めうるがためには、フレーム等車体の本質的構造部分に重大な損傷の生じたことが客観的に認められることを要するものというべきである。

　また、いわゆる中古車が損傷を受けた場合、当該自動車の事故当時における取引価格は、原則として、これと同一の車種・年式・型、同程度の使用状態・走行距離等の自動車を中古車市場において取得しうるに要する価額によって定めるべきであり、右価格を課税又は企業会計上の減価償却の方法である定率法又は定額法によって定めることは、加害者及び被害者がこれによることに異議がない等の特段の事情のないかぎり、許されないものというべきである。」

　フレーム等車体の本質的構造部分に重大な損傷を生じた物理的全損により、修理費が事故時の車両価格を超えるときは経済的全損となり（❽）、経済的全損において認められる損害額は、事故時の取引価格に限られる。不法行為制度が被害者に発生した損害を塡補するものであることからすると、車両価格を超える修理費を加害者に負担させるべきではないからである[6]。

　❽　東京地判平成14年9月9日（交通民集35巻6号1780頁）は、「一般に、車両が事故により損傷した場合に、車両を修理することによって原状回復が可能であるならば、修理費相当額をもって損害と解すべきであるが、修理費相当額が事故前の事故車の市場価格をはるかに超える場合には、いわゆる経済的全損であって、修理費相当額を請求することは許されないと解されている。これは、損害賠償制度の目的が、被害者の経済状態を被害を受ける前の状態に回復することにあり、被害者が事故によって利得する結果となることは許されないとの考慮が働いているからであると思われる」とした上で、経済的全損の判断基準にも言及する。

　「車両が全損と評価される場合には、被害者は、被害車両を修理して再び使用することはできず、元の利益状態を回復するには同種同等の車両を購入するほかない。したがって、被害車両に投下した車検費用等については、そ

6）　柴田・前掲注5）112頁は、「被害者は、事故車の事故前における市場価額（別言すれば、事故車と同一の車を中古車市場において取得するために要する費用額）からスクラップ代金を控除した金額の賠償を得ることをもって満足しなければならない。車の見積修理費等を請求することは許されない。」と述べる。

の出捐に見合う使用ができなくなることになるから、残存車検費用のうち、少なくとも時価額に包含される部分を超える限度において事故による損害と認められるべきであるし、新たな車両の購入に伴って生ずる諸費用は、車両の取得行為に付随して通常必要とされる費用の範囲内において、事故による損害と認められるべきである。これら費用等が認められて初めて、被害者の経済状態は被害を受ける前の状態に回復されたといえる。

こうしてみると、いわゆる経済的全損か否かの判断に当たって、修理費の額と比較すべき全損前提の賠償額については、車両時価額のみに限定すべき理由はなく、これに加えて、全損を前提とした場合に事故による損害と認められるべき車検費用や車両購入諸費用等を含めた金額であると解すべきであり、逆に、修理費の額が、車両時価額を上回っていたとしても、これが、車両時価額と全損を前提とした場合に事故による損害と認められるべき諸費用を加えた額を下回る場合には、もはや経済的全損と判断することはできず、修理費の請求が認められるべきである。」

❾東京地判平成 15 年 8 月 4 日（交通民集 36 巻 4 号 1028 頁）、❿名古屋地判平成 21 年 2 月 13 日（交通民集 42 巻 1 号 148 頁）も同様の判断をするものである。

車両の買替えが社会通念上相当と認められる場合には、事故時の取引価格と売却価格との差額が損害として認められる（❼）。いわゆる買替差額である。全損となった場合には、そもそも修理費が過大となるため、車両時価額を超えてしまうから、加害者にとっての負担も自然と多くならざるをえないことになる。かといって、損傷の程度によっては、被害車両の使用を継続することも困難となる。そこで、全損の場合には、社会通念上相当と認められる限り、買替差額が認められるのである。買替えに際しては、諸費用を要することが明らかであるから、修理費と対比すべき被害車両の取引価格には、買替えに要する諸費用も含まれることになる（❾❿）。

③ 車両購入諸費用

被害車両の買替えが必要となった場合、買替えのための諸費用が発生する。買替差額の検討に際して、これらの諸費用を考慮すべきことは先に述べたとおりであるが、買替えに際して、どのような費用が考慮すべき費用であるか

244　第Ⅲ部　第1章　損害

は別途検討すべきである。**⓫**は、費用の性質、内容、実態等の諸事情を総合
斟酌して、買替えに必要な費用であるかどうかを検討すべきであるとする。
そこで、以下では、どのような費用が認められるか検討する。

(1)　自動車取得税

　自動車取得税は、自動車の取得者に対して課されるものである（地方税法
4条2項7号、113条以下参照）から、買替えに際して必要となる費用である。
また、被害者が回復すべき損害は、事故時の取引価格であるから、損害額の
算定にあたって基礎とすべきは、中古車購入の際に必要となる費用となるの
は当然であろう。

　⓫　東京地判平成6年10月7日（交通民集27巻5号1388頁）

　「交通事故の被害者が事故当時の車両価格を請求できる場合にあって実際
に自動車を買い替えたときは、登録費用等の諸費用の支出を余儀なくされる
が、このうち買替えに伴って通常必要とされる費用については事故による損
害と認められるところ、右の必要性の有無は、それぞれの費用の性質、内容、
実態等の諸事情を総合斟酌して決するのが相当と解される。自動車取得税は、
自動車の取得者に対して、取得価額を基準として3パーセントの税率で賦
課されるものであって、まさに自動車の取得に伴う出捐というべきものであ
り、自動車の買替えに伴う損害と認められる。ただし、損害額の算定にあたっ
ては、新車購入の場合を基礎とすべきではなく、事故当時の車両と同程度の
中古車を購入するとした場合を想定して控えめに算定すべきである。」

　⓬　東京地判平成25年9月30日（自保ジャ1911号119頁）

　原告は、「本件事故後、車両を買い替え、自動車取得税として3万5,000
円を負担したことが認められ、本件事故と相当因果関係のある損害として同
額を被ったと認めるのが相当である。」

　⓭　大阪地判平成13年12月19日（交通民集34巻6号1642頁）

　事業用自動車の自動車取得税として、車両時価額の3パーセントを認めた。

　逆に、自動車取得税が損害として認められないとした事例もみておこう。
自動車の取得価格によっては、自動車取得税は課せられない（地方税法113
条以下参照）から、取得する車両が非課税となる場合には、自動車取得税は

損害として認められない。

❹　神戸地判平成 18 年 11 月 17 日（交通民集 39 巻 6 号 1620 頁）は、「自動車取得税については、被害車両と同程度の中古車両を取得するのに要する部分は、事故による損害と認めるべきである。本件においては、被告車の本件事故当時の価格は前記のとおり 18 万 600 円であり、自動車の取得価格が 50 万円以下の場合には自動車取得税は課税されないから、被告 Y が新車を購入した際の自動車取得税が、本件事故による損害になるとは認められない」とし、❺大阪地判平成 24 年 6 月 14 日（自保ジャ 1883 号 150 頁）は、「原告車両は、初度登録が平成 13 年 3 月であると認められるところ、これと同等の中古車を購入する場合に自動車取得税が課税されるとは認められないことからすれば、原告らの主張する自動車取得税は、本件事故と相当因果関係のある損害とは認められない」とした。

(2)　自動車重量税

自動車重量税は、自動車の重量および検査証の有効期間に応じて課されるもの（自動車重量税法 7 条以下）であって、被害車両の有効期間が残存していたとしても、廃車にしない限り還付の制度がなく（同法 16 条 4 項参照）、有効期間の未経過分は損害にあたる。

❻　東京地判平成 6 年 10 月 7 日（交通民集 27 巻 5 号 1388 頁）

「自動車重量税は、購入する自動車につき自動車検査証の交付等を受ける場合及び車両番号の指定を受ける場合に自動車の重量及び検査証の有効期間に対応して課せられるものであるから、その納付は自動車の買替えによって生じた費用というべきである。」

❼　東京地判平成 15 年 8 月 4 日（交通民集 36 巻 4 号 1028 頁）

「自動車重量税については、事故車両の自動車検査証の有効期間に未経過分があったとしても、自動車税及び自賠責保険料のように還付されることはないから、次のとおり未経過分 10 月に相当する事故車両の自動車重量税額は、事故による損害というべきである。」

❽東京地判平成 22 年 1 月 27 日（交通民集 43 巻 1 号 48 頁）、❾東京地判平成 18 年 6 月 14 日（交通民集 39 巻 3 号 752 頁）、❿東京地判平成 13 年 4 月 19 日（交通民集 34 巻 2 号 535 頁）も同旨である。

246　第Ⅲ部　第1章　損害

　これに対し、㉑東京地判平成 18 年 10 月 11 日（交通民集 39 巻 5 号 1419 頁）
は、「本件事故と相当因果関係のある損害として認められるのは、原告車両
と同等の中古車両を購入する場合に要する費用であって、これを超える新車
購入に係る費用は認められないから、新車購入を前提とする自動車重量税に
ついては、本件事故と相当因果関係のある損害としては認められない」とし
ている。

(3)　自動車税、自賠責保険料

　自動車税は、自動車の所有者に課される普通税であって（地方税法 4 条 2
項 9 号、145 条以下参照）、納税義務の発生した月の翌月から月割で課される
ものである（同法 150 条 1 項）から、抹消登録を行った翌月以降の税額は還
付されることとなる（同条 2 項）。そのため、被害車両の買替えが必要となっ
た場合には、被害者自ら還付の手続をとればよく、損害とは認められない。
　また、自賠責保険料についても、還付の制度があること（自賠責保険普通
保険約款 13 条 3 項）から、損害とは認められない。
　㉒　東京地判平成 13 年 4 月 19 日（交通民集 34 巻 2 号 535 頁）は、「自動
車税及び自賠責保険料は、車両の取得行為に付随して必要となる費用ではな
く、車両を現に所有していること等に伴って生ずる費用であって、いずれも、
事故によって車両が全損となった場合には、所定の手続を執ることにより未
経過分の還付を受けることができるものであるから、これらは本件事故と相
当因果関係を有する損害とは認められない」とした。
　㉓　東京地判平成 13 年 12 月 26 日（交通民集 34 巻 6 号 1687 頁）、㉔大阪
地判平成 13 年 12 月 19 日（交通民集 34 巻 6 号 1642 頁）も同旨である。

　買替えに際して必要となる自動車税および自賠責保険料も損害にはあたら
ない。上述のように、被害車両に課せられた自動車税および自賠責保険料は
還付の制度があるし、新車購入にあたって必要となる自動車税および自賠責
保険料は、自動車を保有する以上必要となるものであるうえ、月割で課され
るものであるから、損害とは評価できない。
　㉕　大阪地判平成 26 年 1 月 21 日（交通民集 47 巻 1 号 68 頁）
「自動車税及び自賠責保険料については、車両の取得ではなく保持のため

に必要な費用であり、買換という行為に伴って生じる費用ではないから、本件事故と相当因果関係のある損害とは認められない（なお、買換先の車両分ではなくて事故車両自体の自動車税及び自賠責保険料を損害とするのであれば、これらは制度上車検期間未経過分につき還付を受けられるものであり、いずれにせよ損害となるものではない。）。」

(4) リサイクル料金

自動車の所有者は、再資源化等預託金、いわゆるリサイクル料金を資金管理法人に預託しなければならず（使用済自動車の再資源化等に関する法律73条1項）、自動車が転々流通される場合にも、買主は売主に対し、リサイクル券と引き換えにリサイクル料金を支払うことになる。被害者が、自動車を買い替えるに際しては、当該自動車に関するリサイクル料金の支払いが必要となるため、リサイクル料金も損害にあたる。

❷ 名古屋地判平成21年2月13日（交通民集42巻1号148頁）は、被害車両と同種同等の車両の再調達に要する費用として、リサイクル料金1万5,550円を認めた。

❷ 東京地判平成25年9月3日（自保ジャ1911号119頁―1万2,640円）、❷東京地判平成26年3月12日（交通民集47巻2号308頁―1万1,190円）も同旨である。

(5) 検査・登録費用、車庫証明費用

被害車両の買替えに際して必要となる検査・登録費用、車庫証明費用も損害として認められる。

❷ 東京地判平成14年9月9日（交通民集35巻6号1780頁）は、被害車両（トヨタマークⅡ4ドアHT、初度登録平成3年9月）の検査・登録手続費用および車庫証明費用につき、同費用は、「車両を取得する都度出捐を余儀なくされる法定の費用（手数料）であ」るとして、検査・登録手続費用は3,540円、車庫証明費用は2,600円と認め、❸名古屋地判平成21年2月13日（交通民集42巻1号148頁）は、被害車両（フェラーリ328GTS、日本における初度登録平成2年2月）と同種同等車両の再調達のための登録届出費、車庫証明費として1万4,700円を認めた。

(6)　手続代行費用

　検査・登録手続や車庫証明の代行や納車費用は、販売店に依頼しなければならないものではなく、本来的に買主自ら行うことができるものである。しかし、車両購入の実際において、販売店に依頼することが社会的実態としてあることからすると、これらの費用の損害性を直ちに否定することはできない。裁判例においても、肯定するものが多数である。

　なお、同じ手続代行費用であっても、希望ナンバー代行費用は、「車両購入時に通常必要とされる費用とは認められない」として、損害性が否定される（前掲⓯）。

①　手続代行費用を認めた例

❸❶　東京地判平成 6 年 10 月 7 日（交通民集 27 巻 5 号 1388 頁）

　「車両の新規検査・登録の手続は、購入者が販売店に依頼して行う例がほとんどであるという実態に鑑みれば、検査・登録等にかかる費用については、法定の手数料部分のみに限定するのではなく、これらの手続に関して実際に要した金額をもとに相当額を算定して事故による損害と認めるべきである。」

❸❷　大阪地判平成 18 年 2 月 23 日（交通民集 39 巻 1 号 269 頁―登録手数料 4 万 3,400 円）

❸❸　東京地判平成 14 年 9 月 9 日（交通民集 35 巻 6 号 1780 頁）

　「検査・登録手続代行費用、車庫証明手続代行費用及び納車費用は、販売店の提供する労務に対する報酬であるところ、車両を取得する都度、検査・登録、車庫証明の手続や納車が必要となり、車両購入者が通常それらを販売店に依頼している実情にかんがみると、これらの費用を車両の取得行為に付随するものとして賠償の対象とするのが相当である。」

❸❹　東京地判平成 15 年 8 月 4 日（交通民集 36 巻 4 号 1028 頁―登録代行費用・車庫証明手続代行費用・納車費用 4 万円〔消費税込み〕）

❸❺　大阪地判平成 26 年 1 月 21 日（交通民集 47 巻 1 号 68 頁―検査登録手続代行費用 1 万 8,165 円、車庫証明手続代行費用 1 万 5,855 円）

❸❻　東京地判平成 27 年 8 月 4 日（平成 27 年（レ）384 号―登録手続代行費用 8,640 円）

②　手続代行費用の一部（半額）を認めた例

❸❼　東京地判平成 25 年 9 月 30 日（自保ジャ 1911 号 119 頁）

原告は、「本件事故後、車両を買い替え、車庫証明手続代行費用として1万5,540円を負担したことが認められるところ、当該費用が手続を代行した業者に対する報酬であることを考慮すると、本件事故と相当因果関係のある損害としては7,770円を認めるのが相当である。」

③ 手続代行費用を認めなかった例

❸❽東京高判平成23年12月21日（自保ジャ1868号166頁）は、「検査登録手続代行費用として3万6,750円、車庫証明手続代行費用として1万3,650円、納車費用として1万500円を要することが認められるが、これらはいずれも自動車販売業者に手続代行を依頼した報酬という性質のものであるから、車両の取得に当たって必要な費用とはいえず、再取得費用とは認められない」とし、❸❾東京地判平成24年3月27日（交通民集45巻2号405頁）も、「登録手続関係費のうち、検査登録手続代行費用1万7,514円、車庫証明手続代行費用1万3,545円及び納車費用8,379円は、自らできる手続であるから、相当因果関係のある損害とは認められない」とした。

❷ 評価損

① 評価損の意義

被害車両が損傷すると、その被害回復のために修理を行う。必要十分な修理がされ、その修理費が事故時の車両価格を超えない限り、修理費が損害として認定される。しかし、被害車両の損傷の程度や修理の内容によっては、修理後の車両価格が事故時の額まで回復することは困難となる場合がある。特に、新車または新車同然の車両については、修理がなされたこと自体によって車両価格が下落することは当然に想定される。そこで、事故時の車両価格と修理後の車両価格との差額が損害——いわゆる評価損として認定されることとなる。もっとも、評価損は事故があったことで当然に認められる抽象的なものではなく、あくまで修理によっても回復できない、事故時の車両価格と修理後の車両価格との差額であることに留意すべきである。この価格差には、それを生じさせる要因により、修理によっても技術上の限界から機能や外観が回復できないことによる損害（技術上の評価損）と完全な修理がされても隠れた損傷があるかもしれないとの疑念から売買価格が下落することに

250   第Ⅲ部   第1章   損害

よる損害（取引上の評価損）がある[7]。いずれの要因によったとしても、被害車両の現実の取引価格が下落している以上は、被害の回復ができているとはいえないから、いずれの場合においても、これを損害として認めるべきである[8]。また、いわゆる登録落ちについては、車両価格に反映されず抽象的なものである限り別段考慮されるべきではない[9]。以上の考えに立てば、事故車が修理されるすべての場合に評価損が認められることになりそうであるが、実際には、新車や新車同然の車両、高級車に認められる傾向にある。それは、裁判所が初度登録からの期間、走行距離、損傷の部位、車種等を総合的に考慮して評価損発生の有無を検討しているからにほかならない[10]。また、中古車等については、事故時の車両価格と修理後の車両価格との差が軽微であるため、問題とならないことが多い[11]。評価損の考え方については、以下の❶❷が参考になる。

❶　東京地判昭和61年4月25日（判時1193号116頁）

「格落損（評価損）とは、損傷車両に対して充分な修理がなされた場合であっても、修理後の車両価格は、事故前の価格を下回ることをいうのであるが、ⓐ修理技術上の限界から、顕在的に、自動車の性能、外観等が、事故前より低下すること、ⓑ事故による衝撃のために、車体、各種部品等に負担がかかり、修理後間もなくは不具合がなくとも経年的に不具合の発生することが起こりやすくなること、ⓒ修理の後も隠れた損傷があるかも知れないとの懸念が残ること、ⓓ事故にあったということで縁起が悪いということで嫌われる傾向にあること等の諸点により中古車市場の価格が事故にあっていない車両よりも減価することをいうものであると解せられる」。

---

7)　柴田・前掲注5）111頁参照。
8)　宮川・前掲注2）423頁以下は、目的物の価値に見合うだけの減額が認められている現状を例として、縁起が悪いとして減価した場合にも評価損が認められるべきとする。
9)　柴田・前掲注5）114頁は、「事故前の車の価格は、再調達価格、すなわち、事故前の車と同一の型、状態の車を中古車市場において取得しうるに要する金額相当と考えるべきであり、この場合、いわゆる登録落ちは右再調達価格の中に織り込まれるものと解される」として、登録落ちを別個に考慮すべきではないとする。
10)　影浦直人「評価損をめぐる問題点」東京三弁護士会交通事故処理委員会・財団法人日弁連交通事故相談センター東京支部共編『損害賠償額算定基準2002年』299頁参照。
11)　宮川・前掲注2）424頁参照。

❷東京地判平成 23 年 11 月 25 日（自保ジャ 1864 号 165 頁）は、「原告車は、平成 20 年 7 月に初年度登録がされた日産社製スカイライン GTR プレミアムエディション車であり、生産台数の限定された高級車である。原告会社は、原告車を車両本体価格 834 万 7,500 円（消費税込み）で購入し、本件事故当時の走行距離はせいぜい 945 キロメートルにすぎなかった。原告車は、初年度登録からわずか 3 ヶ月後に本件事故に遭い、リアバンパー等が損傷し、その修理には 141 万 5,478 円を要した。しかし、原告車は、リアフェンダーを修理した後も、トランク開口部とリアフェンダーとの繋ぎ目のシーリング材の形状に差があるなど、本件事故前と同じ状態には戻らなかった」として、修理歴があることにより商品価値が下落することが見込まれ、評価損が生じているとした。

　事業用自動車における美観の評価損については、❸が参考になるが、評価損が事故時の車両価格と修理後の車両価格との差額である以上は、事業用自動車の取引において、美観まで含めた価格設定になっているかを個別に検討すべきである。❸が述べるように見るに耐えないものと認められる場合には、買い手もつきづらいと考えられるから、事業用自動車であることをもって、美観の低下が価格に影響を及ぼさないとはいえないだろう。

　❸　大阪地判昭和 59 年 3 月 15 日（交通民集 17 巻 2 号 391 頁）

　「修理することのできなかった美観の低下による物の価格落ちについては、本件の如く、物が、荷物輸送用トラックであって、特定の顧客に対してのみ使用されるにすぎない場合には、特に著しい美観の低下が認められ、かつ、通常人をして荷物輸送用トラックとしても見るに耐えないものと認められる場合、もしくは、特に保有者において相当と認められる主観的事情の存する場合はともかく、原則として、その美観の低下による価格落ちを損害として加害者に対し請求しえないものというべきである。」

②　評価損の額

　評価損が前記のような考え方をとっていることからすれば、その算定方法も、まずは事故時の車両価格を認定し、そこから修理後の車両価格を差し引いた額によるべきものと思われる。しかし、現実の被害車両は事故に遭い、

損傷を受けているから、事故時の車両価格を完全に認定することは困難である。そのため、実際の裁判例においては、修理費の何パーセントという形で算定される例が多い。

❹　東京地判平成 23 年 11 月 25 日（自保ジャ 1864 号 165 頁）

「原告車に修理後も機能上の欠陥が残存していることの立証はないことも併せ考慮すると、修理費用の 50％に相当する 70 万 7,739 円と認めるのが相当である。」

❺　名古屋地判決平成 25 年 4 月 19 日（自保ジャ 1901 号 126 頁）

「原告車はレクサスで、初度登録平成 19 年 5 月で本件事故まで約 1 年 2 ヶ月経過している。そして、原告車は本件事故により修理費 227 万 9,004 円を要する破損をし、前記事情を考慮すると、修理費の 2 割程度の 40 万円を評価損として認めるのが相当である。」

❻　大阪地判平成 25 年 7 月 16 日（自保ジャ 1915 号 137 頁）

被害車両（ポルシェ 911 ターボカブリオレ、初度登録平成 21 年 3 月、走行距離約 3 万キロメートル、事故まで約 1 年 8 か月、車両本体価格 2,138 万円、オプション費用 132 万 2,250 円、諸費用込み支払額 2,382 万 7,370 円）につき、修理費 1,504 万 6,500 円、事故時の被害車両時価額約 1,675 万円の事情を考慮して、修理費の 1 割である 150 万円を評価損として認めた。

❼　千葉地判平成 26 年 1 月 31 日（自保ジャ 1917 号 14 頁）

被害車両（日産・ティアナ、初度登録から約 1 年半後に本件事故、修理費 52 万 6,775 円）につき、被害車両の損傷は骨格部位に及ぶことが認められるが、重大な損傷とは認められない点も考慮して、修理費の 3 割に相当する 15 万 8,032 円を評価損として認めた。

❽　東京地判平成 26 年 12 月 3 日（自保ジャ 1939 号 125 頁）

「被告車両について、現に機能上又は構造上の障害が残存しているとはいえない。しかし、被告車両については、現にシャシーフレームが曲損し、修正がされていること、架装物（ボデー）の載せ替えをした修理業者からフレーム修正が原因で発生した架装物の故障に対する一切の補償はない旨の書面が差し出されていること、被告車両が塵芥車でありボデー部分が精密機械であること、塵芥車とはいえ売買されることがないとはいえないこと、被告車両の初度登録から本件事故まで約 2 年であることからすれば、取引上の評価

損が生じないとはいえない。

そして、本件事故によって被告車両に生じた取引上の評価損については、上記のほか、塵芥車について一般的な中古車市場が存在しないことその他本件に顕れた一切の事情を考慮して、修理費の約1割である42万6,000円を相当と認める。」

③ 所有権留保付自動車の場合

被害車両が所有権留保付自動車の場合、買主が修理費を請求しうることは先に述べたとおりである。しかし、評価損は、被害車両の交換価値の下落が損害であるから、これを把握している者が取得すべきことになる。

❾ 東京地判平成21年12月24日（自保ジャ1821号104頁）

所有権留保付自動車につき、事故による損傷が将来の処分時の価値を減少させるものではないとした上、評価損は車両の交換価値を把握している留保所有者が取得すべきであるとして、買主は評価損を請求できないとした。

❿ 大阪地判平成25年3月22日（自保ジャ1905号157頁）

「一般的に、ある車両につき代金完済まで売主にその所有権を留保するとの約定での売買がされた場合、その買主は、第三者の不法行為によっても目的物である車両の残代金の支払債務を免れず（民法534条1項）、また、代金を完済すれば、当該車両を取得し得るとの期待権を有していたといえる。そして、当該買主が、第三者の不法行為後に、売主に対し残代金を支払い、代金を完済したときは、当該期待権がその内容のとおり現実化し、当該車両の所有権を取得し得る立場にあったといえる。したがって、買主は車両の所有権の変形物として売主が取得した第三者に対する損害賠償請求権を取得すると解される（民法536条2項ただし書参照）」として、事故後に立替金を完済して所有権を取得した買主に評価損の請求を認めた。

❸ 代車料

① 代車の必要性

被害車両が損傷し修理を行っている間は、自動車を必要とする事情があって、現実に代車を使用した限りにおいて、代車料が認められる。また、代車

料として請求が可能なのは、被害車両と同種、同等の自動車を代車として使用する場合に限られる。これを超える自動車を代車として使用したとしても、同種、同等の自動車の使用料に縮減されて認定されるのが一般的である。被害車両のグレードを超える代車使用は、非事業者の場合に多く見られるが、事業者の場合であっても、被害車両のグレードを超える代車の使用は制限されると考えてよいだろう。

❶ 東京地判平成 13 年 11 月 29 日（交通民集 34 巻 6 号 1558 頁）

「代車（レンタカー）を使用した費用を損害として認めることができるのは、代車使用の必要性が認められ、かつ、現実に代車を使用したときに限られるというべきである。」

❷ 福井地判平成 27 年 6 月 17 日（自保ジャ 1954 号 177 頁）

「被告は、第 2 事故当時、被告車を使用し、G 会社から請け負った荷物を S 県 T 市まで運搬中であったところ、第 2 事故により被告車が損傷したことから、F 会社に対して代車を依頼し、被告車の荷物を運搬せざるを得ず、代車費用として 14 万 3,750 円を要したことが認められる。

これに対し、原告らは、代車の高速道路代、ガソリン代及び売上金を損益相殺として代車費用から控除すべき旨主張するが、本件事故を契機として、被告が、代車の高速道路代、ガソリン代及び売上金相当額の利益を得たと認めるに足りる証拠はなく、原告らの上記主張は採用できない。

したがって、代車費用 14 万 3,750 円は、第 2 事故と相当因果関係にある損害と認められる。」

② 代車期間

代車料が損害として認められる場合、その期間が問題となる。代車を必要とするのは修理や買替えのためであるから、通常、修理に要する期間、買替えに要する期間についてのものが相当因果関係を有する損害として認められる。これらの期間は、被害車両の車種や損傷の程度に鑑みて合理的な範囲に限られる。もっとも、保険会社との交渉が長引き修理に着手するのが遅れたような場合には、この点も考慮して代車期間が認定されることとなる。

❸ 大阪地判平成 24 年 11 月 27 日（自保ジャ 1889 号 64 頁）

原告は、被害車両（普通乗用車）の代車期間として 45 日を主張するところ、

保険会社との交渉が円滑に進まなかった事情も考慮して、買替えに必要な相当期間を 30 日間と認めた。

③ 備車費用

事業用自動車が事故に遭い、修理のため使用することができなくなった場合、当然、代車を用意することが考えられるが、事業の内容によっては第三者に業務を委託する備車が必要になることがある。その場合であっても、備車の必要な限りにおいて、事故がなければ第三者に委託する必要もなかったのであるから備車費用も損害と認められる。

❹　さいたま地判平成 26 年 3 月 31 日（交通民集 47 巻 2 号 504 頁）

原告会社は運送業を営み、被害車両は中型 2 トンワイドロング冷蔵冷凍庫付きトラックである。原告会社は、被害車両と同種のトラックを 4 台保有していたが、被害車両の修理期間の半分程度は、4 台とも他の業務を行っているか、車検整備のため使用不能であった。本件事故当時は、冷蔵冷凍物の運送における繁忙期であったため、被害車両と同種のトラックを他社から借りることはできなかった。また、本件事故に遭った原告会社の従業員に替わって運転できる余剰人員はいなかった。そこで原告会社は、A 社に原告会社の業務の一部を委託し、軽貨物 3 台分の備車代金、1 日当たり 9 万円を支払うことを約し、実際に 481 万 9,500 円を支払った。

以上の事実によると、原告会社の業務に適しているのは、被害車両と同じ中型 2 トンワイドロングの冷蔵冷凍車に限られ、原告会社保有の他の車両の状況からして、4 台のうち 1 台を確定的に本件配送業務に振り替えることは困難であったこと、本件期間は冷蔵冷凍物の運送における繁忙期に当たり、中型 2 トンワイドロング冷庫冷凍車を他社から借りることもできなかったこと、配送先の件数は、日々変動し、積込みを開始するまで、積載量がわからないことからすると、繁忙期であり、追加の備車を短時間で手配することが困難であった以上、軽貨物 3 台分の備車はやむをえず、繁忙期の突然の依頼であり、多少割高でも頼まざるをえなかったことなどを考慮して、備車の必要性を肯定した。なお、備車期間については、修理期間などを考慮して短縮している。

4 休車損・遊休車の存在

事業用自動車が事故に遭い、修理または買替えを要することで、事業者は被害車両を用いて利益を上げることができない。そのため、修理または買替えに要する相当期間の範囲で休車損が認められる。もっとも、被害車両が修理または買替えを要したからといって直ちに休車損が認められるわけではない。事業者であれば、代替（遊休）車を保有している場合も少なくないから、通常は、これらを用いて従前と同様の利益を上げることが可能となるはずである。そこで事業者としては、これらを用いても従前と同様の利益を上げることができなかったことを主張立証する必要がある。

❶ 東京地判平成 15 年 3 月 24 日（交通民集 36 巻 2 号 350 頁）

「営業車両が事故によって破損し、その修理又は買替えのために当該車両による営業ができなかった場合には、修理又は買替えに要する相当な期間について、営業を継続していれば得られたであろう利益の喪失が損害として認められる。しかし、営業車両を多数有する運送事業者は、特定の営業車両が事故により使用し得なくなったとしても、遊休車両や予備車両を使用して休車による損害の発生を防ぐことが少なくない。したがって、事故により営業車両が破損したというだけでは、直ちに、当該車両が従来挙げていた営業利益と同額の休車損害が発生したと認めることはできず、遊休車両や予備車両等の代替車両が存在しなかった事実又はこれを使用し得なかった事実を主張立証する必要があると解される。」

[1] 休車損を認めた事例

❷ 高松高判平成 9 年 4 月 22 日（判タ 949 号 181 頁）

タクシーの「乗車客の多い時間帯においても右のとおりの待機中の空車が多いこと、及び控訴人の実働車の実車率が 5 割強であることを考慮すれば、控訴人会社は、事故で休車した車があっても他の車に無線配車することで、休車した車の無線配車による水揚げ額（水揚げ額の 50 パーセント分にあたる。）のほとんど填補することができ、その填補水揚げ額は、待機中の空車があっても無線配車に適応できない車もあることを考慮して、少なくと

も事故車の無線配車による水揚げ額の8割（事故車の水揚げの4割）と推認するのが相当である」とした上で、その塡補水揚げを得るためには、塡補水揚げ額に応じた給料を余計に支払い、かつ、その車の経費を別途負担しなければならないこと、控訴人会社の給与体系は、運転手に対し、水揚げ額が増加すれば、その増加分の38パーセントの能率給及び46万5,000円以上1万円増す毎に1,000円を加算した職務給を支払うことになっていることから、余計に支払わなければならない給料は、塡補水揚げ額の4割を下らないと推認されるとした。そして、「控訴人は、事故車の休車によりその車に要する経費の負担を免れるが、他方、他の車で塡補水揚げ額を得るため、別途経費を必要とするところ、その経費は、塡補水揚げ額が事故車の水揚げの4割であることに鑑み、控訴人の実働車1台の1日平均の経費の4割を認めるのが相当である。結局、控訴人は、本件事故による休車により、実働車1台の1日平均の経費の6割（1－0.4）の負担を免れたことになる」ともしている。

❸　神戸地判平成15年1月22日（交通民集36巻1号85頁）

「控訴人は、本件事故当時、35台の車両を保有していたところ、1か月ごとに乗務員約78名の乗務予定を稼働可能な全車両にあらかじめ割り当てており、車両の点検整備・修理や乗務予定の者の欠勤のため稼働させることができない車両を除くすべての車両を常時稼働させていることが認められ、この事実によれば、控訴人が休車とされた控訴人車両の稼働を他の車両の運行によって補うことができたとはいえない」として、休車損を認めた。

❹　東京地判平成18年8月28日（交通民集39巻4号160頁）

車両が稼働できなかったよる逸失利益から、支払いを免れた被用者の休日手当、出張手当、調整手当および時間外手当を控除した額を休車損として認めた。

❺　東京地判平成24年11月26日（自保ジャ1891号106頁）

車両の専属運転手が休んだ期間については、車両も通常通りは稼働していなかったことから、運賃収入から変動経費（燃料代、通行料、人件費）を控除した額を基礎に日額を算定し、車両が使用できなかった日数につき、休車損を認めた。また、「本件事故後に運賃収入が増加していることの一事をもって休車損害の発生を否定することはできないというべき」であるとした。

2 休車損を認めなかった事例

❻ 東京地判平成 10 年 11 月 25 日（交通民集 31 巻 6 号 1764 頁）

原告会社は、「タクシー会社であるから、代替車両が存在するのが通常と考えられ、本件においては、代替車両の存否を含めて休車損害の発生の根拠について、主張も立証もない。」

❼ 東京地判平成 26 年 6 月 17 日（交通民集 47 巻 3 号 721 頁）

「本件事故前、原告会社は、原告車と同様のフルトレーラーを原告車を含め 6 台所有していたこと、本件事故前である平成 22 年 5 月から 7 月までの 3 か月間の上記フルトレーラーの 1 台当たりの稼働日数は毎月 3 日から 24 日、全台の 3 か月間の合計は 332 日であること、同年 8 月から 10 月までの 3 か月間の原告所有のフルトレーラー（本件事故日である同年 8 月 4 日までは 6 台、その後は 5 台）の 1 台当たりの稼働日数は毎月 16 日から 24 日、全台の 3 か月間の合計は 323 日であることが認められる。以上によれば、原告会社においては、本件事故後、フルトレーラー 1 台当たりの稼働日数が増加し、本件事故前後で、フルトレーラーの総稼働日数はそれほど減少しなかったことが認められるから、本件事故により原告会社に休車損が発生したと認めることは困難である。

原告会社は、上記 6 台のフルトレーラーには、それぞれ専任で担当する業務があるから、原告車の代替車両として運用することは不可能であるし、乗務員の月間就労可能日数には制約があるため、専任業務に加え、原告車の代替業務に就かせることも不可能であると主張するところ、上記各証拠によれば、原告会社においては、上記 6 台のフルトレーラーを含む大型トラック 46 台を所有しているが、これらの車両につき、担当乗務員が決まっていたことが認められる。しかし、仮に、各車両ごとに専任業務が定まっていたとしても、原告会社において、各車両が専任業務に従事しない日に、原告会社の従業員の中から専任の乗務員以外の運転手を確保して、原告車の代替車両として稼働させることが不可能であったと認めるに足りる証拠はない」として休車損を認めなかった。

5 積荷損害

　被害車両に積載されていた物が事故により損傷すれば、それも損害として認められる。事故時の物の価値が客観的に明らかであれば、それをもとに損害額が認定される。事故時の時価が基準となるのは、車両損害の場合と同様である。購入時の金額が明らかであっても、物には経年劣化が生じる以上、事故時の時価が基準となる。

　問題は、積載物に外観上明らかな損傷が認められない場合に損害が認められるかである。❶はこの点が問題となった事例である。外観上明らかな損傷が認められなくとも、市場に流通させるには、全品検査が必要であり、それを実施すれば経済的に採算がとれないことから、このような場合であっても、経済的に商品価値を喪失したとして、損害を認定した。市場に流通させる前の物であることも考慮要素であるといえよう。全品検査によっても経済的に採算がとれる場合であっても、全品検査を行ったこと自体を損害と捉え、積荷損害を認めることはありうる。外観上明らかな損傷が認められない場合にも損害が認められるかは、積荷の種類、形状、商品価値、検査に要する費用等を総合的に考慮して検討されよう。

　❶　大阪地判平成 20 年 5 月 14 日（交通民集 41 巻 3 号 593 頁）

　外見上明らかな損傷は認められない本件筆ペン（仕入れ値 1 本 210 円、被害にあった物の一部は 1 本 7 円で売却）について、事故にあった商品を流通させ、そのことが明るみになれば、企業としての社会的信用を失墜し営業上甚大な打撃を受けるであろうことは容易に想像でき、全品検査の必要性には相当の根拠があること、全品検査を行うとなると、人件費だけでも 1,939 万円ないし 2,327 万円（平成 11 年賃金センサスの産業計全労働者平均値から算出した 1 時間当たり労務単価 2,327 円を、検査に必要な時間と推定される 8,333 ないし 1 万時間に乗じた金額）が必要となり、さらに、輸送費、検査のために特別のラインを設置する費用等が必要となることからすれば、本件筆ペンは、市場に流通させるには全品検査が必要であるにもかかわらず、全品検査を実施すれば経済的には採算がとれなくなり、むしろ、検査を実施せずに、一部でも安価に売却することによって、少しでも回収を図るほうが、より経済的であるか

ら、荷主が検査を実施せずに本件筆ペンの引取りを拒絶したことは、経済的にみて不合理な対応であるとはいえないから、本件筆ペンについて損害が発生したと評価して、これを被告に負担させることにつき何ら問題はないとした。

❷　大阪地判平成 24 年 3 月 23 日（自保ジャ 1879 号 101 頁）

エアコンの室内機および室外機各 60 台につき、積荷の時価額および廃棄に要する費用の合計額 261 万 1,329 円が損害額となり、これらを再び販売ルートに乗せるには、全機につき解体作業および検査等を必要とし、その諸費用は上記損害額を大きく上回るとして、積荷損害 261 万 1,329 円を認めた。

❸は、積荷の積替費用を損害として認めたものである。事故がなければ、積替輸送をする必要はなかったことからすれば、事故と相当因果関係のある損害といえよう。

❸　横浜地判平成 25 年 6 月 13 日（自保ジャ 1907 号 99 頁）

「原告車は、本件事故当時、ポリ塩化ビニールを輸送中であったところ、本件事故によって破損したため、輸送を継続することができなくなり、積荷を原告会社の他の自動車に積み替えて運送する必要が生じ、そのための費用として 24 万 4,955 円を要したことが認められ、上記費用は、その性質に照らし本件事故との間に相当因果関係があると認められる。」

積荷について、検査を行ったとしても、必ずしもその費用が事故と相当因果関係のある損害として認められるわけではない。つまり、その検査が何のために必要であるのかが明らかにされなければならない。一見して損傷状況が認識可能であるのに、ただ損傷の有無を確認する程度の検査は、そもそも、そのような検査を行う必要はないのであるから、不必要な検査として、その費用は認められず、積荷相当額の損害が認められるにすぎないといえよう。

❹　名古屋高判平成 24 年 9 月 11 日（自保ジャ 1938 号 131 頁）

被害車両は、開閉器（電柱上に設置され、内部の金属部分が接触したり離れたりすることによって電流が流れるようにしたり、流れないようにしたりする機能を有する機器）および電線ヒューズを積荷としていた。本件事故によって、これらの入っていた木枠が破損したり斜めに歪んだりした荷物の状況や、損傷の激しい数台の開閉器について筐体を開けて行った内部の外観検査によっ

て、電線に傷がついていたり、開閉器内部の絶縁体にヒビが入っているものがあったりした損傷状況からすれば、開閉器および電線ヒューズには耐衝撃性能を大きく超える衝撃が加わったものと認められ、分解調査等をして直接損傷を確認していないものや、外観上明らかな異常のないものであっても、その内部が損傷している可能性が高く、積荷に求められる高度の品質基準からすると、いずれも製品としての価値が失われたものと認めた。その上で、開閉器および電線ヒューズは製品としての価値を失っている以上は、整備費用および全損による資産価値相当額の損害が認められるから、検査費用、再組立費用、木材再梱包費用は、事故と相当因果関係のある損害とは認められないとした。

◻6　その他の損害

その他の損害に係るものとして、以下の裁判例を紹介しておこう。

❶　東京地判平成 11 年 2 月 5 日（交通民集 32 巻 1 号 279 頁）

「被害車両は全損となり、原告の業務上の必要から新車に買い換えることとなるので、それに伴って必要な装置、登録関係費用は相当な範囲で損害と認められ」、クレーンを新車に乗せ換えることは業務上の必要があるとして、荷台、クレーン乗換え費用 52 万 5,000 円を損害と認めた。

❷　名古屋地判平成 24 年 6 月 20 日（自保ジャ 1880 号 156 頁）

「事故処理費用（宿泊代 2 万 5,500 円、往復のガソリン代 4,984 円及び高速代 1 万 2,110 円）には、今後の取引継続のために取引先に謝罪する趣旨目的も含まれてはいるが、主には原告車や丁山の状態確認、事故処理に関する指示等のために支出されたと認められ、本件事故と相当因果関係を有するといえる。」

❸　東京地判平成 8 年 10 月 30 日（交通民集 29 巻 5 号 1589 頁）

原告が、被害車両のリース料より高いリース料で同種車両をリースした事例につき、工事車両にリース物件が多いことからすれば、新たにリースを要することは、事故時に予見可能であるとして、事故と損害との間に相当因果関係があると認めたうえで、その損害は、リース会社の受けた被害車両の時価相当額の損害とは異なる損害であるとして、事故によりリースすることに

なった額から被害車両のリース料を差し引いた額を損害と認めた。

７　物損に関連する慰謝料

　事業者が、事業用自動車が損傷したことについて慰謝料を請求するとは通常考えられないが、簡単に触れておこう。
　物損に関連する慰謝料は原則として認められないものの、愛情利益や精神的平穏と強く結びついていた場合には認められる余地がある。しかし、事業用自動車に愛情利益や精神的平穏ということは通常考えられないから、慰謝料請求は認められない。大型の自動車が多いと考えられる事業用自動車を保有する事業者としてはむしろ、❷のように加害者として慰謝料を支払う可能性を考えるべきであろう。
　❶　東京地判平成元年3月24日（交通民集22巻2号420頁）
　「不法行為によって財産的権利を侵害された場合であっても、財産以外に別途に賠償に値する精神上の損害を被害者が受けたときには、加害者は被害者に対し慰藉料支払の義務を負うものと解すべきであるが、通常は、被害者が財産的損害の塡補を受けることによって、財産権侵害に伴う精神的損害も同時に塡補されるものといえるのであって、財産的権利を侵害された場合に慰藉料を請求しうるには、目的物が被害者にとって特別の愛着をいだかせるようなものである場合や、加害行為が害意を伴うなど相手方に精神的打撃を与えるような仕方でなされた場合など、被害者の愛情利益や精神的平穏を強く害するような特段の事情が存することが必要であるというべきである。」
　❷　大阪地判平成元年4月14日（交通民集22巻2号476頁）
　「本件事故は店舗兼居宅として使用されている本件建物に被告運転の加害車両が突入したものであり、まかり間違えれば人命の危険も存したうえ、家庭の平穏を侵害されたことによる有形・無形の損害は、前記の財産的損害の塡補のみによっては償いきれないものがあるというべきである。」

2 使用者からの求償、損害賠償請求

1 総　論

　従業員（社員）が事業用自動車を運転して事故を起こしたとき、損害を受けた被害者は、事故を惹起した運転者たる従業員（社員）よりも資力のある使用者の責任（民法715条）を追及するのが一般的である。使用者責任が認められると、使用者は、被害者に対して賠償を行わなければならない。一方で、使用者としては、事故を惹起した従業員（社員）の不注意が明らかである場合など、従業員（社員）に対して、賠償した損害の一部ないし全部の負担を求めていくことが考えられる。

　民法715条3項は、「使用者又は監督者から被用者に対する求償権の行使を妨げない。」として、損害賠償をした使用者が、事故を惹起した運転者たる従業員（社員）に求償することを認めている。また、従業員（社員）の行為によって、使用者が損害を受けたことが、従業員（社員）の使用者に対する債務不履行（民法415条）または不法行為（民法709条）にあたるとして、直接損害賠償の請求をする構成も考えられる[1]。

　このように、使用者が従業員（社員）に対して求償ないし損害賠償請求をすることができることは疑いないと思われるものの、被害者に賠償した損害あるいは被った損害のすべてにつき求償ないし損害賠償請求をすることができるかについては検討を要しよう。

　使用者責任を代位責任として捉えるか自己責任（固有責任）と捉えるかなど、715条3項をいかに理解するかをめぐって学説上の議論が存するところではある。しかし、理論的な構成はともかく、注意深い従業員（社員）が注意深く自動車を運転する業務に従事していても自動車事故は起こりうるもの

---

1)　なお、使用者たる運行供用者から従業員（社員）たる運転者に対する求償の関係について、その範囲等に議論があるものの、一般的には、自動車損害賠償保障法4条によって民法715条3項の類推適用があると解される（福岡高判昭和47・8・17高裁民集25巻4号287頁など）。

であり、そのような業務に従業員（社員）を従事させる使用者が指揮監督や危険の管理を行っていること（危険責任の原理）、従業員（社員）の業務遂行による利益は使用者に帰属すること（報償責任の原理）等に照らせば、使用者に全額の求償ないし損害賠償請求を認めること＝従業員（社員）に全責任を帰することには疑問なしとしない。

このような理解を受けて、裁判例においては、損害の公平な分担や信義則などの観点から従業員（社員）の責任割合を制限するものが多い。

リーディングケースである最判昭和51年7月8日（民集30巻7号689頁[茨城石炭商事事件判決]）は、「使用者が、その事業の執行につきなされた被用者の加害行為により、直接損害を被り又は使用者としての損害賠償責任を負担したことに基づき損害を被った場合には、使用者は、その事業の性格、規模、施設の状況、被用者の業務の内容、労働条件、勤務態度、加害行為の態様、加害行為の予防若しくは損失の分散についての使用者の配慮の程度その他諸般の事情に照らし、損害の公平な分担という見地から信義則上相当と認められる限度において、被用者に対し右損害の賠償又は求償の請求をすることができるものと解すべき」として、従業員（社員）の責任割合は25パーセントにとどまるとした[2]。

本判決の前後を通じ、裁判例では、具体的かつ詳細な事実認定を行い、諸般の事情を総合考慮して、従業員（社員）の責任割合をどの程度制限するのかが個別に判断されている。もっとも、従業員（社員）の責任割合に関する結論は裁判例ごとにかなり異なっており、その責任割合を0パーセントとするものから100パーセントとするものまである[3]。

前掲最判昭和51年7月8日で示されているように、責任割合を決するために取り上げられる事情は多岐にわたり、しかもそれらを総合的に考慮するため、どの考慮要素が特に重視されるか、また、どのような事情がどの程度考慮されるのかを論じるのは困難である。しかし、およその傾向としては、事故の態様などに照らして従業員（社員）の過失が重いと認められない場合

---

2)　なお、学説上は、民法上も労働法上も、責任制限の法理の根拠を信義則などの一般条項に求めることや、求償権の行使と直接の損害賠償請求権の行使とを区別して論じられないことなどについて、議論がある。

であって、使用者側に過重労働や保険未加入などの事情が認められるときは、従業員（社員）の責任割合は相当程度制限されることになる。

2 裁判例の検討

ここでは、責任割合を判断するための考慮要素を、
①使用者側の事情（使用者の事業の性格、規模、施設の状況、加害行為の予防もしくは損失の分散についての使用者の配慮の程度）、
②従業員側の事情（従業員〔社員〕の業務の内容、労働条件、勤務態度）、
③加害行為の態様、の三つに分けて、責任割合の加重軽減に資する考慮要素の検討を試みる。

① 従業員（社員）の責任割合を制限する裁判例

裁判例では、②従業員側の事情および③加害行為の態様について、特に従業員（社員）の過失が重いと認められない場合には、①使用者側の事情に照らして、従業員（社員）の責任割合を相当程度制限する傾向にある。

具体的には、事故を起こした従業員（社員）に軽過失があるとしても、使用者が、保険加入や車両の整備点検などの配慮を欠いていたり、不慣れな運転や過重労働を従業員（社員）に命じていたりする場合には、従業員（社員）が負うべき責任は、使用者のそれを下回ることになる。

(1) 25 パーセントと判断した判例[3]

前掲最判昭和 51 年 7 月 8 日では、使用者が、従業員（社員）に対して損害賠償および求償を請求しうる範囲につき、「損害額の 4 分の 1 を限度とす

---

3) 裁判例の傾向について、多くの事例を分析し、「労働者が自動車運転の際に軽過失により損害を引き起こしたケースでは、労働者を完全に免責することがあり、あるいは一般的に労働者の責任を多くとも損害の約30％程度にまで制限している」とした上で「より大きな割合の負担が労働者に求められることがある」として負担割合を100％と判断した例や50％と判断した例を紹介したり、「労働者が重過失により使用者に損害を与えたというケースでは、多くの裁判例は、損害の約50％から約70％の範囲で労働者に賠償責任を負担させている」と指摘する立場もあり（細谷越史『労働者の損害賠償責任』（成文堂、2014 年）160頁）、参考になる。

べき」として、25 パーセント（約 10 万円）とした。

　この事案では、①使用者は、石炭、石油、プロパンガス等の輸送および販売を業とする資本金 800 万円の株式会社で、従業員は約 50 名、タンクローリー、小型貨物自動車等の業務用車両を 20 台近く保有していたが、経費削減のため、保有車両について対人賠償責任保険にのみ加入し、対物賠償責任保険および車両保険には加入していなかったこと、②従業員（社員）は、主として小型貨物自動車の運転業務に従事し、タンクローリーには特命により臨時的に乗車するにすぎず、本件事故当時、月額約 4 万 5,000 円の給与を支給され、その勤務成績は普通以上であったこと、③本件事故は、重油をほぼ満載したタンクローリーを運転して交通の渋滞し始めた国道上を進行中、車間距離不保持および前方注視不十分等の過失により、急停車した先行車に追突したものであること、が認定されている。

　本判決は、求償権の法的性質に言及していない等の批判もあるが、それまでの裁判例で示されてきた判断を集約した形で判断基準を示したものであり、この基準はその後の裁判例においても踏襲されている。特に、本判決で考慮された事情のうち、①使用者側の事情として、従業員（社員）に車両を運転させることが必要な事業を営みながら対物・車両保険に加入しておらず、また、本件事故につながる従業員（社員）の運転も、特命により臨時的に乗務させたものであることが、従業員（社員）の責任割合を相当程度制限するという結論に大きな影響を与えたように思われる。

(2) 5 パーセントと判断した裁判例

　大阪高判平成 13 年 4 月 11 日（判時 1770 号 101 頁）は、使用者が従業員（社員）に対して賠償を請求しうる範囲は 5 パーセント（約 3 万円）とした。

　この事案では、①使用者は、運送業を営む有限会社で、7、8 名の従業員を雇用し、4 トントラックを 10 台程度保有していたが、経費削減のため、対人損害賠償責任共済および対物損害賠償責任共済にのみ加入し、修理費用等を塡補するための車両保険等には加入していなかったこと、そして従業員の勤務体系（休日規程を含む）および賃金に関する就業規則や残業および休日労働に関する書面による協定を作成したり、労働基準監督署に届け出ることをしておらず、従業員の入れ替わりが激しく、本件事故を起こした従業員

（社員）が在職していた約1年4か月の間に6名の従業員が退職していること、②従業員（社員）は、本件事故の約1年2か月前からトラック運転手として勤務し、主として4トントラックによる運送業務に従事して、本件事故当時、月額平均25万円弱の手取給与と賞与の支給で生活していたこと、在職中は、概ね、夕方ないし夜に荷物をトラックに積んで、目的地への距離に応じて夜、夜中または明け方に出発し、翌朝に目的地に到着し、荷物を降ろした後、夕方までトラック内で仮眠をとり、再び夕方ないし夜に帰りの荷物をトラックに積み、翌朝に目的地に到着するというスケジュールで連日稼働しており、事故の約4か月弱前から、年末年始の休暇以外、1か月あたり1日程度の休日しかなく、自宅で十分な休養をとることができない勤務状態が続いていたこと、③本件事故は、深夜、機械を積載した4トントラックを運転して時速約50キロメートルの速度で北陸道の走行車線を走行していたが、先行車の速度が遅かったため、これを追い越すために追越車線に車線変更したところ、前方に工事中のパイロンがあったことからこれを回避すべく再び左の走行車線に車線変更しようとして、凍結した路面でスリップし、トンネル入り口付近の側壁にキャビン左側を衝突させたものであること、④本件事故当時、本件車両にはスノータイヤが装着され、タイヤチェーンも携帯されていたものの、冬季に雪道を走行するにあたってタイヤの状態が適切かどうか、タイヤチェーンの携帯や鎖の有無については、運転に従事する従業員（社員）が確認するのに任せており、使用者は雇用者として車両の整備点検を十分にはしていなかったこと、使用者の従業員が業務に従事中に交通事故を起こすことは日常茶飯事であり、本件事故のあった年度に対物賠償責任共済を適用した物損事故だけでも6件あり、そのうち1件は本件事故を起こした従業員（社員）が起こしたものであるが、支払われた共済金が約5万円のごく軽微な物損事故であったこと、本件事故の3年後には使用者の従業員が業務従事中に死亡事故を起こすに至ったこと、および使用者は、従業員が業務従事中に起こした他の交通事故について、当該従業員に対して損害賠償請求をすることはめったにないが、本件事故は、他の事故と比較して損害額が大きかったことから従業員（社員）に対して損害賠償を請求することとしたことが認定されている。

　そして、この事実認定をもとに、「原告の従業員が交通事故を起こすこと

268　第Ⅲ部　第1章　損害

が日常茶飯事であったということは、従業員自身の運転上の不注意のみならず、原告における労働条件や従業員に対する安全指導、車両整備等にも原因があったものと推認されること、原告に従業員が長く定着しないことからも原告における労働条件に問題があったことが推認されること、本件事故の発生について被告に重大な過失があったことを認めるに足りる証拠はないこと、また、本件損害賠償請求は原告の従業員が業務執行中に起こした事故により原告が損害を被った事例のうちで異例に属することをそれぞれ認めることができる」とした。

　本判決は、従業員（社員）の責任割合を5パーセントと(1)の判決よりも大きく制限している事例であるが、事故を起こしたことについての従業員（社員）の過失の程度が重いとはいえず、車両保険未加入だったことに加え、過度な労務による疲労や車両の整備点検の不十分さなど、事故発生に対し使用者側の事情が大きく寄与していることが、従業員（社員）の責任割合を軽減させる重要な考慮要素となっているように思われる。

(3)　30パーセント弱と判断した裁判例

　高知地判昭和59年6月28日（交通民集17巻3号879頁）では、使用者が従業員（社員）に対して損害賠償および求償を請求しうる範囲につき、30パーセント弱（30万円）とした。

　この事案では、①使用者は、ハイヤー運転業務を営む有限会社で、対物・車両保険に加入しておらず、本件事故以外には従業員の運転手に対して交通事故による求償権・損害賠償請求権を行使したことがないこと、1日当りの売り上げ3万3,000円・走行距離300キロメートルを従業員の努力目標としていること、②従業員（社員）は、隔日勤務で実働16時間、売上の45パーセントの歩合給の運転手であり、使用者から勤務成績や勤務態度が不良であり就業規則に違反する行為があるとして始末書を提出させられていること、③本件事故は、従業員（社員）がハイヤー運転業務に従事中、前方注視義務を怠り、脇見をしながら運転をしていたため、先行するタクシーに追突したものであり、前方注視を怠ったのは路傍の客らしい人影に気をとられての結果であることが認定されている。

　これらの事実認定をもとに、「諸事情を考慮し、損害の公平な分担という

見地から信義則上相当と認められる」のは、請求額の30パーセント弱の30万円が限度であるとした。

　本判決は、対物・車両保険未加入だったことは(1)と同様であるものの、日常的に運転業務に従事する者が起こした事故で、しかも前方注視義務という基本的な注意義務違反によって起こされていることが重要な考慮要素となり、(1)の判決よりも従業員（社員）の責任割合を若干大きく認められたように思われる。

(4)　40パーセントと判断した裁判例

　横浜地判平成7年3月27日（交通民集28巻2号488頁）は、使用者が従業員（社員）に対して求償権を行使しうる範囲につき、40パーセント（約65万円）とした。

　ここでは、①使用者は、自動車運送および自動車運送取扱等を業とする株式会社であるが、従業員（社員）が業務に使用している私有車に任意保険が付されていないことなどを知りながら、これを禁じることもなかったこと、②従業員（社員）は、事故前1か月の実働時間が250時間を超えているにもかかわらず、時間外手当は支給されず、支給されていた長距離手当を含めても給与手取額は約21万円であったこと、③従業員（社員）が、使用者とは別に見舞金10万円および車両修理代3万円を被害者に支払済みであること、④本件事故は、前日深夜から車中での約5時間の仮眠以外ほとんど休憩をとらず運送業務に従事した後、上司から他の社員を迎えに行くよう指示されて出かけた際に起きたものであるが、社有車が戻ってくるのを待って社有車で出かけるよう指示した上司も、疲れて早く帰宅したかった従業員（社員）が約20分間社有車が戻るのを待った後に私有車で出かけるのを黙認したものと認められること、迎えに行った社員を乗せた後、交差点を徐行しながら右折する際、聴覚障害を有していて相手の口を見ないと会話のできない従業員（社員）が行先を聞くために後ろを振り返り、対向車線の直進車両と衝突した事故であることが認定されている。

　以上の事実認定をもとに、求償権行使は4割を限度とし「これを超える部分については権利の濫用に当たり許されない」とした。

　本判決は、任意保険未加入の車両で起こした事故であるが、社有車ではな

く、従業員（社員）が友人から借用して通勤に使用していた私有車で起こした事故であるという特殊性がある。判決理由からは社有車が任意保険に加入した車両であったか否かが明らかではなく、社有車であれば発生しなかった損害であるのか不明であるが、私有車である以上、任意保険未加入であったことを従業員（社員）の責任割合を制限する理由にはできず、また、社有車で出かけるようにとの使用者の指示に従わなかったとの事情もあることから、(1)の判決よりも、従業員（社員）の責任割合を高く認めざるをえない事案であったように思われる。もっとも、事故につながる従業員（社員）の運転は、過重な業務に従事した後、使用者が命じて行わせたもので、使用者は、従業員（社員）が指示に反して任意保険未加入の私有車で出かけることを黙認していたのであるから、従業員（社員）の責任を使用者と同程度とまではさせず、40 パーセントにとどめたのであろう。

(5) 0 パーセントと判断した裁判例

　以上に対し、東京地判昭和 46 年 9 月 7 日（交通民集 18 巻 2 号 373 頁、下民集 22 巻 9 ～ 10 号 928 頁）は、使用者が従業員（社員）に対して求償権を行使することが許されないとした。

　この事案では、①使用者は従業員約 40 名の印刷会社であって、営業・発送・印刷の三部門に分かれ、業務のため約 7 台の自動車を使用していたが、本件車両について損害塡補のための任意保険に加入することもなかったこと、②従業員（社員）は、高校卒業後の採用時に、入社までに普通自動車運転免許を取得するよう指示され、郷里で取得したものの、入社後から事故までの6 か月間、使用者の自動車を運転するような業務を担当せず、使用者から自動車の運転訓練を実施されることもなく、また業務外でも東京都内を運転したこともなく、本件事故当時月額約 2 万円の給与を得ていたが、本件事故のために使用者代表者らからつらくあたられ、本件事故の 1 年余後に退職していること、③本件事故は、自動車による配送を一般に担当していた発送部の運転担当者がたまたま不在で、発送部門の上司が運転経験や能力を確認することなく、従業員（社員）に臨時に配達業務を命じたため、単独で本件車両を運転して時速 30 ～ 40 キロメートルで進行中、前車が赤信号で急停車したことに気づいてハンドルを右に切って避けようとしたが、これに対応

する措置をとるのが必ずしも敏速でなかったために及ばず、追突したもので
あることが認定されている。

そして、この事実認定をもとに、本件事故について「初心者にありがちな
過失によるもの」で「決して無謀な運転をしたわけではない」とした上で、「自
動車の運転を業としない未熟者にさえ臨時に原告会社の自動車の運転を命ず
ることを予定するのであれば、事故の発生に備えてしかるべき額の自動車損
害賠償責任保険（任意保険）に加入し、損害をカバーする措置をとるべき」
であって、その保険料も営業上自動車を使用することによって得る利益から
賄われるべきものとし、求償は「民法715条3項によって許された求償権
行使の趣旨を逸脱したものといわなければならない」とした。

本判決は、従業員（社員）を完全に免責している事例であるが、事故を起
こしたことについての従業員（社員）の過失の程度が重いとはいえず、任意
保険未加入で、事故発生に対する使用者側の事情について、人手不足から運
転手ではない者を臨時に運転業務に従事させており、しかも運転経験を確認
せずペーパードライバーに運転させた結果の事故であることが重要な考慮要
素となっている。

なお、同様に0パーセントと判断した裁判例である福島地裁いわき支判
昭和49年7月22日（交通民集7巻4号1087頁）は、トラック運転の職務に
従事している従業員（社員）が、見通しの悪い地点で前方の安全を確認しな
いまま追い越しを図ったことにより起こした事故であったが、「その事故が
被用者たる運転者の故意もしくはこれと同視し得べき程度の重大な過失に起
因するものでなく、使用者において当然予期すべき範囲内にあるものと言い
得る程度・内容の過失に起因する事故である場合には、その事故に基づく損
害については使用者において被用者にこれを負担させるに足りる充分な待遇
を与えていたことなど特段の事情のないかぎり、使用者が自からこれを負担
すべき責任を負い、これを被用者に転嫁し求償することによってその損害の
補填をはかることまで許容しているわけではない」とし、事故を起こした従
業員（社員）の過失の程度・内容は「故意と同視すべきほどの重大な過失と
は言い難く」、また、事故当時1日8～10時間程度稼働して給与は日給1,200
円、1か月あたり最高の場合でも3万円程度の収入であったことに照らし、
給与も労務の程度・内容に比して低廉であったといわざるを得ず、年齢や勤

務年限が短いことなどを考慮しても事故に基づく損害を従業員（社員）に負担せしめるに足りる十分な待遇を与えていたものとすることは困難で、「却って求償をなし得る余地のない程度の待遇」を与えていたにすぎないとして、求償することができないとした。示唆に富む判断といえよう。

② 従業員（社員）の責任を大きく認める方向の裁判例

②従業員側の事情、③加害行為の態様において、特に従業員（社員）の過失の程度が重いと認められる場合には、従業員（社員）の責任割合を大きく認める傾向にあり、従業員（社員）が負うべき責任は、使用者と同程度もしくはそれ以上の割合と判断されることになる。

(1) 50パーセントと判断した裁判例

東京地判昭和60年3月13日（交通民集18巻2号373頁）は、使用者が従業員（社員）に対して損害賠償および求償を請求しうる範囲につき、「損害額の2分の1に限り」賠償および求償を求めうる（約113万円）とした。

この事案では、①使用者は、貨物運送を業とする会社で、本件事故当時少なくとも従業員550名（うち運転手は約450名）、保有車両約470台であったが、対物・対人保険には加入していたものの車両保険は保険料が高額であるとの理由から付保していなかったこと、②従業員（社員）は、本件事故の2か月弱前に運転手として入社し、月のうち20～23日間運転業務に従事しており、勤務態度は普通で、これまでさしたる交通違反歴もなく、本件事故当時、月額平均約28万円の給与を支給されていたが、本件事故の1～2か月後に退職していること、③本件事故は、事故前日の夕方頃名古屋を出発して仙台まで貨物を運搬する途中、約12時間経過後の事故当日早朝、居眠り運転により発生したものであることが認定されている。

本判決は、車両保険未加入だったものの、日常的に運転業務を従事する者が起こした事故で、従業員（社員）の居眠り運転によって起きた事故であることが重要な考慮要素となり、従業員（社員）の責任が使用者と同程度と認められたように思われる。

また、同様に50パーセントと判断した大阪地判昭和57年4月27日（交通民集15巻2号564頁）は、前方不注視の過失によって起きた事故につき、

従業員（社員）が負うべき責任を 50 パーセント（約 37 万円）とした。

　この事案では、①使用者は、路線貨物運送を業とする株式会社で、従業員約 700 名（運転手約 450 名）、業務用に大型・小型貨物自動車等約 450 台の車両を保有していたが、各車両に関する物損の任意保険には加入していなかったこと、②従業員（社員）は、本件事故の約 4 か月前に雇用され、運転手として集荷配送業務に従事しており、勤務態度は普通で、月額手取約 15 万円の給与を支給されていたが、本件事故により禁錮 6 か月・執行猶予 3 年の刑に処せられたほか、運転免許取消の処分を受けたため、その後は作業員として荷物の積み降ろし等の業務に従事するよう使用者の指示を受け、作業員としての給料が手取りで約 2 万円程度減少することとなり、労使双方の構成員による会社内の事故審査委員会から事故による物損のうち 20 万円を従業員（社員）において負担するため月々の給与から 2 万円ずつ 10 回にわたって差し引かれることを告げられ、二重の減収が病気の両親と妻子を抱えた従業員（社員）に相当の打撃であり、また、自動車による通勤もできなくなり、通勤時間も長くなったこと等から勤務を続けていく意欲を喪失し、事故後まもなく無断欠勤を繰り返すようになり、事故から約 2 か月後に給料未受領分を受け取って以後はまったく出勤せず、その後他に就職したこと、③本件事故は、配送業務に従事した後の帰路で、従業員（社員）の前方不注視の過失により、信号に従って停止中の先行車に玉突追突したものであることが認定されている。

　本判決は、車両保険未加入ではあったものの、日常的に運転業務に従事する者が前方不注視によって起こした事故であるほか、事故後の無断欠勤とその動機等が重要な考慮要素となって、従業員（社員）の責任が使用者と同程度と認められたようであり、事故後の事情も判断に少なからぬ影響を与えたものと考えられる点で注目される。

(2)　100 パーセントと判断した裁判例

　東京高判昭和 49 年 6 月 26 日（交通民集 7 巻 3 号 651 頁）は、従業員（社員）の責任を減免できないとして、使用者は 100 パーセント（約 38 万円）求償しうるとした。

　本件は、①使用者は、商品の出張販売業を営む小企業で、任意保険は付保

されていなかったこと、②従業員（社員）は、本件事故の約2年前に入社し、1か月約1万円の手取給与（名目給与3万5,000円から食事代や源泉徴収の税金を天引きした後の額。別に住込みの部屋・夜具・衣服等が供与されていた）で、いわゆる住込みのため、比較的勤務時間の制約は厳しくないものの他の先輩従業員2名の遅い帰社に合わせて夜遅くまで商品の整理や出納などの職務に従事することも多く、自ら同僚と同じく自動車による出張販売に従事することを望み、使用者から時間の余裕と費用半額の補助を与えられて自動車運転免許を取得し、免許取得前から使用者代表者の運転する自動車に同乗して出張販売を見習い、免許取得後は単独で運転出張販売に出向くようになり、使用者代表者から、習い知った得意先に運転出張販売に出向くときでもあらかじめ指示を受けるよう、また、無謀運転の自動車交通が激しい方面へは単独で運転出張をしないよう注意を受けるなどしていたが、ときに予め指示を受けることなく運転出張に出向いても使用者代表者から格別叱責されたこともなかったこと、③本件事故は、かねての注意に反して無謀運転の自動車交通が激しい方面の得意先へ単独で運転出張販売に行き、その帰路、過失によって運転する自動車を家屋に衝突させ、家屋・車両・積載商品の各一部を破損させたものである。

　以上の事実関係のもと、「かねてから自動車運転免許が得られたならば他の先輩従業員同様出張販売に従事し、社内事務から外勤事務に転じ、早く一人前の外交員としての処遇を受けたいと焦っていたであろうことがうかがわれその心境を理解できないこともなく、そのような若者の心理を理解して指導、監督するうえで被控訴会社代表者が万全であったともいえない」としつつ、「小企業の被控訴会社としては控訴人のような若者を従業員として業務に当らせる場合に、厳しい指導監督も困難なことであって、そのかねてからの指示と、自動車運転者としての一般的な注意義務とに反して前記事故をひき起こした控訴人の責任は、以上認定の雇用状態及び業務遂行の態様からしても、これを減免しえないものというべき」であるとした。

　本判決では、毀損した積載商品や逸失利益の一部については損害と認めないなどの判断をしているが、求償しうる範囲については、使用者は従業員（社員）の運転業務を命じておらず、むしろ勝手に運転しないように注意をしていたものの、積極的に運転業務に従事しようとする従業員（社員）を監督し

きれないために起きた事故であることが重要な考慮要素となり、従業員（社員）に100パーセントの責任を認めたものである。

③ 内規を定めていた場合の裁判例

これまでの裁判例からわかるように、使用者は、事故を起こした従業員（社員）に対して損害賠償請求ないし求償をしても、認容されるのは損害額の一定範囲に制限されることを想定せざるをえない。

使用者から事故を起こした従業員（社員）に対する損害賠償請求ないし求償に関し、使用者が求償権を行使しないとの合意が存在していたとの主張がされる例（高知地判昭和59・6・28交通民集17巻3号879頁〔①(3)参照〕など）や業務執行中に事故が発生した場合には使用者において損害額の支払いを負担する旨約しているとの主張がされる例（東京地判昭和60・3・13交通民集18巻2号373頁〔②(1)の東京地判昭和60年3月13日〕参照）はあるが、認めるに足りる証拠はないとして採用されないことが多い。

これに対し、神戸地判平成26年9月26日（交通民集47巻5号1245頁）は、事故を起こした従業員（社員）に対する損害賠償ないし求償をすることについて内規があった事案であった。しかし、内規があっても具体的事情を総合考慮して責任割合を判断すべきことは異ならないとして、従業員（社員）の責任割合を10パーセント（約54万円）とした。

この事案では、①使用者は、約200名の従業員を雇用し、200台以上の車両を保有して運送事業を営む株式会社であり、対人・対物（免責金額50万円）の任意保険には加入していたが、車両保険に加入していなかったこと、②従業員（社員）は、前職で夜間の代行運転業務に従事していた旨を申告して採用され、必ずしも高額収入とはいえない賃金で生活を営んでいた運転手であるが、拘束時間が長時間に及び、休憩時間の確保も容易ではないなど相当厳しい内容で、予想に反して前職のときとは1日のサイクルがまったく異なり、この仕事は自分には無理である旨を申し入れていたが、使用者は直ちに改善策を採ることもせず、従業員（社員）もそのまま配送業務に従事し続けていたこと、また、退職後、従業員（社員）が未払いの時間外労働賃金の支払いを要求し、当該話合いのなかで、交通事故にかかる賠償金支払義務を果たすよう使用者が求めたのに対し、従業員（社員）がこれを拒み、最終的に

は、使用者が時間外労働賃金約 162 万円を支払っていること、③本件事故は、使用者の営む運送事業に従事していた 9 か月の間に従業員（社員）が起こした 3 回の交通事故で、いずれも眠気や疲労がある状態での従業員（社員）の不注意により惹起されたものであったことが認定されている。

　本判決は、使用者が、交通事故を起こした従業員（社員）に対し損害賠償請求ないし求償をすることについて内規を定めていた場合でも、裁判所による判断に特段の影響を与えるものではないとした点が注目されるが, この結論は妥当であろう。使用者と従業員（社員）との間には交渉力の差があるといわざるをえないにもかかわらず、使用者が内規を定めることによって、損害の公平な分担という観点からの信義則の適用を回避することを認めることは相当でないと思われる。

　また、逆に、業務執行中に発生した事故については使用者が全額の損害額を支払うものとして従業員（社員）に損害賠償請求ないし求償しないとの合意があった場合、裁判所による判断にどのような影響を与えるかについては、本判決は、何ら述べるところがない。しかし、従業員（社員）の責任を制限する方向で重要な①使用者側の事情の 1 つと考慮されるとしても、②従業員側の事情および③加害行為の態様によっては、当該合意があることのみをもって損害賠償請求ないし求償をしないという判断にはならないものと解される。

　なお、本判決は、車両保険に未加入であったが、前掲大阪高判平成 13 年 4 月 11 日（①(2)）のように、過度な労務によるなど、事故発生に対する使用者側の事情が、従業員（社員）の責任割合を軽減させる重要な考慮要素となっているようである。一方で、前掲東京地判昭和 46 年 9 月 7 日（①(5)）のように完全には責任を否定せず、前掲大阪高判平成 13 年 4 月 11 日（①(2)）より従業員（社員）の責任割合を若干重く判断しているのは、従業員（社員）が、適宜休憩をとって安全運転を行うこともなく、自分には無理である旨を申し入れながらも業務に従事し続けていたことを、従業員（社員）側に不利な事情として考慮したものと思われる。

❸ まとめ

　以上裁判例に照らすと、結局のところ、使用者が保険に加入していなかったことによる損害につき従業員（社員）に対し求償ないし損害賠償請求をした場合、前掲最判昭和51年7月8日が示した25パーセント前後の責任割合を基本として考えることができるように思われる。

　いうまでもなく、従業員（社員）を自動車運転業務に従事させる使用者としては、自動車事故による損害発生の可能性を視野に入れ、できるだけ事故による損害が発生しないよう、事前の対策として保険に加入しておくことが可能である。従業員（社員）の業務遂行による利益について、保険料の支払いにあてて損害の発生に備えることもせず、これをすべて使用者に帰属させていたと解されるのであれば、事故による損害が発生した場合の責任も、やはり使用者に帰属させるのが相当との価値判断があるように思われる。

　その上で、③加害行為の態様について、特に従業員（社員）の過失が重いと認められない場合には、従業員（社員）の責任割合を相当程度縮減する要素として考慮されている。より具体的には、従業員（社員）の責任割合を高くする評価につながる要素としては、③加害行為の態様に照らし、②従業員（社員）が自動車運行上の注意義務を尽くしたといえるかどうかが重視されているようである。もっとも、この自動車運行上の注意義務を従業員（社員）が尽くしたといえるかどうかは、従業員（社員）が使用者の指揮監督や危険の管理の範囲内で自動車を運行させている以上、単に事故との関係のみで判断するのではなく、①使用者との関係を考慮したうえで、従業員（社員）として可能な範囲での義務をどの程度尽くしたのかという判断であり、①使用者側の事情、特に労働環境の影響を少なからず受けることになろう。

　他方、③加害行為の態様に照らして従業員（社員）の過失が相当程度ある場合でも、①使用者側の事情として、車両の整備点検などの対策が不十分だったり、臨時に不慣れな運転や過重労働を従業員（社員）に命じていたりするなどの事実が認められる場合には、従業員（社員）の責任割合は低くなる。

　より具体的には、従業員（社員）の責任割合を低くする評価につながる要素として、裁判例で重視される①使用者側の事情は、従業員（社員）に対す

る指揮監督や危険の管理状況、すなわち労働環境をどこまでととのえていた
かという点である。これも、保険加入と同様に、従業員（社員）を自動車運
転業務に従事させる使用者は、自動車事故による損害発生の可能性を視野に
入れ、できるだけ従業員（社員）が事故を起こさないよう、労働環境をとと
のえるなどの事前の対策をとることが可能であるから、その対策が不十分で
事故が起き、損害が発生した場合には、その責任も、やはり使用者に帰属せ
しめるのが相当との価値判断につながるといえよう。

　②従業員（社員）側の事情は、③加害行為の態様に大きくかかわるもので
あり、従業員（社員）の責任割合を相当程度制限する要素として考慮される
ことも、その責任割合を高くする評価を導く要素として考慮されることもあ
ると思われる。

　なお、使用者が、従業員（社員）に求償や損害賠償請求をすることについ
ての内規を定めていたとしても、そのような内規が存在するというだけでは、
従業員（社員）に全額の求償や損害賠償請求をすることができるものではな
いといえよう。仮に、このような内規を定めることで全額の求償や損害賠償
請求をすることができるとすれば、本来、使用者において事前に対策を講ず
べき保険加入や労働環境の整備がなされなくなる恐れがあり、労働者の安全
への配慮を求める労働契約法5条の「使用者は、労働契約に伴い、労働者
がその生命、身体等の安全を確保しつつ労働することができるよう、必要な
配慮をするものとする」との定めに反する事態ともなりかねない。

　むしろ、使用者が事前に行うべきは、事業用自動車による交通事故がなる
べく発生しないよう具体的な配慮、たとえば、保険加入や車両の整備点検等
の対策をとったり、過度な労務による疲労や車両の整備点検の不十分さなど
が事故の原因となることのないように万全の備えをすることであろう。

　また、臨時的な業務に従事させる場合には、上司が従業員（社員）の運転
の経験を確認したり、使用者の指揮・命令に従って従業員（社員）が安全運
転をするよう指導・監督をしたりすることが求められる。

第2章 | 事故を起こした従業員（社員）の懲戒

1 懲戒解雇

1 懲戒処分とは

　従業員（社員）が交通事故を起こした場合、使用者は、従業員（社員）の懲戒処分を検討することがある。たとえば、従業員（社員）が業務遂行中に飲酒運転をして重大な死亡事故を起こし、使用者の従業員（社員）であることが報道されるなどしたとき、使用者として、懲戒解雇などの厳しい処分を検討することがあろう。

　そもそも「懲戒処分」とは、従業員（社員）の企業秩序違反行為に対する制裁罰であることが明確な、労働関係上の不利益措置を指す[1]。懲戒処分は、使用者にとって、企業の秩序を維持して利益を上げることに資するが、一方で、従業員（社員）にとっては、労働関係上の不利益につながる。これらの利益対立の調整が必要であることはいうまでもなく、どのような内容の懲戒処分（懲戒処分の手段）をどのような場合（懲戒処分の対象となる事由）に行うのが相当といえるかは、個別的・具体的な事情に照らして判断せざるをえない。

　このことは、事故を起こした従業員（社員）の懲戒を行う場合も同様である。つまり、事故を起こした従業員（社員）について、当該事故を起こしたこと

---

1)　菅野和夫『労働法＜第11版＞』（有斐閣、2016年）658頁。

をもって当然に懲戒処分できるということにはならない。この点については、業務中の事故を理由とする懲戒解雇を無効とした裁判例（大阪地決平成11・3・12労経速1701号24頁［ヤマヨ運輸事件］）が参考となる（詳しくは**6**・**3**で紹介する）。

　同判決は、事故を起こした従業員（社員）の懲戒処分をなしうる場合について、「交通事故が専ら従業員の故意、過失によるなど従業員の責めに帰すべき事由に起因する場合に限定され、労働契約関係に伴う信義誠実の原則から要請される労使双方の義務履行状況すなわち、従業員側において自動車運行上誠実義務、注意義務を尽くしたかどうか、使用者側において安全衛生に対する留意義務、配慮義務などを十分尽くしたかどうかなどを相互に公平に判断し、その結果なお交通事故の真の原因が主として従業員の領域に属する場合であって、企業秩序ないし労務の統制維持の観点からみて必要であると解される場合」と指摘する。

　この判断基準に沿って考えると、業務遂行中に従業員（社員）が交通事故を起こした場合、その事故がもっぱら従業員の故意、過失によるなど従業員の責めに帰すべき事由に起因するといえるのであれば、懲戒処分の対象となりうることになろう。しかし、そうだとしても、権利の濫用にあたる無効な懲戒処分とされないためには、①使用者側の事情、②従業員側の事情および③事故の態様に照らして、事故を起こした真の原因が主として従業員（社員）の領域に属し、かつ、企業秩序ないし労務の統制維持の観点からみて必要であることが要請される。

　このことは、業務遂行中に従業員（社員）が交通事故を起こした場合のみならず、業務時間外の飲酒運転や事故を理由とする懲戒処分を検討する場合にも妥当する。さらに、業務時間外の飲酒運転や事故などは、いわば私生活上の非行であって、使用者の社会的評価に及ぼす悪影響が相当重大であると客観的に評価されるといえるかが問題となる。

　このように、懲戒処分を行うときは、使用者からみれば、企業秩序を乱す行為と評価できる場合であっても、損害の大きさや従業員（社員）の過失の程度などを考慮して、従業員（社員）に与える不利益が相当かを判断しなければならない。特に、懲戒解雇のような重い懲戒処分については、裁判所もその相当性を厳しく判断する傾向にある。

② 懲戒処分の手段（種類）

　それでは、どのような内容の懲戒処分（懲戒処分の手段）が考えられるか。事故を起こした従業員（社員）の懲戒に関する裁判例においては、懲戒処分のなかでも懲戒解雇の可否が問題となることが圧倒的に多いが、懲戒処分の手段はこれに尽きるものではない。そこで、まず、懲戒処分の手段（種類）としてどのようなものがあるかを確認しておきたい。実際、裁判などで争われずに終わっている事案のなかには、懲戒解雇以外の懲戒処分の手段をとっているものも多数あると思われる。

　懲戒処分の手段（種類）については、法令上定められているわけではなく、使用者が、事業場ごとに、就業規則などで定めるものである。使用者の多くは、公序良俗や法の定め[2]に反しない範囲で、就業規則に懲戒処分に関する定めをおいている。

　たとえば、厚生労働省労働基準局監督課作成のモデル就業規則（平成28年3月）の第61条（懲戒の種類）は、①けん責（始末書を提出させて将来を戒める）、②減給（始末書を提出させて減給する）、③出勤停止（始末書を提出させるほか、一定期間の出勤を停止し、その間の賃金は支給しない）、④懲戒解雇（予告期間を設けることなく即時に解雇する）の4つを、懲戒処分の手段（種類）としてあげている。このほか、企業によっては、諭旨解雇[3]や、降格・降職、警告（注意、戒告）などを定めている場合もある。

　このように懲戒処分の手段（種類）には様々なものがあるが、その結果どうなるのかという面からみれば、労働契約を解消する懲戒処分と、労働契約

---

2)　たとえば、労働基準法91条（制裁規定の制限）として、「就業規則で、労働者に対して減給の制裁を定める場合においては、その減給は、1回の額が平均賃金の1日分の半額を超え、総額が一賃金支払期における賃金の総額の10分の1を超えてはならない」との規制がある。

3)　諭旨解雇の定義は一義的ではなく、使用者ごとの、就業規則などの定めにより異なる。企業によって、懲戒解雇を若干軽減した懲戒処分として「諭旨解雇」を設けていたり、退職願もしくは辞表の提出を勧告し、即時退職を求める（所定期間内に勧告に応じない場合は、懲戒解雇に処する、という取扱いをする企業が多い）「諭旨退職」と呼ばれるものを設けていたりする（菅野・前掲注1）664頁）。

の存続を前提とする懲戒処分の大きく 2 つに分類することができる。数ある懲戒処分の手段のうち、いずれを選択するかによって、従業員（社員）に与える影響も大きく異なる。特に、労働契約を解消する懲戒処分のように、従業員（社員）の不利益が大きい懲戒処分を選択する場合は、後に争われたときに、その相当性を厳しく判断される。事故を起こした従業員（社員）を懲戒する場合も、使用者が、就業規則で定める懲戒処分の手段のなかから、情状に応じて相当なものが選択されているかが重要なポイントとなる。

❸　懲戒処分の対象となる事由

１　懲戒事由の定め

　次に、どのような場合に懲戒処分を行うことができるのか、すなわち、懲戒処分の対象となる事由にはどのようなものがあるかが問題となる。

　判例は、企業秩序を「企業の存立と事業の円滑な運営の維持のために必要不可欠なもの」（最判昭和 52・12・13 民集 31 巻 7 号 1037 頁［富士重工業事件］）とし、使用者は、規則や指示・命令に違反する従業員（社員）に対して、「企業秩序を乱すものとして、当該行為者に対し、その行為の中止、原状回復等必要な指示、命令を発し、又は規則に定めるところに従い制裁として懲戒処分を行うことができる」（最判昭和 54・10・30 民集 33 巻 6 号 647 頁［国鉄札幌運転区事件］）としている。すなわち、企業秩序を乱す行為は、就業規則に定めるところに従って懲戒処分の対象となるため、使用者が従業員（労働者）を懲戒するには、あらかじめ就業規則において懲戒の事由と懲戒処分の手段（種類）を定めておくことを要するとしているのである。

　懲戒処分の手段（種類）と同様に、懲戒処分の対象となる事由も法令上定められているものではないため、使用者が、それぞれの就業規則などで定めることになる。懲戒処分の対象となる事由は、就業規則の懲戒処分に関する定めのなかで、懲戒手段ごとに、または一括して列挙されるのが一般的であるが、それらは包括的な（広範な）表現を採ることが多い[4]。たとえば、経歴詐称、職務懈怠、業務命令違背、業務妨害、職場規律違反、従業員たる地位・

---

4)　菅野・前掲注 1) 665 頁。

身分による規律の違反などが、懲戒処分の対象となる事由として列挙されているごとくである。

なお、懲戒処分の対象となる事由の内容について、労働基準法上の制限はないが、労働契約法15条は「使用者が労働者を懲戒することができる場合において、当該懲戒が、当該懲戒に係る労働者の行為の性質及び態様その他の事情に照らして、客観的に合理的な理由を欠き、社会通念上相当であると認められない場合は、その権利を濫用したものとして、当該懲戒は、無効とする」と定めており、懲戒事由に合理性がない場合、当該事由に基づいた懲戒処分は懲戒権の濫用と判断される場合がある。

② 事故を起こした従業員（社員）に関連する懲戒事由

それでは、事故を起こした従業員（社員）に関連する懲戒事由として、どのようなものが考えられるか。

これも、使用者が就業規則をどのように定めているかによるが、たとえば、厚生労働省労働基準局監督課作成のモデル就業規則（平成28年3月）の第62条（懲戒の事由）に照らしていえば、けん責・減給・出勤停止を手段とする場合の懲戒の事由を定める1項3号の「過失により会社に損害を与えたとき」や、懲戒解雇を手段とする場合の懲戒の事由を定める2項5号の「故意又は重大な過失により会社に重大な損害を与えたとき」、同項6号の「会社内において刑法その他刑罰法規の各規定に違反する行為を行い、その犯罪事実が明らかとなったとき（当該行為が軽微な違反である場合を除く。）」、同項13号の「私生活上の非違行為や会社に対する正当な理由のない誹謗中傷等であって、会社の名誉信用を損ない、業務に重大な悪影響を及ぼす行為をしたとき」などは、事故を起こした従業員（社員）に対する懲戒の事由として適用される可能性がある[5]。

事故を起こした従業員（社員）につき懲戒事由となる可能性が高い場合を

---

5)　人事院の懲戒処分の指針である人事院事務総長発「懲戒処分の指針について」（平成12年3月31日職職—68、最終改正：平成27年2月27日職審—53」において、「公務外非行関係」と別に、「飲酒運転・交通事故・交通法規違反関係」が定められているように、交通事故に関係する懲戒事由を独立して定めている場合であれば、これらも当然に事故を起こした従業員（社員）の懲戒事由となる。

整理すると、①事故を起こしたことにより、使用者に損害を与えたことを理由とする場合、②事故が犯罪にあたることを理由とする場合、③事故を起こしたことが、会社の信用を失うおそれのある行為であることを理由とする場合の3つに大別することが考えられる。

まず、①の事故を起こしたことにより、使用者に損害を与えたことを理由とする場合とは、たとえば、事業用自動車たる社有車を運転して業務遂行中、不注意によって社有車に傷をつけるなどしたときがこれにあたるであろう。また、前章で述べたような、従業員（社員）が起こした事故によって、会社が第三者に損害賠償をするなどした場合も、①に含まれると考えられる。

次に、②の事故が犯罪にあたることを理由とする場合とは、たとえば、事業用自動車たる社有車を運転して業務遂行中に、過失運転致死傷罪（自動車運転死傷行為処罰法5条）が科されたときがその典型といえよう。このようなときは、同時に①や③にもあてはまる可能性が高い。

そして、③の事故を起こしたことが、会社の信用を失うおそれのある行為であるとする場合については、たとえば、運送業を営む使用者の従業員（社員）が飲酒運転をして重大な交通事故を起こし、広く報道されるなどしたときをあげることができる。このようなときも、同時に①や②にもあてはまる可能性が高い。

③ 懲戒事由に関する裁判所の判断

懲戒事由の定め方が包括的な（広範な）表現であったり、また、懲戒事由の定めに「その他この規則に違反し又は前各号に準ずる不都合な行為があったとき」「その他前各号に準ずる不適切な行為があったとき」[6]などとする包括的な条項が入っていたりすることも多いため、事故を起こした従業員（社員）について、就業規則に定める懲戒事由のいずれかが存すると解することが可能な場合は多い。

もっとも、裁判所は、懲戒処分の対象となる事由に該当するか否かの判断にあたっては、就業規則の広範な文言をそのまま受け入れることはせず、それらを労働者保護の見地から限定解釈する傾向にある[7]。特に、懲戒処分の

---

6) 厚生労働省労働基準局監督課作成のモデル就業規則（平成28年3月）の第62条（懲戒の事由）1項8号、同条2項15号。

なかで最も重い懲戒解雇については、その相当性が厳しく判断されている。

したがって、事故を起こした従業員（社員）の懲戒が、一見、就業規則の広範な文言にはあてはまるようにみえても、後に懲戒の有効性が争われた場合には、労働者保護の見地からそれが限定的に解釈され、無効とされる場合がある。

特に②や③に関連するところであるが、業務時間外の交通事故や飲酒運転を理由とする懲戒は問題を含む。

たとえば、従業員たる地位・身分による規律の違反について、多くの企業では、会社の名誉、体面、信用の毀損を懲戒事由として掲げたり（たとえば「不名誉な行為をして会社の体面を汚したとき」）、犯罪行為一般を懲戒事由として掲げたりしており（たとえば「犯罪行為を犯したとき」）、これらの条項が、従業員の私生活上の犯罪その他の非行に適用される場合も多い[8]。しかし、業務時間外に従業員（社員）が交通事故を起こしたり飲酒運転を行ったりしても、それはその従業員（社員）の私生活上の非行である。後述するとおり、私生活上の非行の場合は、直ちに懲戒処分の理由となる企業の秩序を乱す行為といえるかは問題であり、諸事情に照らしてこれが否定されることも少なくない。私生活上の非行の場合には、業務時間中の交通事故などに比べ、そもそも懲戒事由にあたるかどうかを、より慎重に判断する必要がある。

❹ 懲戒処分のための就業規則などの定めと周知

1 就業規則に懲戒事由の定めがない場合の懲戒処分の可否

それでは、就業規則に懲戒処分の規定がない場合にはどうなるのだろうか。この場合、懲戒処分自体ができないのか[9]という問題がある[10]。

就業規則については、平成15年の改正により、労働基準法（以下、「労基法」という）において、常時10人以上の労働者を使用する使用者は、就業規則を作成し、行政官庁に届け出なければならない（労基法89条）とされ、その記載事由に、「退職に関する事項（解雇の事由を含む。）」（同条3号）と、「表彰及び制裁の定めをする場合においては、その種類及び程度に関する事項」

---

7)　菅野・前掲注1）665頁。
8)　菅野・前掲注1）670頁。

（同条 9 号）があげられている。労基法自体は、労働者を 1 人でも使用する事業場に適用されるものの、就業規則の定めは常時 10 人以上の労働者を使用する事業場を対象としている。実際には、その適用外の事業場であっても、人事・服務規律など、労働者の労働条件や待遇の基準をはっきりと定めることで、労使間のトラブルを防ぐという観点から就業規則が定められていることが多いが、法律上は、10 人未満の事業場では、就業規則の定めがないことも許容されている。したがって、就業規則の定めのない場合において、使用者が、事故を起こした従業員（社員）を懲戒することが可能かどうかは懲戒権の有無が問題となる。

　懲戒権の有無につき、学説上は、就業規則の定めがなくとも当然に固有の懲戒権を有するとする固有権説と、労働契約上に明示され労働者の同意を得ることを懲戒権の根拠とする非固有権説（契約権説）の二つの立場に大別することができる。

　判例は、使用者が従業員（社員）を懲戒するには、あらかじめ就業規則などにおいて懲戒の種別および事由を定めておかなければならないとしており（前掲最判昭和 54・10・30 ［国鉄札幌運転区事件］など）、就業規則の定めがない場合には、使用者が事故を起こした従業員（社員）に対する懲戒処分を行うことができないとして、後者の立場に立つことを明らかにしている。

　したがって、事故を起こした従業員（社員）に対して使用者が懲戒処分を行う場合、もしくは懲戒処分の後に従業員（社員）がその有効性を争う場合は、事業規模、就業規則の有無および就業規則における懲戒処分の定めの内容を、まず確認する必要がある。

　なお、事故を起こした時点では就業規則上の規定を欠いていて、事故後に就業規則を変更する手続をとった場合でも、当該事故に関して適用すべきは

---

9) 　この問題は、就業規則に列挙されている懲戒処分の手段や事由は当該列挙されているものに限定されるのか、という問題にもつながる。なお、就業規則に懲戒事由が定められている場合、当該定め以外の懲戒処分が許されないかという点については、学説上、限定列挙説（菅野・前掲注1）660 頁など）と、例示列挙説（山口幸雄＝三代川美千代＝難波孝一編『労働事件審理ノート＜第3版＞』〔判例タイムズ社、2011 年〕17 頁）がある。

10) 　学説上は、就業規則の定めがなくとも当然に固有の懲戒権を有するとする固有権説と、労働契約上に明示され労働者の同意を得ることを懲戒権の根拠とする非固有権説（契約権説）の大きく2つの立場がある。

変更前の就業規則であり、変更後の就業規則を適用することはできない（最判平成 15・10・10 労判 861 号 5 頁 ［フジ興産事件］参照）ほか、同一の行為に 2 回懲戒処分を行うことは許されない（東京地判平成 10・2・6 労判 735 号 47 頁）など、不遡及の原則や一事不再理の原則などが問題となることも留意しなければならない。

② 就業規則の周知

もっとも、就業規則は単に定めればよいというものではなく、周知をしておかなければならない。

労基法は、就業規則を、常時作業場の見やすい場所へ掲示し、または備え付けることその他の厚生労働省令で定める方法によって、労働者に周知しなければならない（労基法 106 条 1 項）と定めている。また、平成 19 年に制定された労働契約法も、「労働者及び使用者が労働契約を締結する場合において、使用者が合理的な労働条件が定められている就業規則を労働者に周知させていた場合には、労働契約の内容は、その就業規則で定める労働条件によるものとする。」として、就業規則の周知について定めている（労働契約法 7 条本文）。

判例は、就業規則の法的性質について、「多数の労働者を使用する近代企業においては、労働条件は、経営上の要請に基づき、統一的かつ画一的に決定され、労働者は、経営主体が定める契約内容の定型に従って、附従的に契約を締結せざるを得ない立場に立たされるのが実情であり、この労働条件を定型的に定めた就業規則は、一種の社会的規範としての性質を有するだけでなく、それが合理的な労働条件を定めているものであるかぎり、経営主体と労働者との間の労働条件は、その就業規則によるという事実たる慣習が成立しているものとして、その法的規範性が認められるに至っている（民法 92 条参照）ものということができる」（最判昭和 43・12・25 民集 22 巻 13 号 3459 頁［秋北バス事件］）として、就業規則が法的規範としての性質を有することを認めている。そのうえで、懲戒解雇の有効性が争われた事案において、当該就業規則が拘束力を持つためには、その適用を受ける事業場の労働者に内容を周知させる手続がとられていることを要する（前掲最判平成 15・10・10 ［フジ興産事件］）との立場を示し、単に就業規則を定めるだけでは足りないもの

としている。

　これらに照らせば、事故を起こした従業員（社員）に対して、就業規則に基づき懲戒処分を行うにあたっては、就業規則を周知させておかなければならないというべきである。事故を起こした従業員（社員）に対する懲戒の有効無効を争う場合には、まず、あらかじめ就業規則などに懲戒の事由と種類、程度が定められているときであっても、その内容を従業員（社員）に周知させる手続がとられているかどうかも重要となる。

５　懲戒処分の相当性

①　懲戒権の限界

　就業規則やその周知手続に不備がないとしても、具体的な事情に照らし、その懲戒処分が、客観的に合理的な理由を欠き、社会通念上相当であると認められない場合は、権利の濫用として無効となる。

　これは、懲戒処分に関する権利濫用法理として判例上形成されてきたものであり、労働契約法15条（懲戒）で、「使用者が労働者を懲戒することができる場合において、当該懲戒が、当該懲戒に係る労働者の行為の性質及び態様その他の事情に照らして、客観的に合理的な理由を欠き、社会通念上相当であると認められない場合は、その権利を濫用したものとして、当該懲戒は、無効とする。」と明文化されるに至ったものである。

②　懲戒処分の有効性

(1)　客観的に合理的な理由

　本来、就業規則上に懲戒処分に関する定めがあり、周知もされているときに、当該就業規則の定めに従って懲戒をするのであれば、客観的にみて合理的な理由を欠くところがないはずである。しかし、すでに述べたとおり、就業規則は抽象的で広範な文言で定められることが多く、一見就業規則上の定めに従った処分であるようにみえても、裁判所は、懲戒処分の対象となる事由に該当するか否かの判断にあたっては、就業規則の広範な文言をそのまま受け入れることはせず、それらを労働者保護の見地から限定解釈する傾向にある[11]。

　たとえば、単に「交通事故を起こしたときは、懲戒解雇とする」とのみ就

業規則で定めている場合に、交通事故を起こした従業員（社員）の過失が軽く、使用者に与えた損害も軽微な額であるにもかかわらず、就業規則を形式的に適用して、当該従業員（社員）を懲戒解雇すると、後に裁判所で懲戒解雇を無効とされるおそれがある。

(2) 相当性

また、懲戒処分の相当性については、労働契約法15条に定められているように、従業員（社員）の行為に照らして懲戒処分が重過ぎないかという実体的な相当性[12]が求められている。

相当性の具体的な検討は、後述する裁判例でも検討されているとおり、従業員（社員）の行為によって発生した損害がどのようなものであったか、使用者の業務にどのような影響を与えたか、従業員（社員）がこれまでどのような業務に従事してどのような評価や処分を受けてきたか、同じような事案で使用者が過去にどの懲戒処分が行ってきたのかなど、様々な事情を勘案してなされている。

また、懲戒処分は、従業員（社員）に経済的不利益を与え、その名誉・信用を害して精神的苦痛を与える措置であるため、懲戒権の濫用と評価される場合には、処分の無効に加えて、使用者の不法行為（民法709条）が成立することもある[13]。

---

11) 菅野・前掲注1) 665頁。

12) また、実体的な相当性に関する主張に関連して、弁明の機会が与えられていないなど、適正手続がとられていない点が裁判上争われる場合もある。適正手続がとられていない場合、手続的な相当性を欠き、社会通念上相当なものと認められず、懲戒権の濫用とする学説（菅野・前掲注1) 675頁）もあるが、実務家からは、懲戒解雇の懲戒事由となる非違行為が十分に認定可能であり、しかも当該事由が、懲戒解雇の相当性があるという事実関係であるにもかかわらず、懲戒解雇の有効性を否定できる事例は決して多くないのではないか（渡辺弘『リーガル・プログレッシブ・シリーズ　労働関係訴訟＜初版＞』〔青林書院、2015年〕87頁）とする指摘もある。具体的な事案において、手続的な相当性がどこまで結論に影響を与えるかはともかく、事故を起こした従業員（社員）の懲戒処分を行うにあたっては、就業規則で定められた弁明の機会の付与などの適正手続きをとるよう留意しておく必要があろう。

13) 菅野・前掲注1) 675頁。ただし、使用者の故意・過失や労働者の不利益（違法性）を吟味すべきであり、懲戒権濫用が不法行為に直結するわけではない（同）。

(3) 懲戒処分のタイミング

懲戒処分の有効性を判断する際、懲戒処分のタイミングが判断に影響を与えることがある。

事故を起こした従業員（社員）につき、事故から長期間経過した後に懲戒処分を行うことができるのかという問題がある。

暴行や傷害事件から7年以上経過した後にされた諭旨退職処分が争われた事案につき、「主張するとおりの事実が存在すると仮定しても、処分時点において企業秩序維持の観点からそのような重い懲戒処分を必要とする客観的に合理的な理由を欠くものといわざるを得ず、社会通念上相当なものとして是認することはできない」として、権利の濫用により無効と判断した判例がある（最判平成18・10・6集民221号429頁［ネスレ日本事件］）。すなわち、事故発生後から長期間を経過した後で、当該事故を理由として懲戒処分を行う際は、長期間を経過した後の処分時点における懲戒処分の必要性の観点からその有効性が判断されることになる。

また、懲戒処分のタイミングは、たとえば、事故を起こした従業員（社員）の懲戒処分を行った後に明らかとなった非違行為があるとき、懲戒処分を争う裁判のなかで、当該非違行為も含めて主張することができるかという問題とも関連する。

これに関連して、懲戒解雇当時は認識していなかった年齢詐称の事実を主張した事案において、使用者が労働者に対して行う懲戒につき、「労働者の企業秩序違反行為を理由として、一種の秩序罰を課するものであるから、具体的な懲戒の適否は、その理由とされた非違行為との関係において判断されるべきものである」としたうえで、「懲戒当時に使用者が認識していなかった非違行為は、特段の事情のない限り、当該懲戒の理由とされたものでないことが明らかであるから、その存在をもって当該懲戒の有効性を根拠付けることはできないものというべきである」としたものがある（最判平成8・9・26集民180号473頁［山口観光事件］）。懲戒処分を争う事件において、使用者が懲戒当時認識していなかった非違行為を主張しても、主張自体失当となる可能性がある[14][15]。

---

14) 山口=三代川=難波・前掲注9) 5頁。

(4) 私生活上の非行である場合

　従業員（社員）による交通事故は、業務時間中に事業用自動車を運転している場合だけでなく、勤務時間外や自家用車を運転している場合にも起こる。

　多くの企業では、就業規則上、私生活上の非行であっても、犯罪行為一般をはじめとした会社の信用を毀損する行為を懲戒事由として掲げているが、従業員（社員）は、その私生活についてまで使用者の一般的な支配に服するわけではないので、企業秩序違反行為として懲戒の対象となるかどうかは、業務時間中に事業用自動車を運転している場合に比して慎重に判断される。

　私生活上の非行に関して、懲戒解雇処分を無効とする旨の判断をした初めての最高裁判決（最判昭和45・7・28民集24巻7号1220頁・判時603巻95頁［横浜ゴム事件］—住居侵入罪として罰金刑に処せられたことを理由とする懲戒解雇）では一般的な基準は言及されなかったが、その後の判例（最判昭和49・3・15民集28巻2号265頁・労判198号23頁［日本鋼管事件]）で、従業員の私生活上の言動に対する懲戒処分の判断基準が示されている。

　すなわち、従業員の私生活上の言動に対して「不名誉な行為をして会社の体面を著しく汚したとき」との労働協約および就業規則の規定を適用して懲戒解雇処分がなされた事案において、「営利を目的とする会社がその名誉、信用その他相当の社会的評価を維持することは、会社の存立ないし事業の運営にとって不可欠であるから、会社の社会的評価に重大な悪影響を与えるような従業員の行為については、それが職務遂行と直接関係のない私生活上で行われたものであっても、これに対して会社の規則を及ぼしうることは当然に認められなければならない。本件懲戒規定も、このような趣旨において、社会一般から不名誉な行為として非難されるような従業員の行為により会社の名誉、信用その他の社会的評価を著しく毀損したと客観的に認められる場合に、制裁として、当該従業員を企業から排除しうることを定めたものであると解される」として、私生活上の非行であっても懲戒処分の対象とするこ

---

15)　この点、普通解雇に関する後述2（305頁以下）で詳細に論じるように、懲戒解雇と普通解雇の重要な違いとして、普通解雇の場合は、使用者が解雇当時認識していなかった非違行為であっても、解雇当時に客観的に存在した事実であれば、解雇を有効ならしめる事実として主張できる（山口＝三代川＝難波・前掲注9）25頁、渡辺・前掲注12）77頁）としている点には留意する必要がある。

とができるとした。

そして、「従業員の不名誉な行為が会社の体面を著しく汚したというためには、必ずしも具体的な業務阻害の結果や取引上の不利益の発生を必要とするものではないが、当該行為の性質、情状のほか、会社の事業の種類・態様・規模、会社の経済界における地位、経営方針及びその従業員の会社における地位・職種等諸般の事情から綜合的に判断して、右行為により会社の社会的評価に及ぼす悪影響が相当重大であると客観的に評価される場合でなければならない」との判断基準を示している。

したがって、業務時間外の事故や自家用車を運転中の事故についても、使用者の社会的評価に及ぼす悪影響が相当重大であると客観的に評価されるような態様である場合には懲戒処分の対象となりうる。

6 懲戒解雇の相当性に関する裁判例

1 裁判例の傾向

懲戒解雇は、懲戒処分の中で最も重い処分であって、通常は、解雇予告手当（労基法20条1項）の支払いもせずに即時になされ、また、退職金の全部または一部も支給されない[16]。再就職も事実上難しくなるなど、事故を起こした従業員（社員）が受ける不利益は非常に大きい。

交通事故に関連する懲戒解雇の裁判例をみていくと、まず、懲戒解雇の有効性が争われている事案のほとんどが業務時間外の飲酒運転であることがわかる。

また、特に近年の裁判例は、公務員の懲戒免職処分の有効性に関するものが圧倒的に多い。この傾向は、平成18年に起きた福岡市職員の飲酒運転事故（最決平成23・10・31刑集65巻7号1138頁）をきっかけに、社会的な非

---

16) もっとも、解雇予告手当（労基法20条1項）と退職金の不支給という点に本質があるわけでない。解雇予告手当について、懲戒解雇は「労働者の責に帰すべき事由に基づいて解雇する場合」（同条同項ただし書）に該当するとされることが多いが、懲戒解雇と労基法上の即時解雇（20条1項ただし書）が必ずしも一致するものではない。また、退職金についても、退職金が全額支給される懲戒解雇も存在するし、普通解雇であっても、その支払いに関して定める退職金規程などの不支給事由に該当することはありうる（菅野・前掲注1）664頁参照）。

難が高まり、地方自治体等において、飲酒運転に対する厳しい処分基準を定めるなどの対応がとられた結果、飲酒運転を理由とする懲戒免職処分が増えたためと推察される。飲酒運転をした公務員の報道に接する機会も増え、飲酒運転に対して厳しい目が向けられているため、裁判所においても懲戒免職処分もやむなしとの判断がなされるのではないかとも思われるが、裁判所における結論としては必ずしも懲戒免職処分を有効と判断している例ばかりではない。飲酒運転に対する社会的な非難の高まりに対応して、近時の傾向として有効とする裁判例も少なくない[17]が、事故を引き起こしていない場合など、懲戒免職処分は重すぎるとの判断がなされることもある[18]。懲戒免職処分を無効と判断するにあたっては、やはり飲酒運転自体の悪質さであり、飲酒運転に至った経緯や飲酒量、常習性、事故の発生の有無や程度などが重視されているようである[19]。

　ここで取り上げるのは、主として民間事業者に関する裁判例であるが、公務員に関する裁判例と同様、基本的には、諸事情を総合的に考慮して有効無効の判断をしており、その判断基準に大きな違いはないように思われる。

　そもそも民間事業者に関する裁判例は少なく、しかもそのほとんどは、日ごろから運送業務に従事する者が業務時間外になした飲酒運転を理由とする懲戒解雇に関するものである。業務時間外とはいえ、従業員（社員）が飲酒運転をした場合、飲酒して運転をしたこと自体、従業員の責めに帰すべき事由によるものといえるが、①使用者側の事情、②従業員側の事情および③事故の態様に照らしても、飲酒運転や事故を起こした真の原因が主として従業員（社員）の領域に属することは明らかである。しかし、そうだとしても、業務時間外の飲酒運転は、いわば私生活上の非行であって、使用者の社会的評価に及ぼす悪影響が相当重大であるとの客観的評価が妥当するかが問題と

17)　飲酒運転の悪質さに照らして懲戒免職処分を有効とした一審の判断を維持した裁判例（名古屋高判平成25・9・5労判1082号15頁）など。

18)　いったんは運転代行業者の派遣を要請するなど飲酒運転を回避する努力をしており、二度の酒気帯び運転が同一の機会になされたものといえることなどに照らして懲戒免職処分を無効とした裁判例（福岡高判平成18・11・9労判956号69頁）など。

19)　安藤高行「判例にみる民間企業の従業員の飲酒運転と懲戒解雇処分」九州国際大学法学論集20巻3号31頁。その他三浦大介「公務員の飲酒運転と懲戒処分」法学教室346号2頁など参照。

なり、権利の濫用にあたる無効な懲戒処分とされるかどうか、また企業秩序ないし労務の統制維持の観点からみて必要であると解されるかどうかで判断が分かれている。

有効・無効の判断に安定した規則性を見出すことは困難であるが、判断が分かれている理由の考察を試みるならば、使用者の社会的評価の低下について、そのおそれを含め、どの程度重視するかの違いが結論を分けているといえそうである。具体的な裁判例をみてみると、①使用者の規模や業務内容に照らして企業秩序にどのような影響を与えるか（報道の有無を含む）、②従業員（社員）が従事している業務の内容や職務上の地位、③飲酒運転・事故の態様や経緯、飲酒量・常習性などが総合的に考慮されているが、その結果、使用者の社会的評価が低下する（おそれがある）とすれば、懲戒解雇有効の判断へと傾いているように思われる。特に、日常的に運送業務に従事する立場の者による飲酒運転に関しては、近時の飲酒運転に対する社会的な非難の高まりという時代の変化に伴い、③の要素が重視され、すなわち飲酒運転自体の悪質さがあれば、使用者の社会的評価の低下（のおそれ）があるとの判断につながりやすくなっているようにも思われる。

このような観点から、以下、民間事業者に関する裁判例を確認しておこう。

② 勤務時間外の飲酒運転に関する裁判例

(1) 勤務時間外の酒酔い運転による交通事故で罰金5万円に処せられたタクシー運転手の懲戒解雇を無効とした例

最判昭和61年9月11日（労判488号11頁［相互タクシー事件］）

第一審判決（甲府地判昭和58・3・28労判488号20頁）が懲戒解雇を有効としたのに対し、原審判決（東京高判昭和59・6・20労判488号15頁）は使用者の有する懲戒権あるいは解雇権の濫用にわたり無効であるとし、最高裁も原審の判断を維持した。

原審は、①使用者は、いわゆるタクシー事業を目的とする会社で、本件解雇当時、認可営業車約28台、従業員約46名で、K市付近を中心に営業していた、②従業員（社員）は、本件事故まで12年以上タクシーの運転手として使用者であるタクシー会社に勤務しており、本件事故当時、格別の役職には就いていなかった、③本件事故は、列車内で飲酒して午後9時ころK

駅で下車した後、翌日午前2時半過ぎに帰宅するため自己所有車を運転したところ、進路左側で非常駐車灯を点滅させて停車中の貨物自動車をその直前で認め、右にハンドルを切ったが間に合わず貨物自動車に追突し、さらに走行して道路右側の金網囲障に衝突させ、その金網に食い込ませた形でやっと停車したものである等の事実認定をした。なお、刑事処分としては、酒酔い運転、安全運転義務違反として罰金5万円に処する旨の略式命令がなされている。

そして、従業員(社員)について「単に酒気を帯びていたにとどまらず、そのアルコールの影響により正常な運転ができないおそれがある状態であった疑いが濃厚であるといわなければならず、したがって、本件事故自体決して軽いものではないというべく、特に業務外での自家用車の運転中とはいえ、旅客運送のための運転を職務とする従業員がこのような行為を行ったということは、タクシー営業を目的とする被控訴人〔使用者:筆者注〕の社会的評価に少なからぬ影響を与え、また他の運転手はじめ従業員に動揺を与えてその企業秩序維持の上でも支障を及ぼしたものといわなければならない」と評価している。その一方で、「(1)本件事故では控訴人(従業員:筆者注)が自傷したほかは、その損害は比較的軽微であって、いずれも控訴人において賠償を終えており、事故についての報道もなかったことから、本件事故による被控訴人の社会的評価の現実的毀損はそれほど大きくはなかったと考えられること、(2)控訴人は過去に同種の前科、前歴はなく、被控訴人により懲戒されたこともないこと、(3)他の従業員も本件解雇は重すぎるとの反応を示していること、(4)労働基準監督署長も本件につき解雇予告除外認定をしなかったこと、(5)被控訴人も従業員に対し、その対象たる非行の性質は異なるにせよ、これまで比較的寛大に懲戒権を行使してきたこと、(6)同業他社においては本件よりも情が重いとみられる事例でも懲戒解雇にはなっていないこと、(7)自動車運転を職務内容とするか否かという点で重大な差異があるものの、全体の奉仕者として職場規律が重視され、社会的にも厳しく評価されている県庁職員、公立学校教職員の飲酒運転事例においても、相当に悪質な一例を除き、すべて停職以下の処分にとどまっていることなど、これまでに認定した諸般の事情を勘案すると、懲戒権行使にあたり被控訴人に認められるべき裁量の幅を考慮しても、本件事故が被控訴人の社会的評価に及ぼした悪影響、その

企業秩序に与えた支障の程度は、客観的にみても懲戒解雇を相当とするほどまでに重大であるとは認められない」として、「本件解雇は懲戒権を濫用したものであって、無効であるといわざるをえない」との結論を導いた原審の判断を維持している。

本判決は、第一審と原審の判断が分かれた微妙な事案である。原審は、飲酒運転は、私生活上の非行に関するものであり、懲戒解雇処分の判断にあたっては、使用者の社会的評価に及ぼす悪影響が相当重大であると客観的に評価しうるものであることを前提として、具体的に、損害の軽微さ、過去の前科・前歴、懲戒歴、他の従業員の反応、労働基準監督署の認定、他の従業員に対する懲戒の状況、同業他社の懲戒の状況、公務員の懲戒の状況などを勘案して、使用者の社会的評価に及ぼした悪影響、その企業秩序に与えた支障の程度は、客観的にみて懲戒解雇を相当とするほどまでに重大であるとは認められないと判断したものである。

なお、タクシー運転手が勤務時間外の飲酒運転で事故を起こしたことを理由とする懲戒解雇を有効とした判例（最判昭和 53・11・30 集民 125 号 739 頁 [笹谷タクシー事件]）もある。本判決は、酒酔い運転により人身事故を惹起した後輩運転手と行動をともにした先輩運転手についての懲戒解雇が争われたものであるが、後輩運転手を指導して酒酔い運転を厳しく注意すべき地位にありながら、後輩運転手の酒酔い運転を容認し慫慂したとして、刑事処分も受けず、新聞等でも報道されなかったにもかかわらず、その懲戒解雇を有効と判断した。

本件事案については、前掲最判昭和 61 年 9 月 11 日の上告理由の中で「同等もしくはそれ以上の重大な行為」と指摘されるなど、前掲最判昭和 61 年 9 月 11 日の事案と比較されることが多いが、同乗者に加療約 2 週間を要する傷害を負わせている点など具体的事情が異なり、比較することは必ずしも容易ではない。しかし、飲酒運転に対する社会的な評価が厳しいものとなっている近時の状況に照らすと、業務時間外の飲酒運転とはいえ、旅客運送のための運転を職務とするタクシー運転手という立場にある者の責任を重く解する余地もあるように思われる。

タクシー運転手のように、日常的に運転業務に従事する立場にある者による勤務時間外の飲酒運転については、普通解雇の事案ではあるが、職場外で

飲酒運転し逮捕されたバス運転手に対する普通解雇を有効とした後掲大津地決平成元年 1 月 10 日（労判 550 号 130 頁—**3**|**1**|**❶**）も参考になる。

(2) 業務終了後の酒気帯び運転で検挙されたこと等による大手運送業者のセールスドライバーの懲戒解雇を有効とした例

東京地判平成 19 年 8 月 27 日（労経速 1985 号 3 頁［ヤマト運輸事件］）

本件は、大手運送業者のセールスドライバーが業務終了後に飲酒して酒気帯び運転で検挙されたもので、交通事故は起こしていないが、使用者の業種と従業員（社員）の業務内容に着目して、飲酒運転という事実が使用者の社会的評価の低下と企業の円滑な運営に支障をきたすおそれがあるとして、懲戒解雇を有効としたものである。

ここでは、①使用者が大手の貨物自動車運送事業者であり、就業規則では、業務内、業務外を問わず飲酒運転および酒気帯び運転をしたときには（懲戒）解雇する旨規定されていること、②従業員（社員）は、セールスドライバーとして勤務していたこと、③従業員（社員）は、業務終了後に飲酒をして自家用車を運転中、酒気帯び運転で検挙されたが、検挙の事実を直ちに使用者に報告せず、上記酒気帯び運転行為により、運転免許停止 30 日の行政処分を受け（講習受講により 1 日に短縮）、また罰金 20 万円に処せられており、検挙の 4 か月半後に運転記録証明の取得によって上記酒気帯び運転の事実が使用者に発覚して解雇をされたとの事実が認定されている。

本件は、この事実認定のもと、業務時間外の飲酒運転を理由とする懲戒解雇について「被告が大手の貨物自動車運送事業者であり、原告が被告のセールスドライバーであったことからすれば、被告は、交通事故の防止に努力し、事故につながりやすい飲酒・酒気帯び運転等の違反行為に対しては厳正に対処すべきことが求められる立場にあるといえる。したがって、このような違反行為があれば、社会から厳しい批判を受け、これが直ちに被告の社会的評価の低下に結びつき、企業の円滑な運営に支障をきたすおそれがあり、これは事故を発生させたり報道された場合、行為の反復継続等の場合に限らないといえる。このような被告の立場からすれば、所属のドライバーにつき、業務の内外を問うことなく、飲酒・酒気帯び運転に対して、懲戒解雇という最も重い処分をもって臨むという被告の就業規則の規定は、被告が社会におい

て率先して交通事故の防止に努力するという企業姿勢を示すために必要なものとして肯定され得るものということができる」として、「上記違反行為をもって懲戒解雇とすることも、やむをえないものとして適法とされるというべきである」と結論付けた。

なお、本件では、懲戒解雇による雇用契約終了の効力自体は争われておらず、不支給となった退職金の支払いを求めるなかで懲戒解雇の効力を争ったものであるが、懲戒解雇を有効としつつ、解雇がなければ受給することができた退職金の約3分の1を支払うべきこととしている。

退職金の支給に関する指摘のなかで、「原告は、大手運送業者の被告に長年にわたり勤続するセールスドライバーでありながら、業務終了後の飲酒により自家用車を運転中、酒気帯び運転で検挙されたこと、この行為は、平成17年4月当時は一審の口頭弁論終結時ほどは飲酒運転に対する社会の目が厳しくなかったとはいえ、なお社会から厳しい評価を受けるものであったこと、原告は処分をおそれて検挙の事実を直ちに被告に報告しなかったこと（原告本人）、その挙げ句、検挙の4か月半後の同年9月5日、運転記録証明の取得により原告の酒気帯び運転事実が発覚したこと」などに照らし、その情状はよいとはいえず、懲戒解雇はやむを得ないというべきとする一方、「原告は他に懲戒処分を受けた経歴はうかがわれないこと、この時も酒気帯び運転の罪で罰金刑を受けたのみで、事故は起こしていないこと、反省文（証拠略）等から反省の様子も看て取れないわけではないことなどを考慮すると、上記原告の行為は、長年の勤続の功労を全く失わせる程度の著しい背信的な事由とまではいえないというべきである」と評価し、「就業規則の規定にかかわらず、原告は退職金請求権の一部を失わないと解される」との結論を導いており、情状は、懲戒解雇の有効性に関する判断ではなく、退職金の支給に関する判断のなかで、従業員（社員）に有利な事情として扱うにとどめた。

上記の退職金の支給に関する指摘に「平成17年4月当時は一審の口頭弁論終結時ほどは飲酒運転に対する社会の目が厳しくなかった」との表現がみられるように、日常的に運転業務に従事する立場の従業員（社員）の飲酒運転を理由とする懲戒解雇については、事故の時点における飲酒運転に対する社会的な評価が重視されるところ、近時のように飲酒運転に対する社会の目が厳しくなっている状況の下では、飲酒運転を理由とする懲戒解雇が、使用

者の社会的評価に及ぼした悪影響、その企業秩序に与えた支障の程度に照らし、客観的にみて相当とされる可能性が高くなっていると思われる。

　もっとも、飲酒運転に対する社会的な評価が厳しいものとなっているとはいえ、飲酒運転を理由とする懲戒解雇が安易に有効と認められるわけではない。以下の裁判例が参考となる。

(3) 業務終了後に酒気帯び状態で原動機付自転車を運転して転倒した郵便局員の懲戒解雇を無効とした例

福井地判平成 22 年 12 月 20 日（平成 21 年（ワ）第 83 号）

　この事案は、郵便局員が業務終了後に飲酒して酒気帯び状態で原動機付自転車を運転したことを理由に懲戒解雇処分を受けたものであるが、使用者の懲戒規定が酒気帯び運転を含む飲酒運転について解雇以外の選択肢を認めないものであることについて、他の懲戒事由との比較においてその合理性に疑問が残り、相当性を欠くとして、懲戒解雇を無効と判断したものである。

　本件では、①使用者は、郵便の業務を独占的に行うとともに、郵便以外の貨物の運送等も業とし、約 12 万 3,000 台の車両を保有し、アルバイトを含め 25 万人を超す従業員がいる株式会社で、懲戒基準の改正を行った際に、全従業員に対して書面を配布するなどしてその内容を周知させ、また、「交通法令の遵守」と題する書面を配布するなど交通法令の遵守を強く指導していたこと、②従業員（社員）は、支店の郵便課正社員のなかにおける地位は高くなく、指導的立場にあるといった状況にもなく、本件の酒気帯び運転に係る事実関係を記憶にある限りは説明をしており、また、前科前歴はなく、懲戒処分を受けたこともなく、高校卒業後 15 年間まじめに勤務してきたこと、③本件の酒気帯び運転は、勤務時間外のことで、運転を誤って転倒したものではあるが、第三者に怪我を負わせるなどの事態は発生させておらず、本件事故を起こすまで飲酒した場合には歩いて帰っており、本件事故当日も酒気帯び運転で帰ることを想定して飲酒したわけではなく、酒気帯び運転について常習性があったとも認められず、歩いて帰らなかったのは、アルコールの影響によりその判断能力が低下していたことによるもので、報道においても使用者の会社名や事故原因は報じられておらず、使用者の社会的信用を失わせる事態には至っていなかったとの事実が認定されている。

その上で、本判決は、使用者の就業規則および懲戒規程につき、「飲酒運転（酒酔い運転、酒気帯び運転をいう。）を行った者は、懲戒解雇あるいは諭旨解雇にされるのであり、これ以外の選択肢はないものである。しかしながら、被告の懲戒規程……によれば、（ア）人の身体を傷害した者は、10日以上の停職にするとされているものの、情状によっては、懲戒解雇又は諭旨解雇にすることができる、あるいは9日以下の停職、さらには減給又は戒告にすることができるとして、情状に応じて適切な懲戒処分を採れるよう選択の幅がかなり広く設けられ、（イ）また、飲酒運転などと同様に人身事故惹起の危険性の高い著しい速度超過等の悪質な交通法令違反をした者についても、懲戒解雇、諭旨解雇又は7日以上の停職にするとして、情状に応じて適切な懲戒処分を採れるよう解雇以外の選択の余地が残されている。このように他の懲戒事由との比較において、飲酒運転につき解雇以外の選択肢を認めない被告の懲戒規程に十分な合理性があるかについては疑問が残ると言わざるを得ない」とし、「酒気帯び運転が相当強い非難に値する行為であることは否定できない」としつつも、前記認定事実をもとに、「その情状として考慮すべき事情も少なからず認められることからすれば、停職等による懲戒処分であっても本人への制裁、社内の秩序維持効果は十分実現できると判断され、原告が今回犯した酒気帯び運転について、会社に勤務する人間からその全てを奪う結果となる解雇処分にすることは、社会通念に照らしてなお相当性を欠くものと言わざるを得ない」と結論付けている。

本判決は、前掲東京地判平成19年8月27日((2)）の裁判例より後の時期に出されたもので、飲酒運転に対する社会的な評価が厳しいものとなっているなかで出された判断であるにもかかわらず、いわば情状を従業員（社員）に有利な事情とすることにより懲戒解雇を無効としており、飲酒運転を理由とする懲戒解雇が安易に有効と認められるわけではないということを示しているといえよう。

もっとも、本判決の後に、業務時間外に酒気帯び運転で物損事故を起こした郵便局員の懲戒解雇を有効とするもの（東京高判平成25・7・18判時2196号129頁、一審判決〔東京地判平成25・3・26判時2196号132頁〕も同旨）が出ている。

これは、使用者が講習や掲示板で具体的な事例を紹介するなどして飲酒運

転に関する注意喚起や警告をしていたにもかかわらず、勤続20年以上で当時課長代理の地位にあった従業員（社員）が高濃度のアルコールを保有した状態で運転して事故を起こし、事故の申告せずに立ち去って逮捕され、新聞報道もなされたというものであった。従業員（社員）の一連の行為について、自動車等による集配業務等を行うことを主たる事業とする使用者の社員としての適格を欠くとし、懲戒解雇が酷であるといえるような事情も見当たらないと判断されており、第一審の判決理由中では、原告が前掲福井地判平成22年12月20日（(3)）と思しき事案に言及したのに対し、「原告は、郵便事業社で酒気帯び運転に基づく懲戒解雇が無効とされた裁判例を挙げるが、原付の酒気帯び運転に止まる事案であり、本件と異なる。」と端的に指摘している。

　これらの裁判例に照らすと、やはり、懲戒解雇の相当性に関する判断は、飲酒運転・事故の態様や経緯、飲酒量・常習性などといった飲酒運転の悪質さを重視し、近時の飲酒運転の厳罰化の傾向に照らしても、飲酒運転がそれほど悪質とはいえない場合にまで、当然に懲戒解雇を有効とするわけではないことに留意する必要があろう[20]。

　また、懲戒解雇を無効とする判断においては、労働者（使用者）に有利な事情として考慮することができる情状があっても、近年はそれほど大きな影響を与えるわけではなく、やはり飲酒運転自体の悪質さが認められれば、使用者の社会的評価の低下（のおそれ）があるとの判断につながりやすくなっていると解される。

③ 業務中に起こした事故を理由とする懲戒解雇の裁判例

　業務中の過失事故による裁判例も少数ながらみられる。その代表的なものが、貨物自動車の運転手として運送業務中に起こした事故を理由とした解雇処分を無効としたもの（前掲大阪地決平成11・3・12［ヤマヨ運輸事件］）である。

　本件は、勤務時間中に起こした事故を理由とした解雇処分につき、解雇権の濫用であるとして会社に対する賃金の仮払い等を求めたものであるが、事

---

20)　なお、「刑事手続等を一定の基準として懲戒解雇の相当性を検討することも、一つの合理的な考え方と思われる」と指摘する立場もある（水津正臣＝藤村和夫＝堀切忠和『実務家のための交通事故の責任と損害賠償』（三協法規、2011年）304頁［田中貴一］）。

故の原因は使用者側の安全衛生に対する配慮義務に不十分な点があったことに起因することを否定できず、事故発生の主たる責任が従業員（社員）に存するということはできないとして、就業規則の懲戒解雇事由に該当せず、懲戒解雇処分を無効とした（普通解雇としても無効とした）ものである。

　ここでは、①使用者は、本社以外に長野、浜松、鳥取および九州などに営業所を置いて貨物自動車運送事業を営んでいること、②従業員（社員）は、平成10年6月にK営業所に入社して運転手として稼働してきたこと、使用者の指示で、大阪、長野、広島、鳥取、東京、九州などで野菜などの荷物を積み込んだ後これを市場などまで貨物自動車で運送する業務に従事していたこと、同年8月に業務上運転中に交通事故（前件事故）を起こしたこと、その後研修を受けてから再度運送業務に従事した約2か月間の公休日は4日のみであること、本件事故3日前から事故発生までの勤務状況については、午前10時にK営業所に出勤してから、午後2時ころに本件車両を運転して熊本、尾道、福山、岡山、茨木、尼崎を丸1日かけて回り、約10か所で商品の積載や荷下ろしを行い、そのまま約10時間かけて長野へ行き、約6時間の仮眠をとった後は、再び長野、東大阪、茨木を丸1日かけて回り、約10か所で商品の集荷や荷下ろしをした後に本件事故を起こしたというものであったこと、③本件事故は、大型貨物自動車を運転中に国道上の中央分離帯に衝突したもので、従業員（社員）は救急車で搬送され、頭部外傷、頸部捻挫、両下肢麻痺（脊髄ショック性）、腰部挫傷、左手挫傷により約3週間入院したこと、事故車両は廃車処分とされたこと、退院から約1週間後に解雇の意思表示がされたこと、同種の業務に従事する他の従業員（社員）も勤務状況は概ね同一で、適宜交通安全教育を受けているが、約8か月間で、本件事故および前件事故を含め、従業員による交通事故が19件発生していることなどの事実が認定されている。

　その上で、本判決は、懲戒解雇の有効性を判断するにあたり、「自動車運送事業において、経営秩序を維持するために、交通事故を惹起した従業員たる運転手らに対し制裁として不利益を課し、当該従業員または他の従業員に対する戒めとする必要がある場合でも、懲戒処分をなしうるのは、交通事故が専ら従業員の故意、過失によるなど従業員の責めに帰すべき事由に起因する場合に限定され、労働契約関係に伴う信義誠実の原則から要請される労使

双方の義務履行状況すなわち、従業員側において自動車運行上誠実義務、注意義務を尽くしたかどうか、使用者側において安全衛生に対する留意義務、配慮義務などを十分尽くしたかどうかなどを相互に公平に判断し、その結果なお交通事故の真の原因が主として従業員の領域に属する場合であって、企業秩序ないし労務の統制維持の観点からみて必要であると解される場合に懲戒権の行使が許されるというべきである」とし、「なぜなら、今日の交通環境、労働環境のもとにおいては、自動車運送事業の従業員たる運転手らが業務上交通事故を惹起し、使用者に対して損害を与えたからと言って必ずしも、従業員の不誠実な業務遂行の結果であり、直ちに従業員の債務不履行ないし信頼関係破壊行為を構成するとまでは言い得ない場合があるからである」とした上で、就業規則の文言をこの趣旨に従って解釈すべきであるとした。

　そして具体的には、本件事故について、従業員（社員）が「本件事故現場付近を通行するにあたり、前方や周辺の状況を注視して進行すべき注意義務を怠り漫然と進行した過失により物損事故を起こした事案といえる」とするほか、前件事故も「同様の注意義務違反があったといえる」とした。その一方で、従業員（社員）の「本件事故直前の勤務状況、債権者（従業員：筆者注）と同職種の従業員の勤務状況や、債務者〔使用者：筆者注〕の指導にもかかわらず、約8か月間の間に、本件事故及び前件事故以外に、債権者と同職種の従業員により本件事故と概ね同態様の追突事故7件を含む無視できない数の交通事故が発生していることなどを総合すれば、債権者の注意力散漫による注意義務違反を招いたのは債権者の過労ないし睡眠不足ひいては債務者の運行計画に無理があったことにもよるものと推認され、したがって本件交通事故の原因は債務者側の安全衛生に対する配慮義務に不十分な点があったことに起因することを否定できず、本件事故発生の主たる責任が債権者に存するということはできないというべきである」とした。

　なお、普通解雇として有効かという点については、「これを認めるには疎明が不十分であるし、その他これを一応にしろ認めるに足りる疎明はない」として、無効との判断をしている。

　本判決は、事業用自動車を業務時間中に運転しているときに起こした事故を理由として、従業員（社員）の解雇を無効としたものであり、注目される。

　懲戒処分を行うにあたっては、やはり事故に至った経緯における従業員（社

員）の過失の度合いが重視されるのであり、飲酒運転に関する裁判例では従業員（社員）が飲酒運転に及んだこと自体が非難に値する行為とされているのに対し、過失による事故で厳しい懲戒処分を課すことは相当性を欠くとされる可能性が高いように思われる。まして、本件のように、事故の直接の原因は従業員（社員）の注意義務違反であるとしても、そのような注意義務違反を招いた原因が、使用者による無理な運行計画が従業員（社員）の過労や睡眠不足を招いたなど、安全配慮義務に不十分な点があったことにある場合には、従業員（社員）の帰責性が低く評価されることになろう。

　本判決で示されているように、事業用自動車を業務時間中に運転している従業員（社員）が起こした事故により懲戒処分をなしうるのは、事故の原因がもっぱら従業員（社員）にあり、企業秩序のために懲戒処分が必要な場合に限ると考えるのが相当であり、本判決の結論は妥当といえよう。

2　普通解雇

1　普通解雇とは

1　普通解雇の法的性質と解雇権濫用法理

　事故を起こした従業員（社員）の行為が企業秩序に支障を来すとしても、事故の態様等に照らし、いきなり懲戒解雇とするのは相当性を欠く場合も少なくない。懲戒解雇とする相当性が認められるとしても従業員（社員）の今後等を考慮した場合に、懲戒解雇がためらわれる場合もある。こうした場合には使用者が普通解雇を選択することも考えられる。

　ここで確認しておかなければならないのは、懲戒解雇も普通解雇も、ともに労働契約の終了という結果に至るものではあるものの、労働契約の中途解約たる普通解雇（民法627条1項）は、懲戒権としての解雇たる懲戒解雇と法的性質が異なり、したがってその根拠も効果も異なるという点である。

　普通解雇についての法令上の定めをみると、民法上は、「当事者が雇用の期間を定めなかったときは、各当事者は、いつでも解約の申入れをすることができる。この場合において、雇用は、解約の申入れの日から2週間を経過することによって終了する」（627条1項）とされている。このような民法上の定めは、従業員（社員）側が解約の申込みをする場合には、憲法上保障される職業選択の自由に資するものと評価できるが、使用者側が解約の申込みをする場合には、使用者が、解雇の自由の保障を根拠に一方的に労働契約を終了させてしまうこととなり、従業員（社員）に酷な結果となる。このため、使用者の解雇の自由は、労働法によって修正されており、たとえば、「使用者は、労働者が業務上負傷し、又は疾病にかかり療養のために休業する期間及びその後30日間並びに産前産後の女性が第65条の規定によつて休業する期間及びその後30日間は、解雇してはならない」（労基法19条1項本文）などと定められている。また、解雇の事由を就業規則で定める事項とする（同法89条3号）など、当事者自治による規制も加えられている。

　さらに、これらの法令上の修正や当事者自治による規制では不十分な部分

を補うため、多数の裁判例が、一般的な解雇制限となる解雇権濫用法理を形成してきた。解雇権濫用法理は、客観的に合理的な理由がない解雇や社会通念上相当と認められない解雇を解雇権の濫用として無効とする法理であり、この判例法上の解雇権濫用法理は、労働契約法16条（解雇）で、「解雇は、客観的に合理的な理由を欠き、社会通念上相当であると認められない場合は、その権利を濫用したものとして、無効とする。」と明文化されるに至っている。

したがって、普通解雇についても、客観的・合理的な理由を欠き、社会通念上相当であると認められない場合には、無効とされる。

② 懲戒解雇と普通解雇

① 懲戒解雇と普通解雇の違い

事故を起こした従業員（社員）に対する普通解雇は、実際上は懲戒処分としての機能を営むことになり、懲戒解雇における規律が妥当すると指摘されることもある[1]ほか、解雇の有効性を争う訴訟において、使用者側が、解雇の意思表示について、懲戒解雇と普通解雇の両方を選択的または予備的に主張することもあり、懲戒解雇と普通解雇の関係にも注目しておく必要がある。

懲戒解雇と普通解雇の重要な違いとして、普通解雇の場合は、解雇の意思表示をした時点において、客観的に存在するすべての事情を主張することができる点があげられる[2]。懲戒解雇と異なり、解雇当時に使用者が認識していなかった非違行為であっても、解雇当時に客観的に存在した事実であれば、当該事実を含めて総合的に、解雇が「客観的に合理的な理由を欠き、社会通念上相当であると認められない」ものであるかを検討することが許容される。

このため、たとえば、事故を起こした従業員（社員）を解雇するにあたり、解雇の時点で使用者が認識していた事実（たとえば、解雇の直接の原因となる飲酒運転）以外に、解雇の有効性を根拠づける事実（たとえば、過去にも複数

---

1)　水津正臣＝藤村和夫＝堀切忠和『実務家のための交通事故の責任と損害賠償』（三協法規、2011年）305頁。

2)　山口幸雄＝三代川美千代＝難波幸一編『労働事件審理ノート＜第3版＞』（判例タイムズ社、2011年）25頁、渡辺弘『リーガル・プログレッシヴ・シリーズ　労働関係訴訟＜初版＞』（青林書院、2015年）10頁・77頁など。

回の飲酒運転を行っていたことなど）が明らかとなり、当該事実は解雇の時点で客観的に存在していたが、使用者は認識していなかったという場合には、懲戒解雇と普通解雇のいずれを主張するかによって違いがあることとなる。もっとも、このような主張を無限定に行うことを許すと、次々と新しい争点が発生して訴訟遅延を招くため、使用者が適時に主張するべきであり、適時に主張するよう訴訟指揮も必要とされる[3]。

② 懲戒解雇事由に基づく普通解雇

ここで、懲戒解雇事由に基づいて、普通解雇をすることが可能であるかという問題が考えられるが、判例上、「就業規則所定の懲戒事由にあたる事実がある場合において、本人の再就職など将来を考慮して、懲戒解雇に処することなく、普通解雇に処することは、それがたとえ懲戒の目的を有するとしても、必ずしも許されないわけではない。そして、右のような場合に、普通解雇として解雇するには普通解雇の要件を備えていれば足り、懲戒解雇の要件まで要求されるものではないと解すべきである」（最判昭和52・1・31集民120号23頁・労判268号17頁［高知放送事件］）とされており、懲戒解雇事由がある場合に普通解雇をすることも許容される。

もっとも、実務的には、普通解雇に関する条項のなかに、懲戒解雇事由があるときを含めて定めることも多く、このような定めがあれば、懲戒解雇事由に基づいて普通解雇をすることは何ら問題がないことになる。たとえば、厚生労働省労働基準局監督課作成のモデル就業規則（平成28年3月）の第49条（解雇）でも、就業規則に定める「懲戒解雇事由に該当する事実が認められたとき」を含めた規定を設けている（1項6号）。

③ 懲戒解雇の意思表示と普通解雇の意思表示

普通解雇が実際に懲戒処分としての機能を営む場合であっても、懲戒解雇を行うには、懲戒解雇の意思表示が必要とされるところ、使用者による解雇の意思表示が、懲戒解雇なのか普通解雇なのかが明らかでない場合がある。

懲戒解雇の意思表示としては無効と評価される場合に、普通解雇の意思表

3）　山口ほか編・前掲注2）25頁、渡辺・前掲注2）10頁など。

示としての効果を認めることについて、一般的には、懲戒権の行使としての懲戒解雇の意思表示に、民法上の原則に基づく中途解約の意思表示としての普通解雇の意思表示は含まれないと解されている[4]が、裁判所の立場は必ずしも明らかでない。

もっとも、懲戒解雇と表現をしていた場合でも、効果意思の内容は普通解雇であるという事実認定をすることができる事例も少なくないとの指摘もある[5]ほか、解雇の意思表示について、懲戒解雇と普通解雇を選択的または予備的に主張することも可能である。結局のところ、懲戒解雇の意思表示と普通解雇の意思表示のどちらと認定するかは、意思表示の解釈の問題となる[6]。

３ 普通解雇の裁判例

以下では、事故を起こした従業員（社員）に対する普通解雇の裁判例を検討しよう。

(1) 職場外の飲酒運転により逮捕されたバス運転手に対する普通解雇が有効とされた例
大津地決平成元年１月10日（労判550号130頁）

これは、職場外で飲酒運転をし、逮捕されたバス運転手に対する通常解雇が有効なものとされたものである。

ここでは、①使用者は、自動車による旅客の運送事業等を業とする会社で、企業秩序維持等の観点から職場外の飲酒運転には厳しく対処してきており、昭和55年１月に職場外の飲酒運転をした乗合バス運転手を解雇したことがあること、②従業員（社員）は、昭和48年に入社して以来乗合バス運転手として勤務してきたこと、昭和54年に職場外で飲酒運転をした際には使用者が諸事情を考慮して譴責処分等に止め、解雇は差し控えられたところ、その後の昭和59年にも飲酒運転をして、しかもその旨を使用者に報告せず、

---

4) 白木哲編著『裁判実務シリーズ１ 労働関係訴訟の実務＜第１版＞』（商事法務、2012年）341頁〔三浦隆志〕
5) 渡辺・前掲注2) 80頁。
6) 山口ほか編・前掲注2) 21頁、23頁。

昭和63年の本件飲酒運転時に発覚したこと、本件飲酒運転前の3か月をとっても皆勤以上に休日も出勤して年休もとらないほど勤務には誠実であったこと、③本件飲酒運転による逮捕で使用者の業務上の支障は発生していないこと、飲酒運転にかかる行政処分として免許停止30日（ただし、講習により1日に短縮）の処分が、刑事処分として罰金5万円の処分が、それぞれなされたこと、また、解雇にあたっては、使用者の営業内容が自動車による旅客の運送事業等であることに照らし、本件飲酒運転および過去2度の飲酒運転という入社以来の飲酒運転に関する諸事情が使用者の社会的評価に重大な悪影響を与えるものと考えて懲戒解雇処分を検討したが、退職金不支給、再就職、家族への配慮等から、普通解雇で臨むことにしたという事実が認定されている。

この事実認定をもとに、本判決は、「本件解雇を普通解雇としてなしたのであるから、本件解雇が懲戒解雇に当たるか否かはさてお」いて、本件解雇にかかる債務者の解雇事由が就業規則に定める「前各号に準ずる事由のほか、止むを得ない事由があったとき。」との要件に該当するか否かを検討する。そして、「債務者〔使用者：筆者注〕の営業内容が自動車による旅客運送事業等であること、その乗合バス運転手である債権者が再三にわたり職場外の飲酒運転を犯し、しかも警察からの身元照会などにより債権者が本件飲酒運転及び昭和59年1月の飲酒運転を犯したことは初めて知ったことなどに照らせば、債務者の社会的評価が重大な悪影響を受け、あるいはその企業秩序が乱されたことは容易に推認でき、したがって債務者の存立ないし事業にとって不可欠なその社会的評価及び企業秩序を回復させる必要性があることも優に肯認できるところである」として、従業員（社員）の解雇事由は就業規則で定める「止むを得ない事由があったとき」に該当するとした。また、解雇権濫用の有無についても、従業員（社員）の事情を十分考慮するとしても情状は決して軽いものといえず、使用者の事情に照らせば解雇権濫用に当たらないとした。

本件は、職場外の飲酒運転により逮捕されたバス運転手に対する普通解雇の効力が争われたものであるが、使用者の業種が自動車による旅客運送事業等であることや、従業員（社員）の職務が乗合バス運転手であることを重視した判断であるといえ、過去にも2度にわたって飲酒運転歴があるなど、

バス運転手としての適格性を欠くと考えられ、普通解雇を有効とする結論も妥当なものと考えられる。

なお、本件は、使用者が懲戒解雇を検討したものの普通解雇として対応したものであり、懲戒解雇としての有効性は検討されていないところ、飲酒量なども影響するであろうが、解雇の直接のきっかけとなった飲酒運転では事故を起こしておらず、過去2回の飲酒運転も数年以上前のものであるなど、懲戒解雇として対応をした場合には、これが有効と判断されなかった可能性もあるように思われる。

(2) 勤務時間外において酒気帯び運転をし、検挙されたこと等を理由とするタクシー運転手の普通解雇が無効とされた裁判例

金沢地判昭和60年9月13日（労判468号66頁［達田タクシー事件]）

これは、勤務時間外において酒気帯び運転をし、検挙されたこと等を理由とする普通解雇が無効とされたものである

本件では、①使用者は、一般乗用旅客自動車運送業を営む株式会社であること、②従業員（社員）は、昭和50年に使用者のタクシー運転手として雇用されたものであること、③本件飲酒運転は、非番の日に同僚の家の増築工事を手伝った後、午後5時ころから勧められてビール大瓶1本半程を飲み、その後近くの銭湯に行ったが、まだアルコール気があったので、同僚宅で約4時間仮眠をして、午後11時過ぎアルコール気もなくなったと判断して、自分の車を運転して自宅へ帰る途中、午後11時23分ころ酒気帯び運転により検挙されたが、従業員（社員）はこの事実を使用者に報告しなかったこと、この酒気帯び運転により罰金2万5,000円に処せられたほか、前年の事故による付加点数があったため、免停60日の処分を受けるに至ったこと（免停の期間は当初90日であったが、聴聞の際、従業員（社員）が検挙されたときの状況すなわち飲酒検知の結果が2回目にやっと出たくらい酒気帯びの度合が非常に弱かったことを説明して期間の短縮を申し出たため、60日に短縮された）、使用者に対して前年の事故と合わせて今度の違反で免停となるので1か月休ませてほしい旨を電話して伝え、免許停止の事実だけは報告したものの、酒気帯び運転のことについては依然として報告をせず、休む理由として前年の事故の後遺症もあるので入院するかもしれないとも言ったこと、従業員（社員）

がこのように酒気帯び運転による検挙の事実を使用者に隠して報告しなかったのは、使用者がかねてから自分をあまりよく評価していないと思っていたことから、酒気帯び運転の事実を知れば当然のように解雇処分をしてくるにちがいないと危惧したためであり、その後、警察から酒気帯び運転による検挙の事実を知らされた使用者が問い質した際、従業員（社員）は素直に認めた事実が認定されている。

　以上の事実認定をもとに、本判決は、使用者の主張する解雇事由が一応就業規則上の規定に該当するといえるとした上で、本件解雇が解雇権の濫用にあたるかどうかについて検討し、「確かに飲酒運転は、社会的非難も極めて強く、いかなる理由があるにせよ、自動車運転手としては厳に慎しまなければならないものであり、まして、職業上乗客を安全に運ぶことを最大の使命とするタクシー運転手としてはなおさらであり、タクシー会社にとっても、その社会的評価、信用を低下させる可能性は大であって、業務運営上到底許容しえないものであることはいうまでもない」としつつ、「しかしながら、タクシー運転手である以上、酒気帯び運転をすればそれだけで当然に解雇が相当であるとまで断ずるのは、甚だ妥当を欠くものであり、当該酒気帯び運転の内容、前後の事情、業務中か否か、会社に与えた具体的影響等をも総合考慮した上で、解雇にすべきか否かを判断すべきである」とした上で、「本件酒気帯び運転は原告の非番の日になされたものであり、かつ、運転した車は被告営業車ではなく原告個人の自家用車であること、原告は自らすすんで飲酒をしたものではないこと、また飲酒後直ちに運転を始めたわけではなく、入浴し、約4時間の仮眠をするなどアルコール気を抜くよう努力し、一応大丈夫との自己判断の上で運転を始めていること、そのためか運転後約20分して検挙された際、酒気帯びの程度はかなり弱かったこと、比較的軽い罰金刑ですんでいるのみならず、聴聞の結果免停の期間が減縮されていることなどが認められ、他面、本件酒気帯び運転が新聞沙汰になるなどして具体的に被告の社会的信用に悪影響を与えたことを認めるに足る証拠はないこと」に照らして、「本件酒気帯び運転自体は、他のより軽い懲戒処分の対象になることはあっても、解雇の対象とすることは相当でないといわなければならない」と判断した。

　使用者が、従業員（社員）が本件酒気帯び運転による検挙の事実を報告し

なかったばかりか、ことさら虚偽の事実を述べたのは反省のなさを示すものであるとして、本件解雇の正当性を補強する事情があるかのごとく主張した点については、「違反後の対応としては甚だ妥当を欠き、反省の態度がみられないといわれても仕方がない面があるのみならず、タクシー会社である被告に対して乗務員のやりくり等で非常に困らせることになることは目に見えており、原告の情状としては看過しがたい点のあることは否定しがたい」としつつも、認定事実に照らして「本件酒気帯び運転の事実に加えて原告の前記情状をもってしても、当然に解雇処分が相当であるとはいいがたい」とするほか、使用者が主張する本件酒気帯び運転当時減給処分中であった旨は、それ自体相当と認めがたいなどして解雇の正当性を補強する事情と認めず、従業員（社員）の中で運収がよかったことなども併せて考慮して、「解雇処分に付すのは相当性を欠くものといわざるをえないので、本件解雇は解雇権の濫用というべきである」と結論付けた。

　本件は、前掲大津地決平成元年1月10日と同様に、使用者の業種と従業員（社員）の職務がタクシー運転手であることを重視しているが、結論において解雇を無効としたのは、酒気帯び運転それ自体は軽微なものであることが大きく影響したものと思われる。

　また、この事例は、前掲大津地決平成元年1月10日と同様、懲戒解雇を検討したものの普通解雇として対応したものであるが、就業規則で通常解雇の一事由として「懲戒解雇事由に該当するとき」と規定されていることを前提に、懲戒解雇としての有効性を検討するのと同様の検討がなされているようにも思われ、この観点からすれば、勤務時間外の飲酒運転で、しかも飲酒の程度としても相当軽微なものであったことから、無効との判断は妥当であると思われる。

3 その他

1 諭旨解雇

　労働契約を解消する懲戒処分として、最も代表的なものは懲戒解雇であるが、労働契約を解消する懲戒処分として、企業によっては、諭旨解雇を定めているところもある。

　「諭旨解雇」の定義は一義的ではなく、使用者ごとに、就業規則などの定めにより異なる。企業によって、懲戒解雇を若干軽減した懲戒処分として「諭旨解雇」を設けていたり、退職願もしくは辞表の提出を勧告し、即時退職を求める（所定期間内に勧告に応じない場合は、懲戒解雇に処するという取扱いをする企業が多い）という形で「諭旨退職」と呼ばれるものを設けたりしており、退職金は全部ないし一部が不支給とされたり、通常の自己都合退職どおりに支給されたりするものの、諭旨解雇は、依願退職（辞職）のような形式をとるものの、実際上は懲戒処分の一種であるので、その法的効果は懲戒解雇同様に争いうると解されている[1]。

　「諭旨解雇」に関連する裁判例として、事故を起こしたことを理由とするものではないが、出庫点呼の際の呼気検査でアルコールが感知されたことなどを理由とするバス運転手の解雇の有効性が争われたもの（京都地判平成22・12・15労判1020号35頁［京阪バス事件］）がある。

　本件は、「諭旨解雇」につき、退職願を提出させ解雇するものとした上で、退職金および退職慰労金の全額または一部を支給すること、退職に応じないときは懲戒解雇とすることなどが定められているところ、使用者から「諭旨解雇」の旨および退職金の5割を減ずる旨を通知された従業員（社員）が退職届を出さなかったため、懲戒解雇とされたというものであった。

　本判決は、従業員（社員）について道路交通法上の酒気帯びの状態と断定できなかったことなどを認定した上で、道路交通法上の酒気帯びの状態と断

---

1)　菅野和夫『労働法＜第11版＞』（有斐閣、2016年）664頁。

定できなかった者であっても諭旨解雇または懲戒解雇とする運用があったかどうかは必ずしも明らかでないことを考慮し、諭旨解雇とするのは社会通念上重きに失するものと評価せざるをえないと判断した。

　本判決のように、退職金が支払われるとしても、基本的には債務者が就業規則において規定する懲戒処分中、最も重い懲戒解雇と同列に取り扱われている場合には、「諭旨解雇」の相当性につき懲戒解雇と同様に慎重に検討されるものと解される。

　したがって、事故を起こした従業員（社員）に対する諭旨解雇であっても、就業規則における諭旨解雇の定めに照らして、懲戒事由該当性があるかどうかを判断し、懲戒事由該当性がある場合には、懲戒解雇と同様に、それが相当性を欠くかどうかを検討する必要がある。

　なお、本件においては、解雇が不法行為に該当するとして損害賠償請求もされていたところ、本判決は、従業員（社員）が弁護士を通じて慎重な検討を求めたのに、使用者は改変を加えた資料をもとに賞罰委員会を開催し、資料の改変内容について従業員（社員）に反論等を行う機会を与えることなく本件「諭旨解雇」を決定したと認定し、手続経過が通常の解雇手続で行われるべき手順を逸脱しているものと評価せざるを得ないとし、本件「諭旨解雇」を不法行為に該当するものと評価せざるをえないなどとして、従業員（社員）の被った精神的苦痛についての慰謝料50万円および弁護士費用10万円の損害賠償を認めた。従業員（社員）の請求した慰謝料の額は200万円であったが、本判決で認定されたように、検査で反応が出る程度の飲酒をしていたことが推認できることや、エチケットマウスミントの使用が、検査結果をうやむやにするためになされた疑いがあることなどの事実に照らせば、精神的苦痛を過大に評価できないとした判断にも一定の合理性があるように思われる。

② 労働契約の存続を前提とする懲戒処分

① 労働契約の存続を前提とする懲戒処分の種類

　労働契約の存続を前提とする懲戒処分は、企業によって様々であるが、主なものとして、降格・降職、減給、出勤停止、警告（注意、戒告、譴責）な

どがある。

労働契約の存続を前提とする懲戒処分は、懲戒解雇をはじめとする労働契約の解消を前提とする懲戒処分よりも、比較的その相当性がゆるやかに解されるものと考えられる。もっとも、相当性がゆるやかに解されるといっても、懲戒処分が従業員に対する制裁であり、不利益を与えるものである以上、就業規則などの定めとその周知は必要である。また、私生活上の非行に適用する場合には、直ちに懲戒処分の理由となる企業の秩序を乱す行為といえるか否かは問題であり、諸事情に照らして否定されることも少なくなく、懲戒処分ができる場合であっても、事後にその相当性が争われる可能性があり、適切な懲戒処分を選択する必要があることはいうまでもない。

さらに、前掲大阪地決平成 11 年 3 月 12 日（**1 6 3**）の裁判例で懲戒処分一般論として示された、「自動車運送事業において、経営秩序を維持するために、交通事故を惹起した従業員たる運転手らに対し制裁として不利益を課し、当該従業員または他の従業員に対する戒めとする必要がある場合でも、懲戒処分をなしうるのは、交通事故が専ら従業員の故意、過失によるなど従業員の責めに帰すべき事由に起因する場合に限定され、労働契約関係に伴う信義誠実の原則から要請される労使双方の義務履行状況すなわち、従業員側において自動車運行上誠実義務、注意義務を尽くしたかどうか、使用者側において安全衛生に対する留意義務、配慮義務などを十分尽くしたかどうかなどを相互に公平に判断し、その結果なお交通事故の真の原因が主として従業員の領域に属する場合であって、企業秩序ないし労務の統制維持の観点からみて必要であると解される場合に懲戒権の行使が許されるというべきである」ことに留意する必要がある点は、改めて確認しておきたい。

② 降格・降職

降格・降職は、役職、職位、職能資格などを引き下げることであり、人事権の行使たる人事異動としてなされることもあるが、懲戒処分としてなされることもある（懲戒処分としての降格は、降職と呼ばれることが多い[2]）。

懲戒処分としての降格・降職は、懲戒処分としての要件を満たす必要があ

---

2) 菅野・前掲注1) 681頁。

り、その有効性が争われる場合には、就業規則などの根拠規定とその該当性、処分の相当性が問題となる。また、人事権の行使としてなされたものか懲戒処分としてなされたものかの区別が問題になることがあり、学説上も議論があるほか、降格に伴う賃金の引下げが減給の処分に該当するかが問題となることがある。とりわけ、降格に伴う賃金の引下げは、就業規則などで定める賃金体系上当然に予定されているものであれば、賃金の減額という影響を有する処分として有効性が厳しく判断されることとなる一方、賃金体系上当然に予定されていないものであれば、降格と減給の二重の制裁を課すものとして、憲法 39 条に由来する一事不再理の原則に抵触する無効なものとされるおそれがある。

③ 減 給

減給は、現実になした労務提供に対応して受けるべき賃金額から一定額を差し引くものである。なお、労基法 91 条は、減給につき「1 回の額が平均賃金の 1 日分の半額を超え、総額が一賃金支払期における賃金の総額の 10 分の 1 を超えてはならない」と定めている[3]。

　事故を起こした従業員（社員）の減給に関する裁判例としては、タクシー運転手が度重なる交通事故を起こしたことについて、賞罰規程所定の手続に基づいて行われた減給処分に使用者の裁量の逸脱濫用があったとは認められないと判断されたもの（大阪地判平成 23・1・28 労判 1027 号 79 頁［国際興業大阪事件］）がある。

　本判決は、タクシー運転手たる従業員（社員）が交通違反および交通事故を多数回にわたって発生させていたこと、使用者は従業員（社員）の自覚を促すために始末書を提出させたこと、同始末書には、「又交通事故を起こした場合いかなる処分を受ける所存でございます」との記載があること、同始末書を提出して 1 か月後に 1 日 2 度の交通事故を起こしたこと、使用者は、従業員（社員）の事故の多さを看過できないと判断し、また、労働組合から

---

3)　菅野・前掲注1) 662頁によれば、懲戒処分を受けたことを理由として人事考課が下がり、賞与の査定が低額となる場合は賃金の計算方法の問題にすぎず、労基法91条に定める「減給の制裁」ではないなど、「減給の制裁」にあたるか検討が必要な場合もある。

も他の従業員に示しがつかないとの申入れがあったことから、中央人事賞罰委員会を開催して審議した結果、減給処分（交通事故1件につき5,000円とし、毎月の給与から1万円を減額）が相当である旨決定したことを事実認定したうえで、従業員（社員）の「交通違反及び交通事故に対する規範意識は必ずしも高いものとはいえず、どちらかといえば通常のタクシー運転手に比しても低いものであるといわざるを得ない」とし、過去に、事故弁償金[4]として1か月5,000円が給与から控除されている点を考え合わせ、従業員（社員）としては、「業務上、交通事故や交通違反を発生させないように注意する必要が大きかったと認められる」として、本件減給処分にあたっては賞罰規程所定の手続が行われていることをも併せ鑑みると、本件減給処分について、使用者に裁量の逸脱濫用があったとは認められず、かえって、上記事実を総合的に勘案すると、同処分は適法であると評価するのが相当であるとした。

本件は、従業員（社員）において自動車運行上の誠実義務や注意義務を尽くしているとは認めがたいほど、度重なる事故等の発生があったもので、当該従業員に対する戒めのためにも適正な手続による懲戒処分を行うことはやむをえなかったと考えられ、妥当な結論といえよう。

なお、減給処分に関連する裁判例として、事故を起こしたことを理由とするものではなく、また自動車の運転手に関するものではないが、新幹線乗務員が乗務点呼時のアルコール検査で乗務不可とされる基準以下であったものの酒気帯び状態と認定されて乗務不可となった事案で、当該月の給与からの1万円弱の減給処分について、第一審判決（東京地判平成25・1・23判時2246号113頁・労判1069号5頁 [JR東海（新幹線運転士・酒気帯び）事件]）は無効、第二審判決（東京高判平成25・8・7判時2246号106頁）は有効とした例がある。

第一審判決は、新幹線乗務員という旅客の安全を最優先とすべき職務上の義務を負う立場にあることを最大限考慮したとしても、違反行為の態様、生じた結果の程度、一般情状および前歴等、さらには、被告の過去の処分例、

---

4) 事故を起こしたタクシー運転手やバス運転手に対して、事故における過失割合などに従って、事故弁償金として賃金から控除する規定が定められていることがあるが、このような賃金からの控除は、労働契約上の根拠や協定の定めなく一方的に行うのは労基法24条に反する違法無効なものとされることがあるほか、根拠がある場合でも、本条当該従業員（社員）が負担すべき賠償額を超える額を控除することが労基法91条の制限に反する制限とされることがある。

JR他社の取扱いと比較して、その処分量定は重いとしたのに対し、第二審判決は、非違行為の態様として悪質で、その程度も軽いものではないと評価されてもやむをえず、本件減給処分も相対的に軽い処分であり、社会通念上相当なものと判断した。

酒気帯びの状態で運転業務に就こうとしたことをどの程度悪質なものと評価するかの違いが結論に大きな影響を与えていると思われるが、自動車の飲酒運転の場合と同様、近時の社会的非難の高まりを考慮すると、第二審判決の判断が妥当なように思われる。

4 出勤停止

出勤停止は、従業員（社員）の就労を一定期間禁止するものである。出勤停止期間中は賃金が支給されず、勤続年数にも参入されないのが普通であり、明示の法規制はないが、一般に1〜3か月と長い期間となる場合など、労働者に与える不利益が大きいときは、有効性は厳しく判定される[5]。

出勤停止そのものを争った裁判例ではないが、千葉地判平成24年11月5日（労経速2161号21頁）は、タクシー運転手の懲戒解雇を有効とする判断をした事案において、出勤停止の懲戒歴が2回あったことも懲戒解雇の有効性を認める事情としている。本件では、従業員（社員）がタクシーを運転して乗務中、一方通行道路を逆走し、前方を走行していた自転車を道路の端によけさせようとして警音器をならすなどしてあおり運転をし、また、逆走を継続しながら自転車を追尾し、自転車が停止した後に、そのわずか数十センチ手前でタクシーを停車させ、使用者から指導を受けても反省の意思を表示せず、かえって、関係者や使用者を非難する言動のみをしたと認定されている。そして、道路交通法を遵守し、安全運転を行い、交通事故の防止に努めるべきとする就業規則や服務規律に反する行為であったと評価し、「本事件の前にも、出勤停止の懲戒歴が2回あることに照らせば、このことによっても、本件解雇が不公平な懲戒であるとまでは認めるに足りない」とした。

前掲千葉地判平成24年11月5日における出勤停止は、乗客に下車を強要した乗車拒否を理由とする1日の出勤停止と、釣銭の一部を交付せず不

---

5)　菅野・前掲注1）663頁。

当な運賃を収受したことを理由とする4日の出勤停止であるが、懲戒解雇の有効性を判断するにあたり、これら2回の懲戒歴も考慮して、客観的に合理的な理由がなく、社会通念上相当であるとは認められないものとはいえないと判断されている点で参考になろう。

なお、出勤停止に関連する裁判例として、事故を起こしたことを理由とするものではないが、都市間高速バスの運転手2名に対し、宿泊先の施設内で同僚と飲酒したことを理由とする休職3日の懲戒処分の有効性が争われた事案で、第一審判決（仙台地判平成19・12・27平成18年（ワ）第172号・LLI/DB判例秘書登載）は無効、第二審判決（仙台高判平成20・4・10）（判例集未登載）は有効とした例がある。

5 警告（注意、戒告、譴責）

警告（注意・戒告・譴責）は経済的不利益を伴わない懲戒処分であるが、これらによって人事考課が低くなり、賞与などに影響することもある。なお、譴責は、注意・戒告と異なり、通例、始末書の提出を伴う[6]。

なお、譴責処分については、譴責処分を受けた者が始末書を提出しない場合に、使用者がこの不提出を理由に懲戒処分をなしうるかが問題になることがあるが、裁判例や学説も分かれており、労働契約は従業員（社員）の人格までを支配するものではなく、任意に委ねられ、懲戒処分によって強制することは相当でないと解する[7]のが相当であろう。

6 懲戒処分選択時の留意事項

以上述べてきた通り、懲戒処分の手段は様々であるが、どの懲戒処分を選択するかによって従業員（社員）に与える影響も大きく異なる。不利益の大きい懲戒処分を行う場合は、後に争われたときに、その相当性を厳しく判断されるほか、不利益の小さい懲戒処分であっても、懲戒処分の有効性が争われたり、不法行為として損害賠償請求をされたりすることが考えられるため、事故を起こした従業員（社員）の懲戒を行う場合も、使用者が就業規則で定める懲戒処分の手段の中から、相当なものを選択する必要がある。

---

6) 菅野・前掲注1）661頁。

7) 菅野・前掲注1）661頁。

第IV部

刑事責任

第1章 交通死傷事犯に対する刑事責任

第Ⅳ部では、事業用自動車の事故に関する刑事責任について検討する。交通死傷事犯に関していうと、当該事故を発生させた運転者の刑事責任については、私用車である場合と事業用自動車である場合とで、本質的に相違するものではない。もっとも、事業用自動車による交通事犯の場合、そのいわば背後責任として、使用者や運行管理者等に対する刑事責任が問題となることも多い。

そこで、まず、交通死傷事犯を惹起した直接行為者（運転者）に関する刑事責任について概観する。周知のように、近年、交通事犯に対して厳しい刑事責任追及を求める被害者の声や世論の高まりを受け、関連法規に関して、数次にわたる法改正や新規立法が重ねられてきた。そこで、交通死傷事犯に対する刑事責任追及について、これまでの経緯を概観するとともに、現状の判断枠組みについて考察する。

その後、事業用自動車による事故の場合において、自動車の使用者等、事故を直接に生じさせた者以外の者に特徴的に生ずる刑事責任等について、検討を加えることにする。

1 刑法典における従来の動向

▮ 交通死傷事犯に対する刑事責任追及に関する従来の経緯

今日、交通死傷事犯の刑事責任に関しては、主として、自動車の運転によ

り人を死傷させる行為等の処罰に関する法律（2014〔平成26〕年5月20日施行、以下「自動車運転死傷行為処罰法」という）に基づく判断がなされている。しかし、明治40（1907）年制定の現行刑法典の過失犯処罰規定によって処罰されてきた交通死傷事犯につき、その処罰規定が刑法典から上記特別法に移されるという現在の状態に至るまでは、1世紀以上にわたる複雑な経緯があった。その経緯について検討をしておくことは、現行法の意義を理解する上でも有益であると思われる。

そこでまず、自動車運転死傷行為処罰法の制定に至るまでの経緯を簡単に振り返っておくことにする。

１ 自動車交通事犯と業務上過失致死傷罪

わが国の刑法は、故意犯処罰の原則を採用し、過失犯処罰を例外として位置付けていることは改めて述べるまでもない（刑法38条1項）。そして、その例外たる過失犯について、現行刑法典は、生命・身体に対する罪の一部（過失致死傷罪）と、公共危険犯の一部（失火罪等、過失浸害罪、および過失往来危険罪）に関して定めるのみである。

また、これらの過失犯の法定刑が、対応する故意犯に比較して著しく軽いことが、現行刑法典のもう一つの大きな特徴である。明治40年立法当時の過失致傷罪（刑法209条）は500円（現在は30万円）以下の罰金、過失致死罪（刑法210条）に至っても1,000円（現在は50万円）以下の罰金にすぎず、業務上過失致死傷罪（刑法211条）も、立法時は3年以下の禁錮または1,000円以下の罰金でしかなかった[1]。なお、重過失致死傷罪が制定されたのは、昭和22（1947）年のことである。

他方、明治31（1898）年に、わが国で最初の自動車が国外から持ち込まれ、現行刑法典制定の明治40（1907）年に、ようやく純国産のガソリン自動車が誕生する。また、その前年の明治39（1906）年の普通自動車の保有台数は、16台であったとするデータもある[2]。このような状況と、自動車の走行性能

---

1) とりわけ、単純過失致死傷罪の法定刑の軽さに対しては、立法当時から批判もあった。たとえば、大場茂馬『刑法各論上巻〈復刻版〉』（信山社、1994年）256頁。

2) 大阪府『大阪における自動車環境対策の歩み平成25年版』付属資料1-1<http://www.pref.osaka.lg.jp/attach/5004/00159619/0-1-1234.pdf>。

等に今日のそれと逕庭があること等を考えると、現行刑法典の立法過程で、自動車交通事犯がほぼ考慮されなかったであろうことは想像に難くない。だが、自動車の保有台数は、大正 3（1914）年には 1,000 台を超え、その後も増加の一途をたどり、それに伴って交通死傷事犯の発生件数も増加する。

２ 業務上過失致死傷罪の業務概念の拡張

そして、この交通死傷事犯に関しては業務上過失致死傷罪が適用されるようになる。

業務上過失致死傷罪については、立法当時、「一定の職務に奉じ、もしくは一定の営業に従事する者は、その職務もしくは営業上特別に注意を要するがゆえに、業務上の過失はその情状が著しく重くなる」ことが、刑の加重根拠であると説明されていた[3]。この説明からも明らかなように、「一定の職務に奉じ、一定の営業に従事する」ことが業務であるとするのが当初の考え方であったといえよう。それゆえ、自動車の運転という文脈に即していえば、乗合自動車、タクシー、トラックなどの運転手や自動車教習の指導者など、主たる職業として自動車の運転に従事する者による当該業務中の運転、すなわち、まさしく「事業用自動車の運転」をもって業務と解することが、立法当時には無意識的にであれ、前提にされていたものと思われる。

ところが、その後の判例では、この「業務」概念について拡大解釈の傾向が生ずる。大判大正 7 年 11 月 20 日（刑録 24 輯 1412 頁）は、事実関係は必ずしも明確でないものの、今日でいう自動車教習所の教官が、自動車教習以外での自動車の運転中に死傷事故を発生させたと思われる事案について、「自動車運転手たる免状を有し自動車の運転を教授する者は自動車の運転を業とするもの」であるとした上で、「教授の際なると否とを問はす苟くも自動車を運転するに当り其注意を怠り為めに人を傷害し又は死に致したるときは業務上の傷害罪を構成」するとし、自動車教習という「本来的業務」以外での自動車の運転も「業務」にあたるとした。もっとも、この事案では、「自動車の運転免許を有する自動車教習所の教官」であることが、業務性を認める根拠とされていた。

---

3) 磯部四郎『改正刑法正解＜復刻版＞』（信山社、1995 年）424 頁など。

ところが、その後、狩猟中の過失致死傷事案に関する大判大正 8 年 11 月 13 日（刑録 25 輯 1082 頁）が、業務について、「人が継続して或事務を行ふに付き有する社会生活上の地位にして其自ら選定したるものを云ひ其事務の公私孰れたると報酬利益を伴ふと否とを分たず又其者の主たる事務なると従たる事務なるとに何等の関係あることな〔し〕」とした。この判示には、①社会生活上の地位に基づき、②反復継続して行うもので、③人の生命身体に対する危険を有するもの、とする、現在の業務上過失致死傷罪の業務概念の萌芽を認めることができる。

　このような解釈に立つのであれば、必ずしも「仕事」とは関係しない自動車の運転一般も、広く「業務」にあたることになる。

　大判大正 12 年 8 月 1 日（刑集 2 巻 673 頁）は、「自動車運転手の如き法令上一定の資格を有する者に非ざれば従事することを得ざる特殊の事務に在りても其従事者の目的が之に依り生計の資を得んとするに在ると若は其の他の欲望を充たすに在るとを問はず苟も継続して之に従事する以上之をその者の業務と称すべき」であるとする。そして、雑貨輸出入商が自家用自動車を運転した行為につき、「被告は免許を受け自動車運転手たるの地位を取得し之に依り継続して自家用自動車の運転に従事し来りたる者なれば是れ所謂業務に外ならず」として、業務上過失致死傷罪の成立を認めた。

　さらに、大判昭和 13 年 12 月 6 日（刑集 17 巻 901 頁）は、貨物自動車の運転手が、運送業務の余暇に貨物自動車を運転する行為について、「自動車運の如く人の生命身体に対して危害を及ぼすべき虞ある行為を継続反復すべき地位に在る者は常に斯る危害を及ぼさざるべき特別の注意を為す義務あること当然にしてそは業務として為す運転行為たると余暇の運転行為たるとに依り差異を見ざればなり」として業務該当性を認めている。

　このような見解に基づき、主たる業務を「準備または補助する付随事務」として常に自動車を操縦する者の運転（大判昭和 10・11・6 刑集 14 巻 1114 頁）、医師が往診その他医業を行うにあたって自ら自家用自動車を操縦運転した場合（大判昭和 14・5・23 刑集 18 巻 283 頁）も業務にあたるとする判例が続く。

　もっとも、以上の大審院時代の判例では、基本的には、業務者がたまたま業務外で自動車を運転した場合や、主たる業務の補助的・付随的事務として自動車を運転する場合についてのみ、それを業務にあたる旨の判断を示して

いたとみる余地もあった。

ところが、最判昭和33年4月18日（刑集12巻6号1090頁）は、業務を、「人が社会生活上の地位に基き反覆継続して行う行為であって、他人の生命、身体等に危害を加えるおそれのあるもの」と定義した上で、猟銃を用いた狩猟行為のような他人の生命、身体等に危害を及ぼすおそれのある行為を、免許を受けて反覆継続して行うときは、「たといその目的が娯楽のためであっても、なおこれを刑法211条にいわゆる業務と認むべきもの」とする見解を示した。これを受け、その後の下級審でも、たとえば、東京高判昭和35年12月12日（高刑集13巻9号648頁）のように、「運転を業務とするというのは、運転それ自体を反覆、継続して行うことをいうものであって、これを職業として又は職業に関連して行うことをいうものではない」旨の判断が示されるようになる。

以上のような経緯をたどり、昭和30年代半ばには、自動車の運転一般が原則として業務にあたり、自動車による死傷事犯は原則として業務上過失致死傷罪を構成するとする、平成19年刑法改正（第1章1**2 3**）に至るまでの実務的見解が、ほぼ確立したものとなった。また、これは、戦後、昭和30年代以降の交通事故の激増と交通事故死者数の増加に伴う交通事故問題の深刻さが、「（第一次）交通戦争」として、国民一般に強い印象を与えることになったのと時を同じくする動きであったということができる。

③ 昭和43年の業務上過失致死傷罪の改正

ところで、このような「第一次交通戦争」として悪質交通事犯が社会問題化した昭和30年代に、下級審裁判例の一部に、悪質交通事犯に対し、過失犯ではなく、故意犯の成立を認めようとする動きが生ずる。

広島高判昭和36年8月25日（高刑集14巻5号333頁）は、飲酒酩酊のうえ、無免許かつ無燈火で暗夜の道路上で自動車を運転し、盆踊り大会から帰る多数の歩行者に自車を衝突させ、死傷させたという事案につき、「到底正常な運転ができない状態であったため、……多数歩行者に自動車を突き当てて同人等を転倒させたり跳ね飛ばしたりする危険のあることを十分認識し」たとして暴行の未必の故意を認め、傷害致死罪および傷害罪の成立を肯定した。これは、単なる過失犯としてでは把握しきれない悪質交通事犯を、「故

意犯（結果的加重犯）」として評価しようとする試みである。もっとも、故意犯とするならば、当時の刑法典の規定では、傷害致死罪等に該当するとするほかなかった。しかしながら、正常な運転ができない状態での運転行為を、「暴行」（刑法208条）や「傷害」（刑法204条）と評価することは、類型性の観点からみても、やはり困難だといわざるをえない。このような解釈による悪質交通事犯の「故意犯化」の動きは、一部学説の有力な支持を得たものの[4]、結局、実務に定着することはなかった。

だが、悪質交通事犯の問題はその後も解消することはなく、刑事法の分野においても一定の対応を余儀なくされる。そして、昭和43（1968）年には、業務上過失致死傷罪（刑法211条）の自由刑を、「3年以下の禁錮」から「5年以下の懲役又は禁錮」へと引き上げる改正がなされる。

この懲役刑の付加は、同罪の過失犯としての性質に変容を迫るものであった。立案担当者からは、「無謀な運転に起因する事犯のうちには、傷害、傷害致死等のいわゆる故意犯と同程度の社会的非難に値するものがあり、これら未必の故意と紙一重の事案に対してでも禁錮刑又は罰金刑で処罰せざるをえないことは、国民の道義的感覚からいって不自然であるので、著しい無謀運転によって惹起された事犯中きわめて悪質重大なもので、その評価において未必の故意事犯と同視するに足りるものに対しては、懲役刑を科すことができることとされた」とする説明がなされた[5]。このことは、悪質交通事犯のなかには、単なる過失という評価には必ずしもとどまらないものがあるものの、刑法の「断片性」から故意犯としては処罰しえないものを、あえて「過失犯」として同罪に取り込んでいたことを示すものでもあった。

[4]　観念的競合にいう「一個の行為」の判例変更

他方、最大判昭和49年5月29日（刑集28巻4号114頁、以下、「昭和49年大法廷判決」という）は、観念的競合について、「刑法54条1項前段の規

---

4)　藤木英雄『過失犯の理論』（有信堂、1969年）308頁以下。なお、大塚仁「自動車事故と未必の故意」、同『刑法論集(1)—犯罪論と解釈学—』（有斐閣、1976年）200頁以下は、広島高判昭和36年8月25日の事案について、殺人の未必の故意を認めるべき事案であったとしている。

5)　石原一彦「刑法の一部を改正する法律—経緯と解説—」ジュリ402号（1968年）68頁。

定……にいう一個の行為とは、法的評価を離れ構成要件的観点を捨象した自然的観察のもとで、行為者の動態が社会的見解上一個のものと評価を受ける場合をいう」とする見解を新たに示した。そして、酒酔い運転で歩行者を轢過して死亡させた事案につき、「酒に酔った状態で自動車を運転中過って人身事故を発生させた場合についてみるに、もともと自動車を運転する行為は、その形態が、通常、時間的継続と場所的移動とを伴うものであるのに対し、その過程において人身事故を発生させる行為は、運転継続中における一時点一場所における事象であって、前記の自然的観察からするならば、両者は、酒に酔った状態で運転したことが事故を惹起した過失の内容をなすものかどうかにかかわりなく、社会的見解上別個のものと評価すべきであって、これを一個のものみることはできない」として、居眠り運転罪と業務上過失致死傷罪とを観念的競合の関係にあるとした最決昭和 33 年 4 月 10 日（刑集 12 巻 5 号 877 頁）を明確に変更して、酒酔い運転罪と業務上過失致死傷罪とが併合罪（刑法 45 条）の関係に立つとした。

　この昭和 49 年大法廷判決は、刑法解釈論上は、あくまでも罪数論として、観念的競合にいう一個の行為の意義を明らかにしたものにすぎない。ただし、このような解釈を採用することにより、併合罪加重（刑法 47 条）という形で、酒酔い運転による死傷事犯の処罰を加重しうる効果が生じたことは、悪質交通事犯に対する実体法的対応として重要な意義をもちうるものであった。すなわち、酒酔い運転による交通死傷事犯に対して、昭和 43 年以前には 3 年以下の禁錮刑しか科しえなかったのが、前述の業務上過失致死傷罪の法定刑改正と昭和 49 年大法廷判決の解釈により、最高で 7 年の懲役刑〔当時〕を科しうる結果となったわけである。

5　道路交通法の改正

　前述の昭和 49 年大法廷判決以降、悪質交通事犯の典型である飲酒運転による人身事故では、酒気帯び運転罪または酒酔い運転罪の法定刑を加えた併合罪加重による処断刑の上限が、事実上の「法定刑の長期」となった。その一方で、道路交通法（以下、「道交法」という）上の罰則規定も逐次加重されてきている。ここでは、飲酒運転に関する罰則を例に、その動きを概観しておく。

酒酔い運転行為に関する罰則規定の法定刑は、昭和 22 (1947) 年の道路交通取締法の制定時には、「3 箇月以下の懲役又は 3000 円以下の罰金」であった。その後、昭和 35 (1960) 年に道交法が新たに制定された際には、「6 月以下の懲役又は 5 万円以下の罰金」とされた。そして、業務上過失致死傷罪の法定刑改正後の昭和 45 (1970) 年の改正で、「2 年以下の懲役又は 5 万円以下の罰金」とされ、その後、昭和 61 (1986) 年の改正で「10 万円以下の罰金」とされたほかは、この状態がしばらく続く。そして、次に述べる危険運転致死傷罪の新設と同じ平成 13 (2001) 年に、「3 年以下の懲役又は 50 万円以下の罰金」へと引き上げられ（翌年施行）、平成 19 (2007) 年に、現在の「5 年以下の懲役又は 100 万円以下の罰金」（道交法 117 条の 2）となっている。

また、戦前の自動車取締令で禁止された酒気帯び運転行為は、戦後の道路交通取締法では取締りの対象とはされず、昭和 35 年制定の道交法において禁止対象行為に加えられたものの、努力規定とされ、単独での罰則は設けられなかった。罰則が設けられたのは、やはり業務上過失致死傷罪の法定刑改正後の昭和 45 (1970) 年の一部改正においてであり、当時は「3 月以下の懲役又は 3 万円以下の罰金」であった。その後、平成 13 (2001) 年に、その罰則が「1 年以下の懲役又は 30 万円以下の罰金」とされる。そして、平成 19 (2007) 年に、現在の「3 年以下の懲役又は 50 万円以下の罰金」（同法 117 条の 2）へと引き上げられた。

② 悪質交通事犯の故意犯化とその影響——刑法典の改正

このように、20 世紀を通じて増加してきた交通死傷事犯（交通業過）の刑事責任に関しては、一貫して重罰化が図られてきたという経緯をたどっている。もっとも、その動きは、従来は、比較的「漸次的」なものであったといえよう。しかしながら、20 世紀も終わりを告げるころ、刑事責任追及について、エポックメーキングとなる事犯が発生し、それに伴う立法的対応も激しい展開をみせるようになる。

① 東名高速道路事故の衝撃

　そのような動きの嚆矢となったのが、平成11(1999)年11月に発生した「東名高速道路事故」である。これは、トラック運転手であった被告人が、高知から東京に向かう途中、カーフェリー内から断続的に多量の飲酒をし、事故後の飲酒検知で呼気1リットルにつき0.63ミリグラムという高濃度のアルコールを保有した状態で運転を継続し、酔いのため前方注視および運転操作が困難な状態に陥り、渋滞のため同方向に減速して進行していた被害者運転の普通乗用車に前方約7.5メートルに迫ってはじめて気づき、急制動の措置を講じたが間に合わず、同車後部に自車右前部を衝突させるなどして炎上させ、被害車両に乗車中の2児を死亡させるなどした事案である。本件事故では、現場を偶然通りかかったテレビ局カメラマンの撮影した事故発生直後の映像が放映され、社会に大きな衝撃を与えるものとなった。

　当該被告人は、業務上過失致死傷罪〔当時〕と酒気帯び運転罪の併合罪で起訴され、第一審（東京地判平成12・6・8判時1718号176頁）は懲役4年を宣告した。この判決に対しては、量刑が軽すぎるとする世論からの批判もあり、検察官も量刑不当を理由に控訴したが、控訴審判決（東京高判平成13・1・12判時1738号37頁）は、原審の量刑を維持した。ただし、その際に東京高裁は、「立法に関わる事項につき裁判所が軽々に意見を述べるべきではないにしても、所感として敢えて触れれば、飲酒運転等により死傷事故を起こした場合に関する特別類型の犯罪構成要件の新設、関連規定の法定刑の引き上げ等の立法的な手当をもってするのが本来のあり方であるように思われる」とする異例の言及をした。

　また、これと時期を同じくする平成12年(2000)年4月に、酒気を帯び、かつ無免許で、無車検、無保険の車両を運転中、パトカーの追跡を振り切るために暴走運転して、歩道上の歩行者2名を死亡させた行為に対し、当時の業務上過失致死罪、道交法違反などによる処断刑の最高刑である懲役5年6月を下した事案（横浜地裁相模原支判平成12・7・4判時1737号150頁）も重なるなどした。そういった状況下において、折からの被害者保護の機運の高まりとともに、交通死傷事犯での量刑の「軽さ」に対する世論の批判が一気に噴出したのである。

②　危険運転致死傷罪の制定

　以上の動きに呼応する形で、一定の悪質な交通死傷事犯を故意犯として扱う、これまでの交通死傷事犯への刑法的対応からすれば画期的ともいえる危険運転致死傷罪が、平成 13（2001）年に制定された[6]。

　同罪は、「悪質・危険な自動車の運転行為のうち、現在の死傷事犯の実態等に照らし、重大な死傷事犯となる危険が類型的に極めて高い運転行為であって、過失犯としてとらえることは相当でなく、故意に危険な運転行為をした結果人を死傷させる犯罪として、暴行による傷害・傷害致死に準じた重い法定刑により処罰すべきものと認められる類型に限定」するという観点に立脚する[7]。それに基づき、同罪適用対象行為を、制御運転困難型（酩酊運転型、高速度運転型、技能欠如運転型）、妨害行為型および信号殊更無視型とに類型化し、かなり限定的な規定ぶりとなった。

　他方で、業務上過失致傷罪に関して、「その傷害が軽いときは、情状により、その刑を免除することができる」旨の刑の免除規定が新たに設けられたことにも留意が必要である。

　その後、平成 19（2007）年には、「重量において格段に軽く、走行安定性が劣るので、自らも重大な危険にさらされることが多く、本罪に当たるような悪質・危険な運転をして、重大な死傷事犯を生じさせる危険性が類型的に低い」などとして、適用対象から除外されていた二輪車による危険運転致死傷行為を、その対象に含める改正がなされている。

③　自動車運転過失致死傷罪の制定

　危険運転致死傷罪は、立法当時の交通死傷事犯に対する量刑感覚からすれば著しく重い刑を法定するものであった。そのため、前述のように、適用対象の厳格な類型化がなされ、それにより「処罰の間隙」が生じやすい犯罪類型となった。もっとも、それは、罪刑法定主義の妥当する刑法の断片性ゆえの類型化に伴うリスクとして甘受すべきものである[8]。

---

6)　法制定の経緯の詳細については、井上宏ほか「刑法の一部を改正する法律の解説」法曹時報 54 巻 4 号（2002 年）36 頁。

7)　井上ほか・前掲注6）55 頁。

332　第Ⅳ部　第1章　交通死傷事犯に対する刑事責任

　それゆえ、「正常な運転が困難な状態」の酩酊運転でなければ危険運転致死傷罪の適用がないとした結果、等しく「飲酒運転」にあたる状態で生じた事故であっても、その程度に至っていない場合との「処罰の格差」という問題は当然に生じえた。のみならず、たとえば、飲酒運転での事故発生後、現場から逃走して飲酒検知を免れたような場合には、「アルコールの影響により正常な運転が困難な状態」であったことの認定が不可能となる。その場合には、業務上過失致死傷罪と道交法上の救護義務違反罪（72条1項、117条）の併合罪として、処断刑の上限が懲役7年6月（平成19年の道交法改正前）となるが、それは、危険運転致死傷罪の法定刑の長期の半分以下で不当であるとの強い批判が、被害者等から向けられたのである（いわゆる「逃げ得」の問題）[9]。

　また、危険運転致死傷罪が施行された平成14（2002）年以降の自動車運転による業務上過失致死傷事犯の科刑状況について、法定刑や処断刑の上限近くで量刑される事案が大幅に増加するなどの状況がみられるようになる。それに伴い、飲酒運転等の悪質かつ危険な自動車運転により重大な結果が生じた事案等で、事案の実態に即した適正な科刑が必ずしも実現されていないとする問題意識が生じた[10]。同時に、そのような状況は、それ以外の業務上過失致死傷事犯では認められないこと、また、「自動車を他の車両、歩行者等が往来する道路等において運転することは、自動車の性状、形状等からすると、業務上過失致死傷罪が適用される業務の中でも、人の生命・身体を侵害する危険性が類型的に高いことに加え、鉄道、航空機等のように機械化・組織化された安全確保システムの整備等による事故防止が相当程度期待できる分野と異なり、自動車運転による事故を防止するためには、基本的に運転者個人の注意力に依存するところが大きいことから、特に重い注意義務が課されている」ことも指摘されるに至る[11]。

　そこで、平成19（2007）年に、刑法211条2項〔当時〕として「自動車

8）　井田良「危険運転致死傷罪の立法論的・解釈論的検討」法時75巻2号（2003年）34頁。

9）　今井猛嘉「飲酒運転対策としての罰則の整備」ジュリスト1330号（2007年）24頁。

10）　伊藤栄二ほか「『刑法の一部を改正する法律』について」法曹時報59巻8号（2007年）28頁。

11）　伊藤ほか・前掲注10）37頁以下。

運転過失致死傷罪」が新設されるとともに、法定刑が「7年以下の懲役若く
は禁錮又は100万円以下の罰金」へと加重された。そして、同時に、道交
法の改正により、救護義務違反に関して、人の死傷が当該運転者の運転に起
因するものであるときについて、「10年以下の懲役又は100万円以下の罰金」
へと引き上げられた。これにより、「飲酒ひき逃げ」の事案に関しては、自
動車運転過失致死傷罪と救護義務違反罪との併合罪の処断刑の上限は「懲役
15年」となり、また、先にみた酒酔い運転罪の法定刑の改正とあわせ、危
険運転致死傷罪にはあたらない酒酔い運転に関する交通死傷事犯に関する処
断刑の上限は「懲役10年6月」(酒気帯び運転の場合は「懲役10年」)となった。

　これらの改正も、それまでの「重罰化」傾向に沿う形での改正であったこ
とは疑いない。もっとも、先にみた平成13年改正で新設された刑の免除規
定は、自動車運転過失致死傷罪でもそのまま存置されている。

334 第Ⅳ部 第1章 交通死傷事犯に対する刑事責任

2 自動車運転死傷行為処罰法の制定

■1 危険運転致死傷罪の適用状況

　前節でみたような平成13年の危険運転致死傷罪の制定および同罪に二輪車による危険運転も含める改正ならびに自動車運転過失致死傷罪を制定した平成19年改正と並行して、判例でも、危険運転致死傷罪に関する解釈が重ねられていく。第1章3で検討するが、危険運転致死傷罪の構成要件には、規範的要素（「正常な運転が困難」など）や主観的要素（「殊更に無視」など）が多用されており、具体的事案への適用の困難さがある。それが、厳格な絞り込みと相まって、近年、年間50万件台の発生件数を記録している交通事故のうち、危険運転致死傷罪による起訴件数が年間200〜300件台で推移するという、非常に謙抑的な適用実績にもつながっている[1]。

　また、危険運転致死傷罪は、その類型の厳格な絞り込みにより、「処罰の間隙」が生じやすい構成要件となっている。

　千葉地判平成16年5月7日（判タ1159号118頁）では、酒気帯びの状態で、制限速度が時速40キロメートルに指定された湾曲した道路を、時速約73キロメートルないし84キロメートルで走行して対向車線に進入して対向車と衝突し、相手の運転者らを死亡させたという事案につき、検察官は、高濃度の酒気を帯びた者は、飲酒の影響により運転能力等が通常人に比して相当程度劣り、車両の進行制御能力にかなりの減退をきたすことは一般的・類型的に明らかであるから、高濃度の酒気を帯びた者が自動車を運転する場合には、より低速度での走行であっても、進行制御困難高速度型の「進行制御困難な速度」の要件を満たすと主張した。しかし、同判決は、「刑法208条の2〔当時〕が、危険運転行為を4つの類型に分類して処罰することとするとともに、アルコールの影響については、その1項前段において『アルコー

---

1) 警察庁の統計では、平成26年には57万3,842件の交通事故があり、検察統計によれば、同年の危険運転致死傷罪での起訴件数は360件（不起訴件数は28件）であった（警察庁交通局『平成26年中の交通事故の発生状況』および『検察統計年報平成26年』）。

ル又は薬物の影響により正常な運転が困難な状態で』自動車を走行させたことをもって一つの危険運転行為の類型としていることをも考えると、同条1項後段の車両の『進行を制御することが困難な高速度』で自動車を走行させたとの類型については、運転時における運転者の心身の状態等の個人的事情については、これを考慮しない趣旨である」などとして[2]、検察官の主張を退けた。

現行の自動車運転死傷行為処罰法2条2号にいう「進行制御困難性」は「高速度」に基づくものであって、アルコールなどの酩酊の影響によるものでないことは、その影響を受けた危険運転行為を別個独立に設けている法の趣旨を前提にすれば、解釈論として当然かつ妥当な判断である[3]。それゆえ、この見解によれば、酩酊危険運転類型に該当するほどの酩酊度ではなく、さりとて、一般的・類型的な判断として進行制御困難な高速度ともいえない場合には、罪刑法定主義に基づいた「類型化に伴うリスク」としての典型的な処罰の間隙が生ずることになる。

❷　危険運転致死傷罪適用対象外の悪質交通事犯への世論の動向

だが、それ以上に、およそ立法当初の危険運転致死傷罪には該当しないが、それと同等に悪質ではないかと評価される交通事犯が続出する。そして、こういった事案に対しても、自動車運転過失致死傷罪よりも厳しい責任非難を求める世論が止むことはなかった。

その一つが、平成23年10月の「名古屋大学生ひき逃げ死亡事故」である。これは、無車検・無保険車を酒気帯び状態で運転して事故を起こした被告人が、その現場から逃走するために一方通行道路を時速約50キないし60キロメートルで逆走して、自転車で走行中の大学生を死亡させるなどした事案である。当該事故は大きく報道され、被告人を自動車運転過失致死傷罪〔当時〕など

---

2)　本件では、この判断に先立ち、アルコールが自動車の運転にどの程度の影響を及ぼすかを客観的に判定することは困難であるうえ、アルコールの影響は個人差のきわめて大きい事柄であるから、客観的、類型的な判断は困難であるとの判断も示されている。

3)　西田典之「判比」刑事法ジャーナル3号（2006年）88頁、星周一郎「危険運転致死傷罪の実行行為性判断に関する一考察」信大法学論集9号（2007年）100頁。

で起訴したことに被害者遺族らが納得せず、危険運転致死罪への訴因変更を名古屋地検に求めて、最終的に4万8,343名の署名を集めたほか[4]、被害者参加制度に基づき同罪の適用を求める証言をするなど、異例の展開となった。だが、訴因変更はなされず、名古屋地判平成24年3月12日（平成23年（わ）第2523号、平成23年（わ）第2859号・LEX/DB：25430821）は、自動車運転過失致傷罪などでの有罪を認め、懲役10年の求刑に対して懲役7年を宣告し、それが確定した。

　また、平成23年4月に朝の通学路で発生した「鹿沼クレーン車暴走事故」も、ここに一例を加えるものとなった。

　本件は、被告人が、持病（てんかん）の発作を抑える常用薬の服用を失念するなどし、てんかん発作の予兆を感じつつも大型クレーン車を運転して時速約40キロメートルで走行中に突然発作を起こし、集団登校中の小学生の列に自車を逸走させ、うち6名を死亡させた事案である。酩酊運転型の危険運転致死傷罪は、「薬物の影響により正常な運転が困難な状態」を要件とするが、それに、常用薬を服用しないことによる「正常な運転が困難な状態」を含めることは、解釈論としては困難である。宇都宮地判平成23年12月19日（平成23年（わ）第185号・LEX/DB：25430381）は、自動車運転過失致死罪〔当時〕の法定刑の上限である懲役7年を被告人に宣告し、それが確定した。

　さらに、平成24年4月に朝の通学路で発生した「亀岡暴走事故」も、その処罰の動向も含め、衆目を集める事故となった。

　これは、被告人である少年Xが、無免許で、約28時間にわたり自動車を運転し、居眠り運転により集団登校中の小学生やその引率者計3名を死亡させるなどした事案である。京都家裁から逆送された被告人の起訴にあたり、京都地検は、Xが無免許であったことを重大視する遺族らの求めに応ずる形で、技能未熟運転型の危険運転致死傷罪の適用可能性も検討した。しかしながら、京都地検は、最終的に、証拠上一定の運転技能はあったと判断されるとし、同罪での起訴は見送ったため、Xは、自動車運転過失致死傷罪〔当時〕で起訴された。ただ、京都地検は、事故時に加え、事故前の2件の無免許運転行為を加え、合計3件の無免許運転罪を併合起訴し、それによって、少

---

4)　平成24年2月4日付朝日新聞ほか。

年事件に関する当時の危険運転致死傷罪の処断刑と同じ、長期10年の不定期刑を可能としたのであった[5]。

第一審の京都地判平成25年2月19日（平成24年（わ）第747号・LEX/DB：25502068）は、懲役5年以上10年以下の求刑に対し、懲役5年以上8年以下を宣告した。これに対し、検察官側、被告人側の双方が控訴したところ、大阪高判平成25年9月30日（平成25年（う）第486号・LEX/DB：25502069）は懲役5年以上9年以下を宣告し、この判断が確定した。

3 自動車運転死傷行為処罰法の制定

以上にみたような危険運転致死傷罪の適用拡大を求める国民の声に応ずる形で、平成25（2013）年に自動車運転死傷行為処罰法が制定され、翌年5月20日に施行された。これによって、刑法典の規定であった危険運転致死傷罪と自動車運転過失致死傷罪が同法に移されるとともに、新たな犯罪類型が追加された。

① 危険運転致死傷罪（2条）

自動車運転死傷行為処罰法2条は、従来の刑法208条の2に対応する危険運転致死傷罪である。1号の酩酊運転型は刑法208条の2第1項前段、2号の高速度制御困難運転型および3号の技能未熟運転型は同1項後段、4号の妨害運転型は同2項前段、5号の赤色信号無視型は同2項後段に対応する形で規定されたものである。いずれも故意犯であるから、当該危険運転の故意が必要となる。

これらに加え6号として、通行禁止道路進行型が新たに規定された。これは、政令で定める「通行禁止道路」を進行し、かつ重大な交通の危険を生じさせる速度で自動車を運転する行為を、危険運転致死傷罪の実行行為に追加するものである。「通行禁止道路」として自動車運転死傷行為処罰法施行令によって定められたのは、道交法8条1項の道路標識等による車両通行止め道路または歩行者用道路ないし自転車・歩行者用道路（同施行令2条1号）、

---

5) 平成24年6月18日付朝日新聞ほか。

一方通行道路（同施行令2号）、道交法法17条4項の道路標識等による高速道路(高速自動車国道および自動車専用道路)の中央から右の部分(同施行令3号)、道交法17条6項に規定する安全地帯または道路の立入禁止部分（同施行令4号）である。このように規定を整備することによって、先にみた、一方通行道路の逆走という「名古屋大学生ひき逃げ死亡事故」のような類型が、危険運転致死傷罪にあたりうることとなった。また、近時になって多発が報じられている、高齢者ドライバーによる高速道路上の逆走事案もこの類型にあたりうるが、もちろん、故意犯である以上、逆走していることの事実の認識が必要となる[6]。

　以上の各類型のうち、刑法旧208条の2を引き継いだ類型、特に自動車運転死傷行為処罰法2条1号、2号、5号に関しては、判例においてその解釈の方向性を示す判断が下されてきている。これについては、第1章3で検討する。

２ 準危険運転致死傷罪（3条）

　さらに、自動車運転死傷行為処罰法3条では、「準危険運転致死傷罪」として2つの類型が新たに規定された。

　第1は、同条1項であり、①アルコールまたは薬物の影響により、その走行中に正常な運転に支障が生じるおそれがある状態で、自動車を運転し、②よって、そのアルコールまたは薬物の影響により正常な運転が困難な状態に陥り、人を死傷させた場合を、それぞれ同法2条の危険運転致死傷罪の法定刑を減軽した法定刑（致傷の場合は12年以下の懲役、致死の場合は15年以下の懲役）で処罰する。2条1号の酩酊運転型の構成要件が、「正常な運転が困難な状態」であったのに対し、3条1項では、①「その走行中に正常な運転に支障が生じるおそれがある状態」とされている。ただし、それによって②「正常な運転が困難な状態に陥り」人を死傷させることが要求されている。もっとも、②については故意は不要である。また、故意を要する①の時点では、重大な死傷事犯に至る危険性はより抽象的なものにとどまるため、危険

---

6)　保坂和人「自動車の運転により人を死傷させる行為等の処罰に関する法律について」警察学論集67巻3号（2014年）49頁。

運転致死傷罪よりは軽く、またその点に故意があることで、過失運転致死傷罪よりは当罰性が高いため、両者の中間的類型として位置付けられた[7]。危険運転致死傷罪は一種の結果的加重犯であるが、さらに、加重結果との間にいわば中間結果たる②の要件を設定するもので、非常に珍しい犯罪構造である。これは、危険運転致死傷罪の適用から漏れる事案を捕捉することを意図し、「困難な状態」の認識・故意を立証することの困難が解消されれば十分であるとする趣旨だとされている[8]。

「正常な運転に支障が生じるおそれがある状態」とは、自動車を運転するのに必要な注意力や判断能力あるいは操作能力が、そうでないときの状態と比べて相当程度減退している危険性がある状態をいい、支障が生じつつある、あるいは生じているという場合のほか、将来の走行中に支障が生じるおそれがある場合を含むとされる。アルコールの影響に関しては、酒酔い運転罪（道交法117条の2第1号）の構成要件たる「正常な運転ができないおそれがある状態」に至らなくても、酒気帯び運転の罪（道交法65条1項・117条の2の2第3号〔平成25年改正前は第1号〕）に該当する程度のアルコールを身体に保有する状態(呼気1リットルあたり0.15ミリグラム以上)で十分とされる[9]。また、主観面として、その認識が必要となる。薬物の影響に関しては、覚せい剤や危険ドラッグなどの意識障害をもたらす作用を有する薬物を摂取する場合のほか、風邪薬等の副作用として運転中に眠気を催す場合も含まれうる。もちろん、主観面として、以上についての認識が必要であり、風邪薬等の場合は、過去の経験等からそのような副作用が具体的に認識されていることが故意の認定上必要であるとされる[10]。

同条2項も、1項と同様の構造であるが、「自動車の運転に支障を及ぼすおそれがある病気として政令で定めるものの影響」による場合を対象とする。具体的な病気については自動車運転死傷行為処罰法施行令3条に規定があるが、基本的には、道交法90条等において運転免許の欠格事由とされる一定の症状を呈する病気のうち、同条を適用する前提となりうるものが定めら

---

7) 保坂・前掲注6) 52頁。
8) 塩見淳「自動車事故に関する立法の動き」法学教室395号（2013年）31頁以下。
9) 保坂・前掲注6) 56頁。
10) 塩見・前掲注8) 31頁。

340 第Ⅳ部 第1章 交通死傷事犯に対する刑事責任

れている。自動車の安全な運転に必要な認知、予測、判断または操作のいずれかに係る能力を欠くこととなるおそれがある症状を呈しないものを除いた統合失調症（同施行令3条1号）、低血糖症（同条4号）、躁鬱病（同条5号）、意識障害または運動障害をもたらす発作が再発するおそれがないものを除いたてんかん（同条2号）、再発性の失神（同条3号）、重度の眠気の症状を呈する睡眠障害（同条6号）が、それにあたる。具体的な認定においては、病名はともかく、そのような病気の状態にあり、その症状を自覚していれば、「おそれがある状態」とその認識が肯定される。治療薬等により発症を抑えているような場合、一般的には、服薬を忘れ、それを認識していれば足りるとされる[11]。これにより、「鹿沼クレーン車暴走事故」のような類型は、本罪により処罰されうることになった。

③ 過失運転致死傷アルコール等影響発覚免脱罪（4条）

4条は、「アルコール又は薬物の影響によりその走行中に正常な運転に支障が生じるおそれがある状態で自動車を運転した者が、運転上必要な注意を怠り、よって人を死傷させた場合において、その運転の時のアルコール又は薬物の影響の有無又は程度が発覚することを免れる目的で、更にアルコール又は薬物を摂取すること、その場を離れて身体に保有するアルコール又は薬物の濃度を減少させることその他その影響の有無又は程度が発覚することを免れるべき行為」について、12年以下の懲役で処罰することを定める。事故を起こした運転者自身が、正常な運転が困難な状態に至る程度までアルコールまたは薬物の影響が及んでいたことの立証を妨げる行為を行い、酩酊運転型の危険運転致死傷罪の適用を不当に免れようとすることが往々にしてある。いわゆる「逃げ得」の一種であるが、本罪は、それを処罰の対象にするものである。人の生命・身体を主たる保護法益とするが、「発覚することを免れるべき行為」が構成要件とされている点で、併せて刑事司法作用も保護法益とするものとされる[12]。

「免れるべき行為」の例示である「更にアルコール又は薬物を摂取すること」

---

11) 塩見・前掲注8) 31頁。
12) 保坂・前掲注6) 59頁。

は、いわゆる「追い飲み」であり、検査を不正確にする積極的行為、「その場を離れて身体に保有するアルコール又は薬物の濃度を減少させること」は、時間を稼いで検査自体を遅らせる消極的行為である。

本罪については、刑法上の証拠隠滅罪（104条）が、他人の刑事事件に関する証拠の隠滅のみを処罰対象としていることとの整合性も問題となる。法制審議会刑事法部会では、刑法104条は、自己の刑事事件についての証拠隠滅をしないよう期待することが困難であることを根拠にするとしても、その要請は絶対的なものではなく、自動車の運転という危険な行為を例外的に許可されている者が自らの運転行為によって人を死傷させた状況下にあること、また、アルコールや薬物の影響という時間とともに消えやすく、その意味で隠滅が容易という特性をもつ証拠であることなどを考慮すれば、証拠隠滅に出ないことの期待可能性を認めることができ、処罰は正当化される旨の見解が示されている。また、事故後に「免れるべき行為」にのみ関与した者は、正犯として関与したと評価される場合にのみ、証拠隠滅罪が成立するとの見解が示されている[13]。

4 過失運転致死傷罪（5条）

5条は、平成19年改正前の業務上過失致死傷罪（刑法211条）、同改正後の自動車運転過失致死傷罪（同条2項）を引き継いだ規定である。平成13年改正で設けられた刑の免除に関する規定も、そのまま受け継がれている。

それゆえ、「自動車の運転上必要な注意を怠り」の意義については、従来の業務上過失致死傷罪および自動車運転過失致死傷罪における解釈が、基本的にそのまま妥当することになる[14]。

5 無免許運転による加重（6条）

技能未熟型の危険運転致死傷罪（2条3号）における「その進行を制御す

---

13) 塩見・前掲注8) 31頁。なお、岸毅「過失運転致死傷アルコール等影響発覚免脱罪（自動車運転死傷処罰法4条）の実務的運用について」警察学論集69巻1号（2016年）126頁以下参照。

14) 伊藤栄二ほか「『刑法の一部を改正する法律』について」法曹時報59巻8号（2007年）28頁、保坂・前掲注6) 63頁。

342 第Ⅳ部 第1章 交通死傷事犯に対する刑事責任

る技能を有しない」というのは、行政法規的な規制である運転免許の有無とは必ずしも一致しない。無免許運転には、そもそも運転技能を有しないという場合のほか、長期にわたる運転経歴がありながら免許停止・免許取消しの処分を受けたという場合も含まれるのであり、後者の場合が、ただちに危険運転致死傷罪にいう危険性を基礎付けるわけではないからである。だが、運転免許制度に対する国民の認識を前提にした場合、無免許で運転をし死傷事故を発生させた場合に、当該運転者に対する、国民一般からの責任非難は著しく高まるのが現状である。そして、従来からなされてきた、過失運転致死傷罪と道交法上の無免許運転罪の併合罪による処断では、十分な理解が得られるとは評しえない状況が続いていた。

自動車運転死傷行為処罰法は、無免許運転が、ただちに危険運転致死傷罪を基礎付ける危険な運転行為ではないという見解を維持しつつ、無免許の事実を、自動車運転に関する犯罪の加重事由とすることで、国民一般の規範意識に基づく要請に応えようとする。すなわち、6条に、①技能未熟運転型を除く危険運転致傷罪、②準危険運転致傷罪（2項）、③過失運転致死傷アルコール等影響発覚免脱罪（3項）、④過失運転致死傷罪（4項）を置き、これらを犯したときに無免許運転であった場合、①については、短期を6月以上の懲役に（1項）、②については、致傷の場合は15年以下の懲役、致死の場合は短期を6月以上の懲役に（2項）、③については、15年以下の懲役に、④については、10年以下の懲役に、それぞれ法定刑を加重する旨を定める。無免許の定義については、同法1条2項に規定されている。

この刑の加重の根拠については、無免許運転は、自動車運転のための最も基本的な義務に反する点で著しい反規範性があり、また、運転に必要な適性、技能および知識を欠いている点で抽象的・潜在的危険性を帯びるものであるが、無免許運転で人を死傷させた事案では、それらが顕在化、現実化したと評価できるからである、とする説明がなされている[15]。

---

15) 保坂・前掲注6) 64頁。

4 小　括

　第1章1では、交通死傷事犯を惹起した直接行為者（運転者）に対する刑事責任に関し、やや紙数を割いて従来の経緯について動向について概観してきた。

　現行刑法典立法時における単純過失致死傷罪の著しく軽い法定刑では交通死傷事犯に適切に対応できないとする問題意識に対し、判例は業務上過失致死罪の業務概念を拡大することで対応してきた。たしかに、人の生命・身体という保護法益を侵害しないよう運転者に求められる注意義務という点では、私用車の場合と事業用自動車の場合とで本質的に相違するわけではないから、このような解釈は妥当なものであった。ただ、その帰結として、交通死傷事犯に関する運転者の刑事責任は、両者で同一のものとなった。

　だが、とりわけ悪質無謀な運転に基づく交通死傷事犯のすべてを過失犯の枠に押さえ込むことにも、やはり無理があった。悪質運転部分を道交法で重く評価し、それと業務上過失致死傷との併合罪処理により、ある程度の対応がなされてきたわけであるが、結局、それは「弥縫策」の域を出ることはなかった。悪質交通事犯の一部故意犯化（危険運転致死傷罪・準危険運転致死傷罪）を含めた近時の立法は、当該事態を、国民一般の規範意識に基づきつつ、刑事法的に適切に対処するための動きだったと位置付けることができる。

　もちろん、年間50万件以上を数える交通事故は、いわば「不運の連鎖」に基づく犯情の軽いものから、きわめて悪質なものまで、多彩な様相を呈している。刑の免除規定が存在することをも加味すれば、重要なのは、国民一般の規範意識に即した「重かるべきは重く、軽かるべきは軽く」を適切に実現することである。それゆえに、自動車運転死傷行為処罰法の解釈も、以上の視点に基づいてなされることが要求される。

344　第IV部　第1章　交通死傷事犯に対する刑事責任

3　自動車運転死傷行為処罰法の各類型に関する裁判例

　自動車運転死傷行為処罰法の内容については、前節で概観したとおりである。ただ、これまでのところ、同法制定により新たに追加された犯罪類型については、いまだ下級審裁判例等の蓄積も十分ではない状況にある。

　他方で、平成13年改正で制定された類型の危険運転致死傷罪については、いくつかの最高裁判例・下級審裁判例がある。本節では、まず、そこで示された解釈に検討を施し、その後、過失運転致死傷罪（従来の業務上過失致死傷罪または自動車運転過失致死傷罪）に関し、近時の方向性を示す議論を概観する。

■1　アルコールの影響により正常な運転が困難な状態

　アルコール酩酊運転致死傷罪（刑法208条の2第1項前段〔当時〕・現在は、自動車運転死傷行為処罰法2条1号）に関するリーディングケースは、平成18年8月に発生した、いわゆる「福岡飲酒運転3児死亡事故」に関する最決平成23年10月31日（刑集65巻7号1138頁）である。

　ここでは、飲酒後、時速約100キロメートルで走行していた被告人が、前方を走行していた被害車両に自車を衝突させ、その衝撃で被害車両を橋上から海中に転落させて、被害車両に同乗していた3名の児童（当時4歳、3歳、1歳）をそれぞれ溺死させるなどした事案において、同罪にいう「アルコールの影響により正常な運転が困難な状態」の意義が問われた。

　第一審判決は、直接の事故原因である追突の原因は、被告人が衝突直前の約12秒間にわたり脇見運転をしたため、被害車両に気付くのが遅れたためである旨を認定したうえで、上記要件の意義について、「現実に、道路及び交通の状況等に応じた運転操作を行うことが困難な心身の状態にあることを必要とする」との立場から、被告人が運転開始後から事故までの約8分間にわたり、左右に湾曲した道路や車道幅員の狭い道路でも接触事故等を起こ

すことなく自車を道なりに走行させ、事故直前に被害車両に気付くや衝突回避措置を講じたなどの事実を認定し、これに基づき、「被告人が現実に道路及び交通の状況等に応じた運転操作を行っていた」ので、アルコールの影響による正常な運転が困難な状態であったとはいえないとして、危険運転致死傷罪の成立を否定した。

これに対し、控訴審判決は、横断勾配のある本件道路では、長時間の脇見継続は不可能であり、被告人の走行状況からすれば、基本的には前方に視線を向けていたと認められるとして、第一審判決の事実認定には誤りがあるとした。その上で、「被告人は、自車を走行させるための相応の運転操作は可能であったが、前方注視を行う上で必要な視覚による探索の能力が低下したために前方の注視が困難となって先行車の存在を間近に迫るまで認識することができない状態にあり、現実に道路及び交通の状況等に応じた運転操作を行えなかったものであって、アルコールの影響により、正常な運転が困難な状態で本件事故を起こしたと認められる」として、危険運転致死傷罪の成立を肯定した。

被告人側の上告を受けた最高裁は、まず、「アルコールの影響により正常な運転が困難な状態」の判断にあたっては、「事故の態様のほか、事故前の飲酒量及び酩酊状況、事故前の運転状況、事故後の言動、飲酒検知結果等を総合的に考慮すべきである」とし、本件事故当時、被告人が相当程度の酩酊状態にあったとしたた上で「刑法208条の2第1項前段の『アルコールの影響により正常な運転が困難な状態』とは、アルコールの影響により道路交通の状況等に応じた運転操作を行うことが困難な心身の状態をいうと解されるが、アルコールの影響により前方を注視してそこにある危険を的確に把握して対処することができない状態も、これに当たるというべきである」との一般論を示した。そして、事故の態様については、原審判決の認定とは異なり、「飲酒酩酊状態にあった被告人が直進道路において高速で普通乗用自動車を運転中、先行車両の直近に至るまでこれに気付かず追突し、その衝撃により同車両を橋の上から海中に転落・水没させ、死傷の結果を発生させた事案であるところ、追突の原因は、被告人が被害車両に気付くまでの約8秒間終始前方を見ていなかったか又はその間前方を見てもこれを認識できない状態にあったかのいずれか」であると認定し、「いずれであってもアルコー

346 第Ⅳ部 第1章 交通死傷事犯に対する刑事責任

ルの影響により前方を注視してそこにある危険を的確に把握して対処することができない状態にあったと認められ、かつ、被告人にそのことの認識があったことも認められるのであるから、被告人は、アルコールの影響により正常な運転が困難な状態で自車を走行させ、よって人を死傷させたものというべきである」として、危険運転致死傷罪の成立を肯定したのであった。

この判断に対しては、「文言を忠実に解釈すれば第1審の判断の方が、むしろ自然ですらある」とする評価もありうる。しかし、立法時に考えられていた「アルコールの影響により道路交通の状況等に応じた運転操作を行うことが困難な心身の状態」に、「アルコールの影響により前方を注視してそこにある危険を的確に把握して対処することができない状態」を含める解釈は十分に成立する[1]。さらに、第一審判決のような判断によると、前節で検討した「東名高速道路事故」のような態様の事故に危険運転致死傷罪を適用しえないことになりかねない。

同事故では、たしかに、被告人が、高速道路を時速約60ないし70キロメートルで進行中、酔いのため前方注視および運転操作が困難な状態に陥り、また、被告人の運転が危険であるとして、10件の通報があるような状態[2]で事故現場まで蛇行運転をするなど「的確な運転操作が困難な状態」にあったといえる。だが他方で、最後に飲酒したサービスエリアからでも、事故現場までの高速道路を30キロメートル以上にわたり運転を継続し、その間、料金所では一時停止するなど、一応の運転操作はしていたとも評しうる。また、被告人は、事故直後、燃えさかる被害車両から同乗者の一部を救出できるほどの「精神的、身体的能力を備えた状態」にもあった。むしろ、当該事故の主たる要因は、上記速度で進行中、「折から渋滞のため同方向に減速して進行していた被害者運転の普通乗用車を前方約7.5メートルに迫って初めて気付き、急制動の措置を講じたが間に合わず、同車後部に自車右前部を衝突させ」た点にあったのである。そうであれば、同事故は、飲酒酩酊の影響により、運転操作の前提となる「前方を注視してそこにある危険を的確に把握して対処すること」が正常に行えない状態にあるという「福岡飲酒運転3児

---

1) 前田雅英『最新重要判例250刑法＜第10版＞』(弘文堂、2015年) 119頁。
2) 「東名高速道路事故」に関する民事損害賠償請求事件の東京地判平成15年7月24日（判時1838号40頁）による認定事実である。

死亡事故」に比較的類似する状況での事故であったと評しうるものである。危険運転致死傷罪制定の契機となった「東名高速道路事故」のような態様の事故を同罪の対象としない解釈が、同法立法時に採られていたとすることはできない。また、そういった解釈は、国民一般の視点からしても、広く納得が得られるものではないと思われる。

❷ 薬物の影響により正常な運転が困難な状態

また、下級審判例においては、危険ドラッグを摂取したことによる薬物影響酩酊運転型の危険運転致死傷罪の適用例も増加している。薬物影響酩酊運転型の場合、酒類の場合と異なり、その薬理作用に関して「正常な運転が困難な状態」になることの認識（故意）の認定に一定の困難を伴うという特徴がある。

京都地判平成24年12月6日（平成24年（わ）第817号・LLI/DB：L06750611）は、当時「脱法ハーブ」と称されていた危険ドラッグを摂取して自動車を暴走させ、3名を負傷させたという事案について、当該薬物の影響による危険運転致傷罪をはじめて適用された例とされている。

その第一審判決に対し、被告人側は、本件事故当時、正常な運転が困難な状態であることの認識がなかったから危険運転致傷罪の故意が認められないなどとして控訴したが、大阪高判平成25年4月17日（平成25年（う）第60号・LLI/DB：L06820254）は、第一審判決認定事実によれば、「被告人は、本件犯行以前に、いわゆる脱法ハーブを吸引して交際相手の女性を同乗させて自動車を運転し、意識障害等を起こして正常な運転ができなかった経験を複数回有していたのみならず、本件犯行直前ころには、脱法ハーブ使用に起因する交通事故のニュースに接し、妻との間で自らの脱法ハーブの使用を否定するなどの会話をしていたのであり、被告人は、本件に際し、自ら購入、吸引した脱法ハーブの影響により意識障害等を起こして正常な運転が困難な状態に十分なり得ることを認識しながら自動車運転に及んでいるのであって、薬物の影響により正常な運転が困難な状態であることを認識していたと推認できるのであるから、被告人には危険運転致傷罪の故意が認められる」として、危険運転致傷罪の成立を認めている。

348 第Ⅳ部 第1章 交通死傷事犯に対する刑事責任

　また、大阪地判平成25年12月18日（平成24年（わ）第2757号、平成24年（わ）第2845号、平成24年（わ）第3421号・LEX/DB：25502946）は、被告人が、摂取した危険ドラッグ（脱法ハーブ）の影響により、体感幻覚や注察妄想を伴った追跡妄想に支配され、薬物の影響により正常な運転が困難な状態にあったという事案において、被告人は、「周囲が異常な状況にあると認識していて、自分が幻覚、妄想に支配されて正常な運転が困難な状態にあると認識することはできなかった可能性が高い」ものの、被告人は、「本件薬物を吸引した後、視覚の異常等を感じ、かつ、その薬理作用等により、本件薬物が強い薬理作用を有することを認識したと推認できる」のみならず、「過去の薬物の使用歴等から、通常では考えられない行動をとる可能性があることを認識していたのであるから、このまま運転を続ければ本件薬物の影響により、異常行動に及ぶなどして、正常な運転が困難な状態に陥るかもしれないことを未必的に認識したにもかかわらず運転を継続したことが認められる」として、未必の故意の存在を認め、危険運転致傷罪の成立を肯定している[3]。

　さらに、致死に関しても、危険ドラッグ（脱法ハーブ）を摂取したことによる薬物影響酩酊運転型の危険運転致死罪の成立を認めた名古屋地判平成25年6月10日（判時2198号142頁）を嚆矢として、いくつかの適用例がある[4]。そのなかで、高松地判平成27年1月26日（平成26年（わ）第269号・LEX/DB：25505772）は、当初は、自動車運転過失致死罪〔当時〕で訴追されたものが、後に薬物影響酩酊運転型の危険運転致死罪へと訴因変更され、訴因変更後の訴因で有罪が認められたものであり、興味深いものである。

---

3)　危険ドラッグ等の摂取による薬物影響酩酊運転型の危険運転致傷罪の成立を認めたその他の下級審判例として、大阪地判平成24年12月14日（平成24年（わ）第3286号、平成24年（わ）第3653号・LLI/DB：L06750684）、名古屋地判平成25年6月12日（平成24年（わ）第2385号・LLI/DB：L06850346）、福岡地判平成26年7月14日（平成26年（わ）第375号・LLI/DB：L06950293）、東京地判平成27年3月23日（平成26年（特わ）第1056号LEX/DB：25506206）、長野地判平成27年11月20日（平成26年（わ）第192号・LEX/DB：25541860）などがある。

4)　平成26年6月に発生し、警察庁が「危険ドラッグ」という名称を定めるきっかけとなった池袋西口危険ドラッグ暴走事故に関する東京地判平成28年1月15日（平成26年（特わ）第1238号・LEX/DB：25542016）などがある。

❸ 進行を制御することが困難な高速度

進行制御困難高速度運転致死傷罪（刑法 208 条の 2 第 1 項後段〔当時〕・現在は、自動車運転死傷行為処罰法 2 条 2 号）の解釈問題が正面から争点となった最高裁判例は現在のところ存在していない。そのため、ここでは、いくつかの下級審判例を検討することにする。

立案当時、進行制御困難な高速度とは、速度が速すぎるため、道路の状況に応じて進行させることが困難な速度、すなわち、当該速度での走行を続ければ、ハンドルやブレーキの操作のわずかなミスによって自車を進路から逸脱させて事故を発生させることになると認められる速度を意味すると説明されていたが、これが一般にも支持されている[5]。また、道路状況に応じて進行することが困難となれば、たとえ走行中の短時間の速度であってもこれに該当し、相当程度の時間にわたり危険な高速で走行する必要はない（東京高判平成 22・9・28 判タ 1352 号 252 頁）。

この類型は、カーブでの旋回限界速度に関連して争われることが多い。

東京高判平成 22 年 12 月 10 日（判タ 1375 号 246 頁）は、普通乗用自動車を運転中、湾曲した上り坂の手前で意図的に急加速し、時速約 90 キロメートルの高速度で走行させたことにより、自車をスリップさせて、歩道上を歩行していた親子 3 名に衝突させ、負傷させたという事故につき、進行制御困難高速度型の危険運転致傷罪の成否が争点となった事案である。

本判決は、本件事故原因は、事故現場のカーブの限界旋回速度にほぼ近い高速度である時速 90 ないし 100 キロメートルで当該カーブに進入したうえ、わずかにハンドルを切りすぎ内小回りとなったため、車輪が滑走し始めたことにあるという事実を認定した。その上で、進行制御困難な高速度とは、「速度が速すぎるため自車を道路の状況に応じて進行させることが困難な速度をいい、具体的には、そのような速度での走行を続ければ、道路の形状、路面の状況などの道路の状況、車両の構造、性能等の客観的事実に照らし、あるいは、ハンドルやブレーキの操作のわずかなミスによって、自車を進路から

---

5) 井上宏ほか「刑法の一部を改正する法律の解説」法曹時報 54 巻 4 号（2002 年）論文 69 頁。

逸脱させて事故を発生させることになるような速度をいう」とする。そして、「被告人車の速度は、本件カーブの限界旋回速度を超過するものではなかったが、ほぼそれに近い高速度であり、そのような速度での走行を続ければ、ハンドル操作のわずかなミスによって自車を進路から逸脱させて事故を発生させることになるような速度であったというべきである」として、同罪の成立を肯定した原判決を是認している[6]。

これに対し、無免許運転の発覚を恐れた被告人が、警察車両から逃走するため、幅員約3.3メートルで最高速度が時速20キロメートルに指定された道路を時速約106キロメートルで走行し、信号機のない、交差点内にまで中央線が設けられた優先道路との交差点があるのに十分に減速することなく、時速約80キロメートルで同交差点内に直進進入し、交差道路左方から緊急走行してきた別の警察車両前部に自車左側部を衝突させ、走行の自由を失って自車を右前方に逸走させて歩道上に乗り上げさせ、たまたまその歩道上を通りかかった通行人を即死させるなどした事案について、広島地判平成25年11月7日（平成24年（わ）第686号・LEX/DB：25504230）は、制御困難高速度運転致死傷罪の成立を否定した。

本件において、検察官は、立案担当者により示された見解について、「道路の状況には、物理的な道路の形状等に限らず、交通法規による道路の規制も含まれ、速度が速すぎるため交通法規上その通行の妨害をしてはならない場所に自動車を進入させた場合も『その進行を制御することが困難な高速度』による走行に該当する」旨を主張した。

これに対し、本判決は、「その進行を制御することが困難な高速度」について、「その語義からして、高速度であるために、物理的な意味での自動車の制御が困難になった状態をいうものと理解すべきであって、前記の道路の

---

6) なお、広島高裁松江支判平成27年7月10日（平成25年（う）第41号・LEX/DB：25540890）は、最高速度が時速50kmに指定された湾曲し湿潤した道路を、的確にハンドル・ブレーキを操作せず、制限速度を大幅に超過する時速111kmの速度で自車を走行させて対向車線に進出させ、対向車線上を進行してきた被害者および同乗者2名を死亡させたという事実を認定し、危険運転致死罪の成立を認めた第一審判決について、原判決の採用した知見は、科学的原理としての論理的正確性に重大な疑問があり、衝突直前の速度は79.7kmにとどまっているとして、同罪の成立を否定している。また、京都地判平成26年10月14日（平成25年（わ）第1335号・LEX/DB：25505063）も参照。

状況とは、道路の物理的な形状、状態等をいうものと解すべきである」とし、「『進行を制御することが困難な高速度』という文言から、運転者が交通法規に従って自動車を制御するか、あるいは、交通の危険すなわち他の自動車、歩行者等に対する危険を生じさせない方法で自動車を制御するかといった考慮要素まで読み取るのは困難」であり、「こうした理解は、運転者があえて交通法規に従わず、あるいは、交通の危険を生じさせる方法で自動車を運転した場合については、〔刑法208条の2〕第2項において、妨害目的の直前進入等及び赤信号殊更無視の具体的な類型のみが危険運転致死傷罪の実行行為として規定されていることとも整合的である」との判断を示した(控訴審判決は広島高判平成26年5月27日〔平成25年(う)第184号・LEX/DB：25504230〕)[7]。

4 赤色信号殊更無視

　また、赤色信号殊更無視型の危険運転致死傷罪(刑法208条の2第2項後段〔当時〕・現在は、自動車運転死傷行為処罰法2条4号)も、その成否がしばしば争われる類型である。同類型に関しては、とりわけ「殊更に無視」と「重大な交通の危険を生じさせる速度」の意義が問題となる。

　前者からみることにする。「殊更に無視」とは、立案担当者により、「故意に赤色信号に従わない行為のうち、およそ赤色信号に従う意思のないものをいう。すなわち、赤色信号であることについての確定的な認識があり、停止位置で停止することが十分可能であるにもかかわらず、これを無視して進行する行為や、信号の規制自体を無視し、およそ赤色信号であるか否かについては一切意に介することなく、赤色信号の規制に違反して進行する行為がこれに当たる。したがって、赤色信号無視であっても、赤色信号を看過した場合、既に安全に停止することが困難な地点に至って初めて赤色但号に気付いた場合、信号の変わり際で、赤色信号であることについて未必的な認識しかない場合などには、『赤色信号を殊更に無視し』には当たらない」と説明されていた。

---

7)　控訴審判決は、被告人側の控訴によるものであり、この条文解釈の当否についての判断は示していない。

352 第Ⅳ部 第1章 交通死傷事犯に対する刑事責任

　最決平成 20 年 10 月 16 日（刑集 62 巻 9 号 2797 頁）では、この「殊更に無視」
の意義が争点となった。事案は、普通乗用自動車を運転していた被告人が、
パトカーで警ら中の警察官に赤色信号無視を現認され、追跡されて停止を求
められたが、そのまま逃走し、信号機により交通整理の行われている交差点
を直進するにあたり、対面信号機が赤色信号を表示していたにもかかわらず、
その表示を認識しないまま、同交差点手前で車が止まっているのを見て、赤
色信号だろうと思ったものの、パトカーの追跡を振り切るため、同信号機の
表示を意に介することなく、時速約 70 キロメートルで同交差点内に進入し、
同交差点内を横断中の歩行者をはねて死亡させた、というものであった。被
告人側は、「殊更に無視し」とは、赤色信号であることの確定的な認識があ
る場合に限られると主張した。

　しかし、本判決は、「赤色信号を『殊更に無視し』とは、およそ赤色信号
に従う意思のないものをいい、赤色信号であることの確定的な認識がない場
合であっても、信号の規制自体に従うつもりがないため、その表示を意に介
することなく、たとえ赤色信号であったとしてもこれを無視する意思で進行
する行為も、これに含まれる」として、危険運転致死罪の成立を認めた原判
決の判断を正当であるとした。

　「殊更に」というのは、まさに赤色信号を積極的に無視することに対する
意思的要素を意味するものと解され、赤色信号についての未必的な認識しか
ないとしても、信号の規制自体に従う意思がないのであれば、赤色信号無視
に対する意思的要素としては、より積極的なものがあるといえる。前記立案
担当者の見解は、まさにそのような場合を対象に含める趣旨であると理解す
ることができる[8]。

　「重大な交通の危険を生じさせる速度」（危険速度）の意義については、立
案担当者によれば、「自車が相手方と衝突すれば大きな事故になると一般的
に認められる速度であること、あるいは、相手方の動作に即応するなどして
そのような大きな事故になることを回避することが困難であると一般的に認
められる速度を意味する」とされていた。

8）　任介辰哉・最高裁判所判例解説刑事篇平成 20 年度 674 頁。その意味で、赤色信号に
　　ついての未必的認識しかなくても、赤色信号におよそ従う意思がないのであれば、同罪
　　の確定的故意が認められることになる（同上 675 頁）。

そして、最決平成 18 年 3 月 14 日（刑集 60 巻 3 号 363 頁）は、被告人が、普通乗用自動車を運転し、信号機により交通整理の行われている交差点手前で、対面信号機の赤色表示に従って停止していた先行車両の後方にいったん停止したが、同信号機が青色表示に変わるのを待ちきれず、同交差点を右折進行すべく、同信号機がまだ赤色信号を表示していたのに構うことなく発進し、対向車線に進出して、上記停止車両の右側方を通過し、時速約 20 キロメートルの速度で自車を運転して同交差点に進入しようとしたため、折から右方道路から青色信号に従い同交差点を左折して対向進行してきた被害者運転の普通貨物自動車を認め、急制動の措置を講じたが間に合わず、同交差点入口手前の停止線相当位置付近で、自車を被害車両に衝突させ、被害者 2 名を負傷させたという事案について、危険運転致傷罪の成立を認めた。判決理由では、危険速度にあたることについて特に言及されてはいないものの、これは、赤色信号殊更無視の類型では、特段の事情がない限り、この程度の速度は危険速度にあたるものと解しているとみることができるものと思われる[9]。

5 過失運転致死傷罪の解釈に関する基本的視座

1 経済活動と過失犯の処罰範囲

先に言及したように（第 1 章 2 **1**）、現実問題として、交通死傷事犯に危険運転致死傷罪などの故意犯での対応がなされる例は少数にとどまり、圧倒的多数は過失犯として刑事責任追及がなされる。交通事犯は過失犯の典型であるといってもよい。だが、過失犯をどこまで処罰するのかという問題は、その時代の動向を色濃く反映せざるをえない側面がある。

刑事過失論は、戦後のわが国刑法において、もっともドラスティックに議論が展開された領域の一つである。戦前から昭和 30 年代までは、旧過失論が圧倒的に有力であった。これは、過失概念の核である注意義務違反を構成する結果予見義務と結果回避義務のうち、前者を重視する理論である。構成要件と違法性については、故意犯と過失犯とで同一であることを前提に、過

---

9) 前田厳・最高裁判所判例解説刑事篇平成 18 年度 212 頁。

失を故意とならぶ責任要素と位置付ける理論構造をとる。

戦後，旧過失論に対抗して，新過失論が有力に主張されるようになる。これは、過失犯は違法性のレベルですでに故意犯と異なるとしたうえで、旧過失論の主張する結果予見義務中心の過失概念を、結果回避義務中心に移行させる理論である。だが、その根底にあったのは、結果予見義務中心の旧過失論では、結果予見可能性さえあればすべて処罰されることになり、処罰範囲が広すぎるとする問題意識であった。そして、結果予見可能性がある場合でも、一定程度の結果回避義務を果たせば過失犯は成立しないとし、この結果回避義務を行為者にとって緩やかに設定することで、過失犯の処罰範囲を限定することを意図した。これは、経済成長を中心とする、社会全体の発展を重視する主張だったわけである。

しかし、戦後の高度経済成長の負の側面として公害が社会問題化すると、過失犯の処罰範囲を著しく拡大しようとする、新過失論とは逆の価値観をもった不安感説（新・新過失論）が一部で有力に主張される。不安感説は、結果回避義務を中心とした過失犯論である点では新過失論と同一であるが、結果の重大性に鑑み、結果回避義務を非常に高度で厳格な内容のものとして設定する点で、新過失論とはまったく逆の方向性を有する。そして、この高度で厳格な結果回避義務を課す前提として、結果予見可能性では足りず、結果発生の不安感があればよいとする。不安感説は、旧過失論よりも処罰範囲を拡大することを意図した理論として主張されたのである[10]。

だが、過失犯としての責任非難を行為者に加える前提として「不安感」では不十分である。不安感説は、結果が発生した以上すべて処罰するという「結果責任主義」に陥りかねず、実務的にも定着しなかった。

② 信頼の原則

被害者ないし第三者が適切な行動をとることを信頼するのが相当な場合には、たとえ、それらの者の不適切な行動により結果が生じても、それに対して刑事責任を負わなくてもよいとする理論を、信頼の原則という。これは、

---

10)　以上について、前田雅英「戦後過失犯論の変化と近時の動向について」現代刑事法 38号（2002年）4頁以下、同『刑法総論講義＜第6版＞』（東京大学出版会、2015年）205頁以下。

新過失論と密接に関連して主張された理論であり、相手方の不適切な違反行為等にまで対処するだけの高度な結果回避措置を要求するのは不合理であるとの問題意識から、結果回避義務を軽減する手段として機能した。

この信頼の原則は、最高裁判例でも採用される。そのリーディングケースは、最判昭和41年12月20日（刑集20巻10号1212頁）である。交差点中央付近でエンストを起こし、再び始動して発車する際、左側方のみを注意して右側方に対する安全の確認を欠いたまま発車し、時速約5キロメートルで右折進行しかけたとき、右側方から被害者が第二種原動機付自転車を運転して進行してくるのを約5メートルの距離まで接近してからはじめて気付き、直ちに急停車したが及ばず被害者と衝突させて、その場に転倒させ負傷させた事案であった。

本判決は、被告人の過失の有無に関して、「交通整理の行なわれていない交差点において、右折途中車道中央付近で一時エンジンの停止を起こした自動車が、再び始動して時速約5粁の低速（歩行者の速度）で発車進行しようとする際には、自動車運転者としては、特別な事情のないかぎり、右側方からくる他の車両が交通法規を守り自車との衝突を回避するため適切な行動に出ることを信頼して運転すれば足りるのであって、本件被害者の車両のように、あえて交通法規に違反し、自車の前面を突破しようとする車両のありうることまでも予想して右側方に対する安全を確認し、もって事故の発生を未然に防止すべき業務上の注意義務はないものと解するのが相当」であるとして、過失を認めた原判決を破棄し、差し戻した。

また、その翌年に下された最判昭和42年10月13日（刑集21巻8号1097頁）も、「車両の運転者は、互に他の運転者が交通法規に従って適切な行動に出るであろうことを信頼して運転すべきものであり、そのような信頼がなければ、一時といえども安心して運転をすることはできないものである。そして、すべての運転者が、交通法規に従って適切な行動に出るとともに、そのことを互に信頼し合って運転することになれば、事故の発生が未然に防止され、車両等の高速度交通機関の効用が十分に発揮されるに至るものと考えられる。したがって、車両の運転者の注意義務を考えるに当っては、この点を十分配慮しなければならない」として、新過失犯論に備わる価値判断を示しつつ信頼の原則を採用した。そして、被告人自身にも違反行為があったにも

かかわらず、被告人の過失責任を認めた原判決を破棄し、無罪を自判した。

以上の2件の最高裁判例を嚆矢として、交通死傷事犯での信頼の原則の適用が実務的にも定着し、昭和40年代に相当数の判例・裁判例が相次いだ。もっとも、昭和50年代に入ると交通事犯に関する判例は急速に減少する。これには、以上の一連の判例が示された後、その趣旨を十分に考慮した捜査処理がなされ、実務の運用が定着したという面もあろう[11]。

ただ、信頼の原則の適用は、前掲最判昭和42年10月13日からもうかがわれるように、基本的には車対車の場合に限られよう。車対人の場合、とりわけ被害者が高齢者や幼児などである場合には、突飛な行動をとることが十分に予見され、信頼の原則の適用はほとんど認められないと思われる[12]。

なお、最決平成16年7月13日（刑集58巻5号360頁）では、自動車運転者である被告人が、時差式信号機の設置された交差点を右折進行するに際して、当該交差点に時差式信号機であることの標示がなかったため、自己の対面する信号機の標示が赤色表示であったため、対向車両の対面信号の表示も赤色であると判断し、それに基づき対向車両の運転者がこれに従って停止するものと信頼して右折したところ、実際には対面する信号は青色表示であり、それに従って進行してきた被害車両と衝突し、被害者を死亡させたという事案において、信頼の原則の適用の可否が問題となった。

第一審判決は、対向車の交差点進入に関する被告人の予見義務を否定して被告人を無罪としたが、時差式との標識標示があれば事故が起きなかった可能性があると指摘した。これに対し、控訴審判決は、被告人の動静注視義務違反を認め、事故の原因を時差式信号に求める被告人の主張を疑問視して、破棄有罪の自判をした。

そして、本決定も、「自動車運転者が、本件のような交差点を右折進行するに当たり、自己の対面する信号機の表示を根拠として、対向車両の対面信号の表示を判断し、それに基づき対向車両の運転者がこれに従って運転すると信頼することは許されない」として、被告人の過失責任を認めた原審判決

---

11) 永井敏雄「黄色点滅信号時の交差点事故について」小林充先生佐藤文哉先生古希祝賀刑事裁判論集刊行会編『小林充先生・佐藤文哉先生古稀祝賀刑事裁判論集上巻』（判例タイムズ社、2006年）382頁

12) 前田・前掲注10)『刑法総論講義』213頁。

を是認している。

③ 交通死傷事犯への刑事的責任追及の基本的視座

　たしかに、本章1でみたように、とりわけ21世紀以降のわが国では、交通死傷事犯に対する国民一般からの責任非難は、ますます厳しさを増している。こういった国民の一般の規範意識、要請におよそ応えようとしない刑事司法では、国民一般からの支持を失うものになってしまう。

　ただし、ここで重要なのは、処罰要請の内実の冷静な分析である。危険きわまりない運転により人の死傷結果を招来するような悪質交通事犯に対する被害者も含めた国民一般からの批判は、交通死傷事犯のすべてを「過失犯」として処罰しようとする、従来の刑法典の基本的姿勢に向けられてきたといえる。この批判には一定の説得力があった。それに応えたのが、危険運転致死傷罪の制定に象徴される、交通死傷事犯全般のうち、より悪質性の高いもののみを故意犯化するという平成12（2000）年以降の一連の立法であると分析できる。すなわち、これは過失犯の処罰範囲の設定とは、次元を異にした議論であると考えるべきである。

　もちろん、平成19（2007）年に行われた自動車運転過失致死傷罪〔現在の過失運転致死傷罪〕制定時の法定刑の引上げに象徴されるように、過失犯に対する責任非難も厳しさを増している。そして、平成17（2005）年4月に発生した福知山線脱線事故に対する、歴代の鉄道会社社長の強制起訴事案に象徴されるように、国民一般の生の処罰感情は不安感説に依拠しているのではないかと思わせるような事象も散見される[13]。しかし、当該強制起訴事案において、裁判所は、社長らの刑事責任を否定していることに留意しなければならない（大阪高判平成27・3・27判時2292号112頁[14]）。やはり不安感説では、結局は、「誰もがいつ処罰されるかわからないリスク」に晒され続ける状態を招来しかねず、究極的には、国民一般に害悪を及ぼす刑事司法に堕しかねない。

　過失犯の処罰範囲の確定にあたっては、国民一般の価値判断を踏まえつつ

---

13)　なお、いわゆる監督過失論については、第3章1■で改めて検討する。

14)　また、神戸地判平成24年1月11日（平成21年（わ）695号LEX/DB：25480439）も参照。

も、「責任なければ処罰なし」の責任主義を根拠付ける過失犯の注意義務違反の内実について、つねに冷静な判断をすることが、これまで以上に求められるといえる。故意犯である危険運転致死傷罪の解釈も含め、交通死傷事犯に対して、それが私用車によるものであれ事業用自動車によるものであれ、結局のところは、「重かるべきは重く、軽かるべきは軽く」の適切な対応が必要とされるのである。

4　自動運転と刑事責任

■1　自動運転

①　自動運転の定義

　平成27年6月30日に政府・高度情報通信ネットワーク社会推進本部による「官民ITS構想・ロードマップ2015～世界一安全で円滑な道路交通社会構築に向けた自動走行システムと交通データ利活用に係る戦略～」（以下、「ロードマップ2015」という）をきっかけに、平成27年下半期から、自動車の自動運転（自動走行システム）に関する議論がにわかに活発化してきている。

　自動運転に関しては、アメリカ運輸省道路交通安全局（NHTSA）による暫定的な指針で定められた、自動化運転のレベルを4等級に分ける分類が広く受け入れられている[1]。「ロードマップ2015」もこれに倣い、ドライバーへの注意喚起等を行う情報提供型に加えて、4レベルの自動化型を定義する。

　レベル1（単独型）は、「加速・操舵・制動のいずれかの操作をシステムが行う状態」、レベル2（システムの複合化）は、「加速・操舵・制動のうち複数の操作を一度にシステムが行う状態」、レベル3（システムの高度化）は、「加速・操舵・制動を全てシステムが行い、システムが要請したときのみドライバーが対応する状態」、レベル4（完全自動走行）は、「加速・操舵・制動を全てドライバー以外が行い、ドライバーが全く関与しない状態」である。そして、「ロードマップ2015」は、レベル2および3を「準自動走行システム」、レベル4を「完全自動走行システム」とし、「安全運転支援システム」を情報提供型とレベル1を包括する上位概念、「自動走行システム」を「準自動走行システム」と「完全自動走行システム」を包括する上位概念と位置付ける定義を提案している。

　このうち、「完全自動走行システム」は、緊急時も含むあらゆる状況にお

---

1)　今井猛嘉「自動化運転をめぐる法的諸問題」国際交通安全学会誌40巻2号（2015年）57頁。

いて、加速・操舵・制動をすべてシステム（ドライバー以外）が行う状態であるため、この状態においては、当該自動車への同乗者の有無にかかわらず、ドライバー（運転者）はまったく関与しない形態をいう。そのため、原則としてドライバーが最終責任を負う「準自動走行システム」までと、ドライバー以外のシステムが最終責任を負う「完全自動走行システム」との間には、制度面で大きな断絶があることになる[2]。

　他方、現在の道交法では、同法70条が「安全運転の義務」として、「車両等の運転者は、当該車両等のハンドル、ブレーキその他の装置を確実に操作し、かつ、道路、交通及び当該車両等の状況に応じ、他人に危害を及ぼさないような速度と方法で運転しなければならない」旨を定めている。これによれば、運転者には、道路、交通および当該車両等の状況に応じて安全な方法で運転するために、ハンドル、ブレーキその他の装置を確実に操作する義務が課せられる。そうだとすると、運転者が「当該車両等のハンドル、ブレーキその他の装置を確実に操作」しない態様での運転は、道交法では許容されないものとなる。先の自動化運転の定義に即していえば、レベル2までは運転者による車両の確実な操作が予定されており、それゆえに、現行法では、レベル2までであれば許容される旨も指摘されている[3]。

2　自動運転による自動車走行の適法性

　しかしながら、今後、とりわけ事業用自動車の運行に関しては、自動運転車が幅広く導入されることも予測される。特に2020年東京オリンピック・パラリンピックに向け、完全自動運転も視野に入れた自動走行システムの普及を目指す動きがある旨が、折に触れて報道されている。そして、すでに、「特区」での自動運転による無人タクシーの実証実験も行われている。

　また、現在の道交法は、関係する国際的合意である1949年ジュネーブ道路交通条約に基づいて制定されている。その8条1項は、「一単位として運行されている車両又は連結車両には、それぞれ運転者がいなければならない」とし、5項は、「運転者は、常に、車両を適正に操縦し、又は動物を誘導することができなければならない。運転者は、他の道路使用者に接近するとき

---

2)　「ロードマップ2015」6〜7頁。
3)　今井・前掲注1) 57頁。

は、当該他の道路使用者の安全のために必要な注意を払わなければならない」とする。また10条は、「車両の運転者は、常に車両の速度を制御していなければならず、また、適切かつ慎重な方法で運転しなければならない。運転者は、状況により必要とされるとき、特に見とおしがきかないときは、徐行し、又は停止しなければならない」と規定する。それゆえ、同条約においても、自動車の運転は、運転者の制御下にあることを前提とする内容となっている[4]。

しかし、現在、同条約8条に対し、「車両の運行態様に影響を与えるシステムが、車輪を有する車両及び当該車両に適合可能で利用可能な部品に係る国際的法準則に沿った設計、装着及び利用の条件と合致している場合には、当該システムは、本条5項及び10条に合致しているものとみなされる」（第一文）、「車両の運行態様に影響を与えるシステムが、前記の国際的法準則に沿った設計、装着及び利用の条件と合致していないが、当該システムが運転者により制御されるか、電源を切断され得る場合には、当該システムは、本条5項及び10条に合致しているものとみなされる」（第二文）旨を内容とする6項を追加することが、提案されている[5]。

この条約改正の動向により、今後、わが国の道交法をはじめとする道路交通関連法規について、広範な改正がなされることも考えられる[6]。

▋2 自動運転の（事業用）自動車走行による事故の刑事責任

自動運転での走行中に事故を発生させた場合の刑事責任についても、従来のそれと比べ、大きな変容が迫られる可能性もある。

自動運転走行システムを信頼して走行中に歩行者や他の自動車同乗者等の生命・身体を侵害したという場合、現行の危険運転等にあたることは通常は考えられないので、当該自動車の同乗者に対する過失運転致死傷罪の成否が問題となりうる。当該の自動走行中に「自動車の運転上必要な注意を怠」ったと評価できるのであれば、過失責任が生ずることになるが、その際には、

---

4) また、日本は加盟していないが、1968年ウィーン道路交通条約も、類似の内容となっている。

5) 今井・前掲注1）57頁。訳も同論文による。

6) 中山幸二「自動運転をめぐる法的課題」自動車技術69巻12号（2015年）42頁以下。

362　第Ⅳ部　第1章　交通死傷事犯に対する刑事責任

自動走行装置の操作ミスなど、従来のそれとは質的に異なる過失が生ずることも考えられる[7]。また、運転者が、自動運転の技術を完全に信頼できる、それに従う限り人身事故などありえないと認識しうる場合には、結果予見可能性が否定される可能性もある。その場合、技術に依拠した自動走行が安全であると信頼してよいという意味での「信頼の原則」の適用可能性も考えられよう[8]。だが、従来の信頼の原則は、他の交通関与者（被害者ないし第三者）という「人」が適切な行動を取ることを信頼してもよいか否かを問題とする理論であった。それゆえ、自動走行システムという「技術に対する信頼」が、従来の信頼の原則にいう「人に対する信頼」とその内実を同じくするものであるかは検討の余地がある。

　他方で、自動運転走行システムを支える人工知能（AI）はコンピューター・プログラムであることになるが、周知のように、完全にバグやセキュリティホールのないプログラムはありえないとする見解が一般的である（ベストエフォート論）。製造者責任も含め、それを（刑事）法的にどう評価するかについての見解も確立してはいない。

　また、特に複数人が乗車して走行中、自動走行システムに異常が生じた場合、それに対応すべき刑法上の作為義務を負う者が誰であるか、といった論点の存在を指摘する見解もある[9]。

　さらに、サイバーセキュリティに対して、運転者や使用者等がどこまで責任を負う必要があるのか、事故の際、AIがどのような判断をしたのかの検証はデジタル・フォレンジックによることになるが、現行の手続法の枠組みで、そのための証拠収集・解析を行うことができるかなども検討課題となる。

　現時点では「何が論点となるのか」自体も含めて、不明な点があまりにも多いが、早急に議論・検討することが望まれる分野である。

---

7)　中山・前掲注6)　44頁参照。
8)　今井・前掲注1)　136頁。
9)　今井・前掲注1)　136頁。

第2章 行政刑罰法規上の罰則

1 行政刑罰法規上の罰則

　前章で概観してきたように、交通死傷事犯に関しては、事業用自動車によるものであるか否かを問わず、その態様に応じた刑事責任追及がなされることになる。しかしながら、より重要なのは、交通死傷事犯の未然防止であることは疑いない。道路交通に関する基本的ルールを定める道交法が、これまで複雑な改正を重ねてきているのは、より効果的な事故の未然防止を実現するための苦闘の現れといってもよいであろう。

　本章では、道交法をはじめとした行政法規に視点を転ずることとし、事業用自動車による事故との関連で問題とされることが多いと思われる類型について、刑事責任の有無という観点から検討を加える。

■ 整備不良

1 概 説

　道交法62条は、「車両等の使用者その他車両等の装置の整備について責任を有する者又は運転者は、その装置が道路運送車両法第3章若しくはこれに基づく命令の規定……に定めるところに適合しないため交通の危険を生じさせ、又は他人に迷惑を及ぼすおそれがある車両等（……「整備不良車両」という。）を運転させ、又は運転してはならない」と定め、その違反について、3月以下の懲役または5万円以下の罰金を定めている（同法119条5号。軽車両を除く）。これは、交通の安全と円滑を図り、その他道路の交通に起因す

364 第Ⅳ部 第2章 行政刑罰法規上の罰則

る障害を防止するためには、運転者の状態およびその行動に規制を加えるだけでなく、車両等の状態についても規制を加えなければならず[1]、構造、装置に欠陥のある車両等を運転することは、交通事故の大きな原因となっており、道路交通の危険がきわめて大きいことから[2]、禁止および処罰対象とする趣旨に基づくものと解されている。

② 整備不良に起因する交通死傷事犯の刑事責任

事業用自動車による事故では、整備不良に起因するものも散見される。

たとえば、東京高判昭和44年12月9日（刑事裁判資料198号618頁）は、会社所有の特定の大型貨物自動車の専属運転手であった被告人が、日頃からフットブレーキの不良を認識しつつも、十分徹底した車体検査を会社内の工場の整備係員らに対して特に要求することなく、ブレーキオイルに異常な減少があっても黙って自ら補給し、ブレーキを1度に2回以上踏む等姑息な方法で漫然と同車の運転に従事していたところ、集団歩行中の幼稚園児らを認め、フットブレーキを踏んで急停車させようとしたが、ブレーキペダルに踏み応えがなく、さらに強く踏んでいるうちホイールシリンダーのピストンラバーカップを破裂させ、ノーブレーキ状態になって、自車を園児らの集団に突入させ、3名死亡、6名を負傷させた事案について、被告人の過失責任の有無が問題となったものである。

弁護人は、「事故車両のブレーキの故障状況は整備関係者すら発見困難なものであり、いわんや単なる運転者に過ぎない被告人にとって右故障状況はこれを察知し得る性質のものでなく、また被告人は運転者として気付き得た限りの故障はその都度雇主である前記会社内の整備工場係員に対して申し出でその処置を受けていたのであるから、本件事故の直接原因が右車両のブレーキの故障に存する以上、被告人は本件事故発生に対して過失責任を負うべきいわれはない」と主張した。これに対し、本判決は、「始業前の車両の整備点検は当該運転手の責任であり、運転手の申出を俟って整備係員が整備する建前であったことが記録上明らかであるから、たとい所論の如く被告人

---

1) 平野龍一ほか編『注解特別刑法1交通編(1)＜第2版＞』（青林書院、1992年）390頁〔奥野省吾〕。

2) 法務総合研究所研修教材『道路交通法＜5訂版＞』(2013年) 256頁。

が右車両のブレーキ系統内部における故障を具体的に察知し得なかったにせよ、少なくとも同人として右車両の制動効果の不良なること及びブレーキオイルに異常な減少の有ることを自覚しながら、本件事故当日仕業点検をしないでこれを運転し、且本件事故発生前におけるこの車両の運転上の措置に付き前記の如き注意義務の懈怠があったものと認められる以上被告人は本件事故発生に対する過失責任を免れることはできない」と判示した。十分な仕業点検や修理依頼をせず、漫然と運転を継続したことが、過失を構成するとされた事案である。

　比較的近時のものとして、静岡地判平成21年2月26日（平成20年（わ）第429号・LLI/DB：L06450111）がある。これは、会社従業員として業務用自動車である大型貨物自動車の運転者であった被告人が、自動車運送事業用車両の運行者として、目視や点検ハンマ等により、車両のボルトの破断の有無等の日常点検をしてから運行を開始すべきであるのに、これを怠り、走行中にホールボルトが破断するなどして本件自動車からダイヤが脱落し、それが観光バスを直撃し、同バスの運転手が死亡し乗客3名が怪我をする事故を発生させたというものである。同判決は、上記の日常点検を行ってから運行を開始すべき義務の懈怠による過失責任を認定し、自動車運転過失致死傷罪での有罪を認定している。

③　整備不良に関する使用者等の道交法上の刑事責任

　なお、整備不良車の運転を禁止する道交法66条に規定された行為主体は、「車両等の使用者その他車両等の装置の整備について責任を有する者又は運転者」である。そのため、車両の使用者や整備責任者等も整備不良について刑事責任を負い、また、それに起因する交通死傷事犯について刑事責任を負う可能性がある。

　その点については、後述第3章**2**②で検討することにする。

2　過積載等運転

①　概　説

特に貨物自動車運送事業で運行されている事業用自動車による事故におい

ては、積載重量等の制限違反（いわゆる過積載運転等）が問題となることもしばしばである。

道交法 57 条（乗車または積載の制限等）は、「車両……の運転者は、当該車両について政令で定める乗車人員又は積載物の重量、大きさ若しくは積載の方法……の制限を超えて乗車をさせ、又は積載をして車両を運転してはならない」と規定し、その違反に対して、6 月以下の懲役又は 10 万円以下の罰金という罰則を定めている（道交法 118 条 2 号）。

② 過積載とそれによる交通死傷事犯への刑事法的対応

大きな社会問題となった事故として、平成 4 年 9 月に発生した「JR 成田線大菅踏切事故」がある。これは、最大積載量 8.75 トンの大型貨物自動車にその約 4 倍の約 37 トンの山砂を積載して運転していた被告人が、踏切にさしかかった際、踏切の前で停止することができなかったため、電車が踏切に接近しているのを認識しながら、電車が通過する前に踏切を通過しようと考え遮断機を突っ切って踏切内に侵入したため、自車を電車に衝突させ、電車の運転士を死亡させたほか、電車の乗客 67 名を負傷させたという事案である。本件事故につき、この運転者が業務上過失致死傷罪〔当時〕と過失往来危険罪（刑法 129 条 1 項）で起訴された。

千葉地判平成 5 年 11 月 5 日（判タ 846 号 281 頁）は、同踏切「手前は右方に湾曲する下り坂で前方の見通しが困難であり、かつ、自車は最大積載量の約 4 倍の約 3 万 7000 キログラムの山砂を積載していたため制動効果が低下していたのであるから、あらかじめ減速して速度を調節し、制動装置を的確に操作し、右踏切を通過する電車との衝突事故の発生を未然に防止すべき業務上の注意があるのにこれを怠」ったという過失を認定し、両罪で被告人を禁錮 2 年の実刑に処した。

近時の例として、いわゆる過積載等ではないが、最決平成 26 年 6 月 16 日（平成 26 年（あ）第 439 号・LEX/DB：25504305）は、①トレーラーのコンテナを荷台に固定する緊締装置を確実に緊締しないまま（道交法 71 条 4 号の「運転者の遵守事項」違反）、②適宜速度を調整して進行しなかった（道交法 70 条の「安全運転の義務」違反）という道交法違反で道路を走行し、旋回中にコンテナを隣の車線を走行中の被害自動車上に横転させて、被害自動車の運転者ら

を死傷させたという事案において、自動車運転過失致死傷罪のみで起訴された被告人につき、上記①および②を自動車運転上必要な注意義務違反である過失を構成するものとした第一審判決（名古屋地判平成25・9・5 平成24年（わ）第484号・裁判所ウェブサイト）の事実認定を是認した原審判決（名古屋高判平成26・2・20 平成25年（う）第346号・LEX/DB：25503139）に対する上告を棄却している。

　また、福島地裁郡山支判平成25年1月22日（平成24年（わ）第175号・LLI/DB：L06850030）では、最大積載量6トンを大幅に超える約18トンの木材を積載し、それをワイヤーロープ1本で緊縛したのみの不安定な状態で同車の運転を開始し、さらに運転中にフットブレーキ装置のエアタンクの圧力が低下していることに気付いたが、フットブレーキが効かなくなることはなく、荷台に積載していた木材を落下させることはないものと考え、エアタンクの圧力が低下した状態のままカーブが連続する下り勾配の道で運転を続けたため、フットブレーキが効かなくなり、荷台の木材を道路右側に落下させ、折から進路右側端で停止していた被害者運転の普通貨物自動車に多数の木材を衝突させ、被害車両の同乗者らを死傷させたという事案について、被告人は、上記過失を根拠とする自動車運転過失致死傷罪〔当時〕に加えて、道交法上の過積載運転罪でも訴追され、両罪で有罪と認定された。

　これらの事案からも明らかなように、道交法上の過積載運転（積載物重量制限超過・積載物大きさ制限超過・積載方法制限超過）によって交通死傷事犯を生じさせた場合、この過積載運転等は、過積載運転罪等の成立を根拠付けると同時に、自動車の運転上必要な注意を怠った過失（従来の「業務上必要な注意を怠った過失」）等の一部を構成するものともなる。こうした場合に、過失運転致死傷罪（現行規定）に加えて道交法上の過積載運転等罪による訴追がなされるか否かは、最終的には、立証の容易性や訴追（処罰）価値等の判断に基づいた、検察官の訴追裁量に依拠することになる（刑訴法248条）。

③　使用者・運行管理者等の刑事責任

　だが、このような貨物自動車運送事業における過積載に関しては、運転者のみの判断ではなく、使用者・運行管理者等の判断においてなされる場合も存する。そういった場合の使用者・運行管理者等の刑事責任に関しては、第

368　第Ⅳ部　第2章　行政刑罰法規上の罰則

3章**1**で改めて論ずる。

3　過労運転

1　概　説

　道交法 66 条は、「何人も、前条第 1 項（酒気帯び運転：筆者注）に規定する場合のほか、過労、病気、薬物の影響その他の理由により、正常な運転ができないおそれがある状態で車両等を運転してはならない」とし、薬物の影響による場合は 5 年以下の懲役または 100 万円以下の罰金（同法 117 条の 2 第 3 号）、それ以外の場合は 3 年以下の懲役または 50 万円以下の罰金（同法 117 条の 2 の 2 第 7 号）で処罰する旨を定める。

　以上のうち、まず過労運転について検討することにする。事業用自動車による交通死傷事犯関連では、過労運転が疑われる事案がしばしばみられるらである。

　道交法 66 条違反の過労運転罪にいう「過労」とは、「精神又は身体が正常な運転ができない程度に疲労していること」をいう[3]。裁判例では、「精神又は肉体の相当程度の疲労が車両等を運転するに必要な注意力、判断力あるいは運動能力等に悪影響を及ぼし、正常な運転ができないおそれのある状態に達することをいう」とされ、その程度に達しているかどうかは具体的状況に応じ、社会通念に従って判断される（東京高判昭和 56・9・10 昭和 56 年（う）第 804 号・高検速報昭和 56 年 241 頁）とする見解が示されており、これが一般に認められている[4]。

　しかし、いわゆる飲酒運転や薬物運転の場合と異なり、過労について、それを科学的測定方法で客観的に判定する方法は確立されていない。実際の捜査では、疲労の結果、仮睡状態に至り事故を惹起したという場合において、さかのぼって過労運転が疑われることになることが多いとされている[5]。運転者の稼働実態等に基づく客観的な立証も行われるが、道交法 66 条の過労

---

3)　平野ほか編・前掲注1）435頁〔坂明〕。

4)　村上尚文『刑事裁判実務大系第4-ii巻道路交通(2)』（青林書院、1993年）596頁。

5)　小谷一郎「新捜査手法による過労運転等下命・容認事件の捜査について」月刊交通 35巻10号（2004年）。

運転の解釈としては、科学的測定方法によることを必ずしも要求されておらず、運転者自らが、過労に陥っていることに目覚め、もはやこれ以上車両等を運転することができない状態にあることを認識しているならば、その認識が正当と解されるかぎり、同条にいう「過労」に該当すると解されている[6]。そうだとするならば、過労か否かは、結局は運転者本人の主観的認識（自覚症状等）によって定まることになり[7]、概念としての曖昧さや、それゆえの立証の困難さは否定しえないように思われる[8]。

② 「過労」と自動車運転上の過失

自動車運転者について過労運転による処罰がなされた近時の例として、平成23年6月に生じた「名神高速道路玉突き事故」に関する大阪地判平成24年2月23日（平成23年(わ)第3077号、平成23年(わ)4943号・LEX/DB：25480532）がある。

この事故は、貨物を積載中の大型貨物自動車を高速道路で時速約80キロメートルで運転中、睡眠不足と過労などから眠気に襲われて過労運転に至り、ひとたび仮眠状態に陥ればきわめて重大な事故を起こしかねないことを十分に自覚していたのに、先を急ぐあまり、運転を中止して休憩するなどの適切な措置をとることなくそのまま運転を継続し、その結果、時速約70ないし80キロメートルで走行中に一瞬仮眠状態に陥り、渋滞で停止中の乗用車を前方約7.3メートルの地点で初めて認め、制動する間もなく、同車後部に自車前部を衝突させ、2名を死亡させ、4名に傷害を負わせるという玉突き事故を起こしたというものである。運転者である被告人は、この人の死傷結果についての自動車運転過失致死傷罪〔当時〕に加えて、事故時までの連続勤務による過労のため、正常な運転ができないおそれがある状態で事業用大型貨物自動車を運転したという過労運転でも起訴され、有罪とされた。

---

6) 木宮高彦＝岩井重一『詳解道路交通法＜改訂版＞』（有斐閣、1980年）169頁。

7) 若尾岳志「過労運転罪における運転者と自動車の使用者等の責任」曽根威彦ほか編『交通刑事法の現代的課題—岡野光雄先生古稀記念』（成文堂、2007年）352頁。

8) 木宮＝岩井・前掲注6) 169頁。なお、過労の客観的立証に資する裏付け捜査については、山口友也「貨物運送事業者の過労運転容認事件を検挙した事例」月刊交通34巻4号（2003年）34頁参照。

370 第Ⅳ部 第2章 行政刑罰法規上の罰則

　もっとも、「相当程度の疲労」に達していることが必要とされていることや、立証の困難性などもあいまって、運用上は，疲労が認められる事案すべてが、道交法66条の「過労運転」で立件されているわけではない。その場合、疲労等は、過失の内容として構成されることになる[9]。

　たとえば、先にみた「亀岡暴走事故」（第1章2**2**）では、被告人である少年は、事故前に約28時間にわたり断続的に自動車を運転し、仮睡状態に陥って当該事故を発生させているが、道交法上の過労運転罪などでの訴追はなされていない。そして、前掲大阪高判平成25年9月30日の第一審判決（京都地判平成25・2・19平成24年（わ）第747号・LEX/DB：25502068）は、「連日の夜遊びによる寝不足等により強い眠気を催し、前方注視が困難になったのであるから、直ちに運転を中止すべき自動車運転上の注意義務があるのにこれを怠り、本件自動車の運転を継続した」ことをもって過失と認定している。

　また、事業用自動車による事故に関する近時の裁判例として、高速道路で大型貨物自動車を運転していた被告人が、「過密な運行業務により十分な睡眠をとっておらず疲れていること、いつ眠ってしまってもおかしくない状態になったことを認識していた」にもかかわらず運転を継続して居眠り運転状態となり、渋滞のため停車していた中型貨物自動車に時速約90キロメートルで追突して玉突き事故を起こし、追突された車両の運転者らを死傷させたという事案に関する静岡地判平成26年8月7日（平成26年（わ）第220号・LLI/DB：L06950343）をあげることができる。同判決は、「疲労等のため眠気を覚え、前方注視が困難な状態に陥ったのであるから、直ちに運転を中止すべき自動車運転上の注意義務があるのにこれを怠り、漫然前記状態のまま運転を継続した」ことを内容とした過失を根拠に、自動車運転過失致死傷罪〔当時〕のみでの起訴に対して、同罪での有罪を認定している。

③ 使用者・運行管理者等の刑事責任

　なお、特に事業用自動車の運転者が、道交法66条にいう過労運転をしたと認められる事案には、会社においてそれまで過酷な就労をさせていたとい

---

9)　村上尚文『刑事裁判実務大系第4-ii巻道路交通（2）』（青林書院、1993年）598頁。なお、東京高判昭和28年12月23日（東高刑時報4巻6号196頁）参照。44）596頁。

う事情が存することも多い。こういった場合の使用者、運行管理者等の刑事責任に関しては、次章**1**で改めて論ずる。

第3章 | 交通死傷事犯および乗客等の安全確保に関する事業者の刑事責任

1　使用者・運行管理者・製造者等の刑事責任

■1　監督過失

[1]　監督過失の意義

　事業用自動車による交通死傷事犯においては、直接の過失行為者（危険運転致死傷罪等の場合は故意行為者）のほかに、そのいわば背後にいる、自動車等の使用者や運行管理者の刑事責任が問題となる場合がある。具体的には、そういった者の監督過失としての業務上過失致死傷罪の成否が問題となることが考えられる。

　監督過失の概念は必ずしも一様ではないが、広義では、監督者が過失責任を問われる場合一般をいう。これに対し、狭義の監督過失とは、①直接に結果を発生させる過失（直接過失）をした行為者を監督すべき地位にある者（監督者）が当該過失を防止すべき義務を怠ったことを理由に過失責任（間接過失）を問われる場合をいう。このほかに、監督者が直接果たすべき義務、特に物的・人的な管理措置を講じて結果を発生すべき義務を怠り、②直接行為者の過失と競合する場合、または③単独で結果を発生させる場合（監督者自身の直接過失）が含まれるなどと整理される。また、監督者の注意義務として、物的な安全体制確立義務が問題にされる類型を、特に管理過失と称することもある[1]。このうち、①②については監督者のほかに直接過失をする行為者

374 第Ⅳ部 第3章 交通死傷事犯および乗客等の安全確保に関する事業者の刑事責任

がいるため、いわば共犯的な類型ではあるが、過失行為の類型性が緩やかであるため、過失単独犯としての実行行為性が認められるのである[2]。

新過失論が有力で、直接過失についても処罰範囲を限定すべきとする主張が強かった時代には、共犯的な類型である監督過失処罰の動きはあまりみられなかった。しかし、その後、過失犯に対する刑事責任追及が厳しくなるにつれ、大規模火災事故[3]を中心として、監督過失が認められる事例が増加している。

② 事業用自動車による交通死傷事犯と使用者等の監督過失

以上の理解によれば、事業用自動車による交通死傷事犯について、直接過失を犯した行為者（運転者）を監督すべき立場にある使用者、運行管理者等にも、過失犯での処罰が認められる場合がありうることになる。

広島地判平成26年10月15日（平成25年（わ）第868号・LEX/DB：25505153）では、一般貨物運送業甲社の従業員Bが、鉄板30枚をワイヤーロープで1か所固縛したのみで大型貨物自動車（セミトレーラー）に積載し、道路を走行中、振動等によりワイヤーロープが破断し、鉄板を落下させ、対向車線を走行中の乗用車に衝突させ、同乗用車の運転者と同乗者計2名を死亡させたという事案について、甲社の運行管理者Aの刑事責任が問われた。当該事故に至る以前、Bは不適切な運転や固縛を繰り返しており、Aもそのことを認識し、現認もしていたのであるから、Bが再び不適切な積載方法を行うことについて予見可能性があり、落下事故発生を未然に防止すべく、落下防止措置についての指導、監督をするなどの業務上の注意義務があるのに、それを十分に行わず、漫然と同人に鉄板等の運搬を指示するなどしてその義務に違反した旨を認定して、業務上過失致死傷罪（刑法211条）の成立を認めた。なお、Aは、道路法102条1項〔当時・現104条1項〕、47条2項、同条1項、車両制限令3条1項2号イ、4号に違反する通行禁止罪についてBとの共同正犯でも有罪とされ、また、これは甲社の業務に関してなされたものであるから、道路法105条〔当時・現107条〕の両罰規定が適用され、A・

---

1) 香城敏麿・最高判解刑事篇昭和63年度424頁以下など参照。
2) 前田雅英「監督過失について」法曹時報42巻2号（1990年）25頁。
3) この類型では、管理過失が問題となることが多い。

甲社が、それぞれ罰金 50 万円に処されている。

これに対し、平成 24 年 4 月に京都で発生した「祇園軽ワゴン車暴走事故」では、同事故で死亡した運転者は業務中であり、その勤務先の社長（使用者）も業務上過失致死傷罪で捜査対象となった。運転者については、事故時のてんかんの発作が疑われ、京都府警は、社長が、運転者のてんかんの持病を把握し、事故を起こす可能性があると認識しながら運転をやめさせなかった疑いがあるとして、社長を書類送検した。しかしながら、京都地検は、社長が、運転者のてんかんの持病を知らなかったと供述していることなどを踏まえ、嫌疑不十分で不起訴処分とした[4]。

③ 監督過失の認定

特に狭義の監督過失の場合、監督者自身の行為ではなく第三者（直接過失者）の行為によって結果が生ずるため、当該結果予見義務の前提をなす予見可能性の有無の判断が困難となるという特徴がある。前述のように、過失責任を認めるには、結果の具体的予見可能性が必要となる。しかし、「具体的」といっても、事故発生の具体的日時や態様までの予見可能性が必要とされるわけではない。結果発生について、一般人でも予見でき、過失犯での責任非難可能という意味での「具体的」予見可能性が必要とされるのである。そして、判例では、予見可能性の有無の判断に関して、因果経過の基本部分をいわば「中間項」と設定し、その予見可能性があれば結果に対する具体的予見可能性が認められるとする「中間項理論」が採用されているといってよい[5]。

宿泊客ら 56 名が死傷したホテルニュージャパン火災事件に関する最決平成 5 年 11 月 25 日（刑集 47 巻 9 号 242 頁）を例に検討しよう。同ホテルの経営者であった被告人の過失責任を考えるにあたり、予見可能性についてみると、たしかに、当該建物に火災が実際に発生する確率は著しく低く、出火自体についての予見は「不安感」の程度でしかないようにも思われる。しかし、この事件で問われた犯罪類型は（業務上）失火罪ではなく、火災による人の死傷結果に対する業務上過失致死傷罪である。当該罪での過失責任追及

---

4)　平成 25 年 8 月 28 日付朝日新聞ほか。

5)　前田雅英「『結果』の予見可能性—水俣病事件控訴審判決を手掛りに—」ジュリスト 784 号（1983 年）50 頁。

という観点で予見可能性を考えた場合、出火に対する予見可能性そのものではなく、「防火体制の不備に起因する火災拡大による、被害（人の死傷結果）の現実化」というプロセスに関する予見可能性が重要な意義を有する。いったん火災が発生したならば、防火体制の不備によってその被害が拡大し、人の死傷結果に至ることは経験的に広く知られた事実である。このような一般的知見を前提にすれば、そのような結果発生に至る経過についての認識可能性は十分に認めうる。ホテルの防火対策が人的にも物的にも不備であることを認識していたのであるから、「いったん火災が起これば、発見の遅れや従業員らによる初期消火の失敗等により本格的な火災に発展し、従業員らにおいて適切な通報や避難誘導を行うことができないまま、建物の構造、避難経路等に不案内の宿泊客らに死傷の危険の及ぶ恐れがある」という因果経過の基本部分（中間項）は容易に予見可能である。そうであれば、結果に対する具体的予見可能性を、それゆえに、結果予見義務とそれに基づく結果回避義務を認めることができるわけである[6]。

　前掲広島地判平成26年10月15日も、運行管理者Aにおいて、運転者Bが不適切な積載をして事故を発生させるという因果経過の基本部分（中間項）は容易に予見できることから、当該事件の具体的結果予見義務が認められるとして、監督過失としての業務上過失致死傷罪が認められたものと解される。

　これに対して、前述の「祇園軽ワゴン車暴走事故」に関しては、事案の詳細は不明であるものの、運転者にてんかんの持病があることが事故発生に至る中間項として設定できるように思われる。そして、それを社長（使用者）が知りえなかったのであれば、当該結果について具体的に予見できたとはいえず、監督過失が認められない場合にあたると解することができよう。

---

6)　星周一郎「防火管理と刑事責任―管理・監督過失論の意義」NBL808号（2005年）37頁参照。また、狭義の管理監督過失に関するものではないが、近鉄生駒トンネル火災事故に関する最決平成12年12月20日（刑集54巻9号1095頁）、明石砂浜陥没事故に関する最決平成21年12月7日（刑集63巻11号2641頁）などの近時の最高裁判例も参照。

1 使用者・運行管理者・製造者等の刑事責任　377

❷　自動車製造者・整備担当者の過失責任・道交法上の責任

1　車両の欠陥に関する自動車製造者の過失責任

なお、やや特殊な例ではあるが、（事業用）自動車の製造メーカーが、交通死傷事犯について刑事過失責任を問われた例もある。

平成14年1月に横浜市瀬谷区で発生した、走行中のトラックの左前輪タイヤがフロントホイールハブ（大型車両の車軸と前輪のタイヤホイール等を結合するための部品）の破損により脱落し、歩道上にいた母子ら3名を死傷させた事故に関し、最決平成24年2月8日（刑集66巻4号200頁）では、当該トラックの製造メーカーの品質保証部門の部長およびグループ長の業務上過失致死傷罪の成否が問題となった。

本決定は、結果予見義務に関して、当該ハブが重要保安部品であり、走行中に輪切り破損するという事故が発生すること自体が想定外のことであるにもかかわらず、本件事故の約2年半前に発生していた類似の事故（中国JRバス事故）を処理した時点で、すでに7年余りの間に16件という少なくない件数の輪切り破損事故が発生していたことなどに照らすと、その時点でハブの強度不足のおそれが客観的に認められる状況にあったことは明らかで、品質保証部門の担当グループ長や部長であった被告人らも、そのことは十分認識していたと認められるとして、ハブの輪切り破損による人身事故の発生につき被告人らの予見可能性は認められるとした。

そして、結果回避義務に関しても、強度不足のおそれの強さや、予測される事故の重大性、多発性に加えて、その当時、当該メーカーが、ハブの輪切り破損事故の情報を秘匿情報として取り扱い、事故関係の情報を一手に把握していたことをも踏まえると、同社でリコール等に関する業務を担当する者においては、道路運送車両法の関係規定に照らし、該当車両につきリコール等の改善措置の実施のために必要な措置をとることが要請されていただけでなく、刑事法上も、そのような措置をとり、強度不足に起因するハブの輪切り破損事故のさらなる発生を防止すべき注意義務があったと解されるとして、被告人らにリコール等の必要な措置をとるべき業務上の注意義務の存在も認めた。

378　第Ⅳ部　第3章　交通死傷事犯および乗客等の安全確保に関する事業者の刑事責任

　さらに、証拠上認められるハブの輪切り破損事故の発生状況や、本件事故車両の整備状況等に照らせば、同社製のハブには設計または製作の過程で強度不足の欠陥があったと認定でき、本件事故もハブの強度不足に起因して生じたものと認められるから、本件事故は被告人らの義務違反に基づく危険が現実化したものといえ、当該義務違反と結果との間に刑法上の因果関係も認められるとした。

　以上の検討結果に基づき、被告人らに、業務上過失致死傷罪の成立を認めたのであった。

　これは、製品の欠陥などに起因して発生した死傷事故に関して、その製造者や流通・販売に関与した者につき、民事上の製造物責任等だけでなく、刑事上の業務上過失致死傷罪の成否までもが問題となった事案である。いわゆる薬害エイズ事件を契機に多くの議論がなされるようになったが、いわば管理・監督責任の前提となるリコールなど製品回収義務等の注意義務違反が認められるかの検討が必要となる。こういった類型では、事案ごとに、当該製品の危険性や、それに対する支配、管理性などの事情を実質的、総合的に考慮し、刑法上の注意義務としての製品回収義務等を肯定できるかどうかの判断がなされているといえる。そして、上記事件はそれが肯定された一事案だということができる[7]。

②　整備不良に関する使用者等の道交法上の刑事責任

　整備不良車の運転を禁止する道交法66条に規定された行為主体は、「車両等の使用者その他車両等の装置の整備について責任を有する者又は運転者」である。そのため、車両の使用者や整備責任者等も、整備不良について刑事責任を負い、またそれに起因する交通死傷事犯について、刑事責任を負う可能性がある。

　前掲静岡地判平成21年2月26日（**第2章1❶②**）は、直接には整備不良に関して運転者を処罰した事案である。ただし、その「量刑の理由」において、被告人のためにくむべき事情として、「被告人運転車両は業務用車両であり、過積載運行や点検義務の懈怠は、被告人のみならず、会社やその役員らも責

---
7)　矢野直邦「判批」法曹時報67巻4号（2015年）264頁以下。なお、パロマガス湯沸器事件に関する東京地判平成22年5月11日判タ1328号241頁も参照。

めを負うべきものであるから、被告人のみに重大な責任を負わせるのは些か酷であること、本件車両は、本件事故当日に修理工場から引き取ったものであり、修理箇所がホイール部分でなかったことを考慮してもなお、修理工場でかかる重大な不備を発見し得なかったことが本件の遠因となった点は否定し得ない」旨を指摘している。

❸ 危険運転・道交法違反運転等の幇助犯・教唆犯

近年、危険運転致死傷罪を基礎付ける危険運転行為や道交法違反の運転行為について、運転者のみならず、それに関与した第三者に共犯責任が認められる事例が散見されるようになっている。いくつかの例をみることにする。

① 危険運転・道交法違反運転行為の幇助

最決平成25年4月15日（刑集64巻4号437頁）では、運送会社の同僚（後輩）であるA運転の自動車に同乗していた被告人X・Yが、Aがアルコールの影響により正常な運転が困難な状態であることを認識しながら、同車を走行させることを了解し、同乗して運転を黙認しつづけた行為が、走行中にAが犯した2名死亡、4名負傷の危険運転致死傷の犯行を容易にしたとして、危険運転致死傷罪の幇助犯の成否が争われた。

本決定は、「Aと被告人両名との関係、Aが被告人両名に本件車両発進につき了解を求めるに至った経緯及び状況、これに対する被告人両名の応答態度等に照らせば、Aが本件車両を運転するについては、先輩であり、同乗している被告人両名の意向を確認し、了解を得られたことが重要な契機となっている一方、被告人両名は、Aがアルコールの影響により正常な運転が困難な状態であることを認識しながら、本件車両発進に了解を与え、そのAの運転を制止することなくそのまま本件車両に同乗してこれを黙認し続けたと認められるのであるから、上記の被告人両名の了解とこれに続く黙認という行為が、Aの運転の意思をより強固なものにすることにより、Aの危険運転致死傷罪を容易にしたことは明らかであって、被告人両名に危険運転致死傷幇助罪が成立するというべきである」とした。

本件では、まず事実関係として、被告人X・Yが、正犯者である運転者

Aの運転行為を了解、黙認したと認められるか否かが争われたが、同決定は、X・Yが、Aが飲酒運転をする様子を見てそれを心配する状態であったにもかかわらず、飲酒目的で到着した店の開店を待つ間、Aから開店までの待ち時間に、A運転車両にX・Yを同乗させて付近の道路を走行させることの了解を求められた折、Xが、顔をAに向けてうなずくなどし、Yが、「そうしようか」などと答え、それぞれ了解を与えたため、これを受けて、Aが、アルコールの影響により正常な運転が困難な状態でA運転車両を発進、走行させたと認定して、これを肯定した。

続いて、それが肯定されることを前提として、このX・Yの行為について、危険運転致死傷罪に対する、いわゆる精神的幇助の成否が問題となった。理論的には、幇助犯は、①幇助行為、②幇助の意思、③正犯者の実行行為、④幇助との因果関係が必要とされる。そして、④については、単独正犯で要件とされる条件関係は不要で、幇助行為が他人の犯罪を物理的または心理的に容易にするという促進的な因果関係があればよいとする見解が一般であり、従来の判例（最判昭和24・10・1刑集3巻10号1629頁）でも、そのような見解がとられてきた。また、犯行に必要な手段等を提供せず、正犯者の意思にのみ働きかける「精神的幇助」についても、正犯者の犯罪意思を強化することで他人の犯罪を容易にしたといえるならば、幇助罪の成立が認められるとされてきた。

ただ、現実に問題となるのは、どの程度の働きかけがあれば幇助犯の成立が認められるのかである。とりわけ、幇助犯自体、概念的に非常に範囲が拡がる余地があり、精神的幇助についても、その成立要件や成立範囲の限定、明確化を意図した議論が重ねられてきた。従来の判例では、助言、激励等により正犯者を安心させたり、鼓舞したりする行為について、精神的幇助の成立を認めたものはあったが、正犯者の行為の了解、黙認について最高裁として明確な判断を示したものはなかった。だが、近時になって、下級審裁判例において精神的幇助がしばしば問題となり、これを肯定する例もみられるようになっている[8]。

そのようななか、本決定は、正犯者Aと幇助者X・Yとの関係、AがX・Yに車両発進について了解を求めるに至った経緯および状況、これに対するX・Yの応答態度等につき幇助の因果性や幇助の故意を認めたものであり、

「これまで判例が心理的幇助を肯定してきた事例よりも正犯者への働きかけについて外形上の積極性が乏しいと思われる了解、黙認行為について、幇助犯の意義に関する判例を踏まえた上で、近時の学説や下級審裁判例の流れも考慮して本件の事実関係を具体的に検討し、幇助の因果関係等についてこれを肯定したもの理解される」とする評価がなされている[9][10]。

2 危険運転・道交法違反運転行為の教唆

すでに検討した「亀岡暴走事故」（第1章2**1**、第2章1**3****2**）では、自動車を運転した正犯者（少年X）の無免許運転に対して、同乗した別の少年Aに同罪の幇助が認められた（京都地判平成24・11・16平成24年（わ）第1061号・LLI/DB：L06750554）だけでなく、それとは別の少年Bに対して同罪の教唆での有罪が認められた。

大阪高判平成25年6月13日（平成24年（う）第1668号・LLI/DB：L06820307）は、BがB所有の乗用車内において、正犯者（少年X）が公安委員会の運転免許を受けていないことを知りながら、Xに対して、自己に代わって同車を運転

---

8) 自動車運転者（正犯者）の道交法上の酒酔い運転罪の精神的幇助を肯定した例として、仙台高判平成21年2月24日（高検速報平成21年309頁・第一審判決は、仙台地判平成20年9月19日平成20年（わ）268号・LLI/DB：L06350390）がある。これに対して、道交法上の不救護不申告の精神的幇助の成立を否定した例として、名古屋地判平成22年1月7日（平成20年（わ）第2092号、平成20年（わ）第2616号、平成20年（わ）第2949号、平成21年（わ）203号、成21年（わ）第295号・LLI/DB：L06550015）がある。

9) 駒田秀和「判批」法曹時報67巻10号（2015年）259頁および261頁。なお、運転者Aについては、東京高判平成21年11月27日（高検速報平成21年143頁）で、危険運転致死傷罪での有罪が確定している。

10) また、危険ドラッグの摂取による薬物影響酩酊運転型についても、その幇助罪での処罰例が散見される。静岡地判平成26年1月9日（平成25年（わ）第425号・LEX/DB：25502757）は、薬物の影響により正常な運転が困難な状態で、自らが管理する自動車を運転者が走行させることになると認識しながら、駐車場で薬物を提供したうえ運転することを了承した行為に、また、福岡地判平成27年2月13日（平成26年（わ）第1321号・LLIDB：L07050075）は、運転者の運転する自動車に同乗中、運転者が薬物の影響により正常な運転操作が困難な状態で走行させることになると認識しながら、同自動車内で、助手席に座った状態で、その運転席に座っていた運転者に薬物を提供した行為について、それぞれ危険運転致死傷罪の幇助罪の成立を認めている。

382 第Ⅳ部 第3章 交通死傷事犯および乗客等の安全確保に関する事業者の刑事責任

するよう依頼して同車を貸与するなどして、X をして無免許運転を決意させたとして、無免許運転行為の教唆犯の成立を認めた第一審判決（京都地判平成 24・11・2 平成 24 年（わ）第 836 号・LLI/DB：L06750533）を是認している。

　教唆犯とは、「人を教唆して犯罪を実行させた者」（刑法 61 条）をいう。すなわち、教唆とは、人に犯意を生ぜしめて犯罪を実行させることであり、犯罪をするよう唆したが、自らは実行行為を行わない者が教唆犯である。

　しかし、少し古いが平成 10 年の司法統計によれば、複数人が関与した刑法犯の通常第一審の有罪人員のうち、98 パーセント以上は共同正犯であった。狭義の共犯のうち、幇助犯が 1.7 パーセント、教唆犯に至っては 0.2 パーセントにすぎず、しかも教唆犯のほとんどは、犯人隠避教唆・証拠隠滅教唆に限られていた。これは、判例では、客観的な実行行為は分担しないが共謀に関与した者を共同正犯とする共謀共同正犯論が展開されてきたため、立法者が教唆犯として処罰することを予定した関与形態が（共謀）共同正犯として処罰されているためであると説明することもできる。

　もっとも、判例でも、形式的に共謀さえあれば、全員が共同正犯とされているわけではなく、意思の連絡（共謀）を通じて、他人の行為をいわば自己の手段として犯罪を実現した（最大判昭和 33・5・28 刑集 12 巻 8 号 1718 頁）といえる場合に、共謀共同正犯が認められていると解される。それゆえ、意思を通じて他人に犯意を生ぜしめたが、それが自己の手段として犯罪を実現したとまでは評価できない場合には、共謀共同正犯を認める判例の見解によっても、なお教唆犯の成立が理論的に否定されるわけではない。そして、教唆犯での有罪率の著しい低さは、関与形態が教唆のそれにとどまると評価される場合には、訴追価値・処罰価値が低いとして、検察官の訴追裁量により不起訴（起訴猶予）処分に付されている結果であると解することもできる。

　それゆえ、「亀岡暴走事故」で無免許運転罪の教唆を認めた前掲大阪高判平成 25 年 6 月 13 日は、悪質交通事犯に対する国民一般からの評価の厳格化というコンテクストにおいて、当該事件での教唆的関与に当罰性が認められるとする検察官および裁判所の判断の帰結ととらえられるのである。

③ 車両等提供罪・酒類提供罪・飲酒運転同乗罪

　また、道交法 65 条は、酒気帯び運転を禁止する 1 項に引き続き、① 2 項

に車両等提供罪（「何人も、酒気を帯びている者で、前項の規定に違反して車両等を運転することとなるおそれがあるものに対し、車両等を提供してはならない」）、②３項に酒類提供罪（「何人も、第１項の規定に違反して車両等を運転することとなるおそれがある者に対し、酒類を提供し、又は飲酒をすすめてはならない」）、そして③４項に飲酒運転同乗罪（「何人も、車両……の運転者が酒気を帯びていることを知りながら、当該運転者に対し、当該車両を運転して自己を運送することを要求し、又は依頼して、当該運転者が第１項の規定に違反して運転する車両に同乗してはならない」）とする、飲酒運転を助長する行為についての処罰規定が置かれている。いずれも、「福岡飲酒運転３児死亡事故」（第１章３**１**）などを契機に、平成19年の道交法改正により新たに制定されたものである[11]。

　この改正の根底には、「飲酒運転は絶対にさせない」という国民の規範意識を確立し、飲酒運転の根絶を図るために、法で禁止行為を明確にするとともに、その違反に対してはそれまでの飲酒運転の幇助罪よりも重い罰則を適用することが有効であるとする考え方がある。そこで、飲酒運転を助長する行為のなかでも、特に悪質であると評価できる上記①〜③の行為を、飲酒運転の幇助犯として問擬されるよりも重く罰することが立法趣旨であるととされている[12]。

　これらの規定の適用例について、若干の確認をしておくことにする。

　さいたま地判平成20年６月５日（判時2022号160頁）は、前掲最決平成25年４月15日（第３章１**３１**）に関係する事案であるが、被告人経営の飲食店での客であり、当該事故の運転者であったＡに対し、Ａが酒気を帯びて車両等を運転するおそれがある状態であることを知りながら数時間（午後１時30分頃から午後６時20分頃まで）にわたり焼酎等を提供し、Ａにおいて同店を出た約１時間後（午後７時25分頃）に、アルコールの影響により正常な運転ができないおそれがある状態で乗用車を運転したという事実について、道交法66条３項の酒類提供罪の成立を認めた[13]。

　飲酒運転同乗罪の「要求・依頼」の意義が争われたのが、長野地判平成

---

11)　なお、酒類提供に関しては、平成19年改正以前から禁止行為とされてきたが、罰則は付されていなかった。

12)　今井宗雄「飲酒運転幇助行為に対する罰則規定の整備」警察学論集60巻９号（2007年）45頁。

384　第Ⅳ部　第3章　交通死傷事犯および乗客等の安全確保に関する事業者の刑事責任

24 年 7 月 15 日（平成 23 年（わ）第 248 号・LEX/DB：25482172）である。

　本判決は、前述の飲酒運転同乗罪の立法趣旨を確認し、「依頼とは、『運転者に自分を運送してほしいという意思を反映させようとする意思が窺えるような働き掛けを行う行為』とされ、黙示でも足りると解されている。反面、運転者に誘われ、単にこれを承諾するだけでは足りないともいわれている」との見解を示す。そして、飲酒運転同乗罪で起訴された被告人は、当日は、運転者に対し、明示的に、本件車両を運転して自己を運送することを依頼した事実はなかったものの、運転者とは、居酒屋で飲酒した後、運転者（または交際女性）の運転する車両で自宅付近に送られることを繰り返していたという経緯があり、そのようななか、その一環として行われたことであるから、ことさらに口に出さずとも、被告人と運転者の間では相互の了解事項であったといえ、そのような事情に照らせば、「被告人は、『運転して送ってほしい』という積極的な意図を有し、その被告人の意図は運転者も了解しており、現に被告人が乗り込むことによって明確にされ、運転者の飲酒運転が『助長』され、飲酒運転が行われたことで被告人は『運転行為による便宜の享受』をし、さらに本件運転行為が行われたことにより『交通の危険性が増大』されているのであるから、前記の立法趣旨からすると、明示的な依頼文言がなかっただけで、『黙示の依頼』があったと認定すべきである」として、飲酒運転同乗罪の成立を認めた。

　また、東京地判平成 20 年 7 月 16 日（判時 2015 号 158 頁）は、被告人が、① A が酒気を帯びており、かつ、酒気を帯びて車両を運転することとなるおそれがあることを知りながら、被告人所有の乗用車を貸与して提供し、A が酒気帯び運転をし、また、② A が酒気を帯びており、かつ、酒気を帯びて車両を運転することとなるおそれがあることを知りながら、飲食店に行くにあたり、「車で行こうよ。」などと申し向けて、A が運転する乗用車で自己を運送することを依頼し、A が酒気帯び運転する同車に同乗したという事実について、車両等提供罪と飲酒運転同乗等罪の成立を認めた。この事案では、両罪の罪数関係が争点となった。

---

13)　江原伸一『実務に役立つ最新判例 77 選―刑法・特別刑法―』（東京法令出版、2010
　　年）150 頁、同『実務に役立つ最新判例 77 選―交通警察―』（東京法令出版、2013 年）
　　62 頁参照。

検察官は、飲酒運転車両等提供罪と飲酒運転同乗罪は、保護法益が共通であり、当該事案においては、「両行為は時間的に近接し、いずれも同一の飲酒運転行為に向けられたものである」ことを理由に、包括一罪となると主張した[14]。これに対し本判決は、前述したこれらの犯罪の立法趣旨に照らすと、「飲酒運転への車両等提供行為及び同乗行為それ自体に独自の当罰性が認められ、各行為が犯罪とされたものということができる。そうだとすると、各罪に該当する行為があるときは、各罪が成立し、刑法54条に該当する事情がないときは、基本的に、各罪は併合罪となると解するのが合理的である」との判断を示している[15]。

④ 使用者・運行管理者等への刑事責任追及の理論的可能性

以上にみたように、近年に至り、交通死傷事犯を生じさせた正犯者（運転者）の周辺者についても、刑法上の幇助や教唆、さらには道交法上の飲酒運転幇助罪や重大違反の唆しによる刑事責任追及がなされる例がみられるようになった[16]。

ここで検討した事案は、いずれも私用車に関する事案ではある。しかしながら、事業用自動車の使用者・運行管理者等が、その業務にあたって運転者に対して以上のような行為を行えば、これらの罪による刑事責任追及がなされる理論的な可能性は、当然ながら存することになる。

---

14) なお、今井・前掲注12）53頁参照。

15) 江原・前掲注13）〔刑法・特別刑法〕152頁、同〔交通警察〕94頁参照。

16) なお、運転免許の取消事由である「重大違反の唆し」（道交法103条1項6号）に関して、東京高判平成23年7月25日（判時2135号43頁）は、同僚Aと午後10時15分頃から翌日午前4時30分頃まで飲酒し、車内で仮眠した後、午前8時50分頃、AがXに対し、「じゃあ、行きますか」と言ったのに対し、Xは「うーん」とうなずいて同意したので、Aは、Xの同意を受けて、Xが自車を置いてある駐車場まで送ろうという気持ちを強くし、Aが酒気帯びの状態でXを同乗させて運転を開始したところ、Aが事故を起こした事案について、「酒気帯び運転であることを知りながら自動車等に同乗するだけで、運転者による行為を何ら助けるものでないときは、重大違反唆し等に当たらない」が、「酒気帯び運転の意思のない者に働きかけてその意思を生じさせる必要はなく、既にその意思を有する者による酒気帯び運転行為を物理的、心理的に容易にする行為も含まれる」と判示している。江原・前掲注13）〔交通警察〕18頁参照。

386　第Ⅳ部　第3章　交通死傷事犯および乗客等の安全確保に関する事業者の刑事責任

4　道交法違反運転の下命・容認

1　概　説

　使用者・運行管理者等について、事業用自動車での事故に関して負うべき刑事責任として、より現実的に関係しうるのが、道交法75条の定める使用者等の責任である。同条は、「自動車……の使用者（安全運転管理者等その他自動車の運行を直接管理する地位にある者を含む。次項において『使用者等』という。）は、その者の業務に関し、自動車の運転者に対し、次の各号のいずれかに掲げる行為をすることを命じ、又は自動車の運転者がこれらの行為をすることを容認してはならない」として、具体的に、無免許運転（1号）、最高速度違反運転（2号）、酒気帯び運転（3号）、過労運転等（4号）、大型自動車等の無資格運転（5号）、積載物重量等制限違反運転（6号）および放置行為（7号）の7類型についての下命または容認を禁止する。「下命」とは、運転者に対して、直接かつ具体的に、上記に掲げる行為をすることを命令することをいい、「容認」とは、自動車運転者が上記に掲げる行為をすることを認識し、かつ、その行為を阻止することができたにもかかわらず、明示または黙示の承諾を与えることをいう[17]。

　本条制定の背景事情として、戦後の経済活動の活発化等を背景として、事業活動に関連する自動車の使用が増大したことに伴い、事業活動に関連する違反行為が多発し、また、車両等の運行を直接管理する地位にある者だけでなく、より上位にある者が、これら違反行為を下命等する場合が多くなったことがあげられる。そのため、自動車の使用者等は、その者の業務に関し、特に危険性が高く、「企業ぐるみ」で行われる頻度の高い違反行為を自動車の運転者に下命し、または自動車運転者によるそれらの違反行為を容認してはならないとし、その運転者による違反の実行に対する法定刑と等しいものを使用者等にも科すことにしたものである[18]。また、違反行為に対する刑罰による損失を超える経時的利益が違反行為を行うことで獲得されるならば、

---

17)　平野龍一ほか編『注解特別刑法1交通編(1)＜第2版＞』（青林書院、1992年）537頁〔村田達哉〕。なお、東京高判昭和49年5月23日（東高刑時報25巻5号39頁）参照。

このような企業犯罪の防止はできないので、自動車の使用禁止に関する規定が置かれ、その違反にも罰則が定められている（同法75条2項、119条1項12号〔3月以下の懲役または5万円以下の罰金〕）。このようにして、道路における交通の危険を予防するための措置を定めた規定なのである[19]。

なお、自動車の使用者（道交法75条）とは、その自動車を所有しまたは占有して自己の業務のために運行の用に供させて間接管理する地位にある者、および安全運転管理者等その他自動車の運行を直接管理する地位にある者をいう。その自動車運転者は含まれず、運転者による自動車の運行を現に支配・管理・指導・注意等することができる権限のある者に限られるが、その限りで、法人の代表者、法人または人の代理人、使用人その他の従業員もこれに含まれる[20]。

安全運転管理者（道交法74条の3）とは、自動車の安全な運転に必要な業務を行う者として、内閣府令で定める台数以上の自動車の使用の本拠ごとに、自動車の運転の管理の経験等を備える者のうちから、道路運送法や貨物自動車運送事業法にいう運送事業を経営する者を除いた自動車の使用者により選任される者をいう。後述する道路運送法・貨物自動車運送事業法にいう「運行管理者」の選任義務との抵触を避けるため、主体に限定が加えられている。

「その他自動車の運行を直接管理する地位にある者」（道交法75条）とは、自動車の運行に関して、運転者の配置または配車を企画・決定し、もしくは、その実施に際して、運転者を指揮・監督する業務を担当する者をいう。道路運送法・貨物自動車運送事業法にいう「運行管理者」も、一般的にはこれにあたる[21]。

以上に類似した概念である「運行管理者」（道路運送法23条、貨物自動車運

---

18) 伊藤榮樹ほか編『注釈特別刑法第6巻交通法・通信法編Ⅰ＜新版＞』（立花書房、1989年）419頁〔長井圓〕。運転者の違反運転による交通の危険の程度と、自動車の使用者等の違反運転の下命・容認罪における交通の危険の程度は異なる旨を指摘し、両者の法定刑が同一であることを疑問視する見解として、若尾岳志「過労運転罪における運転者と自動車の使用者等の責任」曽根威彦ほか編『交通刑事法の現代的課題―岡野光雄先生古稀記念』（2007年）357頁。

19) 平野ほか・前掲注17) 535頁〔村田達哉〕。

20) 伊藤ほか・前掲注18) 421頁〔長井圓〕。

21) 平野ほか・前掲注17) 536頁〔村田達哉〕。

388　第Ⅳ部　第3章　交通死傷事犯および乗客等の安全確保に関する事業者の刑事責任

送事業法）とは、国土交通省令で定めるところにより、運行管理者資格者証の交付を受けている者のうちから、自動車運送事業者により選任される者をいう。また、「安全統括管理者」（道路運送法22条の2、貨物自動車運送事業法16条）とは、安全管理規程に関する業務を統括管理させるために、事業運営上の重要な決定に参加する管理的地位にあり、自動車運送事業に関する一定の実務経験等を備える者のうちから、自動車運送事業者により選任される者をいう。

　以下では、事業用自動車による交通死傷事犯に関連することの多い過労運転の下命・容認を中心に、若干の検討をする[22]。

② 過労運転の下命・容認による有罪が認められた事例

　平成19年2月に吹田市内を走行していたスキーツアーバスが道路中央にあったモノレール高架支柱に衝突し、バス会社の添乗員1名が死亡し、運転手および乗客25名が負傷した「吹田スキーバス事故」は、事故の背景として、過労運転およびその下命が問題となった事案である。

　この事案では、当該バスの運転手は、業務上過失致死傷罪と道交法上の過労運転の罪により懲役2年6月・執行猶予4年の有罪判決を受けた[23]。

　それに加えて、当該バス運行会社の代表取締役Aと専務取締役兼運行管理者B、さらに当該バス運行会社が道交法上の過労運転下命罪と労働基準法違反で起訴された。

　大阪地判平成20年1月25日（平成19年（わ）第3024号・裁判所ウェブサイト）は、AおよびBが共謀のうえ、法定の除外事由がないのに、①当該運転手ほか3名に対し、当該事故前の1か月あまりの期間、117回にわたり、1日8時間の法定労働時間を超え、それぞれ2時間35分ないし11時間15分の時間外労働をさせた、②上記とほぼ同期間、19回にわたり、当該運転手ほ

---

22)　なお、速度超過運転の下命・容認事犯に関して、小谷一郎「バイク便による速度超過下命・容認事件の検挙について」月刊交通37巻9号（2006年）45頁、酒気帯び運転のそれに関して、同「長距離トラック便に係る酒気帯び運転容認事件の検挙について」月刊交通38巻9号（2007年）52頁参照。

23)　大阪地判平成19年9月6日（判例集未登載）（平成19年9月6日付朝日新聞ほかによる）。

か3名に対し、1週間40時間の法定労働時間を超え、それぞれ12時間ないし56時間50分の時間外労働をさせたという2つの労働基準法違反の事実、および③当該運転手が、「過労のため正常な運転ができないおそれのある状態で車両を運転することの情を知りながら、〔当該事故前日〕午前8時30分ころ、〔当該バス運行会社〕本店事務所において、同人に対し、同日夕刻から長野県を出発して大阪府内までの間を大型乗用自動車（観光バス）を運転して旅客輸送の業務に従事すること等を指示し、同人をして、同月18日午前5時25分ころ、大阪府吹田市（中略）先道路において、過労による仮眠状態のまま同車を運転して走行させ、もって、自動車の運転者に対し、過労等により正常な運転ができないおそれがある状態で車両を運転することを命じた」という道交法上の過労運転下命の事実について、それぞれ有罪とし、Aに懲役1年・執行猶予3年、Bに懲役10月・執行猶予3年、運行会社に罰金50万円を宣告した。

先の「名神高速道路玉突き事故」（**第2章1❸2**）に関する前掲大阪地判平成24年2月23日でも、「被告人が過労状態に陥った背景には、雇用主である会社側の過酷な運行計画があり、本件当日も常軌を逸した不条理ともいえる運転継続の指示を受けていたことが認められ、過労運転が原因で本件事故に至った経緯には酌量すべき面がある」旨が、背景事情として存在した。そして、運転手の所属する一般貨物自動車運送会社甲社の営業所の所長A、同営業所の運行管理者B、および甲社が道交法上の過労運転の下命で、またAおよび甲社が労働基準法違反でそれぞれ起訴された。

大阪地判平成26年3月19日（平成23年（わ）第4943号、平成23年（わ）第6259号・LEX/DB：25503673）は、過労運転の下命に関して、A・Bは甲社の業務に関し、本件トラックでの定期便の運行を運転者に指示することを通じて、運転者に対し、5日間連続の行程で、その間、トラックのキャビンという限られたスペースで仮眠するなど、十分な休憩をとることができない労働環境で過酷な運行を強い、また運転手が過労状態にあることを認識していたとして、A・Bおよび甲社について過労運転下命罪の成立を認めた。また、法定の除外事由がないのに、6月13日の本件事故前の4月25日から6月9日までの間、1日について労働基準法32条2項所定の労働時間を1日につき7時間延長することができる旨の過半数代表者との協定による延長時間

390 第Ⅳ部 第3章 交通死傷事犯および乗客等の安全確保に関する事業者の刑事責任

を含む 15 時間の労働時間を超えて、労働者（運転者）に対し、27 回にわたり、合計 63 時間 40 分の時間外労働をさせたとして、労働基準法 119 条 1 号、32 条 2 項違反による有罪を認めた[24]。

　もちろん、使用者による下命・容認に基づく過労運転であっても、運転者側の事情により、運転者自身の刑事責任が左右されることはある。平成 14 年 8 月に発生した「東名阪トレーラー玉突き事故」に関する津地判平成 15 年 1 月 29 日（平成 14 年（わ）第 351 号、平成 14 年（わ）第 481 号・LLI/DB：L05850267）は、一方では、運転者（被告人）の勤務先運送会社における定期便の業務は、元々十分な休憩をとらずに運転をせざるをえない過密スケジュールなうえに、十分休息できる時間的余裕をとっておらず、全体として過酷な業務形態となっていて、会社側も、運転手が疲労のため安定した運転ができない状態に陥っていることを看取したのに適切な措置をとらないなど労働管理にも多々問題があり、被告人が過労を押して運転していたことについて、運転手 1 人を責めることはできないとする。しかしながら、被告人は、より多くの収入を得ようと自ら当該定期便の業務を志願し、なお働けるうちに稼いでおきたいという気持ちもあって、勤務先に自己の疲労状態を申告し、同業務の交代を求めるなどの負担を軽減する措置をとらず、自らの意志で同業務を続けていたものであり、被告人の同業務への従事につき、勤務先から強制や強要等がなされた形跡はないという事情があったことを指摘して、「過酷な勤務であったことをもって、被告人の責任が著しく軽減されることはない」としていた。もちろん、だからといって、そのような事情の存在により、使用者や運行管理者等による過労運転下命・容認罪の刑事責任がただちに否定されるわけではない。本件事故についても、津地判平成 15 年 5 月 14 日（労判 854 号 89 頁）が、運転手の所属営業所の運行管理者ら 2 名に対し、過労運転容認罪の成立を認めている[25]。

---

24)　その他の検挙例に関して、青木幹雄「京滋バイパスにおける多重事故に伴う過労運転下命事件及び重傷ひき逃げ事件の検挙について」月刊交通38巻9号（2007年）36頁、佐藤正行「疲れ果てた運転手—自動車運送会社による過労運転下命事件の検挙」月刊交通39巻9号（2008年）12頁、木谷利夫「交通死亡事故に係る過労運転下命・容認事件捜査」月刊交通40巻4号（2009年）37頁、瀬田和司「大型トラックの死亡事故を端緒とした、自動車の使用者責任（過労運転容認事件）の検挙—この事件を担当した係長の回顧録」月刊交通42巻4号（2011年）34頁参照。

その他、平成 28 年 3 月に発生した「山陽自動車道八本松トンネル火災事故」
に関しても、事故の原因となった衝突車の運転者が過失運転致死傷罪と過労
運転罪で起訴されたほか、運転車の属する運送会社の「運行管理者」が過労
運転下命の疑いで逮捕された旨が報じられている[26]。

③ 道交法違反運転行為の下命・容認の立証の困難性

運転者の道交法違反の運転行為、特に過労運転等や、それによる交通死傷
事犯が、使用者等による下命・容認の帰結であることが疑われる場合であっ
ても、現実には、それに関する使用者等の刑事責任の立証が困難であること
も多く、訴追等が断念される例もある。

その理由は、ひとつには、前述したように「過労」の概念があいまいで、
科学的測定方法で客観的に判定する方法が確立されていないため、運転者の
主観的認識を中心に構成されるという性質のものであって、運転者自身のそ
れに関してすらも立証が困難である点に求められる[27]。過労運転下命・容認
罪が故意犯である以上、自動車の使用者等が、正常な運転ができないおそれ
がある過労状態に運転者がある旨の事実の認識が必要とされることになる
が、その立証は、よりいっそう困難なものになると考えられる。

そういった例の典型と目されるのが、昭和 60 年 1 月に発生した「犀川ス
キーバス転落事故」である。これは、スキーツアーバスが、午前 5 時 45 分
ころ人工湖に転落し、2 名の乗員を含む 46 名のうち、当該バス運転手を含
む 25 名が死亡するなどした事故である。長野県警の捜査によれば、事故の
直接の原因は、運転手が、雪道走行の装備が不十分なバスを運転中、約 3
センチの積雪が凍結していた現場道路の急カーブを、3 キロメートルスピー
ドを落としただけの時速 32 キロメートルで通過し、ブレーキを踏むタイミ
ングも遅れてガードレールに衝突させ、スキーバスを転落させたという運転
手の判断ミスであるとされた。そうであれば、これは、業務上過失致死傷罪

---

25) 本事件については、山口友也「貨物運送事業者の過労運転容認事件を検挙した事例」
月刊交通 34 巻 4 号（2003 年）30 頁以下参照。

26) 平成 28 年 8 月 16 日付毎日新聞ほか。

27) 過労運転を積極的に検挙する試みを論ずるものとして、小谷一郎「新捜査手法によ
る過労運転等下命・容認事件の捜査について」月刊交通 35 巻 10 号（2004 年）10 頁。

〔当時〕の事案であることになる[28]。しかしながら捜査の結果、当該バス運行会社営業所の運行主任が、当該バスの運転手に、事故前の2週間にわたり1日も休日のない過密勤務を強いる勤務表を作成し、会社もそれを黙認していた事実があることが判明したと報じられている。

以上の捜査結果に基づき、長野県警は、昭和60年9月、死亡した運転手を、業務上過失致死傷罪〔当時〕と道交法上の過労運転罪（道交法66条）で、またバス運行会社の運行主任を、道交法上の過労運転下命罪（道交法75条）で、バス運行会社を、同罪の両罰規定（道交法123条）で、それぞれ長野地検に事件を送致した[29]。しかしながら、同地検は、翌年6月、運転手については、被疑者死亡に加えて、過労を科学的に立証するのが困難で、事故原因が正常な運転ができないほどの過労と認定するには証拠が不十分である、運行主任とバス運行会社については、事故3日前に運行スケジュールを運転手に手交した際、運転手が過労運転になることを客観的に予見することは疑問であり、過労運転下命の故意を認めがたいなどとして、いずれも不起訴処分とした[30]。そして、この不起訴処分に対して、検察審査会に申立てがなされたが[31]、長野検察審査会は「不起訴相当」の判断を下している[32]。

平成24年に発生した高速ツアーバスの運転者が仮睡状態に陥って高速道路防音壁に大型乗合自動車を衝突させ、乗客7名を死亡、38名を負傷させた「関越自動車道ツアーバス事故」も、そのような一例といえようか。

前橋地判平成26年3月25日（平成24年（わ）第237号、平成24年（わ）第298号、平成24年（わ）第417号・裁判所ウェブサイト）は、当該事故を発生させた運転手Aについて、「最終目的地まで長距離を残していながら睡眠不足及び疲労のため眠気を覚え、そのまま運転を継続すれば前方注視が困難な状態に陥ることが容易に予測されたのであるから、このような場合、自動車の運転者としては、早期に駐車場で停止する等してバスの運転を中止し、もって事故の発生を未然に防止すべき自動車運転上の注意義務があるのに、これ

---

28)　昭和60年1月29日付朝日新聞ほか、昭和60年9月5日付朝日新聞。
29)　昭和60年9月5日付朝日新聞ほか。
30)　昭和61年6月30日付朝日新聞夕刊ほか。
31)　昭和61年7月28日付朝日新聞夕刊ほか。
32)　昭和62年4月29日付朝日新聞ほか。

を怠り、前記状態のまま漫然と運転を継続した過失」を認定して、自動車運転過失致死傷罪〔当時〕の成立を認めた。ただ本件では、「前日来の長距離運転等による過労等のため眠気を覚え前方注視が困難な状態になった」旨の事実が認定されているところ、これについて過労運転罪での起訴はなされていない。また、Aによる本件ツアーバスの運転は、知合いであるバス会社甲の社長Bからの依頼によりなされたものであるが、「突然夜間バスの運転手を依頼され、恩義を感じているBからの頼みだったので断り切れなかった」という事情に基づくものであったとされた。それゆえ、本件バスの「使用者」にあたりうるBについて、過労運転の下命にあたる事実、およびその認識の立証ができなかったものと思われる。

　なお、本件では、本件事故を発生させた大型乗合自動車は甲社所有であったが、一般旅客自動車運送事業の許可を受けていないAは、それ以外に4台の乗合自動車を所有していた。そして、Aは、真実の使用者はAであるのに、いずれも甲社が使用者である旨の不実の登録を自動車登録ファイルにさせ、国土交通大臣またはその委任を受けた地方運輸局長の許可を受けずに、東京都内等においてA所有の前記普通乗合自動車を自ら運転するなど、無許可で一般旅客自動車運送事業を経営した事実があった（いわゆる「名義貸し」）。この事実に関して、Aおよび甲社社長Bは、電磁的公正証書原本不実記録罪、同供用罪（刑法157条1項および158条1項）、および道路運送法違反（Aについて同法96条1号、4条1項。Bおよび甲社について同法99条、96条2号、33条1項）で起訴され、Aについては前掲前橋地判平成26年3月25日により、Bおよび甲社については前橋地判平成24年12月10日（平成24年（わ）第297号、平成24年（わ）第418号・裁判所ウェブサイト）により、それぞれ有罪とされた[33]。

　また、過積載運転についても、それに起因する事故として先に検討した「JR成田線大菅踏切事故」（第2章1**2**2）において、当該事故を発生させた運転者が業務上過失致死傷罪〔当時〕で有罪とされたことはすでにみたとおりである。この事故でも、運転者の過積載を容認し、幇助したとして運転者の勤

---

33)　ただし、名義貸し等のBおよび甲社の規範意識の欠如と当該事故との間に因果関係があるとは認めがたいとして、「因果関係が認められるのであって、刑責を決めるにあたり考慮すべき」とする検察官の主張を退けている。

務先の運送会社社長らが道交法違反による捜査対象となり書類送検されたものの、詳細は不明であるが、結局、起訴猶予とされた旨が報じられている[34]。

5 その他の関連法規違反

事業用自動車の事故原因の一つが、使用者や運行管理者等の対応に求められる事案では、使用者等につき、監督過失、危険運転への共犯や道交法上の飲酒運転幇助罪による立件の可能性もある。さらには、違反運転行為の下命・容認罪等での立件がなされない場合であっても、なお、とりわけ過労運転等の事案では、使用者等に刑事責任の追及がなされる可能性がある。いくつかの例を概観する。

1 労働基準法

事業用自動車運転者の過労運転等について、使用者らの背後責任追及に援用されうる罪の一つが、労働基準法違反の罪である。

第2章1 3 で検討したように、過重勤務等の客観的事実のみでは、道交法66条にいう過労運転にただちにあたるとは実体法的にもいえず、また立証の困難性という問題も残る。しかしながら、その過重勤務の事実が、労働基準法上の労働時間の制限を超過するのであれば、労働基準法違反に基づく刑事責任を問う余地が生ずる。

先にみた「犀川スキーバス転落事故」(第3章1 4 3)では、長野地検による不起訴処分決定の同日に、津地検がバス運行主任とバス会社の当該バス所属営業所区長について、同営業所所属の9名の運転士に対し計11日間の違法(労使協定以上)な休日労働をさせた公訴事実により、労働基準法違反(違法な休日労働・労働基準法119条1号、36条違反)で四日市簡裁に略式起訴した旨が報じられている[35]。

「吹田スキーバス事故」(第3章1 4 2)に関する前掲大阪地判平成20年1

---

34) 平成5年11月6日付読売新聞。もっとも、本事故では、山砂運搬を依頼した荷主、砕石会社などに対する、共同不法行為を理由としたJR東日本からの損害賠償請求は認められてはいる(千葉地判平成10・10・26判時1678号115頁)。

35) 昭和61年6月30日付朝日新聞夕刊ほか。

月 25 日は、法定の除外事由がないのに、①当該運転手ほか 3 名に対し、当該事故前の 1 か月あまりの期間、117 回にわたり、1 日 8 時間の法定労働時間を超え、それぞれ、2 時間 35 分ないし 11 時間 15 分の時間外労働をさせた、②上記とほぼ同期間、19 回にわたり、当該運転手ほか 3 名に対し、1 週間 40 時間の法定労働時間を超え、それぞれ、12 時間ないし 56 時間 50 分の時間外労働をさせたという 2 つの労働基準法違反の事実で、使用者、運行管理者、さらにバス運行会社を有罪とした。また、「名神高速道路玉突き事故」(第 2 章 1 **3 2**、第 3 章 1 **4 2**) に関する前掲大阪地判平成 26 年 3 月 19 日も、法定の除外事由がないのに、6 月 13 日の本件事故前の 4 月 25 日から 6 月 9 日までの間、1 日について労働基準法 32 条 2 項所定の労働時間を 1 日につき 7 時間延長することができる旨の過半数代表者との協定による延長時間を含む 15 時間の労働時間を超えて、労働者 (運転者) に対し、27 回にわたり、合計 63 時間 40 分の時間外労働をさせたとして、使用者および運行管理者らを労働基準法違反で有罪としている。

　また、前述した「東名阪トレーラー玉突き事故」(第 3 章 1 **4 2**) に関しても、水戸地判平成 16 年 3 月 31 日 (平成 15 年 (わ) 第 894 号・LEX/DB:28095486) は、道路交通取締法上の過労運転容認罪に加えて、当該運転者を雇用していた運送会社の労務管理等担当の常務取締役および当該運送会社に対し、法定の除外事由がないのに、当該運転者ほか 2 名に対し、事故発生前月の 7 月 7 日から 27 日までの間に、休憩時間を除いて 1 日について 8 時間を超えて、約 30 分ないし約 11 時間 30 分の時間外労働を、休憩時間を除いて 1 週間について 40 時間を超えて、約 9 時間ないし約 38 時間 30 分の時間外労働をさせたとして、労働基準法違反による有罪を認定している。

　すでに検討したように (第 3 章 1 **4 2**)、道交法上の過労運転については、事業用自動車の運転手が、その業務で運転する事案においては、背景として過重勤務を余儀なくされていたという場合が多い。もっとも、どの程度の労働時間超過があれば刑事訴追の対象となるかは、他の犯罪と同様、検察官の訴追裁量 (刑訴法 248 条) によることになるが、以上にあげた下級審裁判例は、その違反の程度が著しく、起訴価値があると判断された事例であるということができる。

② 道路運送法・貨物自動車運送事業法

　一般旅客自動車運送事業者は、道路運送法 27 条により、輸送の安全等のために、その事業計画の遂行に必要な体制の整備とならんで、「事業用自動車の運転者の過労運転を防止するために必要な措置」を講ずることが要求される。その不遵守があり、輸送の安全が確保されていないと国土交通大臣が認めるときは、その是正のために必要な措置を講ずべきことを命ずることができるとされ（同条 3 項）、その命令に違反した者に対して、100 万円以下の罰金を科す旨の間接罰（同法 98 条 11 号）が定められている。

　一般貨物自動車運送事業者についても同様で、貨物自動車運送事業法 17 条が、「事業用自動車の運転者の過労運転を防止するために必要な措置」を含め、道路運送法とほぼ同様の措置を講ずる旨を求める。そして、その不遵守があり、輸送の安全が確保されていないと国土交通大臣が認めるときは、その是正のために必要な措置を講ずべきことを命ずることができるとされ（同法 23 条）、その命令に違反した者に対して、100 万円以下の罰金を科す旨の間接罰（同法 76 条 1 号）が定められている。

　これらの罰則の適用例は、あまりないようである。また、国土交通大臣は、道路運送法、貨物自動車運送事業法のそれぞれにつき、法律の施行に必要な限度において事業者等に報告を求め、その職員に、事務所等へ立ち入り、検査または質問等をさせる旨の調査権限が定められている（道路運送法 94 条 4 項・5 項〔なお、6 項も参照〕、貨物自動車運送事業法 60 条 4 項・5 項）。事業用自動車による事故が発生した場合には、これら調査権限に基づき、その背後関係を明らかにすることを目的とした調査がしばしば行われている。もっとも、これらの調査権限は、「犯罪捜査のために認められたものと解してはならない」とされている（道路運送法 94 条 8 項、貨物自動車運送事業法 60 条 7 項）。そのため、警察等による刑事責任追及のための捜査は、刑事訴訟法の手続に則って行われることになる。

6 　小　括

　交通死傷事犯が発生した場合の刑事責任が厳格化していることは、第 1 章

1および2でみたとおりである。もちろん、交通死傷事犯を発生させた行為者に対する適正な処罰は必要であるが、それ以上に重要なのは、事故の未然防止であることはいうまでもない。

道交法は、「道路における危険を防止し、その他交通の安全と円滑を図り、及び道路の交通に起因する障害の防止に資することを目的とする」(同法1条)ものであり、道路における危険防止や交通の安全等を図ることで、事故の未然防止を達成しようとするものである。行政法規にあたるものであるが、ときに相当重い罰則が定められているのは、その違反が人の生命・身体を侵害する具体的な危険性を帯びるものが相当程度存在するからであると解される。

また、事業用自動車による事故には、運転者に固有の危険運転等の故意行為や注意義務違反の過失行為に起因するものも、もちろんある。しかし、使用者等、運送事業を営む者や、その従業員として運行管理にあたる者から過重労働等を命じられ、過労運転や過積載運転等の道交法違反の危険な運転行為を余儀なくされたなかで事故を発生させてしまうことが往々にしてあることも、改めて述べるまでもない。不況の続く昨今、この問題は、より深刻さを増しているともいえる。危険な運転行為を行わせない人的な環境整備の重要性が改めて認識されるのである。道交法75条違反での検挙件数も一定数を数えており、警察としても、使用者等の背後責任追及に努めている旨が指摘されている[36]。また、運送事業等の事業用自動車に限られたものではないが、近年の判例・裁判例における危険運転致死傷罪等の幇助罪の積極的な適用解釈や、道交法上の飲酒運転幇助罪の制定も上記環境の整備の一環として理解できるものである。

自動車運転者や使用者等においては、これら関連法規の遵守の徹底が求められるところである。また、そのために、実効性のある罰則や行政処分のあり方についても不断の検証が必要となる[37]。

---

36)　警察庁『平成28年版警察白書』(2016年) 177頁など。

37)　なお、清水保晴=古川直裕「自動車の運転により人を死傷させる行為等の処罰に関する法律の概要と施行による企業リスクの対応」商事法務1031号 (2014年) 32頁以下参照。

398　第Ⅳ部　第3章　交通死傷事犯および乗客等の安全確保に関する事業者の刑事責任

2　バスジャック・バス対象テロ対策と事業者の責任

■1　バスジャック・バス対象テロ対策と事業者等の責任

1　バスジャック・バス対象テロ行為等と刑事法

　近年、犯罪が発生してからの事後的処罰ではなく、犯罪の未然防止を求める声が高まっていることは、改めて述べるまでもない[1]。前節でも論じたように、道交法、道路運送法、貨物自動車運送事業法の各種措置に、そういった被害の未然防止に資する措置が多く含まれていることもすでに検討したとおりである。

　他方、乗合バスなどの旅客自動車運送においては、「バスジャック」と称される類型の事件がこれまでもたびたび生じてきた。また、平成27年6月には「東海道新幹線放火事件」が発生したが、昭和55年8月に発生した「新宿西口バス放火事件」を引き合いに出すまでもなく、このような事象は乗合バス等でも当然生じうる。さらに、平成17年7月に発生したロンドン同時爆破テロ事件では、路線バスもその標的とされた。

　こういった事案において、その実行犯に事案に即した刑事責任が生ずることは論をまたない。比較的近年の例として以下のものがある。

　平成15年7月28日に関越自動車道を走行中のバスの乗客ら34名を人質としたバスジャック事件では、被告人は人質強要処罰法（人質による強要行為等の処罰に関する法律）違反、銃刀法違反の各違反により懲役4年を宣告された（長野地判平成16・2・18平成15年（わ）第231号・裁判所ウェブサイト）。

　平成23年3月に浜松市で発生したバス運転手と乗客1名を人質としたバスジャック事件では、被告人は、人質強要処罰法違反、銃刀法違反の各違反により懲役7年に処されている（静岡地裁浜松支判平成23・6・29平成23年（わ）第102号、平成23年（わ）第103号・LLI/DB：L06650338）。

---

1)　その象徴的な立法が、平成12年から相次いで制定された、ストーカー規制法、DV防止法、児童虐待防止法である。

平成 23 年 11 月に千葉市内で発生した乗員 1 名、乗客 1 名の計 2 名を人質にとったバスジャック事件に関して、東京高判平成 24 年 9 月 26 日（平成 24 年（う）第 1340 号・LEX/DB：25500098）は、人質強要処罰法違反、銃刀法違反を認めつつ、被告人の心神耗弱を認定して懲役 5 年にした第一審判決（千葉地判平成 24・6・18 平成 24 年（わ）第 398 号・LEX/DB：25482667）を是認している。

また、平成 26 年 5 月に九州自動車道都城インターチェンジ付近で発生した宮崎バスジャック事件では、人質強要処罰法違反により、被告人に懲役 5 年 6 月を宣告している（宮崎地判平成 27・2・20 平成 26 年（わ）第 116 号・LEX/DB：25506115）。

なお、平成 12 年 5 月に発生した少年による佐賀・西鉄高速バスジャック事件では、乗客 1 名を刺殺、2 名に重傷を負わせるなどしており、広島地検は、強盗殺人、強盗殺人未遂、強盗致傷、人質強要処罰法違反および銃刀法違反で「刑事処分相当」の意見を付して、少年を家裁送致した。これに対し、佐賀家裁は、平成 12 年 6 月 9 日に審判の開始を決定し、同年 9 月 29 日付で少年を 5 年以上の医療少年院送致とする保護処分の決定を下した。

また、「新宿西口バス放火事件」に関しては、東京高判昭和 61 年 8 月 26 日（判時 1206 号 14 頁）が、他人所有建造物等以外放火罪、殺人罪、殺人未遂罪で有罪とし、被告人の心神耗弱を認めて無期懲役刑に処した第一審判決（東京地判昭和 59・4・24 刑月 16 巻 3=4 号 313 頁）を是認している。

② 事業者の法的責任

それでは、一般旅客運送事業者等において、このようなバスジャックやバス対象テロ行為等が発生した場合について、法的観点からいかなる対応が求められるであろうか。

予告電話やメールなどで、バスジャック等の前兆をバス会社やバス運転手等が察知したが、それを重視することなく放置し、結果的にそれを許す事態に至ってしまった場合、何ら措置を講じないという「不作為」によって、当該犯行の遂行を容易にしたという評価も、形式的には成立しないわけではない。しかしながら、このような不作為に関して「不作為の幇助」が成立することは、現実には考えられない。それは、①そういった者に不作為の幇助を

基礎づける作為義務および②幇助犯としての故意の両面から、不作為の幇助を認めえないのが通例だからである。

文脈を異にするが、①に関して参考になるのが、東京高判平成11年1月29日（判時1683号153頁）である。

本判決は、パチンコ店の売上金集金人に対する強盗致傷事件において、同店の系列店舗であるゲームセンターの従業員で主任（店長）のXが、集金車の情報を犯人らに知らせるなどして当該強盗致傷の共同正犯と認定された従業員Yから当該強盗の計画を打ち明けられたものの、警察等に通報する等しなかったとして、Xに当該強盗致傷の不作為の幇助の成立を認めた第一審判決を破棄し、事実関係に照らし、Xの主任（店長）としての立場、従業員としての一般的地位のいずれからも、Xに作為義務を認めることはできないとして無罪としている。

また、②に関しても、「中立的行為と幇助犯の成否」という論点に関わるもので、文脈をかなり異にするものであるが、Winny事件に関する最決平成23年12月19日（刑集65巻9号1380頁）が参考になる。

これは、適法用途にも著作権侵害用途にも利用できるファイル共有ソフトWinnyをインターネットを通じて不特定多数の者に公開、提供し、著作物の公衆送信権侵害を容易にした事案について、被告人において、①現に行われようとしている具体的な著作権侵害を認識、認容しながらWinnyの公開、提供を行っておらず、②その公開、提供にあたり、常時利用者に対しWinnyを著作権侵害のために利用しないよう警告していたなどの事実関係の下では、例外的とはいえない範囲の者がそれを著作権侵害に利用する蓋然性が高いことを認識、認容していたとまで認めることは困難で、著作権法違反の幇助犯の故意に欠けるとして、幇助犯の成立を否定したものである。

すなわち、バスジャック・バス対象テロ行為等の前兆を察知したからといって、バス事業者・バス運転者等に、①ただちにそれに対応すべき、不作為の幇助犯を基礎付けるだけの刑法上の作為義務が生ずるとはいえず、②そのことを認識したうえで、認容することも考えられないから、幇助犯の故意も当然認められないわけである。

③ 事業者等に期待される対応

　もちろん、以上の議論は「思考訓練」であり、かなり荒唐無稽な部類に属する、為にする議論であることは間違いない。

　ただ、現実には、交通機関等への爆破予告等がなされれば、警察等への通報などを含め、相応の警備体制が敷かれる等の対応がなされるのは当然である。その反面、爆破予告等の愉快犯には、偽計業務妨害罪等が成立する可能性も存する（東京高判平成21・3・12判タ1304号302頁など参照）。

　そして、その程度を超えて、航空機搭乗の際に行われているような厳重な手荷物検査等までをする責務を、バス事業者等に負わせるべきではないか、という議論も生じうる。しかし、結論から述べれば、現在のわが国において、そこまでの責務を負わせることに合理性が認められるとはいえない。鉄道事業者についていえば、前述した「東海道新幹線放火事件」を受けて、新幹線乗客に対する荷物検査導入の是非も論じられたが、「荷物検査は現実的でない」とする結論にほぼ収束し[2]、代わりに、防犯カメラの設置等の対応がなされている。バス事業者においても事情は同様である。また「新宿西口バス放火事件」のように、一般歩道に面しているバス停で乗降客待ちをしているような状況では、バスジャック等の完全な未然防止は物理的にも不可能である。

　完全な未然防止が現実に不可能である以上、予告等がなされた場合などには、できうる限りの未然防止策を講ずべきことは当然であるが、むしろ、そのような事態が生じてしまった場合に、適切な危機管理的対応をとりうるか否かが、より重要となる。前述の「佐賀・西鉄高速バスジャック事件」を契機として、平成12年7月17日付で日本バス協会において「バスジャック統一対応マニュアル」が作成され、平成20年7月に発生した東名高速バスジャック事件を踏まえ、同年12月2日に改定されている[3]。事業者等にお

---

2)　平成27年7月7日付日経新聞など。なお、山田泰司「新幹線放火事件で荷物検査を中国に学ぶ―知れば知るほど難しい日本への導入」日経ビジネスオンライン2015年7月9日付記事（http://business.nikkeibp.co.jp/atcl/report/15/258513/070800007/?rt=nocnt）参照。

3)　公益社団法人日本バス協会『2014年版（平成26年）日本のバス事業』（2014年）61頁以下。

402　第Ⅳ部　第3章　交通死傷事犯および乗客等の安全確保に関する事業者の刑事責任

いて、同マニュアルを踏まえた日頃からの訓練の徹底が望まれる。

■事項索引

【あ行】

青砥事件 …………………… 28
明石砂浜陥没事故 ………… 376
安全運転管理者 …………… 387
安全統括管理者 …………… 388
池袋西口危険ドラッグ暴走事故 348
一元論 ……………………… 10
茨城石炭商事事件判決 …… 264
違法薬物 …………………… 198
飲酒運転同乗罪 …………… 383
Winny 事件 ……………… 400
運行 …………………… 14・155
　　──管理者 ……………… 387
　　──起因性 ……………… 17
　　──支配 …………… 7・154
　　──利益 …………… 7・154
運行供用者 ………………… 6
　　──責任 …………… 6・189
　　──の他人性 …………… 27
運行に際して説 …………… 16
運行について、制御なしうべき地位
　………………………………… 9
運行によって ……… 14・16・158
運転者の意識喪失 ………… 216
運転代行 …………………… 227
運転補助者 ………………… 120
　　──の他人性 …………… 28
営造物責任 ………………… 44

【か行】

外形標準説 ………… 34・171
解雇権の濫用 ……………… 294
解雇権濫用法理 …………… 306
介護タクシー ……………… 182
過失運転致死傷アルコール等影響発覚

免脱罪 ……………………… 340
過失運転致死傷罪 ………… 341
過積載運転 ………………… 366
鹿沼クレーン車暴走事故 …… 195・
　336・340
亀岡暴走事故 ……… 336・370・381
過労運転 …………………… 368
関越自動車道ツアーバス事故 …… 392
観光バス …………………… 207
監督過失 …………………… 373
還付の制度 ………………… 246
祇園軽ワゴン車暴走事故　375・376
企業秩序 …………………… 282
危険運転致死傷罪 ………… 331
危険性関連説 ……………… 11
危険責任の原理 …………… 264
危険説 ……………………… 156
危険ドラッグ ……………… 348
逆求償 ……………………… 39
旧過失論 …………………… 353
休車損 ……………………… 256
求償 …………………… 37・263
求償権の制限 ……………… 39
教唆犯 ……………………… 382
共同運行供用者間における他人性 128
業務 ………………………… 326
業務概念 …………………… 324
業務上過失致死傷罪 ……… 324
供用支配説 ………………… 12
近鉄生駒トンネル火災事故 … 376
くも膜下出血 ……………… 193
警告（注意・戒告・譴責）……… 319
京阪バス事件 ……………… 313
契約権説 …………………… 286
減給 ………………………… 316

健康管理マニュアル················ 192
検査・登録費用 ················ 247
現実支配····················· 9
原動機説··················15・156
行為・無償同乗者の他人性 ······ 24
降格・降職 ··················· 315
工作物責任···················· 44
交替用の運転者··············· 118
高知放送事件················· 307
高知落石事故判決 ············· 85
国際興業大阪事件············· 316
国鉄札幌運転区事件········ 282・286
殊更に無視·················· 351
固有権説··················· 286
固有装置説···············15・156
混合型····················· 28

【さ行】

犀川スキーバス転落事故　391・394
佐賀・西鉄高速バスジャック事件　399
酒酔い運転行為················ 329
酒類提供罪··················· 383
笹谷タクシー事件·············· 296
山陽自動車道八本松トンネル火災事故
　···················· 391
JR 東海（新幹線運転士・酒気帯び）事
　件 ··················· 317
JR 成田線大菅踏切事故 ··· 366・393
事業··················34・170
　──の執行 ··········34・132
自己責任··················· 33
事故防止決定可能性説············ 12
事実上の支配················· 9
事実的因果関係説·············· 16
下請・孫請 ················· 135
自動運転··················· 359
自動車機能使用説·············· 156
自動車運転過失致死傷罪·········· 332

自動車運転死傷行為処罰法········ 337
自動車機能使用説············· 15
自動車重量税················ 245
自動車取得税················ 244
自動車税··················· 246
自賠責保険················· 246
支配の可能性················· 9
自賠法2条1項 ············ 15
　──2条2項 ············ 14
　──3条ただし書 ········ 47
車庫から車庫説··············· 15
車庫出入説················· 156
車庫証明費用················ 247
車両等提供罪················ 383
就業規則··················· 285
秋北バス事件················ 287
修理費··················· 239
酒気帯び運転················ 198
出勤停止··················· 318
ジュネーブ道路交通条約········· 360
準危険運転致死傷罪············ 338
使用··················· 34
　──関係··············· 132
使用者責任················· 33
使用者の責任················ 131
新・新過失論················ 354
新過失論··················· 354
新宿西口バス放火事件······ 398・401
人的物的管理責任説············ 11
信頼の原則················· 355
吹田スキーバス事故········ 388・394
制御可能性説················ 12
精神病性心神喪失·············· 196
整備不良··················· 363
走行装置説···············15・156
相互タクシー事件············· 294
相当因果関係説··············· 16

事項索引　405

【た行】

代位責任……………………………… 33
第一次交通戦争…………………… 326
代行運転事件……………………… 28
代車料……………………………… 253
タクシー…………………………… 153
　──業務適正化特別措置法…… 153
達田タクシー事件………………… 310
脱法ハーブ………………………… 347
他人………………………………… 23
他人性……………………… 23・117
中間項理論………………………… 375
懲戒解雇…………………… 279・292
　──の相当性……………… 292・301
　──の有効性…………………… 292
懲戒権……………………………… 286
　──の濫用……………………… 294
懲戒処分…………………………… 279
　──の指針……………………… 283
　──分の相当性………………… 289
　──の対象となる事由………… 282
　──の有効性…………………… 288
懲戒の種類………………………… 281
直接の雇用関係…………………… 133
直接の支配………………………… 9
通常有すべき安全性……… 44・80
妻の他人性………………………… 26
積荷損害…………………………… 259
手続代行費用……………………… 248
てんかん…………………………… 195
ドイツ道路交通法 7 条 ……… 6・7
当該装置…………………………… 156
東海道新幹線放火事件…… 398・401
同乗型……………………………… 28
東名高速道路事故………………… 330
東名阪トレーラー玉突き事故
　……………………………… 390・395
道路運送車両法 2 条 2 項 ……… 15
道路運送車両法 2 条 5 項 ……… 14
泥棒運転…………………… 10・155

【な行】

内規………………………………… 278
名古屋大学ひき逃げ死亡事故…… 335
二元論……………………………… 8
西鉄バスジャック事件…………… 224
日本鋼管事件……………………… 291
ネスレ日本事件…………………… 290
乗合バス…………………………… 189

【は行】

ハイヤー…………………………… 153
バスジャック……………… 224・398
バスジャック統一対応マニュアル 401
非固有権説………………………… 286
飛騨川バス転落事故……………… 213
　──訴訟第一審………………… 83
非同乗型…………………………… 28
評価損……………………………… 249
100 パーセントの過失相殺……… 203
被用者……………………………… 34
不安感説…………………………… 354
不可抗力…………………………… 194
福岡飲酒運転 3 児死亡事故 344・383
福祉タクシー……………………… 181
福知山線脱線事故………………… 357
フジ興産事件……………………… 287
富士重工業事件…………………… 282
普通解雇…………………… 291・305
物的危険説………………………… 156
報償責任の原理…………………… 264
法的地位説………………………… 9
北陸道バス事故…………………… 192
ホテルニュージャパン火災事件 375
保有者管理地位説………………… 12

【ま行】

マイクロバス……………………… 219
宮崎バスジャック事件…………… 399
民法 713 条 ………………………… 53
名神高速道路玉突き事故
　………………… 369・389・395
免責の三要件…………………… 31

【や行】

山口観光事件…………………… 290
ヤマト運輸事件…… 297・280・301
諭旨解雇………………… 281・313
──退職…………………… 281
傭車費用………………………… 255
横浜ゴム事件…………………… 291
代々木風俗店事件……………… 27

【ら行】

リース…………………………… 155
リサイクル料金………………… 247
労働契約の存続を前提とする懲戒処分
　……………………………… 314
ローン…………………………… 155

■判例索引

〔大審院〕

大判大正 4・4・29 民録 21 輯 606 頁 ……………………………… 35

大判大正 6・2・22 民録 23 輯 212 頁 ………………………34・132

大判大正 7・11・20 刑録 24 輯 1412 頁 ……………………………… 324

大判大正 8・11・5 民録 25 輯 1969 頁 ……………………………… 34

大判大正 8・11・13 刑録 25 輯 1082 頁 …………………………… 325

大判大正 12・8・1 刑集 2 巻 673 頁 ……………………………… 325

大連判大正 15・5・22 民集 5 巻 386 頁 …………………………… 241

大連判大正 15・10・13 民集 5 巻 785 頁 ………………………34・235

大判昭和 8・4・18 民集 12 巻 807 頁 ……………………………… 133

大判昭和 10・11・6 刑集 14 巻 1114 頁 …………………………… 325

大判昭和 13・12・6 刑集 17 巻 901 頁 …………………………… 325

大判昭和 14・5・23 刑集 18 巻 283 頁 …………………………… 325

大判昭和 15・5・10 判決全集 7 巻 20 号 15 頁 ………………34・235

〔最高裁判所〕

最判昭和 24・10・1 民集 3 巻 10 号 1629 頁 ……………………… 380

最判昭和 32・1・31 民集 11 巻 1 号 170 頁 ……………………… 241

最判昭和 32・4・30 民集 11 巻 4 号 646 頁 ………………………35・133

最決昭和 33・4・10 刑集 12 巻 5 号 877 頁 ……………………… 328

最判昭和 33・4・18 刑集 12 巻 6 号 1090 頁 …………………… 326

最大判昭和 33・5・28 刑集 12 巻 8 号 1718 頁 ………………… 382

最判昭和 34・4・23 民集 13 巻 4 号 532 頁 ……………………… 132・236

最判昭和 34・11・26 民集 13 巻 12 号 1573 頁 ………………… 187

最判昭和 37・11・8 民集 16 巻 11 号 2255 頁 ………………… 171

最判昭和 37・12・14 民集 16 巻 12 号 2407 頁 ………… 23・26・117・132

最判昭和 39・2・4 民集 18 巻 2 号 252 頁 ……………… 132・171・235

最判昭和 39・2・11 民集 18 巻 2 号 315 頁 ………………… 7・8・94

最大判昭和 39・6・24 民集 18 巻 5 号 854 頁 …………………… 187

最判昭和 39・12・4 民集 18 巻 10 号 2043 頁 ………………… 8・9

最判昭和 41・7・21 民集 20 巻 6 号 1235 頁 …………………… 132

最判昭和 41・12・20 刑集 20 巻 10 号 1212 頁 ………………… 355

最判昭和 42・5・30 民集 21 巻 4 号 961 頁 ……………………… 35

最判昭和 42・6・27 民集 21 巻 6 号 1507 頁 …………………… 187

最判昭和 42・9・29 判時 497 号 41 頁 ………… 23・24・26・27・117

最判昭和 42・10・13 刑集 21 巻 8 号 1097 頁 ……………………… 355・356
最判昭和 42・11・9 民集 21 巻 9 号 2336 頁 ……………………………… 132
最判昭和 43・9・24 判時 539 号 40 頁 ………………………………… 8・228
最判昭和 43・10・8 民集 22 巻 10 号 2125 頁・判タ 228 号 114 頁 … 15・16・
　102・157・159
最判昭和 43・10・18 判時 540 号 36 頁 ……………………………… 8・94・229
最判昭和 43・12・25 民集 22 巻 13 号 3459 頁…………………………… 287
最判昭和 44・1・31 判時 553 号 45 頁 ………………………………………… 8
最判昭和 44・3・28 民集 23 巻 3 号 680 頁・交通民集 2 巻 2 号 291 頁・判タ 234
　号 127 頁・集民 94 号 711 頁 ………………………………………… 120
最判昭和 44・9・12 民集 23 巻 9 号 1654 頁 ……………………… 8・94・229
最判昭和 44・9・18 民集 23 巻 9 号 1699 頁 ……………………………… 154
最判昭和 44・11・18 民集 23 巻 11 号 2079 頁 …………………… 133・172
最判昭和 45・1・22 民集 24 巻 1 号 40 頁 ……………………………… 32・48
最判昭和 45・2・12 集民 98 号 201 頁 …………………………………… 132
最判昭和 45・2・27 交通民集 3 巻 1 号 43 頁・判時 586 号 57 頁・集民 98 号 295
　頁 …………………………………………………………………………… 91
最判昭和 45・7・16 判時 600 号 89 頁 ……………………………………… 9
最判昭和 45・7・28 判時 603 巻 95 頁 …………………………………… 291
最判昭和 45・8・20 民集 24 巻 9 号 1268 頁 …………………… 44・80・85
最判昭和 46・1・26 民集 25 巻 1 号 126 頁 ……………………………… 155
最判昭和 46・6・22 民集 25 巻 4 号 566 頁・交通民集 4 巻 3 号 721 頁・判タ 265
　号 135 頁・集民 103 号 199 頁 ……………………………… 133・172
最判昭和 46・7・1 民集 25 巻 5 号 727 頁 …………………………………… 9
最判昭和 46・11・9 民集 25 巻 8 号 1160 頁 …………………… 9・94・220
最判昭和 46・12・7 交通民集 4 巻 6 号 1645 頁・判時 657 号 46 頁・集民 104 号
　583 頁・ ……………………………………………………………… 135・136
最判昭和 47・5・30 民集 26 巻 4 号 939 頁 ……………………… 16・26・231
最判昭和 47・10・5 民集 26 巻 8 号 1367 頁 ……………………………… 9
最判昭和 48・2・16 民集 27 巻 1 号 132 頁 ……………………………… 133
最判昭和 48・12・20 民集 27 巻 11 号 1161 頁 ……………… 9・10・94・155
最判昭和 49・3・15 労判 198 号 23 頁 …………………………………… 291
最判昭和 49・4・15 民集 28 巻 3 号 385 頁 ……………………………… 241
最大判昭和 49・5・29 刑集 28 巻 4 号 114 頁 …………………… 327・328
最判昭和 49・7・16 民集 28 巻 5 号 732 頁・判時 438 号 41 頁 …………… 10
最判昭和 49・11・12 交通民集 7 巻 6 号 1541 頁 ………………………… 94
最判昭和 50・5・29 判時 783 号 107 頁 ……………………………… 9・219
最判昭和 50・9・11 交通民集 8 巻 5 号 1207 頁・判時 797 号 100 頁・集民 116

号 27 頁・ ……………………………………………………………… 91

最判昭和 50・11・4 民集 29 巻 10 号 1501 頁 ……………………… 27・28・118

最判昭和 50・11・28 民集 29 巻 10 号 1818 頁……………………… 10・212

最判昭和 51・7・8 民集 30 巻 7 号 689 頁 …… 39・42・264・265・266・277

最判昭和 52・1・31 労判 268 号 17 頁 …………………………………… 307

最判昭和 52・5・2 集民 120 号 567 頁 …………………………………… 118

最判昭和 52・9・22 交通民集 10 巻 5 号 1246 頁 … 94・118・132・171・235

最判昭和 52・11・24 民集 31 巻 6 号 918 頁・判タ 357 号 231 頁 …… 15・16
　　・95・98・157・159・183・222

最判昭和 52・12・13 民集 31 巻 7 号 1037 頁 …………………………… 282

最判昭和 53・7・4 民集 32 巻 5 号 809 頁 ……………………………… 44

最判昭和 53・8・29 交通民集 11 巻 4 号 941 頁 ……………………… 94

最判昭和 53・11・30 民集 125 号 739 頁 ……………………………… 296

最判昭和 54・7・24 交通民集 12 巻 4 号 907 頁 …………………… 17・159

最判昭和 54・10・30 民集 33 巻 6 号 647 頁……………………… 282・286

最判昭和 55・6・10 交通民集 13 巻 3 号 557 頁 ……………………… 28

最判昭和 56・11・13 交通民集 14 巻 6 号 1255 頁・判タ 457 号 82 頁・判時 1026
　　号 87 頁・集民 134 号 209 頁 ……………………………………… 18・109

最判昭和 56・11・27 民集 35 巻 8 号 1271 頁 ………………… 132・170

最判昭和 57・1・19 民集 36 巻 1 号 1 頁 ……………………………… 19

最判昭和 57・4・2 判時 1042 号 93 頁 ………………………………… 10

最判昭和 57・4・27 判時 1046 号 38 頁 ………………… 23・118・121

最判昭和 57・11・26 民集 36 巻 11 号 2318 頁……………… 28・118・131

最判昭和 58・3・31 判時 1088 号 72 頁 ………………… 172・173・174

最判昭和 61・9・11 労判 488 号 11 頁 ………………………… 294・296

最判昭和 63・6・16 民集 42 巻 5 号 414 頁・裁時 985 号 1 頁・判タ 681 号 111 頁
　　・判時 1291 号 65 頁……………………… 19・20・105・106・159

最判平成 4・4・24 交通民集 25 巻 2 号 162 頁 ………………………28・131

最判平成 4・10・6 集民 166 号 21 頁 …………………………………… 132

最決平成 4・12・17 刑集 46 巻 9 号 683 頁 …………………………… 164

最決平成 5・11・25 刑集 47 巻 9 号 242 頁 …………………………… 375

最判平成 7・9・28 交通民集 28 巻 5 号 1255 頁 ……………… 29・101・125

最判平成 8・9・26 民集 180 号 473 頁 ………………………………… 290

最判平成 8・12・19 交通民集 29 巻 6 号 1615 頁 …………………… 221

最判平成 9・10・31 民集 51 巻 9 号 3962 頁 …………………… 28・118・229

最判平成 9・11・27 判時 1626 号 65 頁 ……………………………… 11

最判平成 11・7・16 判時 1687 号 81 頁 ………………………………29・126

最決平成 12・12・20 刑集 54 巻 9 号 1095 頁 ………………………376

最決平成 15・7・16 刑集 57 巻 7 号 950 頁 ･･････････････････････････ 164
最判平成 15・10・10 労判 861 号 5 頁 ･･････････････････････････ 287
最決平成 16・7・13 刑集 58 巻 5 号 360 頁 ･･････････････････････ 356
最決平成 16・10・19 刑集 58 巻 7 号 645 頁 ･･････････････････････ 164
最判平成 16・11・12 民集 58 巻 8 号 2078 頁 ･･････････････････････ 132
最決平成 18・3・14 刑集 60 巻 3 号 363 頁 ･･････････････････････ 353
最決平成 18・3・27 刑集 60 巻 3 号 382 頁 ･･････････････････････ 164
最判平成 18・10・6 民集 211 号 429 頁 ･･････････････････････････ 290
最判平成 19・5・29 判時 1989 号 131 頁 ････････････ 160・163・164
最判平成 20・9・12 集民 228 号 639 頁 ･･････････････････････････ 131
最決平成 20・10・16 刑集 62 巻 9 号 2797 頁 ･･････････････････････ 352
最決平成 21・12・7 刑集 63 巻 11 号 2641 頁 ･･････････････････････ 376
最判平成 22・3・30 判時 2079 号 40 頁 ･･････････････････････････ 34
最決平成 23・10・31 刑集 65 巻 7 号 1138 頁 ･･････････････････ 292・344
最決平成 23・12・19 刑集 65 巻 9 号 1380 頁 ･･････････････････････ 400
最決平成 24・2・8 刑集 66 巻 4 号 200 頁 ･･････････････････････ 377
最決平成 25・4・15 刑集 64 巻 4 号 437 頁 ･･････････････････ 379・383
最決平成 26・6・16 平成 26 年（あ）第 439 号・LEX/DB：25504305 ･････ 366

〔高等裁判所〕

東京高判昭和 28・12・23 東高刑時報 4 巻 6 号 196 頁 ･･･････････････ 370
東京高判昭和 35・12・12 高刑集 13 巻 9 号 648 頁 ･･････････････････ 326
広島高判昭和 36・8・25 高刑集 14 巻 5 号 333 頁 ･･･････････････････ 326
東京高判昭和 43・9・5 判タ 228 号 171 頁 ･･･････････････････････ 49
東京高判昭和 44・12・9 刑事裁判資料 198 号 618 頁 ･･･････････････ 364
東京高判昭和 46・1・29 交通民集 4 巻 1 号 35 頁 ･･･････････････････ 27
札幌高判昭和 47・2・18 判タ 278 号 165 頁 ･･･････････････ 80・85・216
広島高判昭和 47・4・7 判タ 283 号 288 頁 ･･･････････････････････ 207
大阪高判昭和 47・5・17 交通民集 5 巻 3 号 642 頁 ･･････････････････ 104
福岡高判昭和 47・8・17 高民集 25 巻 4 号 287 頁 ･･･････････････････ 263
東京高判昭和 49・2・7 交通民集 7 巻 1 号 37 頁 ･･･････････････････ 17
東京高判昭和 49・5・23 東高刑時報 25 巻 5 号 39 頁 ･･･････････････ 386
東京高判昭和 49・6・26 交通民集 7 巻 3 号 651 頁 ･･････････････････ 273
名古屋高判昭和 49・11・20 判時 761 号 18 頁 ･･････････････ 84・214・224
東京高判昭和 51・6・28 判時 828 号 41 頁 ･･････････････････････ 113
名古屋高金沢支判昭和 52・9・9 交通民集 10 巻 5 号 1274 頁・判タ 369 号
　358 頁･･ 113
仙台高判昭和 54・9・7 交通民集 12 巻 5 号 1184 頁 ･･･････････････29・107

大阪高判昭和 55・12・23 交通民集 14 巻 6 号 1261 頁 ························· 109
大阪高判昭和 56・2・18 判タ 446 号 136 頁 ····························· 216
名古屋高判昭和 56・7・16 判時 1010 号 61 頁 ···························· 94
東京高判昭和 56・9・10 高検速報昭和 56・241 頁 ························ 368
東京高判昭和 57・5・20 判タ 476 号 175 頁 ····························· 202
東京高判昭和 59・6・20 労判 488 号 15 頁 ····························· 294
名古屋高判昭和 61・4・16 判タ 597 号 91 頁・判時 1206 号 40 頁 ·········· 122
東京高判昭和 61・8・26 判時 1206 号 14 頁 ···························· 399
東京高判昭和 62・3・30 交通民集 20 巻 2 号 313 頁・判タ 644 号 200 頁 ··· 111
大阪高判昭和 62・7・9 判タ 654 号 163 頁 ····························· 150
東京高判平成 4・8・27 東高民時報 43 巻 1 ～ 12 号 63 頁 ················ 124
札幌高判平成 4・11・26 交通民集 29 巻 6 号 1621 頁 ····················· 221
広島高判平成 6・12・15 交通民集 27 巻 6 号 1569 頁 ················ 101・125
高松高判平成 5・7・20 交通民集 26 巻 4 号 855 頁 ····················· 131
高松高判平成 9・4・22 判タ 949 号 181 頁 ····························· 256
東京高判平成 11・1・29 判時 1683 号 153 頁 ··························· 400
東京高判平成 12・12・27 判時 1744 号 84 頁 ······················· 59・72
東京高判平成 13・1・12 判時 1738 号 37 頁 ···························· 330
仙台高判平成 14・1・24 判時 1778 号 86 頁 ·······················20・163
名古屋高判平成 14・12・25 交通民集 35 巻 6 号 1506 頁 ············ 118・218
大阪高判平成 16・9・16 交通民集 37 巻 5 号 1171 頁 ···················· 126
福岡高判平成 18・11・9 労判 956 号 69 頁 ····························· 293
仙台高判平成 20・4・10 判例集未登載 ································ 319
東京高判平成 20・11・20 自保ジャ 1764 号 2 頁 ························ 117
仙台高判平成 21・2・24 高検速報平成 21 年 309 頁 ····················· 381
東京高判平成 21・3・12 判タ 1304 号 302 頁 ··························· 401
名古屋高判平成 21・3・19 交通民集 41 巻 5 号 1097 頁 ················· 131
東京高判平成 21・11・27 高検速報平成 21 年 143 頁 ···················· 381
東京高判平成 22・9・28 判タ 1352 号 252 頁 ··························· 349
東京高判平成 22・12・10 判タ 1375 号 246 頁 ·························· 349
大阪高判平成 23・7・20 判タ 1384 号 232 頁 ···········162・163・165・184
東京高判平成 23・7・25 判時 2135 号 43 頁 ···························· 385
東京高判平成 23・12・21 自保ジャ 1868 号 166 頁 ······················ 249
名古屋高判平成 24・9・11 自保ジャ 1938 号 131 頁 ········59・66・134・260
東京高判平成 24・9・26 平成 24 年（う）第 1340 号・LEX/DB：25500098
·· 399
大阪高判平成 25・4・17 平成 25 年（う）第 60 号・LLI/DB：L06820254
·· 347

東京高判平成 25・5・22 交通民集 46 巻 6 号 1701 頁 ……………… 22・79・88

大阪高判平成 25・6・13 平成 24 年（う）第 1668 号・LLI/DB：L06820307

……………………………………………………………………………… 381

東京高判平成 25・7・18 判時 2196 号 129 頁 …………………………… 300

東京高判平成 25・8・7 判時 2246 号 106 頁 …………………………… 317

名古屋高判平成 25・9・5 労判 1082 号 15 頁 ………………………… 293

大阪高判平成 25・9・30 平成 25 年（う）第 486 号・LEX/DB：25502069

……………………………………………………………………… 337・370

名古屋高判平成 26・2・20 平成 25 年（う）第 346 号・LEX/DB：25503139

………………………………………………………………………………… 367

広島高判平成 26・5・27 平成 25 年（う）第 184 号・LEX/DB：25504230

…………………………………………………………………………… 350・351

大阪高判平成 27・3・27 判時 2292 号 112 頁 ………………………… 357

広島高裁松江支判平成 27・7・10 平成 25 年（う）第 41 号・LEX/DB：

25540890 …………………………………………………………………… 350

〔地方裁判所〕

神戸地判昭和 34・4・18 判時 188 号 30 頁 …………………………… 15・157

名古屋地判昭和 38・8・20 訟務月報 10 巻 1 号 96 頁 … 50・52・54・59・64・

195

東京地判昭和 40・12・20 判時 438 号 41 頁 ………………………………… 9

大阪地判昭和 43・5・10 判時 534 号 66 頁 …………………………… 118

札幌地判昭和 43・6・12 判時 531 号 60 頁 ……………………………… 29

神戸地判昭和 43・9・18 判時 567 号 68 頁 …………………………… 204

徳島地判昭和 44・7・29 交通民集 2 巻 4 号 1030 頁 ………………… 95

函館地判昭和 45・3・27 …………………………………………………… 85

広島地判昭和 45・5・8 交通民集 3 巻 3 号 675 頁 …………………… 17・159

松山地今治支判昭和 46・1・29 交通民集 4 巻 1 号 171 頁 ………… 112

福岡地小倉支判昭和 46・3・24 判タ 270 号 345 頁 ………………… 112

大阪地判昭和 46・5・12 交通民集 4 巻 3 号 808 頁・判タ 266 号 253 頁 …… 103

東京地判昭和 46・9・7 交通民集 18 巻 2 号 373 頁 ………………… 270・276

東京地判昭和 46・9・30 判タ 271 号 348 頁 …………………………… 17

名古屋地判昭和 46・12・20 交通民集 4 巻 6 号 1784 頁・判タ 275 号 335 頁・判

時 661 号 70 頁 ……………………………………………………… 94・96

大阪地判昭和 47・3・30 交通民集 5 巻 2 号 495 頁・判タ 277 号 260 頁 …… 128

東京地判昭和 47・4・12 判タ 282 号 365 頁 ………………………… 220

函館地判昭和 47・6・28 交通民集 5 巻 3 号 871 頁・判タ 280 号 276 頁 … 97

新潟地六日市支判昭和 48・2・22 判時 706 号 59 頁 ………………… 220

名古屋地判昭和 48・3・30 判時 700 号 3 頁 ……………………………83・213

京都地判昭和 48・4・10 判タ 306 号 243 頁 …………………………… 98

大阪地堺支判昭和 48・7・30 交通民集 6 巻 4 号 1246 頁 …………… 29

神戸地判昭和 49・5・8 交通民集 7 巻 3 号 660 頁 …………………137

大阪地判昭和 49・6・26 判タ 319 号 236 頁・判時 777 号 72 頁 …………139

福島地いわき支判昭和 49・7・22 交通民集 7 巻 4 号 1087 頁 ……………271

大阪地判昭和 50・1・30 判タ 323 号 241 頁 …………………………140

千葉地松戸支判昭和 50・7・2 交通民集 8 巻 4 号 996 号 …………………112

金沢地判昭和 50・11・20 交通民集 8 巻 6 号 1667 頁 ………………… 29

東京地八王子支判昭和 50・12・15 交通民集 8 巻 6 号 1761 頁 ……………141

長崎地大村支判昭和 52・3・10 交通民集 10 巻 2 号 369 頁 …………… 29

大阪地判昭和 52・3・25 判タ 363 号 318 頁 …………………80・81・85

東京地判昭和 52・9・27 交通民集 10 巻 5 号 1372 頁 …………………… 94

福井地判昭和 53・10・16 交通民集 11 巻 5 号 1435 頁 ……………… 29

東京地判昭和 54・2・15 交通民集 12 巻 1 号 220 頁 …………………119

大津地判昭和 54・10・1 判時 943 号 28 頁等 ……………………………216

福岡地小倉支判昭和 54・11・26 判タ 415 号 183 頁・判時 962 号 106 頁 …108

山口地判昭和 55・3・27 交通民集 13 巻 2 号 407 号 …………………204

大阪地判昭和 55・3・31 交通民集 13 巻 2 号 447 頁 ………………… 29

仙台地判昭和 55・4・21 交通民集 13 巻 2 号 502 号 …………………220

静岡地判昭和 55・5・21 判タ 419 号 122 頁 …………………………209

横浜地小田原支判昭和 55・12・16 交通民集 15 巻 3 号 592 頁 ……………202

大阪地判昭和 56・1・30 交通民集 14 巻 1 号 184 頁 …………………205

大阪地判昭和 57・4・27 交通民集 15 巻 2 号 564 頁 …………………272

大阪地判昭和 57・9・29 交通民集 15 巻 5 号 1274 頁・判タ 483 号 138 頁 … 99

甲府地判昭和 58・3・28 労判 488 号 20 頁 ……………………………294

金沢地判昭和 58・8・18 交通民集 16 巻 4 号 1116 頁・判時 1101 号 100 頁

…………………………………………………………………………110

岡山地判昭和 58・8・30 交通民集 16 巻 4 号 1200 頁 …………………221

岐阜地判昭和 58・12・13 交通民集 16 巻 6 号 1699 頁 ………………… 99

横浜地判昭和 58・12・20 交通民集 16 巻 6 号 1713 頁・判タ 531 号 218 頁・判

時 1113 号 119 頁…………………………………………………………… 92

大阪地判昭和 59・3・15 交通民集 17 巻 2 号 391 頁 …………………251

東京地判昭和 59・4・24 刑事裁判月報 16 巻 3=4 号 313 頁 …………399

高知地判昭和 59・6・28 交通民集 17 巻 3 号 879 頁 ……………268・275

名古屋地判昭和 60・2・14 判時 1173 号 95 頁 ………………………… 76

東京地判昭和 60・3・13 交通民集 18 巻 2 号 373 頁 ……………272・275

大阪地判昭和 60・4・30 判タ 560 号 263 頁 …………………………212

熊本地判昭和 60・7・3 判タ 567 号 230 頁 ……………………………… 223
金澤地判昭和 60・9・13 労判 468 号 66 頁 ……………………………… 310
東京地判昭和 60・11・29 交通民集 18 巻 6 号 1555 頁・判タ 575 号 23 頁・判時
　1174 号 40 頁 …………………………………………………………… 102
大分地判昭和 61・1・31 判時 1181 号 127 頁 …………………………… 100
大阪地判昭和 61・3・27 交通民集 19 巻 2 号 426 頁等 ………………… 155
東京地判昭和 61・4・25 判時 1193 号 116 頁 …………………………… 250
東京地判昭和 61・12・23 判タ 652 号 227 ……………………………… 147
東京地判昭和 63.12.27 判タ 730 号 190 頁 ……………………………… 211
大津地決平成 1・1・10 労判 550 号 130 頁 　　　　　　 297・308・312
東京地判平成 1・3・24 交通民集 22 巻 2 号 420 頁 …………………… 262
大阪地判平成 1・4・14 交通民集 22 巻 2 号 476 頁 …………………… 262
東京地判平成 1・6・20 判タ 730 号 171 頁 　　　　　　　　 210・211
京都地判平成 1・9・6 判タ 723 号 236 頁 ……………………………… 204
大阪地判平成 2・9・17 交通民集 23 巻 5 号 1155 頁 ………………… 114
甲府地判平成 3・1・22 判タ 754 号 195 頁 ……………… 20・29・106・123
東京地八王子支判平成 3・9・24 判時 1412 号 130 頁 ……………… 117
札幌地判平成 3・10・23 交通民集 29 巻 6 号 1618 頁 ………………… 221
札幌地判平成 3・11・21 交通民集 24 巻 6 号 1453 頁・判タ 781 号 184 頁 … 123
東京地判平成 4・2・13 交通民集 25 巻 1 号 169 頁 …………………… 201
広島地判平成 5・2・24 判タ 822 号 243 頁 　　　　　　　　　 81・86
大津地判平成 5・4・23 交通民集 26 巻 2 号 516 号 …………………… 208
千葉地判平成 5・11・5 判タ 846 号 281 頁 …………………………… 366
千葉地判平成 6・1・18 交通民集 27 巻 1 号 41 頁 …………………… 115
岡山地判平成 6・9・6 交通民集 27 巻 5 号 1197 頁 ………………… 240
東京地判平成 6・10・7 交通民集 27 巻 5 号 1388 頁 ………… 244・245・248
神戸地判平成 6・11・24 交通民集 27 巻 6 号 1719 頁 ………………… 208
東京地判平成 7・2・14 交通民集 28 巻 1 号 188 頁 …………………… 239
横浜地判平成 7・3・27 交通民集 28 巻 2 号 488 頁 …………………… 269
京都地判平成 7・10・3 交通民集 28 巻 5 号 1464 頁 …………………… 29
新潟地判平成 7・11・29 交通民集 28 巻 6 号 1638 頁 … 50・52・53・69・193
神戸地判平成 8・1・18 交通民集 29 巻 1 号 52 頁 …………………… 200
東京地判平成 8・10・30 交通民集 29 巻 5 号 1589 頁 ………………… 261
名古屋地判平成 9・8・29 交通民集 30 巻 4 号 1269 頁 ……………… 131
東京地判平成 10・2・6 労判 735 号 47 頁 ……………………………… 287
大阪地判平成 10・5・27 交通民集 31 巻 3 号 751 頁 ………………… 208
千葉地判平成 10・10・26 判時 1678 号 115 頁 ………………… 142・394
東京地判平成 10・11・25 交通民集 31 巻 6 号 1764 頁 ……………… 258

札幌地判平成 10・12・14 判時 1680 号 109 頁 ················ 80・81・87

東京地判平成 11・2・5 交通民集 32 巻 1 号 279 頁 ·················261

大阪地決平成 11・3・12 労経速 1701 号 24 頁 ········ 280・301・315

大阪地判平成 12・2・29 交通民集 33 巻 1 号 390 頁 ··············· 68

東京地判平成 12・6・8 判時 1718 号 176 頁 ·······················330

横浜地相模原支判平成 12・7・4 判時 1737 号 150 頁 ···········330

浦和地熊谷支判平成 12・7・26 判時 1744 号 88 頁 ··········· 59・71・72

千葉地判平成 13・1・26 判時 1761 号 91 頁 ···············16・117

大阪高判平成 13・4・11 判時 1770 号 101 頁 ·····················276

東京地判平成 13・4・19 交通民集 34 巻 2 号 535 頁 ········· 245・246

京都地判平成 13・7・27 判時 1780 号 127 頁 ·················· 59・71

東京地判平成 13・11・29 交通民集 34 巻 6 号 1558 頁 ···········254

大阪地判平成 13・12・19 交通民集 34 巻 6 号 1642 頁 ······· 244・246

東京地判平成 13・12・26 交通民集 34 巻 6 号 1687 頁 ···········246

大阪地判平成 14・5・28 交通民集 35 巻 3 号 717 頁 ···············173

神戸地判平成 14・7・18 交通民集 35 巻 4 号 1008 頁 ···········241

大阪地判平成 14・8・26 交通民集 35 巻 4 号 1157 頁 ···········149

東京地判平成 14・9・9 交通民集 35 巻 6 号 1780 頁 ······· 242・247・248

神戸地判平成 15・1・22 交通民集 36 巻 1 号 85 頁 ···············257

津地判平成 15・1・29 平成 14 年（わ）第 351 号、平成 14 年（わ）第 481 号

LLI/DB：L05850267 ···390

名古屋地判平成 15・3・24 判タ 1155 号 235 頁外 ········· 201・203

東京地判平成 15・3・24 交通民集 36 巻 2 号 350 頁 ············256

津地判平成 15・5・14 労判 854 号 89 頁 ·························390

東京地判平成 15・5・27 交通民集 36 巻 3 号 786 頁 ············131

東京地判平成 15・7・24 判時 1838 号 40 頁 ·····················346

東京地判平成 15・8・4 交通民集 36 巻 4 号 1028 頁 ······ 243・245・248

東京地判平成 15・9・3 交通民集 36 巻 5 号 1208 頁 ············131

長野地判平成 16・2・18 平成 15・（わ）第 231 号 ········· 224・398

水戸地判平成 16・3・31 平成 15 年（わ）第 894 号・LEX/DB：28095486

···395

千葉地判平成 16・5・7 判タ 1159 号 118 頁 ·····················334

東京地判平成 16・10・18 交通民集 37 巻 5 号 1384 頁 ··········· 12

大阪地判平成 17・2・14 判時 1917 号 108 頁 ··········· 54・55・74・196

大阪地判平成 18・2・23 交通民集 39 巻 1 号 269 頁 ············248

東京地判平成 18・5・16 交通民集 39 巻 3 号 647 頁 ············117

東京地判平成 18・6・14 交通民集 39 巻 3 号 752 頁 ············245

東京地判平成 18・8・28 交通民集 39 巻 4 号 160 頁 ············257

東京地判平成 18・10・11 交通民集 39 巻 5 号 1419 頁 ························· 246
神戸地判平成 18・11・17 交通民集 39 巻 6 号 1620 頁 ························· 245
東京地判平成 19・7・5 交通民集 40 巻 4 号 849 頁 ····························· 13
東京地判平成 19・8・27 労経速 1985 号 3 頁 ······················· 297・300
大阪地判平成 19・9・6 判例集未登載 ··· 388
仙台地判平成 19・12・27 平成 18(ワ) 第 172 号 ······························· 319
大阪地判平成 20・1・25 平成 19 年 （わ） 第 3024 号・裁判所ウェブサイト
 ··· 388
仙台地判平成 20・5・13 自保ジャ 1768 号 16 頁 ······························· 13
大阪地判平成 20・5・14 交通民集 41 巻 3 号 593 頁 ························· 259
さいたま地判平成 20・6・5 判時 2022 号 160 頁 ······························· 383
東京地判平成 20・7・16 判時 2015 号 158 頁 ··································· 384
仙台地判平成 20・9・19 平成 20 年 （わ） 268 号・LLI/DB：L06350390 ··· 381
名古屋地判平成 21・2・13 交通民集 42 巻 1 号 148 頁 ············· 243・247
静岡地判平成 21・2・26 平成 20 年 （わ） 第 429 号・LLI/DB：L06450111
 ··· 365・378
大阪地判平成 21・4・20 自保ジャ 1817 号 173 号 ···························· 217
千葉地判平成 21・5・27 交通民集 42 巻 3 号 670 頁 ························· 235
さいたま地判平成 21・8・26 交通民集 42 巻 4 号 1072 頁 ·················· 128
東京地判平成 21・11・24 交通民集 42 巻 6 号 1540 頁 ······················· 59
東京地判平成 21・12・24 自保ジャ 1821 号 104 頁 ··························· 253
東京地判平成 21・12・25 自保ジャ 1826 号 39 頁 ···························· 239
名古屋地判平成 22・1・7 平成 20 年 (わ) 第 2092 号、平成 20 年 (わ) 2616 号、
 平成 20 年 （わ） 第 2949 号、平成 21 年 （わ） 203 号、成 21 年 （わ） 第 295 号・
 LLI/DB：L06550015 ··· 381
東京地判平成 22・1・27 交通民集 43 巻 1 号 48 頁 ·························· 245
東京地判平成 22・5・11 判タ 1328 号 241 頁 ································· 378
大阪地判平成 22・6・21 交通民集 43 巻 3 号 782 頁 ························· 199
大阪地判平成 22・8・25 交通民集 43 巻 4 号 1010 頁 ······················ 207
奈良地葛城支判平成 22・10・8 自保ジャ 1880 号 7 頁 ············· 161・184
京都地判平成 22・12・15 労判 1020 号 35 頁 ······················· 313
福井地判平成 22・12・20 平成 21・（ワ）第 83 号 ·················· 299・301
大阪地判平成 23・1・27 交通民集 44 巻 1 号 117 頁 ··················· 59・63
大阪地判平成 23・1・28 労判 1027 号 79 頁 ································· 316
静岡地浜松支判平成 23・6・29 平成 23 年 （わ） 第 102 号、平成 23 年 （わ） 第
 103 号 LLI/DB：L06650338 ·· 398
横浜地判平成 23・10・18 交通民集 44 巻 5 号 1370 頁 ······················· 62
東京地判平成 23・11・25 自保ジャ 1864 号 165 頁 ················· 251・252

大阪地判平成 23・12・1 交通民集 44 巻 6 号 1509 頁 ……………………………… 39
京都地判平成 23・12・6 交通民集 44 巻 6 号 1520 頁 ……………………………… 42
名古屋地判平成 23・12・8 交通民集 44 巻 6 号 1527 頁 …………………… 59・65
宇都宮地判平成 23・12・19 平成 23 年（わ）第 185 号・LEX/DB：25430381
　　……………………………………………………………………………………… 336
神戸地判平成 24・1・11 平成 21 年（わ）695 号 LEX/DB：25480439 …… 357
名古屋地判平成 24・2・15 自保ジャ 1869 号 172 頁 ……………………… 147
大阪地判平成 24・2・23 平成 23 年（わ）第 3077 号、平成 23 年（わ）4943 号
　　・LEX/DB：25480532 ……………………………………………………… 369
名古屋地判平成 24・3・12 平成 23 年（わ）第 2523 号、平成 23 年（わ）第 2859 号・
　　LEX/DB：25430821 ………………………………………………………… 336
京都地判平成 24・3・19 自保ジャ 1883 号 133 頁 ………………………… 239
大阪地判平成 24・3・23 自保ジャ 1879 号 101 頁 ………………………… 260
東京地判平成 24・3・27 交通民集 45 巻 2 号 405 頁 ……………………… 249
大阪地判平成 24・6・14 自保ジャ 1883 号 150 頁 ………………………… 245
千葉地判平成 24・6・18 平成 24 年（わ）第 398 号・LEX/DB：25482667
　　……………………………………………………………………………………… 399
名古屋地判平成 24・6・20 自保ジャ 1880 号 156 頁 ……………………… 261
長野地判平成 24・7・15 平成 23 年（わ）第 248 号・LEX/DB：25482172
　　……………………………………………………………………………………… 383
さいたま地判平成 24・9・14 自保ジャ 1891 号 117 頁 …………………… 240
東京地判平成 24・10・1 自保ジャ 1886 号 130 頁 ………………………… 147
京都地判平成 24・11・2 平成 24 年（わ）第 836 号・LLI/DB：L06750533
　　……………………………………………………………………………………… 382
千葉地判平成 24・11・5 労経速 2161 号 21 頁 ……………………………… 318
京都地判平成 24・11・16 平成 24 年（わ）第 1061 号・LLI/DB：L06750554
　　……………………………………………………………………………………… 381
東京地判平成 24・11・26 自保ジャ 1891 号 106 頁 ………………………… 257
名古屋地判平成 24・11・27 交通民集 45 巻 6 号 1370 頁・自保ジャ 1890 号 38
　　頁 ………………………………………………………………………… 187・218
大阪地判平成 24・11・27 自保ジャ 1889 号 64 頁 ………………………… 254
東京地判平成 24・12・6 交通民集 45 巻 6 号 1429 頁 ………………… 21・79・87
京都地判平成 24・12・6 平成 24 年（わ）第 817 号・LLI/DB：L06750611
　　……………………………………………………………………………………… 347
前橋地判平成 24・12・10 平成 24 年（わ）第 297 号、平成 24 年（わ）第 418
　　号 ……………………………………………………………………………… 393
大阪地判平成 24・12・14 平成 24 年（わ）第 3286 号、平成 24 年（わ）第
　　3653 号・LLI/DB：L06750684 ……………………………………………… 348

福島地判平成 25・1・22 平成 24 年（わ）第 175 号・LLI/DB：L06850030
....367
東京地判平成 25・1・23 判時 2246 号 113 頁・労判 1069 号 5 頁 317
京都地判平成 25・2・19 平成 23 年（わ）第 185 号・LEX/DB：25430381
....337・370
東京地判平成 25・3・7 判時 2191 号 56 頁 ....54・59・73
大阪地判平成 25・3・22 自保ジャ 1905 号 157 頁 253
東京地判平成 25・3・26 判時 2196 号 132 頁 300
名古屋地判決平成 25・4・19 自保ジャ 1901 号 126 頁 252
宇都宮地判平成 25・4・24 判時 2193 号 67 頁 .... 58・61・195
大阪地判平成 25・5・21 交通民集 46 巻 3 号 616 頁・自保ジャ 1907 号 106 頁
....143
名古屋地判平成 25・6・10 判時 2198 号 142 頁 .... 198・348
名古屋地判平成 25・6・12 平成 24 年（わ）第 2385 号・LLI/DB：L06850346
....348
横浜地判平成 25・6・13 自保ジャ 1907 号 99 頁 260
大阪地判平成 25・7・16 自保ジャ 1915 号 137 頁 252
東京地判平成 25・9・3 自保ジャ 1911 号 119 頁 247
名古屋地判平成 25・9・5 平成 24 年（わ）第 484 号・裁判所ウェブサイト
....367
東京地判平成 25・9・18 自保ジャ 1910 号 116 頁 241
東京地判平成 25・9・30 自保ジャ 1911 号 119 頁 .... 244・248
広島地判平成 25・11・7 平成 24 年（わ）第 686 号・LEX/DB：25504230
....350
大阪地判平成 25・12・18 平成 24 年（わ）第 2757 号、平成 24 年（わ）第 2845 号、
平成 24 年（わ）第 3421 号・LEX/DB：25502946...................................348
静岡地判平成 26・1・9 平成 25 年（わ）第 425 号・LEX/DB：25502757
....381
大阪地判平成 26・1・21 交通民集 47 巻 1 号 68 頁 .... 246・248
千葉地判平成 26・1・31 自保ジャ 1917 号 14 頁 252
東京地判平成 26・3・12 交通民集 47 巻 2 号 308 頁 247
釧路地判平成 26・3・17 交通民集 47 巻 2 号 337 頁 ...55・59・60・169・186
大阪地判平成 26・3・19 平成 23 年（わ）第 4943 号、平成 23 年（わ）第 6259
号・LEX/DB：25503673 ....389・395
前橋地判平成 26・3・25 平成 24・（わ）第 237 号 .... 217・392・393
さいたま地判平成 26・3・31 交通民集 47 巻 2 号 504 頁 255
名古屋地判平成 26・5・28 交通民集 7 巻 3 号 693 頁・自保ジャ 1926 号 144 頁
....184

東京地判平成 26・6・17 交通民集 47 巻 3 号 721 頁 ·················· 258
名古屋地判平成 26・7・8 交通民集 47 巻 4 号 881 頁 ················· 144
福岡地判平成 26・7・14 平成 26 年（わ）第 375 号・LLI/DB：L06950293
·················· 348
静岡地判平成 26・8・7 平成 26 年（わ）第 220 号・LLI/DB：L06950343
·················· 370
東京地判平成 26・8・27 交通民集 47 巻 4 号 1040 号 ··············· 191
東京地判平成 26・9・10 交通民集 47 巻 5 号 1127 頁 ··············· 236
神戸地判平成 26・9・19 交通民集 47 巻 5 号 1202 頁 ··············· 39
神戸地判平成 26・9・26 交通民集 47 巻 5 号 1245 頁 ··············· 275
神戸地判平成 26・10・1 自保ジャ 1939 号 81 頁 ·················· 185
京都地判平成 26・10・14 平成 25 年（わ）第 1335 号・LEX/DB：25505063
·················· 350
広島地判平成 26・10・15 平成 25 年（わ）第 868 号・LEX/DB：25505153
·················· 374・376
東京地判平成 26・12・3 自保ジャ 1939 号 125 頁 ·················· 252
高松地判平成 27・1・26 平成 26 年（わ）第 269 号・LEX/DB：25505772
·················· 348
横浜地判平成 27・2・5 自保ジャ 1948 号 159 頁 ·················· 148
東京地判平成 27・2・6 自保ジャ 1942 号 127 頁 ·················· 149
福岡地判平成 27・2・13 平成 26 年（わ）第 1321 号・LLIDB：L07050075
·················· 381
宮崎地判平成 27・2・20 平成 26 年（わ）第 116 号・LEX/DB：25506115
·················· 399
大阪地判平成 27・3・3 自保ジャ 1948 号 106 頁 ·················· 206
東京地判平成 27・3・23 平成 26 年（特わ）第 1056 号 LEX/DB：25506206
·················· 348
福井地判平成 27・6・17 自保ジャ 1954 号 177 頁 ·················· 254
大阪地判平成 27・7・2 自保ジャ 1956 号 154 頁 ·················· 218
大阪地判平成 27・7・24 自保ジャ 1956 号 138 頁 ·················· 25
大阪地判平成 27・7・31 平 25(ワ)10349 号 ···················· 151
東京地判平成 27・8・4 平成 27(レ)384 号) ···················· 248
佐賀地判平成 27・9・11 判時 2293 号 112 頁 ···················· 40
長野地判平成 27・11・20 平成 26 年（わ）第 192 号・LEX/DB：25541860
·················· 348
東京地判平成 28・1・15 平成 26 年（特わ）第 1238 号・LEX/DB：25542016
·················· 348

〔簡易裁判所〕

鳥栖簡判平成 27・3・9 判時 2293 号 115 頁 ································· 40

〔編・著者紹介〕

■編　者

藤村　和夫（ふじむら　かずお）
　・日本大学法学部教授、博士（法学）
＜主な著作＞
『交通事故賠償理論の新展開』（日本評論社・1998 年）
『民法を学ぼう』（法学書院・2008 年）
『判例総合解説　交通事故 I　責任論』（信山社・2012 年）
『使用者責任の法理と実務』（編著　三協法規・2013 年）
『概説　交通事故賠償法（第 3 版）』（共著　日本評論社・2014 年）
『判例総合解説　交通事故 II　損害論』（信山社・2016 年）
　執筆担当：第 I 部第 1 章～第 4 章

■執筆者

行川　雄一郎（なめかわ　ゆういちろう）
　・裁判官（新潟地方・家庭裁判所新発田支部判事補）
＜主な著作＞
『改訂版　デジタル・フォレンジック事典』（分担執筆　日科技連出版社・
　2014 年）
　執筆担当：第 I 部第 5 章、第 6 章

安則　亮介（やすのり　りょうすけ）
　・弁護士（ジェノア法律事務所）
　執筆担当：第 II 部第 1 章第 1 節

青山　正博（あおやま　まさひろ）
　・弁護士（岩田合同法律事務所）
＜主な著作＞
『家事事件と銀行実務』（共著　日本加除法令・2013 年）

『銀行窓口の法務対策4500講』（共著　金融財政事情研究会・2013年）

『銀行取引約定書の解釈と実務』（共著　経済法令研究会・2014年）

『CSのための金融実務必携』（共著　金融財政事情研究会・2015年）

執筆担当：第Ⅱ部第1章第2節

尾関　信也（おぜき　しんや）

・弁護士（尾関法律事務所）

執筆担当：第Ⅱ部第1章第3節

吉直　達法（よしなお　たつのり）

・弁護士（吉直法律事務所）

＜主な著作＞

『改訂版　弁護士が弁護士のために説く　債権法改正』（共著　第一法規・
2016年）

『遺産分割実務マニュアル　第3版』（共著　ぎょうせい・2016年）

『遺言書・遺産分割協議書等条項例集』（共著　新日本法規・2016年）

執筆担当：第Ⅱ部第1章第4節、第Ⅲ部第1章第1節

田中　朝美（たなか　あさみ）

・弁護士、司法書士（まほろば総合法律事務所）
税務大学校東京研修所非常勤講師

＜主な著作＞

「認知症高齢者鉄道事故判決が成年後見実務に与える影響」実践成年後見
54巻43～51頁（2015年）

「成年後見人等とマイナンバー」実践成年後見62巻61～68頁（2016年）

執筆担当：第Ⅲ部第1章第2節、第2章

星　周一郎（ほし　しゅういちろう）

・首都大学東京　都市教養学部法学系教授、博士（法学・東京都立大学）

〈主な著作〉

『放火罪の理論』（東京大学出版会・2004年）

『防犯カメラと刑事手続』（弘文堂・2012 年）
「危険運転致死傷罪の要件解釈のあり方と立法の動向」安廣文夫編著『裁
　判員裁判時代の刑事裁判』（成文堂・2015 年）
執筆担当：第Ⅳ部

事業用自動車の事故と責任

平成 29 年 2 月 10 日　印刷	定価 本体 4,500 円（税別）
平成 29 年 2 月 20 日　発行	

編　者　　　　　藤村　和夫

発行者　　　　　野村　哲彦

発行所　　　三協法規出版株式会社

本　　　社（〒 160-0022）新宿区新宿 1-27-1
クインズコート新宿 2 階
TEL 03-6772-7700（代表）

綜合営業所（〒 502-0908）岐阜市近島 5-8-8
TEL 058-294-9151（代表）

FAX（東京）03-6772-7800 （岐阜）058-294-9153
URL http://www.sankyohoki.co.jp/
E-mail info@sankyohoki.co.jp

企画・製作　　有限会社木精舎
（〒 112-0002）文京区小石川 2-23-12 5 階

落丁・乱丁本はお取り替えいたします。　　　　印刷：株式会社 穂積

ISBN 978-4-88260-276-7 C2032

Ⓡ本書を無断で複写複製することは、著作権法上の例外を除き、禁じられています。本書をコピーされる場合は、事前に日本複製権センター（03-3401-2382）の許諾を受けてください。また、本書を請負業者等の第三者に依頼してスキャン等によってデジタル化することは、たとえ個人や家庭内の利用であっても一切認められておりません。